THEORY AND PRACTISE ON
AGRICULTURAL PRODUCTS CIRCULATION

没有流通的农业是不完整的农业

THEORY AND PRACTISE ON
AGRICULTURAL PRODUCTS CIRCULATION

农产品流通
理论思考与实践探索
——北京新发地市场的实践与经验

张玉玺◎著

社会科学文献出版社
SOCIAL SCIENCES ACADEMIC PRESS (CHINA)

北京新发地农产品批发市场董事长张玉玺在中国农产品市场协会2009年会长扩大会议上发表重要讲话

2009年10月1日，北京新发地村党委书记、公司董事长张玉玺应邀出席新中国成立60周年庆典活动

新中国成立60周年大庆,北京新发地农产品批发市场北大门焕然一新

2010年8月25日,北京新发地国际绿色物流区正式启动,标志着北京进口水果将告别从香港周转进京销售的历史,实现一站式直销

2009年9月21日,北京新发地"天下大农"古建牌楼竣工。北京新发地农产品批发市场是中国最大的农产品批发市场,而农产品又是天大的事,所以用"天下大农"来寓意北京新发地是发展农产品流通业的宝地

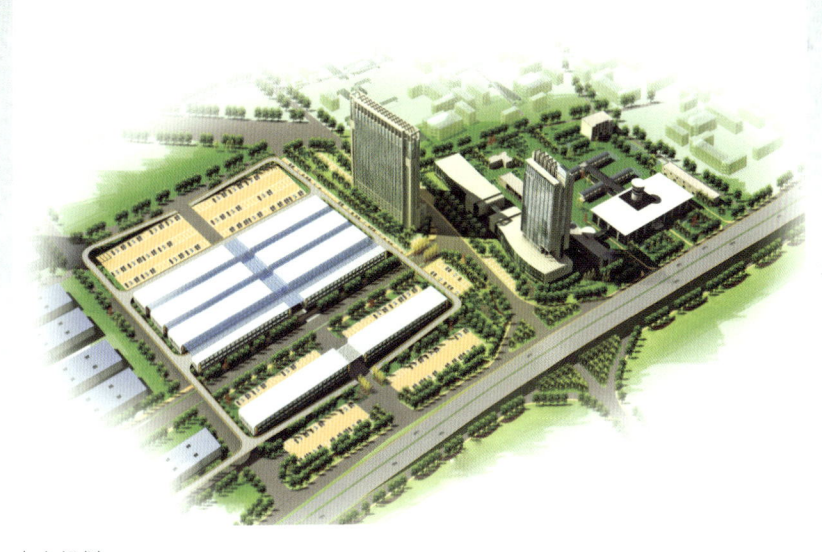

未来规划

2010年北京新发地市场航拍图

2010年12月30日，北京新发地农产品电子商务平台在人民大会堂隆重举行启动仪式，标志着北京新发地市场将由传统的三现交易，即现场、现货、现金向电子交易转型

2008年7月8日，现代化的监控中心投入使用，加强了市场的规范化管理

2003年，为给商户创造一个"安居乐业"的经营环境，北京新发地市场投资2000多万元，建成了可同时满足千余名商户入住的经营者乐园

北京新发地市场最大的进口水果专销区——翠鲜缘专营区承担了首都北京90%以上的进口水果供应，每天有40多个国家的水果源源不断地在此交易

2010年以来，北京新发地市场相继建设了湖北厅、海南厅等综合交易大厅，提升了市场形象和交易功能

2009年，北京新发地市场蔬菜交易区特菜、菌类、粮油、禽蛋四个交易大厅相继投入使用，提升了市场形象，提高了市场交易功能

2009年12月30日，农业部部长韩长赋在北京市副市长夏占义等领导陪同下视察北京新发地农产品批发市场，公司董事长张玉玺陪同

现代化的检测设备——食品流通检测车

现代化的检测系统

1996年7月19日，张玉玺在新修建的市场大门前

20世纪90年代，北京市工商局领导在张玉玺总经理陪同下视察市场

1991年8月，外地市场负责人来市场参观

20 世纪 80 年代末市场交易场景

20 世纪 80 年代末市场交易近景

20 世纪 80 年代末市场交易近景

序

农产品市场流通体系的建立和逐步完善，是我国农业农村经济和整个国民经济改革发展的重大成果。上个世纪70年代末，以实行家庭承包制为特征内容的农业经营体制改革，拉开了我国改革开放的序幕。这项改革极大地调动了农民的生产积极性，解放了农村生产力，促进了粮食和"菜篮子"产品的持续大幅度增长。在此基础上，从1985年开始，国家逐步取消了延续30多年的农产品"统购统销"与"统购派购"制度，放开农产品市场与价格，使农业农村经济步入市场化改革发展的轨道。家庭承包制和农产品购销制度两项重大改革，从根本上革除了农业生产经营"吃大锅饭"的公社体制和高度集中的传统计划经济体制的弊端，为我国农业农村经济稳定持续发展注入了强大、持久的动力与活力。我国的农产品市场流通产业，正是在这样的历史大背景下勃兴、发展与成长起来的。

在社会主义市场经济条件下，建设发展现代农业，离不开现代农产品市场体系的有力支撑。农产品市场一头连着农业生产者，一头连着广大消费者。农产品市场的建设发展和规范有效运行，对引导农民调整优化农业农村经济结构、解决农产品"卖难"和助农增收，对保供稳价、满足城乡居民日益增长的消费需求，发挥着重要作用。

农产品批发市场具备商品集散、价格形成和信息传输三大功能。目前，我国经由批发市场交易集散的蔬菜、水果、肉类、禽蛋和水产品等"菜篮子"产品约占其商品总量的70%左右。农产品产销的基本特点是，千家万户农民生产的农产品需由产地批发市场集散、经远距离运输到大中城市的销地批发市场再集散，进入社区农贸市场和连锁超市等零售网点。依据我国人多地少的基本国情，借鉴日本、韩国和我国台湾地区的经验，今后相当长时期内，农产品批发市场在生鲜农产品流通中的枢纽地位和作用是不可替代的。

《农产品流通理论思考与实践探索》一书（以下简称《思考与探索》）的作者张玉玺同志，自1988年5月带领14位村民创办新发地农贸市场，到如今建设发展成为年交易量1200万吨、交易额400亿元、直接间接带动百万农民就业增收的大型农产品批发市场——北京新发地农产品批发市场，成为名副其实的首都居民的大"菜篮子"、大"果盘子"。作者率领市场管理团队风风雨雨一路走来，始终秉持服务为本的理念：服务"三农"、促销增收，服务市民、保障供应，服务商户、规范经营，服务大局、回报社会。

作者身为新发地村的领头人、首都大型农产品批发市场的掌门人，24年如一日，始终坚守在农产品市场流通第一线，不辞苦累、执著操劳，坚忍不拔、探索创造，勤于学习、善于思考，勇于担当、知恩图报，率领团队不仅较好地保障平时首都农产品市场稳定供应，而且经受了2003年非典、2008年冰雪灾害及奥运农产品保质保量配送供应等特殊时期的严峻考验，作出了应有贡献。

《思考与探索》一书的内容，涉及农产品市场流通战略、市场建设与运营管理、企业社会责任、团队和制度建设等诸多方面。该书既是作者多年艰苦创业、实践历练的真实轨迹和生动写照，又是他不懈学习、潜心求索、致力创新、凝练提升的宝贵积淀和智慧硕果。书中既有从事农产品市场行业的现实路径、操作流程、制度方法与职业操守，又不乏深邃认知、思想火花和理论思考挖掘的亮点，这些可能给人以启迪新知。

应当看到，经过多年来的改革与建设，我国农产品大市场、大流通的格局已基本形成。但由于我国农产品市场流通体系建设的起步较晚，与工业化、城镇化、农业现代化"三化"同步推进的要求相比，距离建立设施先进、功能配套、管理规范、安全高效和统一有序的现代农产品市场体系的目标要求，还有较大差距和诸多不完善、不适应之处。

回顾过去是为了开辟未来。建立健全现代农产品市场体系，还有很长的路要走，任重道远。要切实按照进入新世纪以来中央、国务院连续发布多个一号文件中提出的一系列有关决策举措和要求，加快推进现代农产品市场流通体系建设。一是加强基础设施建设，包括加快农产品批发市场改造升级步伐，完善市场服务功能。二是加强农产品市场运行管理，包括强化农产品质量安全检验检测和市场信息收集发布与监测预警，推行电子统一结算等。三是创新流通方式，发展现代物流配送、生鲜连锁超市和电子商务三大现代流通业态。推行农超对接、产销直供直销等多种模式，减少流通环节，降低流通成本。制定并择机实施农产品应急保供预案。四是大力发展农民专业合作社，提高农民的组织化程度，促进农业规模化、标准化生产，鼓励农民组织起来进入市场。大力发展订单农业和农业产业化经营。五是完善农产品市场调控，抓紧有关农产品市场流通的法律法规制定工作。

现代农产品市场流通体系建设和运作管理是一项新的事业，普及这方面知识，鼓励倡导亲历实践与理论思索相结合，培养造就一支有理想、懂市场、善经营、会管理的人才队伍，不可或缺。希望《思考与探索》一书的出版，对关注农产品市场流通工作的人士有所参考和裨益。

中国农产品市场协会
2012 年 6 月

我用汗水经营人生（自序）

我是1976年从海军37510部队退役返乡参加工作的，在村里先后做过统计员、放映员等。满怀着一名军人对中国共产党的无限热爱和忠诚，1978年8月我入了党，从此，将无限的精力投入到自己所热爱的农村工作当中。20多年来，我带领村民围绕农产品市场，逐年减少第一产业，压缩第二产业，发展第三产业，形成了一种具有新发地特色的村域经济。面对村里集体经济蒸蒸日上、村民安居乐业的大好形势，我从心底里找到了一种安慰，也感受到自己这么多年用汗水换来的成就。

我听过一首歌，其中有一句词这样说："不经历风雨怎能见彩虹"。这句歌词，我感受很深。我觉得，任何一个人干任何一番事业都要有一种奉献精神，要心甘情愿地付出；农村工作很复杂，也很琐碎，做好农村的工作需要付出，会有泪水、有汗水，还会有一段段刻骨铭心的伤痛。

市场建设初期，条件很艰苦。一无资金，二无设施，三无经验，只有15亩地、15个人和15万元启动资金，围墙是铁丝网，办公室是几间简陋的平房。在这种条件下，群众看党员，党员看干部，干部只能看自己的实际行动。肩负着村党总支的重托，我带领14名青年完全是靠着一种战天斗地的精神，硬是创造了当年筹备、当年开业、当年运营的好成绩。

市场虽然成立了，但大家都是世世代代靠耕种为生的农民，怎么管理好这个市场，谁的心里都没底，在最初的实际工作当中也的确遇到了很多难题，甚至是责难和打骂。有一天早晨，我带了几个人去收市场管理费，有三个农民卖五筐茄子，我觉得这应该收五角钱。结果他们哥儿仨怒气冲冲地一起上来恶狠狠地对我说："你凭什么收我费？"我说："你在这交易就得缴费。"他们回应说："你有什么场所、有什么规定，我在这卖很长时间了,也没有人收费,你收什么费呀?"我说:"你必须缴费,不缴费就别在这交易了。"我的话刚说完,一个小伙子"啪"就给我一个大嘴巴,当时我戴着一个鸭舌帽,他把帽子都打到地下去了。我当时委屈极了,上去抓住那个小伙子的衣服领子不放,一定要讨个公道。后来在工商干部的调解下,事情得以妥善处理。但也正是这个大嘴巴,打醒了我,也打出了一个市场管理的收费标准和一套逐渐规范的管理办法。在丰台工商局的帮助和支持下,我们依法制定了各种收费标准。

如果说,收取管理费时挨的这个大嘴巴,打出了一套市场的收费标准,那么,去外地做生意的两次经历让我学到了一套完整的市场管理制度。

1990年6月,当时北京的西红柿是5分钱一斤,我打听到内蒙古集宁的西红柿卖到2毛多一斤,就从北京买了两大卡车西红柿,一个人跟着司机上路了,一天一夜,根本不敢歇着,生怕路上西红柿坏了。刚到内蒙古集宁的时候,我还真按每斤2毛5分钱的价格卖了一部分西红柿。但好行情不长,各地经销商听到行情好都闻风而动,来自全国的西红柿都集中到这里。货到街头死,被迫无奈,最后将西红柿按每斤5分钱的价格全部甩卖了。这次,我算了一笔账,除去运费,不但没赚到钱,还差点赔了。

我在市场上卖西红柿的时候,还看见几个胳膊上纹着龙的彪形大汉,在自己的车前晃悠,自己孤身一人,说实在的还真有点害怕。可当地蔬菜公司的一位经理过来跟我说了一句:"你放心,有我们呢,我绝对保证你的安全。"我心里一下子踏实下来,并感到特别温暖。我深深地感受到身处异乡做生意的商户最关心什么,最反对什么,最需要什么。

回来之后,我觉得经验还不够,还应该到外地去采购蔬菜运到北京来卖,于是又有了第二次做商户的经历。1991年5月,我一人到河南的漯河收购了一车大蒜。为了赶时间,雇了两个司机在驾驶室轮流开车,我没有地方坐,干脆就爬到车顶的苫布上。初夏的夜晚还有一些凉意,我只能趴在车顶上睡觉,苫布又当被子又当床。当时路况很不好,趴在车顶上一路颠簸,就这样度过了四五天的时间。

有了这两次做商户的经历,我初步悟出了一些管理市场的真谛。于是,和村党总支一班人开始认真研究,寻找农产品批发市场存在和发展的规律，摸索适合农村办市场的新模式。我们制定出了"让客户发财，求市场发展"的经营理念和"三大纪律，八项原则"的治场原则，其中重要的一条就是市场职工在正式转正上班之前，必须到外地市场做生意，换位思考体验到底怎样才能更好地服务客户。

人性化的服务和规范化的管理，换来市场的飞速发展。市场的发展又带动了村里其他企业的同步发展。现在全村共有经济实体32个，2004年全年经济总收入达到3.2亿元以上，纯收入达7800万元，纯收入比改革开放之初的1978年整整翻了225倍。集体经济强大了，我们村民的福利待遇也逐年提高，先后投资3000多万元建了占地600多亩、环境优美的新发地海子公园，投资2000多万元建了近万平方米的新发地小学现代化教学楼，全村老有所养、少有所教，村域环境也建设得越来越美，呈现出一片欣欣向荣的景象。新发地村被评为"丰台区经济发展十强村"。

我想，这种大好局面应该是一名农村干部对社会经济发展、对村民期望的最好回报。

我时常在想，一个企业的发展离不开社会方方面面的支持，企业做大了，回报社会是理所当然的事情。特别是在一些关键时候，也就是社会最需要企业的时候。

2003年4月，京城的春天本该是一个春暖花开的季节，然而，"非典"疫情的袭击，给这个美丽的季节蒙上了一层厚厚的阴影。受"封城"谣言和恐慌心理的影响，从4月23日下午开始，北京市民出现了集中大批量抢购生活必需品的现象。北京新发地农产品批发市场作为承担全市60%以上食用农产品供应任务的"大菜篮子"，很快遭到"抢购飓风"的袭击，鸡蛋从上午的1.9元/斤上涨到4.0元/斤，白萝卜从上午的0.5元/斤，迅速上涨到2.8元/斤，胡萝卜、土豆、冬瓜、圆白菜的价格也大幅度上涨。机关团体大批量采购，一时间好像要将市场买空。在这关键时候，我们认识到：尽快组织货源，这不仅是为了稳定市场，而且是一项艰巨的政治任务。平常时期，新发地市场是首都人民的"大菜篮子"，一些特殊时期和关键时期，市场更应该保障市民供应，发挥首都"大菜篮子"的作用。只有这样才能无愧于党、无愧于人民、无愧于首都"大菜篮子"这一光荣的称号。于是，我们市场党组织一班人立即召开党员会议，研究制订应对方案。全体党员带头，通过动员运销大户运菜进京、联系"场地挂钩"协议基地、降低市场管理费、通过行业协会组织会员运菜进京等多种措施组织货源，使大批量无公害农产品从全国各地源源不断地运到北京，仅在30个小时之内就平息了一场突发性的市场价格波动。稳定了市场、稳定了民心，保障了非常时期首都市民的菜篮子供应。4月24日，刚刚上任3天的代市长王岐山到市场视察，当他看到市场内满腾腾的菜车时，高兴地说："有这么多菜，我就放心了，北京的市场是不会出现供应问题的。"

如果说平息市场波动考验了我们党组织和共产党员的政治敏感性，那么，风波过后的这件事则考验了党组织和共产党员应付复杂形势和局面的能力。

4月26日早上5点，我到市场一看，发现菜车又明显比往日减少许多。我心中一紧，马上意识到可能是北京周边地区出现了问题。于是迅速开车前往河北固安，果然106国道已经设卡。不但北京城内的车出不了城，外省菜车也很难入城。我立即将此信息逐级反映给政府有关部门，并迅速反映到国务院。在党中央和国务院的关注下，问题很快得到解决，国道又畅通无阻。4月28日，河北省负责人还专门来市场解释封路的情况，并说已经处理了有关事件的负责人，表示今后不管发生什么原因，河北一定要做保证北京农产品供应的坚强后盾。同时，我们认真安排、周密部署，投入大量人力、物力和财力用于防治"非典"，使新发地这样一个人流量大、来自区域广的大市场中，未出现一例"非典"病人和疑似病人，为整个北京取得防治非典型肺炎斗争的胜利作出了积极的贡献。新发地农产品批发市场被评为"首都防治非典型肺炎先进单位"，我本人也被中共北京市委授予"北京市防治非典型肺炎工作优秀共产党员"。

在农村工作的20多年，我也遇到过托关系、走人情的事，在各种诱惑面前，我经受着欲望与灵魂的考验，舍弃了许多爱好，改变了平常的生活习惯。

由于接触的人比较多，也很复杂，有部分不怀好意的人想采取各种手段贿赂我，以求歪曲谈判和合作的规则，获取一些不正当的利益。但我不会抽烟、不会喝酒，也不会打麻将，这给一些别有用心的人获取利益出了难题。但这些人都是江湖上的老手，他们会想尽一切办法来攻克我，他们专门派人研究我的爱好，以寻求突破。后来他们发现我爱牵着狗看市场，一下子好像发现了新大陆。于是，在一个漆黑的夜晚，我家的院里不明不白地多了好几条狗，而且都是价格不菲的好狗。当然，这些事是谁干的，我都能猜个八九不离十。我把狗送回到了送狗人的手里，但从此我与他们断绝了业务上的一切关系。这件事对我震动很大，我觉得，作为一个共产党员，特别是领导干部，其一举一动都会对周围的人产生很大的影响，领导干部的爱好往往会被一些别有用心的人利用，爱好往往会成为一个人的致命弱点。从此之后，我舍弃了养狗这个爱好，也改变了自己的生活习惯。

我这一生没有受过高等教育，也不会讲一些大道理，更不会说几句所谓的名言，但我认准了一个道理："发展集体经济是硬道理，提高村民生活水平是最硬的道理；如果当了十几年的村干部，集体经济没有发展，村民生活水平没有提高，就什么道理也没有，就只能说是一个不合格的党员，也没有学习好'三个代表'。"20多年的摸爬滚打，艰苦创业，夯实了全村经济的脊梁——农产品批发市场。我不敢居功自傲，20多年的实践，也让我坚定了这样一个信念："做人一辈子，做官一阵子。"当领导不为人民谋利益、创造财富，不能为群众带来实惠，这个官其实就当得很不称职。在各级组织的领导教育下，我也更清楚地认识到，在新的环境、新的条件下，作为一名共产党员，除了勤勤恳恳地当好人民群众的公仆，还应增强防腐拒变和抵御外界诱惑的能力。只有始终保持自身的纯洁无瑕，才会赢得群众的信任。

有人问我："一生当中最应该感谢和最亏对的人是谁？"我的心情总是久久不能平静。我要感谢我的母亲，这不仅是因为她给了我生命并含辛茹苦地把我养大，更关键的是她给了我一笔无形的财富，那就是让我从小过上了苦日子，让我懂得了做人的道理和生活的真谛。最亏对的人肯定是我的爱人，我经常给人讲："我们家中的盘子和碗主要是我爱人摔的，我这二十多年当中几乎没有摔过一个盘子和碗。"这道理是很明显的，家中的事几乎都是我爱人一个人在处理，我只是忙于工作，很少干家务活，所以摔不了东西。爱人对我的理解给了我工作的动力，我没有任何理由干不好工作，干不好工作我就无法向爱人解释。我今天在工作上取得的这些成绩，不能再像歌中唱的那样，爱人一半自己一半，我觉得，爱人应该是一大半，自己只能是一小半，因为我欠爱人的太多了。

2008年7月，北京奥运会召开在即，蔬菜供应形势十分严峻，市场当即决定免收各种费用3000余万元，我亲自带领12家运销大户奔赴甘肃、河北等地调运蔬菜，圆满完成了保障任务，被授予"首都非公经济参与奥运服务奥运先进集体"荣誉称号。

2009年3月，听完温家宝总理在"两会"期间作的政府工作报告后，我对报告大篇幅讲"三农"感到十分欣慰，但唯独没讲农产品流通不理解。因为"三农"的核心在流通、在销售，没有种不出来的农产品，只有卖不出去的农产品，卖比种还重要。为此，我连夜以《不关注流通的农业是一个不完整的农业》为题目上书温家宝总理，受到温家宝总理的高度重视，并转回良玉副总理作出重要批示，2010年的政府工作报告重点讲述了要支持批发市场和农贸市场升级改造，推动生产与市场对接。

2009年底至2010年初，北京市下了两次几十年未遇的大雪，市场果断作出决定，一方面将储备的3000吨蔬菜抛出，另一方面迅速组织经销大户从海南调运150多车、4000多吨蔬菜。由于措施得力，当时全国其他降雪城市的蔬菜价格都在上涨，唯独北京有5天时间菜价下降。2010年1月16日，国务院总理温家宝视察新发地时，给予了充分肯定，并提出"如果下七天大雪，高速路封了，新发地市场能否保证首都农产品供应"的新课题。为此，市场确立了"内升外扩"的发展战略，在河北省建了500万亩基地和6个农产品批发市场，构筑首都农产品安全稳定供应的"护城河"，确保了首都农产品的安全稳定供应。

一路走来，每一步脚印都倾注着我的汗水和心血，但是，为了首都人民的"菜篮子"和"果盘子"，我感到我做得还很不够。今后，我的目标是把北京新发地市场打造成中国最具规模、最具亮点、最具特色的国际化农产品交易中心、集散中心、信息中心和价格指数形成中心，使其成为与首都北京打造世界城市相匹配的农产品流通的亮丽名片。同时，大力实施外扩发展战略，在全国各地布点建设8个产地市场和500万亩农产品供应基地，构造首都农产品安全稳定供应的"护城河"，更好地造福首都人民和全国农民。同时，以新发地市场为抓手，有效推动我国农业向规模化、标准化、科学化生产，有效促进我国农业增效和农民增收。

2012年5月

目 录

战略篇

市场经济条件下我国蔬菜流通体制建设 ………………………………… 3
中国农产品市场的机遇与挑战 ……………………………………………… 8
甘愿为首都"菜篮子"奉献 ………………………………………………… 14
农产品批发市场的地位与作用 ……………………………………………… 30
强化服务功能　搞活果菜流通 …………………………………………… 34
发挥优势　培育市场　大力发展具有地方特色的村域经济 …………… 37
发展新兴物流产业，增强区域经济的核心竞争力 ……………………… 44

市场篇

中国农业也要走品牌之路 …………………………………………………… 51
新形势下农产品批发市场可持续发展的思考 …………………………… 57
以流通为核心　建立紧密的产销体系 …………………………………… 72
建设现代化的农产品市场 …………………………………………………… 81
积极发挥农产品市场在果品流通及产业化进程中的积极作用 ………… 87
物流配送在"菜篮子"工程中的重要地位 ……………………………… 90
农产品经营的规模化与品牌化 ……………………………………………… 97
终端销售与网点建设 ………………………………………………………… 102

北京新发地农产品价格为什么全国最低 …………………………… 107
菜价不稳定的原因与对策 …………………………………………… 112
关于农产品"卖难"问题的原因及对策 …………………………… 123

管 理 篇

坚持"以人为本"的经营理念　恪守信用　搞好服务　全面提升农产品
　市场的档次和管理水平 ……………………………………………… 127
关于加强农产品批发市场建设的几点认识 ………………………… 134
加强管理　把农产品市场办出特色 ………………………………… 144
农产品流通中的诚信建设 …………………………………………… 148
全力保障首都市场食品安全 ………………………………………… 166
北京新发地农产品批发市场治安综合治理情况及经验 …………… 171

社会责任篇

为首都人民的"菜篮子"和"果盘子"保驾护航 ………………… 181
勇担社会责任　促进产销衔接　全力以赴保障农产品高效流通 …… 186
发挥龙头企业带动作用　推动新农村建设和光彩事业发展 ……… 189
以理论指导实践　以实践推动发展 ………………………………… 192
尽好代表职责，践行"北京精神" ………………………………… 196

发 展 篇

北京新发地发展之路与中国未来农业 ……………………………… 207
办好农产品批发市场需要多方支持 ………………………………… 220
中国农产品市场是国际农产品贸易的重要平台 …………………… 226
农产品流通要提高综合竞争力 ……………………………………… 230
科学规划　搞好流通　保障安全 …………………………………… 235

农产品市场也要全方位服务 ·· 239
对我国农产品批发市场建设现状及未来发展的几点思考 ············ 246
农产品流通体系存在的问题及建议 ·· 250

附录 部分媒体报道与访谈

张玉玺：构建和谐市场 ·· 255
农产品市场建设的领头人——张玉玺 ·· 262
他创建了市场 市场带动了大家 ·· 271
北京新发地打造农产品流通领域航空母舰 ··································· 279
挑来果蔬满城香 ·· 286
退役军人张玉玺带领20多万农户打造全国一流农产品市场 成为
　　创业带动就业的典范 ··· 297
一个退伍兵与20万农民的就业梦 ··· 301
新发地农产品批发市场研究报告 ·· 307
张玉玺：情系三农 肩负重任 ·· 311
创伟业 天骄弯弓向天横，励铭志 巨子躬身济三农 ················· 314
用实力和战略提升核心竞争力 ·· 331
打造现代化农产品批发市场 服务北京世界城市建设 ················· 336
新发地，北京"菜篮子"谋变现代化农产品大市场 ······················· 340
开创农产品流通事业新局面 ·· 347
新发地打造一流批发市场 服务北京世界城市建设 ····················· 350
携手打造"首都国家农产品大市场"暨"北京国际商贸中心新发地
　　现代农产品物流园" ··· 354
新发地谋变 ·· 363
张玉玺：情系三农 肩负重任 ·· 373
保民生打造食品安全航母 促增长大力实施商标战略 ················· 378

北京新发地市场获得的主要奖励与荣誉 ······································· 381

一家一户的农民可能生产出世界上最好的农产品，但要卖出世界上最好的价格就非常困难。一家一户的农民不可能直接大踏步走向国内市场，更不可能走进国际市场。政府通过扶持和培育一些大的龙头企业，架起农民与市场的桥梁。扶持农业龙头企业就是扶持中国农民。农业、农村、农民的问题解决好，中国的发展就有了坚实的基础。

战略篇

市场经济条件下我国蔬菜流通体制建设

目前,我国的农业正面临着一个新的形势。新形势是什么呢?从宏观的角度讲,就是温家宝副总理所说的正处在一个"爬坡过坎"的阶段。仔细一点讲有两个方面:一方面是农产品已由长期短缺变为总量平衡、丰年有余,农民增产不增收已经成了常有的事。另一方面,我国已于去年加入世界贸易组织,"入世"成了现阶段的谈论热点。毫无疑问地讲,我国的农业将在更大范围、更深层次上参与国际竞争,我国的蔬菜流通体制和经营形式如何适应更加开放的市场,构建蔬菜的现代化流通体制,从而使我国的蔬菜产销在与国际经济接轨的环境下,继续保持活而有序、繁荣发展的局面,是一个极其重要的研究课题。

一 连接产销,末端行业变为先导行业

大家都知道,改革开放以后,随着农村经济和产业结构的不断调整,我国已初步形成了以蔬菜批发市场为龙头,以集贸市场为基础,以商场、超市、便利店等新型零售业态为网络的蔬菜市场体系。从1984年建起全国第一家产地型蔬菜批发市场到现在,已有18年的时间。在这段时间里,我国的蔬菜批发市场获得了空前的繁荣和发展,其中仅规模较大的国有蔬菜批发市场就有600多个,分布在全国各大城市或重要产区。由于政府采取鼓励、发展"一起上"的方针,我国蔬菜批发市场实行了多种主体兴办的形式,有地方政府开办的,有地方政府的有关部门(商业系统、工商系统、供销系统等)开办的,有农村集体经营开办的,有独家或多家公司投资开办的,有街道、乡镇开办的,还有一些企业社团和多种资本联合开办

的，比如我们新发地农产品批发市场，就是由新发地农工商联合公司创办的集体企业。

可以肯定地说，大批蔬菜批发市场的建立，满足蔬菜生产的集散商品，形成基础价格、引导生产、方便零售的需要，使其成为我国蔬菜市场流通体系的龙头和中枢。我看过一些资料，我国的蔬菜批发市场在全国五大类农副产品市场中数量最多，成交量居于首位，同时多种商业零售业态构成了蔬菜市场体系的终端网络。从目前看，我国城市蔬菜零售业态已经呈现多样化，蔬菜零售在副食品商场、生鲜食品超市、社区综合商店、便民店等多种业态中都能看到。蔬菜零售业态的丰富和发展，以及人们消费档次和蔬菜加工水平的提升为蔬菜产业"四化经营"（标准化、现代化、网络化、产业化）创造了条件，蔬菜流通业已由末端行业变成先导行业。

二 喜忧参半，机遇与挑战并存

"中国加入世贸组织既带来机遇又带来挑战"，这话人人都会讲，而且在任何场合都爱讲，但是在具体的方面能带来多大的机遇和挑战，能否找到一些切实可行的应对措施，抓住机遇、化解挑战，仍是"仁者见仁，智者见智"。因为我们是搞市场流通的，蔬菜流通又是新发地市场的龙头，所以我仅谈谈入世后给我国蔬菜流通业带来的机遇和挑战。

先说机遇，也可以说是有利的方面。入世为我国蔬菜等农产品带来了与国际标准化接轨、参与国际竞争、扩大产品出口、引进先进经验和技术，进一步发挥国内蔬菜资源比较优势，把蔬菜产业从优势产业做成强势产业的大好机遇。近几年来，随着大批规模化、集体化蔬菜生产基地的建立，我国蔬菜的品种、数量、总产量、人均消费量和出口数量均已居世界前列，而且国内"大流通"的格局已基本形成，国家的宏观调控政策和措施也日益完善。因此，加入WTO后，我国蔬菜总体上拥有产业优势。

我看过一些相关资料，2000年全国蔬菜种植面积已达2.5亿亩，产量高达4.4亿吨，占到全世界蔬菜总产量的66%。而且由于成本低、价格优势明显，出口量年年扩大，发展势头良好。从另一个角度看，我国政府对蔬菜的生产和出口没有什么补贴，蔬菜产业的价格竞争力在加入WTO后将更加明显，就连国外专家都说，入世后中国农产品尽管受到很大冲击，但蔬菜产业会"一枝独秀"，具有十分明显的比较优势。

蔬菜产业的挑战，也可以说不利的方面还得深入研究。现在的问题其实很清楚，由于我国农产品流通市场多而小、杂而不专、散而不聚、分层而不分营，信用风险偏高、信誉度偏低、信息识别困难，商业组织主体多、盛行短平快的短期行为，交易手段多为传统的面对面现货、现钞买卖，产销组织分散，小生产和大市场的矛盾十分尖锐。一面是千家万户的小规模农户，一面是遍布城乡的小商小贩，抵御自然灾害和市场风险的能力较弱，流通组织的状况也大体相似，虽然有了一批加工流通的产业化龙头，但是个体分散经营仍占据主导地位。

从国外先进经验来看，农产品流通之所以有条不紊畅通高效，井然有序，很重要的一点在于各类农产品流通经营主体组织化程度较高，既有生产者的合作组织——农协，也有颇具规模和实力的批发商、中间商和零售组织。

北京市商委的卢彦副主任来新发地市场调研后说："农产品流通要想规范化先要规模化"，这句话具有很深的现实意义。就我国目前看，一家一户分散的农民可能会生产出世界上最好的农产品，但要卖个好价格就非常困难。因为他们不可能直接进入国内市场，更谈不上大踏步地走向国际市场。入世后，不把中国的农民统统编入"舰队"，就很难应对入世给中国农业带来的挑战。

目前我国市场管理和市场建设比较混乱，市场体系还不健全。从90年代开始，在中央政府的引导下，各地掀起了建设批发市场的热潮，这对于发展蔬菜的多渠道流通，引导生产、购物具有重要意义。但由于政府对市场缺乏统一的规划和布局，不少地区片面理解"谁投资、谁管理、谁受益"的原则，把市场建设视同开办竞争性企业一样不加限制，最终导致各种经济主体一哄而上办市场，重复建设日益严重。这不仅使新建的批发市场培育难度日益加大，还可能导致有些市场难以避免夭折的命运，甚至给已经形成规模和人气的批发市场带来负面影响。

此外，农产品批发市场的法律、法规也相对滞后，我国至今尚无《批发市场法》，原商业部颁发过《批发市场管理办法》，但后来随着原商业部的撤销、原内贸局的撤并，早已失去了其法律效力，造成目前批发市场鱼龙混杂、良莠不齐的不良局面。举个简单的例子，食用农产品的安全问题是现在的热点，"药残蔬菜"备受人们关注，但如果发现一个市场有商户出售药残超标的蔬菜，也只能将其赶出市场。因为市场管理者没有任何权力将其就地销毁，赶出市场并不意味着这种蔬菜就不能进入消费。有问题的蔬菜有很大的可能会到别的市场卖掉。如果不制定相关法律、法规，单给市场承办者施加压力让其严把关口，只能治标而不能治本，不可能让人们真正吃上放心菜。

三 创新思维，打造蔬菜流通业超前、持久的核心竞争力

面对新形势，尤其是中国入世这个大的变革，我们不能"闻狼而退"，但也不能掉以轻心。到底该怎么办，关键在于创新。现在人们讲创新都讲管理创新、体制创新、机制创新，但很少有人提到思维创新，而事实是"有思路才有出路"。入世后，不在"思维创新"上做长久文章，我们的流通业发展就会步履维艰。入世后，我国蔬菜流通业的发展需要培育和打造超前、持久的核心竞争力，只有全面抓才能解决问题。尽管"核心竞争力"一词成为入世后企业界使用频率最高的词，但是如果不打造超前的、持久的竞争力，最核心的竞争力也只能是"泡沫经济"或"昙花一现"，我们一定要积极采取措施，加强蔬菜流通体制改革与建设，把优势发挥到最好，将劣势和不利影响减少到最低。

（一）注重资本市场运作，培育大型农业龙头企业

我国农村人口众多，农业生产力较低，且发展不平衡、经营分散。一家一户的农民不可能直接大踏步走向国内市场，更不可能走向国际市场，一家一户的农民可能生产出世界上最好的农产品，但要卖出世界上最好的价格就非常困难。因为一家一户分散的农民进入市场的交易成本是非常高的。政府通过扶持和培育一些大的龙头企业，可以在农民与市场之间架起一个桥梁，目前，龙头企业发展最大的瓶颈就是资金短缺。培育龙头企业需要借助资本市场的力量，我国通过减免农业龙头企业所得税的方式扶持龙头企业和国外在不违反 WTO 总原则的前提下补贴农业的方式很接近。

可以这样说，面对新形势扶持农业龙头企业就是扶持中国农民，农业、农村、农民的问题解决好，中国的发展就有了坚实的基础。

（二）对蔬菜批发市场建设和布局结构应加以调整，实现合理化发展

根据我国目前存在的问题，我个人认为：我国蔬菜流通业要健康、持续发展，政府应坚持控制现有蔬菜批发市场的总规模，并对一些重复建设和不符合条件或严重扰民、污染环境的市场采取"关停并转"的措施。今后国家应重点扶持一批具有区域和重要集散功能的农产品批发市场，使之成为联合国内外蔬菜市场的大流通枢纽，逐步形成以中央批发市场为龙头，区域性、地方性批发市场为骨干，内外贸结合的蔬菜批发市场网络。对于交易量在10亿元以上的批发市场，国家应重点联系并给予支持指导，要尽快实现蔬菜批发市场由粗放型向集约型转变，改变"重收费轻服务"和管理上"重外延扩张、轻内涵发展"所带来的不足，更好地发挥我国蔬菜批发市场在商流、物流、信息流等方面的综合功能。

（三）加强蔬菜流通领域的法制建设，依法治商

前面我说过，如果没有一部批发市场管理的法律、法规，蔬菜农药残留这个问题就很难解决。对批发市场的管理要运用法律和法规，由人治向法治转变。我们应该一方面学习借鉴美国、西欧等发达国家和地区的批发市场管理的经验，修改《批发市场管理办法》，制定有法律权威性的《批发市场法》，并抓紧纳入国家立法计划，尽早颁布出台，实行国家和地方两级宏观管理制度。国家对大型批发市场实行重点联系制度，地方政府对当地批发市场进行统一规划和政策性引导，以促进批发市场持续、稳定、协调发展和结构性调整。另一方面，要加紧研究制定蔬菜规格、包装、加工、储运等方面的国家标准和技术规程，建立起科学的蔬菜质量标准及检测体系。这不仅可促进农产品向标准化、精品化方向发展，而且还可以通过一些非关税手段促进我国蔬菜出口，限制国外部分农产品进口。这才是我们的目标。

（2002年5月22日，在"农产品发展新形势、新思路、新市场论坛"上的发言）

中国农产品市场的机遇与挑战

中国农产品市场协会成立三年多来，在农业部领导的关心和支持下，秘书长闵耀良同志做了大量工作，在促进农产品流通和批发市场建设方面，向国务院提出了很好的意见和建议，解决了农产品批发市场发展中存在的一些关键性问题，使我们的协会发挥了应有的作用，这些都是我们全体会员单位共同努力的结果，今天我主要讲五个问题。

第一个问题：中国农产品批发市场近几十年有很强的生命力

第一，农产品批发市场与我国经济情况发展水平相适应。尽管我国改革开放20年了，我国的GDP经济总量也占到世界第六位，连年超过澳大利亚、加拿大和意大利，排在美国、日本、德国、英国和法国之后。去年我国GDP突破10万亿人民币，达到1.1万亿美元，但同期美国GDP为9.9万亿美元，占全世界GDP总量的32.6%，而中国只占全世界的3.26%，差距很大。日本GDP总量达到4.72万亿美元，中国只有日本的1/4到1/5。

如果从经济总量讲，中国还能占世界第六位的话，那么从世界人均GDP水平来衡量，中国就排到了100位之后了。中国去年人均GDP上了一个大台阶，达到了1000美元，进入了小康社会，但日本同期人均水平是3.5万美元，中国的人均水平只有日本的1/36，只有美国的1/34，也就是说中国人干36天，只能抵日本人干1天，所以现在我们人均水平较低。

2003年2.8亿人口的美国，创造了全世界27%的财富，而2003年13亿人口的中国仅创造了全世界4%的财富。有人说，我们也有许多世界第一，如中国原煤产量去年达到了11亿吨，是世界第一，但我们人均占有量一除就少得可怜了。

有数据表明，我国还有3000万绝对贫困人口，现阶段还有700万名下岗职工，每年需要解决1000万人的就业压力，同时每年新增进城农民工是1000万人，每年毕业的大学生有250万人要找工作，现在中国约有1.2亿农民进城打工。这些数字加起来就会带来很多的问题。但最大问题是解决劳动力就业问题，是解决绝对贫困人口问题，是解决经济发展问题。所以现阶段我国的这种经济水平，要奢谈取消集贸市场无疑是天方夜谭。

我们常常骄傲地宣称：我们是以世界7%的耕地，养活了世界上21%的人口。我们的农民为13亿人口提供了足够的粮食，这不能不是一个世界性的伟大贡献。可是，我们往往很少想到，我们是在以占世界上41%的农民才养活了这21%的。这只能说明，我们的农业目前还相当落后，绝大多数的农民生活水平还很低。

1988年，日本90%以上商品流通靠批发市场来实现，经过20年时间的发展，其批发市场数量减少了30%多。这个进程在中国，时间肯定比日本、西方国家长。所以，在最近的几十年内，集贸市场不可能取消。

第二，从恩格尔系数上来分析。恩格尔系数是指食品支出占工资总额的比例。当食品支出高于总额的60%的时候，这个社会是贫困社会，100元收入，拿出60元用于吃的，说明处于贫困社会。如果恩格尔系数低于60%，达到50%~59%，处于温饱社会；达到40%~49%，处于小康社会；达到40%以下，就进入了富裕社会。发达国家居民的恩格尔系数平均不到20%，并且拥有现代化的物流配送系统和高度成熟的农业产业化链条，农贸市场才得以"功成身退"。而中国居民的恩格尔系数虽然年年下降，2003年仍达到46%，一日三餐还是老百姓最大的消费支出。恩格尔系数的巨大差距，决定了在价格和购物环境二者之间，大多数中国老百姓还是选择农产品批发市场。而农产品批发市场的服务对象是大众，是低收入者，是下岗职工、城市的贫困人口，所以，农产品批发市场是为社会最需要的大众服务的。实践是检验真理的唯一标准，绝大多数老百姓每日离不开的消费方式，不是一个文件、一个规定就能取缔的，有他存在的必然性。

第三，从中国文化传统和民族习惯看。几千年形成了农村的集市贸易，形成讲价交易，这是长时期积存的，一下子改变难度很大。正如放爆竹，今年北京还可能解禁，尽管危险多，为什么还有人放呢？因为这是民族习惯的积累，一时间改变难度很大。所以，集贸市场这种传统也不可能在短时期内被抹掉。

第四，在商品流通里，任何一种流通形式都不可能包揽天下。不管是超市也好，物流配送也好，电子商务也好，再先进的形式也不能包揽天下，而集贸市场正好是错位经营，它的服务对象是大众，是低收入者，是下岗职工，为社会提供最需要的大众服务。

在商品流通中，能卖出东西的就是真理。现在，很多大商场、大商厦在亏本，举一个例子：比如北京万通，从1996年开业到1998年，三年中亏了2000万元，即每天开门亏6万元。在1998年改成万通商品交易市场后，当年开辟出500多个摊位，收取租金4000多万元，不但还了2000多万元的亏本金，还缴了1200万元税金。因此，我们不能讲，赚钱的就是落后的，亏钱的反而是先进的，这个道理在任何地方都讲不通。所以，在商品流通中，只能把实践作为检验真理的唯一标准。

第二个问题：农产品市场的交易格局及我国农产品市场发展方向

从世界范围来看，世界农产品市场的发展和交易情况的格局主要有下面四种：一种是以日本、韩国、中国台湾地区和欧洲荷兰等为代表，以拍卖交易方式为主。一种是以美国、法国、西班牙、葡萄牙和北欧等为代表，它们以连锁、配送方式为主。比如法国巴黎的市场，面积足有10000多亩，连锁、配送等业务什么都有。一种是以瑞士为代表，以超市方式为主，农产品进口和流通靠超市来完成。还有一种是以中国、越南等东南亚发展中国家为代表，以对手交易方式为主。

在我国，面对2.4亿农户和9亿农民的现实情况，面对我国农产品的"大流通对小生产"的局面，面对我国农产品标准建设的滞后和不完善，农产品的拍卖不适合中国现阶段的发展现状，农产品流通也不适宜搞超市化，我认为，农产品的配送应是农产品流通的主要发展方向。

第三个问题：当前我们农贸市场存在的五大危机

农产品市场不可能取消，不等于你所在的市场不可能取消。万事万物都有它自身发展的规律，现在我们农产品市场也到了发展的一个关键时刻，存在着五大发展危机。

第一个危机：随着城市环境整治力度的加大，低档次的市场将不复存在。农产品市场大多设在城市市区，现在，随着这些地区社会发展及城市化进程的推进，低档次市场、露天市场和脏乱差市场就会被撤销。比如：北京市要求对集贸市场用三年（2004~2006年）治理整顿，2007年巩固，2008年准备顺利举办奥运会。全国各地相关的市场整治也是大势所趋。

第二个危机：市场投资主体多元化及外省市投资主体的相互渗透，市场的竞争在加强。前十几年办市场多属于政府行为，多数是国营集体企业承办，现在有个人投资和民营投资这个趋势。这个趋势在农副产品市场行业不明显，在家具市场、小商品市场和服装市场已经形成一种新的潮流。今后，相信也会慢慢地进入农副产品市场行业中来。同时，来自国内跨地域同行业间的竞争日趋加剧，区域竞争的格局已是初露端倪。

第三个危机：外商的进入。对于外商的进入，有些市场可能会面临着灭顶之灾。首先我们在资金上根本无法与外商抗衡。举一个例子：中国连锁超市100强相加，去年的营业额只有1000亿人民币，但美国沃尔玛一家连锁公司，去年营业额就达到2189亿美元。就是说，中国的100强相加，只有美国一个公司的1/20。北京市最大的商业集团是王府井商业集团，其12年营业额（1992年成立）相加只有沃尔玛一年营业额的1/97，这是个多么大的差距。现在，世界500强和连锁超市前10强都已进入中国内地，并且在全国各地主要消费城区扎下了根，对我们自己的领域冲击越来越大。同时，在管理软件、管理模式、管理思维上，我们的差距都明显很大。

第四个危机：随着人民生活水平的提高，对购物环境的要求越来越高。据观察，现在我们农副产品的一些零售市场，每年消费者的群体和数量正在逐年下降。为什么？因为现在市场如果没有空调、滚梯等较高档设施，一般年轻人或收入高一点的人是不会进入这些低档次的市场的。

第五个危机：行业的信誉危机、诚信危机。随着人民生活日益提高，人们开始特别关注自己健康。比如每周食品质量报告等问题，时刻都在提示消费者注意食品有没有添加剂和防腐剂超标、蔬菜有没有农药残留等等。甚至有专家提出：如不加大整顿，50年后中国人将不能生育。以致老百姓已经发生了食品恐慌。而且所有的质量报告最后都建议消费者到大型商场和技术含量高的商场去购买商品，不要到集贸市场去买食品，这种长期的宣传会造成集贸市场的信誉危机。

我们这个行业，特别是对自己的企业，不管是"发展是硬道理"，还是稳定求发展，归根到底还是离不开"诚信"两个字。我们要有正确的价值观，要遵从社会的道德规范和商业伦理，始终把诚信放在突出位置，对农民负责，对消费者负责。没有这一条，什么企业发展都是不会持久的。一些很有名望的企业，包括个别农业产业化龙头企业，就是因为没有诚信，一再进行欺诈，最后出了问题。一个好端端的企业毁于一旦，给国家和社会带来了无法挽回的巨大损失，教训十分惨痛。没有诚信，这是必然的下场。

第四个问题：对农产品的市场情况的通报

我们农副产品市场是与"三农"最贴近的，也正是这样，我们要更关注"三农"问题。今年1~10月，蔬菜总的价格趋势是上扬的。我国北方农产品蔬菜从去年的0.65元，到了今年（2004年1~10月份）的0.73元，平均每斤上涨了8分钱。北方的生姜、大葱、黄瓜等价格都有所上涨。但是，也有一部分是下降的，尤其是大白菜更是降到2004年的最低价格，北京是每斤5~6分钱。从市场分析看，原因主要有：

（1）大白菜2003年平均价格是每斤0.30元，农民大量种植，致使市场上供求关系严重失衡，市场供求量过剩，白菜卖不出去。

（2）今年天气普遍变暖，病虫害减少，风调雨顺，白菜产量增加。

（3）今年上半年其他蔬菜价格偏低，影响了农民种菜的积极性。

第五个问题：协会的廉政建设问题

今年党的十六届四中全会通过了《加强党的执政能力建设的决定》，其实，对我们的协会来讲，也要强调自己的廉政建设。现在，我们协会正一步步发展壮大，我们的会员也越来越多。但是，我们每年也有个别的会员因为自己的原因，在这个方面没有做好。

加强农产品协会自身的廉政建设：一是要学法懂纪，要"强规"。二是要强化制度建设，增强遵守制度的自觉性，要"守制"。三是要强化监督机制，推动公开化制度，做到"强监"。四是要提高自身素质，要"慎独"。这是个艰巨的工作，也是我们需要常讲常抓的工作。

（2004年12月5日，在"中国农产品市场协会第四次全体理事会"上的讲话）

甘愿为首都"菜篮子"奉献

新发地村地处丰台区中南段，村域面积4.69平方公里，由5个自然村、1870户村民组成，总人口4679人（农村人口4069人，居民610人）。改革开放初期的1978年，新发地村村域人口3389人，总收入193.6万元，纯收入77.4万元，产业结构主要是一产，占总收入的64.7%；二产占总收入的34.7%；三产占总收入的0.6%。2006年，新发地村总收入31349.3万元，纯收入8800.1万元，一产已没有，二产收入1127.6万元，占总收入3.6%，三产收入30221.7万元，占总收入96.4%。

顺应改革大潮　兴建市场

新发地村的农民世代以种菜为生，勤劳质朴，默默无闻。在20世纪80年代之前，我们困守着"日出而作，日落而息"的生活模式，沉寂在社会潮流之外。随着中国全面改革开放、推行社会主义市场经济带来的机遇，1988年我们这个贫穷的小村子也卷入社会变革的大潮中。

由于我们新发地村位于城乡结合部，紧邻京开路和丰南路交叉口，村周围方圆几公里都是菜农承包的土地。改革开放前，我们这个地区就是京城重要的蔬菜基地。在国营菜店一统天下的年代，新发地村民的主要任务就是如数种好商品菜，市二商局百分之百收购农民的蔬菜。土地承包后，农民自己有了土地，市二商局也不全收了，开始三七开，农民可以自留70%，30%销给二商局。随着统种统收政策取消，农户种植农副产品产量随年加大，短时期内出现了农民卖菜难的问题。1985年，正是北京市由计划经济向市场经济转轨的新时期，北京市政府提出打开城门放开价格，欢迎外地农产品进京。我们新发地由于地域上的优势，逐渐形成了一个规模不大的农贸自由市场。1986年、1987年在新发地农工商联合公司西侧黄陈路、北侧丰苑路路口附近，菜农摆起了菜摊，远方小商贩不断来贩运，北京南郊与临近京城的河北省农民也挑着自产的农产品在露天场地驻足，"马路夜市"自发形成，而且人越聚越多。问题很快接踵而至，交通堵塞，脏乱差，甚至连路过新发地的公共汽车司机都怨声载道。由于市场没有管理，不但堵塞了交通，而且破坏了环境，成为大都市边缘的一块"膏药"。我每天早上起来的第一件事，就是去市场清道轰人。可往往这边刚清走一批商贩，那边又来了一批，这让我们大伤脑筋。正在我们一筹莫展的时候，当时的丰台工商所所长田振梅对我说："你们还不如因势利导搞市场，彻底解决农民卖菜难的问题。现在北太平庄、大钟寺那边的市场已经搞起来了，你应该去考察一下。"说干就干，于是村党总支就派我们几个人到北京市内现有的几个市场搞实地考察，真是受益匪浅。考察回来后我们就向丰台区政府提出建议建立蔬菜批发市场，对买卖双方进行规范管理。1988年初，在丰台区政府有关部门的支持、指导下，我们新发地村党总支在村口菜农聚集的地方，投资15万元，组织15个村民，连夜用水泥杆、铁丝网圈起了15亩地，中间铺上焦渣。白天我们一起平整土地，晚上一起研究方案，度过许多不眠之夜，也曾流下过辛勤的汗水和辛酸的泪水……市场建好了，我们就引导游散于村口路边的菜农们"入场"交易，由丰台区工商局和新发地农工商联合公司共同管理，这便是今天首都最大的农产品批发市场的雏形。创建第一年初新发地市场的面积是15亩，第二年开始就逐步发展到25亩、40亩、60亩、80亩、100亩……成立那一年交易量0.4亿公斤，总收入是8.5万元，从第2年开始分别是28.3万元、59万元、99万元、213万元……这么多年来，没有一年不扩大面积的，没有一年不增加交易额交易量的。

随着国家经济的日益繁荣，北京市民消费水平日益提高，交通运输、通信、商业网络等公共设施逐渐完善，宽阔的京开高速公路和四环路紧邻新发地直线通过，这些因素给新发地市场开辟出更加广阔的发展空间。新发地村有一个位于城乡结合部的自发市场，面对上千万人口的消费市场，背靠本地十几万亩菜地的蔬菜产区和京津冀上百万亩大菜田，有着产销枢纽的优越地理位置和便利交通，近则覆盖北京，远可伸展全国，聚合节点的区位优势显而易见。北京市"十五"期间总体规划在四环路外建六大农副产品批发市场，新发地市场第一家被确定。2003年市场进行的现代化升级改造项目作为北京迎接2008年奥运会的重点工程，得到了北京市政府的支持和指导。

1988年前后新发地经济起步的同一时期，具有类似良好发展条件的村庄和市场比比皆是，但其中有很大一部分最终湮没在市场竞争的历史大潮中，而我们新发地市场发展壮大起来了。这首先得益于我们村有一个相当稳定的管理层，班子大部分成员是土生土长的新发地农民。其次是我们不光一年365天蹲在市场，而且还要潜心琢磨批发市场运营中的内在规律，和市场经济接轨，我只是这个管理层的一个领头人。现在我村党委班子共7人，共15个党支部，包括联合公司、村委会党支部、6个村民小组党支部、6个企业党支部和外地经营者乐园流动党员党支部。本村党员现有153名、流动党员122名。

从农民到经营者的艰难转变

在我们的严格管理和精心培育下，市场逐年发展起来，商贾云集。但市场的治安工作也成了头等大事。新发地市场每天有1.2万辆汽车在进出，三四万人在交易，庞大的交易规模带来了人、财、物的大流动。而且市场从业人员来源广，成分也比较复杂，管理好这些人的确不是一件容易的事，治安工作更是市场各项工作的重中之重。为了保证客户、商贩、顾客有一个正常的、公平的、安全的、宽松的交易环境，村党总支决定投入巨资并多方协调，不断加大治安管理力度。设立了蔬菜市场治安办公室、果品市场治安办公室，制定了交易管理制度，确定了处理纠纷"公平、公正、公开"的原则，重金聘用400多名保安员，仅此一项经费每年需支出400余万元。负责治安的人员24小时值班，保安员、治安员、便衣警察昼夜巡逻，哪里出现问题就赶到哪里，按市场管理规定处理纠纷，旗帜鲜明，注重抓苗头，尽力把事故消灭在萌芽状态，预防并严厉打击犯罪行为，使市场在有序的状态下发展、壮大。

这当中发生了许多故事。河间市一位农民拉着一车黄瓜到市场来卖，被人骗走了1700元，治安人员奋力破案将款追回，这位农民写来了两封感谢信，还送来了锦旗。大兴孙村的一个人买了唐山人的两车粉条，计16万元，没给钱就开车跑了。市场治安人员连饭都顾不上吃，一直查到晚上9点，终于找到作案人的姐夫家，当场要回50000元。后来我们又帮助受害人起诉到大兴县洪信人民法院，胜诉后，作案人分三次缴回11万元货款，通过运用法律武器我们将这桩案子画上了圆满的句号。这几件事处理的结果，使广大客户、商户能安心地在新发地市场上安家、经营了。

为了进一步加强防范，2001年8月村党总支投资70多万元建成电子监控中心。19双"电子眼"，24小时电子监控，日夜监管市场秩序，扫描市场的每一个角落，其中11个探头可以进行360度旋转监控。用这些电子监控设备，可以跟踪记录下企图危害市场秩序的不法分子的所有行踪和作案证据，工作人员坐在监控室里通过屏幕就可以对整个市场的经营秩序一目了然。这对于批发市场打击偷资扒窃、敲诈勒索、强行收取保护费的不法分子，对于及时公平、公正、公开地处理各种交易纠纷，加强治安管理，为客户创造安全、宽松的交易环境，起到了很好的作用。

为客户服务　求市场发展

为解决广大客户、商户的后顾之忧，为外来经商商户提供良好的居住环境，村党总支投资6000万元建立了19栋板楼、建筑面积43000平方米的外地经营者乐园，可容纳600多户商户入住。至于入住租金，我们对市场内经营大户、有一定规模的商户给予优惠。市场每年评选出的文明商户可优惠20%，市场协会会员可优惠10%。同时为了进行物业管理，还安置了我村60多个村民在乐园就业。经营者乐园的发展得到了各级党委政府领导的关心和支持，2005年11月，北京市委副书记、市政法委书记强卫到我村经营者乐园来检查指导工作，并到商户家中参观，亲切地询问了商户的生活情况。经营者乐园在为我村取得经济效益的同时，也使我村外来人口管理工作逐步进入正规有序的轨道。

　　我们村党组织在十几年的市场经营管理实践中为市场构建了一套严整有效的运行规则，确立了"让客户发财，求市场发展"的服务宗旨。我经常告诫员工："我们要把新发地建成北京最大的农产品交易市场，建成世界最大最好的交易市场。我们的硬件可以用钱来买，但我们的软件——全心全意服务客户的宗旨是需要我们用心血去打造的。""让客户发财，求市场发展"这10个大字烫金镶在新发地综合办公大楼的楼顶上和果品批发市场的东门两侧，我们让所有管理人员和员工时时用这10个字衡量自己的工作，检验市场的制度，规范日常的服务，这10个字成为新发地市场铁定不变的办场宗旨。我们坚决不允许市场工作人员在场内采购任何物品，甚至不允许工作人员上班抹口红、穿高跟鞋，其目的是让管理者与交易者能够更贴近，服务更周到，管理更公正。我们制定了灵活的管理收费制度，其管理费的收取一直低于政府规定标准的下限。从1988年建场开始我们就把市场管理费的收取控制在成交额的1.5%～2%，这无形中降低了农产品市场交易的成本。在让利给客户的同时，也优惠了一日三餐少不了蔬菜的北京市民，同时对挣钱少的客户酌情减免相关费用，对赔钱的客户免收所有费用，我们还会派工作人员帮其分析赔钱的原因，甚至倒贴路费，目的是让客户到市场做生意感到人文关怀。

　　河北省丰宁满族自治县农民王文勇在市场饭馆丢失了一只内有3400元现金的提包，当他回到老家给市场打电话询问时，惊喜地得知提包和里面的现金票据完好无缺地放在市场办公室。如今"经商德为本，文明花常红"，"以道德经济发展市场"的理念已渗入新发地全体员工的血管里，深入市场的每一个角落、每一个环节。

　　此外我们常年派工作人员到全国各地蔬菜产区寻访，目的是了解情况，减少盲目流通，帮助产地农民规避市场风险。有的长途运销客户途中被乱收费乱罚款后，我会利用各种机会设法找上级主管单位和媒体呼吁，帮他们讨回公道。

　　自2003年起，我们投资5.53亿元巨额资金全面启动了市场升级改造工程，为的是以更快的速度将新发地市场建设成"北京大型，全国一流"、符合首都国际化大都市建设要求的现代化大型农副产品综合批发市场，以迎接2008年奥运会的到来。升级改造规划了三大功能区，即综合交易区、仓储加工配送区、农产品展销与商业服务区。建设十个中心，即市场交易中心、拍卖中心、电子结算中心、信息网络中心、检测中心、仓储物流中心、加工配送中心、商务中心、展销中心、生活服务中心。提升市场功能，即实施入场商户资格审定制度；落实入场交易产品的"三化标准"，建立全程可追溯制度；改进交易方式、结算手段；建立稳定的经纪人队伍，实施好市政府倡导的放心肉菜工程。构建管理系统，即以市场整体升级改造为契机，积极引进人才，大力推进市场，建立现代企业制度，健全公司体制，并使之逐步具备投、融资功能，最终成为上市公司。以建设信息主导型农产品批发市场为目标，建立相对完备的农业信息系统，发布每日交易快讯，满足查询需要，提供最新动态报告，为首都农业信息系统建设作出应有的贡献。目前升级改造的大部分项目已经完成，新发地市场初步成为一个现代化的大市场。

这些年，场地年年在扩大，交易量、交易额和利润也年年在增长，市场现占地面积1520亩，总资产10.6亿元。2006年总交易量达到60.5亿公斤，交易额近151亿元；2007年，各类农副产品总交易量70亿公斤，总交易额200亿元，在全国4600多家农产品批发市场中交易量名列第一。其中蔬菜、果品两大项已占到整个北京市60%以上的市场份额，是首都人民名副其实的大"菜篮子"和大"果盘子"。

目前的新发地市场由蔬菜、水果、粮油、水产、特菜、种业等多个批发市场组成超大型市场群，集办公、信息、经营、仓储、货运多种功能于一身、配套完善。每天进场交易的客户达5万人次，每天进出的车辆超过1万辆，交易的产品不仅仅来自京郊或冀、鲁、豫等邻近省份，而是南到海南，北到黑龙江，西至新疆，东至上海，甚至来自国外。实现了"买全国卖全国"大型农产品集散中心的功能，在全国农产品生产、运输、销售的产业化格局中，极大地发挥着龙头企业的带动作用。市场先后获得了"全国文明市场"、"全国重点联系批发市场"、"农业产业化国家重点龙头企业"、"全国优秀市场"等多种荣誉称号。

新发地市场20年的发展为首都人民提供了一个安全可靠、方便实惠的大"菜篮子"。现在北京70%以上的蔬菜、80%以上的果品、90%以上的进口水果以及人们日常生活必需品，基本由新发地市场供给。为了让首都市民吃得放心，市场在工商部门的指导下，制定并实行"双查双验"制度，对运输农产品的车辆在入场时检查产地证明和检测证明，出场时检查购买货物和销售凭证（对持有检测证明或产地证明的商户，市场优惠20%的入场费），结合日常检验检测，形成了一套完整的农产品质量安全可追溯体系。市场还成立了北京市首家跨区县"猪肉产销联合体"，确保肉类产品安全供应。交易的大吞大吐和品种的极大丰富，自然调节，使新发地市场农产品价格在全市一直保持最低水平。在此基础上，市场大力发展直销配送业务，在市区内开设了便民菜店和大卖场，减少农产品中间流通环节，把实惠让给消费者。

保障供应　回报社会

一个企业的发展离不开社会方方面面的支持，企业做大了回报社会是理所当然的事情。我们新发地市场，在平常时期是首都人民的"大菜篮子"，在保障市民的供应方面作出了一定的成绩。但在一些特殊时期和关键时刻，市场又是社会稳定和安全的保障。

2007年猪肉价格的上涨，严重影响了首都市民的生活，也引起了国家的注意与关心。8月4日温家宝总理来到新发地市场视察，我一直陪同，印象非常深刻。他一个一个摊位详细询问猪肉购销各个环节的交易和价格情况。摊主如实回答总理的问题，并就猪肉市场情况跟总理无拘无束地进行讨论。"我来看看市场行情，现在的猪肉价格和销售情况怎么样？"温家宝来到第52摊位问。摊主钱广平回答说，现在平均每天能卖出1000斤肉，比最多的时候少了200斤左右，价格也比以前高了。价钱便宜时销量大，挣得多，价钱贵了卖得少了，利润也比以前要少些。钱广平心情忐忑地问总理，"您说价格能落下来吗？"总理没有搪塞，而是耐心地给他讲了道理:"我们已经采取了一系列措施,关键是调动农民的积极性,发展生产。只要政策得当,供应量就会反弹,价格会有所回落。但生猪养殖有个周期,需要时间。"钱广平的一句"您说价格能落下来吗",确实算得上"无拘无束",没有半点客套,直奔主题,把温总理当"自家人"了。温总理的话带有全局性、宏观性,但人们体味到两个字"难"、"急"。百姓难,温总理也难;百姓急,温总理也急。温家宝总理对我们新发地市场的考察,体现了党中央、国务院对市民"菜篮子"问题的关切之情。我作为市场的工作人员,看到这种场面很受感动。

2008年初,一场猛烈的暴风雪袭击了我国南方,这场猛烈而残酷的大雪是百年不遇的,同样是冰雪,在北方人眼里也许没有什么,可是在南方,雪带给人民的不仅仅是惊奇,还给人们生产生活带来了难以想象的困难,冰封的道路、冻裂的电缆、急需的供应……大雪无情人有情,新发地市场作为农业产业化龙头企业、北京市最大的批发市场、新发地村的支柱企业,通过各种方式对灾区人民献上了拳拳爱心。

冰雪灾害导致公路铁路的运输困难,影响了果菜车辆的进京,大批南方果菜运输车辆滞留在南方各省市高速公路上,为了保证北京市农产品的供应,尽最大所能帮助菜农果农减少损失,我们新发地村党委马上召开紧急会议,通报了我国南方雪灾的情况,让大家群策群力讨论,我们能为灾区人民做些什么。会上决定自1月19日起新发地市场免收所有车辆的进场费,到3月份市场进场费减少750多万元,为确保主要农产品有效供给首都、稳定市场、稳定社会,我们新发地村作出了自己的贡献。

灾区的赣南脐橙因为雪灾延误了销售的好时机,我们新发地市场作为赣南脐橙进入北京的第一站,为扩大灾区商户水果的销售份额,特开辟绿色通道,除免除进场费外,还开设爱心脐橙销售专区,并与销售方签订2000吨的采购意向,通过努力,至3月中旬,爱心脐橙在新发地市场卖了7300多吨,很多商户疲惫的脸上露出了欣慰的笑容。为了赣南脐橙能够增加销售量,新发地市场还召开了爱心脐橙产销对接会,通过这个平台,使得十余家经销商与产销地政府签订了脐橙购销意向书,现场销售1万多箱,市场对现场购买脐橙的爱心人士送上了爱心卡留作纪念。

为了使灾区能够更好地重建家园，在"农业产业化龙头企业参与抗灾救灾恢复生产座谈会"上，新发地农产品市场心系灾区、情系灾民，慷慨解囊，我作为村党委书记、农贸市场董事长，代表5000名新发地人民向灾区当场捐款30万元，帮助灾区人民抗灾自救，重新建设美好的家园。同时我们新发地村党委，还号召全体村民、企业职工和全体党员干部为灾区人民捐衣、捐被，全村共为灾区捐衣被285件。2月2日早6点，我村的村办企业汉龙货运中心还紧急抽调30名员工，到岳各庄民政局救灾物资仓库，同广大北京武警官兵、运输管理处人员一道投入搬运救灾物资的战斗中，使救灾物资尽快送到灾区人民手中。

我还担任中国农产品市场协会会长，自从担任这一职务后，我更加感受到农产品有效流通和农民增收的责任重大。针对社会上"三乱"现象猖獗，市场协会多方呼吁奔走，国家公安部为此专门下发文件，责令全国交警部门对农产品运输"不准卸车、不准罚款、不准扣留"，再次为鲜活农产品运输绿色通道畅通提供保障。针对国家工商部门向市场征收管理费的举措，以市场协会的名义专门向政府部门反映市场减免管理费的愿望和要求，得到国务院领导的高度重视。北京等省、市已经率先于2005年停止对农贸市场征收管理费，如果全国都实施这一政策，全国农产品市场一年将为此受益170多亿元，而最终受益的将是广大农民和消费者。2003年11月上旬，我和国内几位主要市场的负责人及国务院有关领导，参加了在葡萄牙首都里斯本召开的世界批发市场联合会第23届年会，拜访时任世界批发市场联合会主席冈萨雷斯等广大同行，提议中国申办世界批发市场年会，经过多方努力，申办获得成功。2007年，世界批发市场年会在中国召开，进一步促进了我国农产品市场的发展，提升了我国农产品市场的国际影响力。

依靠大市场　搞活地方经济

"建一个市场，活一方经济"。在我和全体新发地员工的精心培育下，新发地市场在20年间滚雪球般发展起来。由于新发地市场这个大市场的存在，新发地村由一个原来不出名的小村子变成了北京市人流、物流、信息流、资金流的中心，变成了一个全国闻名的农产品集散地。围绕这个大市场，我们又大力发展直销配送，目前市场专营或监管配送业务的单位和个体户已发展到300多家，每天可向北京城内配送270多万公斤蔬菜。近几年市场又建立起了1500吨果菜冷藏保鲜库，为配送直销提供了极大方便。2003年，市场又投资1100万元建起了现代化的农产品加工配送中心，将市场内一些规模较大的配送中心集中起来统一管理。

利用新发地市场这个优势，我们村先后开办了木材市场、长途客运站、汉龙货运服务中心、金属结构厂、农机修理厂等32个村办企业和实体。

我们村的北京汉龙货运服务中心，是经市交通局批准成立的北京第一家大型、公用型货运服务场站，于1997年7月11日正式投入运营。总占地面积500亩，总建筑面积6万平方米，其中商住办公用房3.5万平方米，仓储库房2.2万平方米，附属设施0.3万平方米。具有商住办公、仓储、信息咨询、短途运输、车辆停放、住宿、加油、汽修、餐饮等一系列服务设施及服务功能。进驻的商户约200家，日货物吞吐量2000吨（不包括场外），每天场站停放的外埠车辆约600辆，年上缴国家税金1000万元（包括商户），配货量占北京地区的75%。2002年11月，顺利完成ISO9000国际质量管理体系认证。汉龙的定位、立足和发展，使企业由开始"给车找货、给货找车"的"拼缝"式小作坊经营发展成为"建立货物流通平台，服务货物运输市场"的具有一定规模的公用型货运服务企业，站内住房和停车位常年爆满。

旅馆业也随之发展，村办京新酒店、丰南路宾馆、丰新旅馆、新发缘宾馆、新发地旅馆常年接待出入京城的差旅顾客。以京新酒家为龙头的村办餐饮业生意兴隆，在北京南郊有很高的声誉。

在大市场的带动下，这些企业无论规模大小经济效益都很好，各企业的经济效益逐年上升，新发地村的经济蒸蒸日上。2007年我村30个经济实体共完成总收入2亿多元，纯收入8150万元，增加值328万元，上缴税金1383万元，纯收入比改革开放之初的1978年整整翻了107倍。同时我村开发建设了建筑面积 43 万平方米的"天伦锦城"住宅小区,不仅解决部分村民拆迁住房问题,商品房销售也非常火暴。小区内设有幼儿园和小学校,以及 4000 余平方米的大型会所,小区引入市政自来水、天然气,使村民的生活在便捷之余,尽享温馨、愉悦的品质。银行、医院、超市、海鲜果蔬市场皆环绕左右,举步可达,确保村民家居生活泰然无忧。

股份制改革　加快城市化进程

为了使全村的财产得到更加规范化的经营和管理,并且不断保值、增值,适应郊区农村城市化进程的需要,2002 年 8 月,新发地农工商联合公司改制成股份制企业,我任新发地宏业投资中心总经理。当时全村认真核实了在册的常住人口,共 4080 人,并对常住人口、村民的劳动时间、每口人的户籍股及每个劳动力的劳动贡献股详细计算,分三榜向群众公布登记结果,以求准确无误。户籍股占有资产量 2611.2 万元,折合 52224 股;占量化个人总股份的 19.9%。劳动贡献股占有资产量 10199.7 万元,折合 203992.2 股;占量化个人总股份的 77.8%。处理老社员的原始股金和处理未尽事宜预留资产 299.99 万元,占应量化到个人总股份的 2.3%,个人购买现金股总额 923.5 万元,折合 18469 股。这次改制的资产结果是:资产量化 18729.9 万元,折合 374596 股;收取股东认购增量股的现金 923.5 万元,折合 18469 股;总计资产为 19653.3 万元,总计 393066 股,其中集体共有 112379 股,股东个人持有 274685 股,预留处理老社员原始股金及未尽事宜股 5999 股。我们搞股份合作制,首先是对农民、对农村集体经济的一个保护手段和措施。股份合作制运行机制和原则与市场经济所需要的自主经营、承担风险、相互竞争是完全一致的,股份合作制运行法则和市场经济要求的规则是完全一致的。发展社区型股份合作制经济,可以将集体的净资产量化为集体股和个人股,每一位股民所占资产份额的多少一目了然,集体净资产量化给个人的股份有继承权和转让权。股份合作制实行的是一种新的决策机制和民主监督机制。股东大会是最高权力机构,重大投资和决策要由股东大会表决决定。在 2003 年 8 月顺利完成向全体股东发放了股权证，同时建立了股金账、清退了原始股金，对符合新发地宏业投资中心章程中关于清退入社老股金条件规定的19名村民，办理了股金清退手续，清退金额31344元。进行了股东股权的继承、转让办理过户手续的工作。2005年5月我们着手为336名股东办理了股权的继承、转让的过户手续。自全村完成社区型股份制改造以来，经济发展态势良好，经济指标平稳提高。2002年企业改制当年完成总收入2.8亿元，比上年增长515.6万元，增长1.9%；纯收入6282万元，比上年增长881.4万元，增长16.3%；上缴税金1042.8万元，比上年增长514.7万元，增长97.5%。2007年圆满完成了第五次股东分红工作，职工收入也逐年增加，老百姓从中得到了实惠。

建设新农村　惠及村民百姓

有了经济这个基础，新发地村党总支领导村民进行社会主义新农村建设就有了更大的发展空间。新发地村加快了现代化、工业化、绿化、美化建设的步伐。集体经济强大了，我们村民的生活环境、生活水平和福利待遇也在逐年提高。新发地村容村貌都有了很大的变化，一条条宽阔的道路迅速铺平修通，一间间旧民房很快拆平，一座座漂亮的住宅楼相继拔地而起。几年内我们共投资3000多万元，建起了占地600多亩环境优美的新发地海子公园，每到早晨老人们到公园里散步、打拳，不仅有本村的，还有附近南苑、西红门等地的，公园还被列为北京市绿化隔离地区建设重点工程。

多年来，村里成立"劳动就业办公室"，专门解决村民的就业问题，我们还为村民实行合作医疗，发放养老保险等。目前，我村农业劳动力有2882名，其中在村办企业上班的有2671人，直接就业率达到98%。鼓励村民自谋职业，并给予自谋职业津贴300元/月，目前有300多人享受着自谋职业补贴，也就是村民自愿到社会上谋求职业，村里每人每月发给300元的补助费，而且不影响本人在村里享受的医疗保险和退休养老待遇。有26人享受着每人每月300元的困难补助待遇。现全村561名退休人员，平均每人每月能拿到760元退休费用，最高退休金每月可达到1500元。我们还向村民作出"不挑不拣，十天就业"的庄重承诺，在新发地村搞卫生的村民，年收入不低于16000元。近几年来，每年为村民报销合作医疗费用以几十万元的速度递增，2007年初到现在，为村民报销合作医疗费用236万元，合作医疗最高报销5万元，对有原始入社股金的老人最高报销6万元。

在强大的集体经济支撑下，新发地村目前老有所养、少有所教，村域环境也建设得越来越美，呈现出一派欣欣向荣的景象。一个改革开放前沉寂、封闭、不起眼的贫困村在村总支的带动下，目前已成为农、工、商各业共同兴旺的社会主义新农村。

最高的荣誉　难忘的时刻

在多年的农村工作中，我本人先后被评为"北京市劳动模范"、"北京市优秀共产党员"，并连续四年被评为"京郊经济发展十大杰出典型"；2003年被评为"全国农村优秀人才"；2005年4月当选为"全国劳动模范"；2006年当选为中国农村新闻人物，2007年，被推选为北京市人大代表，履行人民代表的神圣职责。

2007年4月1日，是我终生难忘的一天。在这一天，我有幸陪同中共中央总书记胡锦涛一起在国家奥林匹克公园植树。

4月1日早晨，我早早起床，吃完早饭，到北京市委大院集合，在二楼礼堂开会，参加的人员有劳动模范15人，七八个志愿者，七八个小学生。在中央组织部的领导做完部署后，市委组织部一位同志问："谁是张玉玺？"我赶紧站起来答道："我是。"这位干部把我叫到一边，说："你的材料我们已经看了很多次了，事迹比较突出，所以定了你陪首长栽树。"我听到这里，感觉非常激动，其他同志把羡慕的眼光转向我。这时其他干部也将任务分配完毕。

参加栽树的人员统一乘坐大巴车，经过半个多小时的车程，到了奥林匹克公园，包和照相机留在车上。8点多钟，参加植树的人员全部到达指定位置，领好铁锹，等待首长的到来。

幸福的时刻很快就到来了。植树时我在胡总书记的右侧，有一名小学生在胡总书记的左侧。胡总书记非常和蔼，我们一起植树时他不停地和我聊天，渐渐地我就从紧张的情绪中走出来了，轻松地和胡总书记一边聊天、一边挖坑植树。挖树坑时，胡总书记非常细致，发现一块塑料布，胡总书记也认真地分拣出来。

胡锦涛总书记首先向我询问了村里的经济收入稳定情况，我都一一向总书记做了汇报，胡总书记又关切地询问村里主要靠什么发展，我回答说："主要靠新发地市场。"这时，北京市委书记刘淇答道：新发地村主要靠农产品流通领域发展经济，新发地市场是首都市民的大"菜篮子"、大"果盘子"。

这天上午，我和胡锦涛总书记先后种下一棵白皮松、一棵碧桃和一棵白蜡树，与总书记一同植树的经历是我一生最难忘的事。

这些荣誉对我来说不仅是莫大的鼓舞，同时更是一种鞭策，它时时刻刻提醒着我：为人民、为社会作贡献是我一生一世义不容辞的责任！

当好带头人　赢得百姓口碑

有人跟我说："事业做大了，要抓大事，老百姓的杂事少管，将军赶路，不追小兔。"但我认为，村干部本身就是中国最基层干部，是人民的公仆。农村干部是人缘干部，如果没有人缘，群众不信任你，不拥护你，你就别想干好农村工作。

我从2003年至今一直担任着新发地村的党委书记。我是一肩挑着批发市场，一肩挑着新发地村，让广大农民走上富裕之路。我觉得，一定要把老百姓的事情放在心上，一定要深入村民当中、百姓当中，绝不能高高在上。所以我一旦得知哪家村民家有大的困难，就要千方百计帮助解决，这是千载难逢的化解各种矛盾的好机会。村民家中有老人去世、子女结婚、孩子满月，我都要到家中去慰问。遇到我外出开会或出差的时候，我就让家里人或委托村里其他干部去村民家中慰问，送去村党委、村委会对他们的关心。另外，平常在村里我多骑自行车，不穿名牌服装，自己家里的房屋不搞豪华装修，同时还要管好自己直系亲属，日常工作注意自己的一言一行。

我认为考察一个农村党组织、农村政权的好坏，关键要看三条：第一条，看这个村经济是否逐年上升；第二条，看村民是否安居乐业；第三条，看村干部自身是否行得正。如果当了几年农村干部，不能使本村旧貌换新颜，经济不能逐年有所发展，人民得不到实惠，说明你这个农村党员干部干得不怎么样。农村党委书记是共产党的基层干部，也是最贴近农民群众的干部。群众的事你不办，还有谁来办。农村干部代表着共产党，你干好了，经济发展了，群众就会说你好，说共产党好，说社会主义好；你干得不好，人民不能得到实惠，群众就会连你和共产党一起埋怨。

虽然我们取得了一些成绩，但成绩只属于过去，未来任重而道远。我们新发地村今后的主要任务是：第一是抓紧进行旧村改造，加快我村城市化进程，搞好三个小区的建设：天伦锦城小区、陈留小区、潘家庙小区，2008年内要完成新二、新三村民小组360户、145个院的民房拆迁工作。第二是扩建改建3个大企业：农贸市场、汉龙物流中心、汽车交易市场。第三是加快农贸市场升级改造，加快农贸市场上市步伐，力争新发地市场二至三年内上市，成为上市公司。第四是办好30个小企业，对30个中小型企业不断完善，加强管理，尽最大努力提高经济效益，使村民安居乐业。第五是加强大环境整治，加强绿化美化工作，以京开路两侧绿化带为整治重点，使全村整体环境面貌有较大改观。

从1988年起，我从一个15名创业青年的带头人成长为500名员工的领导；从一个小型农贸市场的负责人到国家级中心批发市场的总经理；从一名普通党员到村党委书记，我始终恪守自己的人生信条："我要为农民办点实事，做一个真正的农民的儿子。"我没什么文化，也没有什么经商的经验，我只是边学习、边实践，我觉得自己在工作中取得的成绩要归功于三个方面，一是党的好政策，二是全体村民的支持，三是不断壮大的集体经济。我一不会抽烟、二不会喝酒，更不会打麻将，只会工作，而且是忘我地工作。多年来，我工作中没有周末，没有节假日，全身心地投入工作当中去。为了市场的发展我常年满负荷地运转，虽然很辛苦，可我感到很幸福很充实。有人说，金杯银杯不如百姓的口碑，金奖银奖不如百姓的夸奖，我实在没有这种奢望，我只希望群众见着我的时候，能有一个发自内心的笑脸，我就心满意足了。

（2008年11月，京郊农村改革开放历史变迁，《村官说村史》）

农产品批发市场的地位与作用

首先，我代表新发地市场全体员工和商户，对王主任和各位领导前来我市场视察指导工作表示热烈的欢迎。下面，我简单地汇报一下市场的基本情况、发展历程、主要工作和发展规划。

一 主要工作和业绩

总结新发地市场二十年的建设和发展，主要做了以下六件事情：

（一）为首都人民提供了一个安全可靠、方便实惠的"大菜篮子"

现在北京70%以上的蔬菜、80%以上的果品、90%以上的进口水果以及人民日常生活必需品，基本由新发地市场供给。为了让首都市民吃上"放心菜"和"放心肉"，新发地市场在工商部门的指导下，逐年加强检验检测工作，制定并实行"双查双验"制度，对运输农产品的车辆在入场时检查产地证明和检测证明，出场时检查购买货物和销售凭证，形成了一套完整的农产品质量安全可追溯系统。对持有检测证明或产地证明的商户，市场优惠20%的入场费。市场还成立了北京市首家跨区县"猪肉产销联合体"，确保肉类产品安全供应。交易的大吞大吐和品种的极大丰富，自然调节，使新发地市场农产品价格在全市一直保持最低。在此基础上，市场大力发展直销配送业务，2007年市场138家配送业主总配送量达23.6亿公斤，占总交易量的1/3。市场还在市区内开设40多家便民菜店和两个大卖场，减少了农产品中间流通环节，把实惠让给消费者。所以，人民在感谢政府的同时也感谢我们新发地市场。

（二）促进了"大生产、大流通、大市场"格局的形成，加速了中国农业产业化进程

从现实看，中国的问题是"三农"问题，"三农"问题的核心不在生产，而在流通。所以解决"三农"问题，重点是要让农民进入市场，参与流通，分享流通环节的利润。20年来的实践证明，新发地市场的发展，真正培育出了一大批完全能够适应市场经济规律的新型农民，通过他们成功的示范作用，带动千百万农民走上了发家致富奔小康的富裕之路。

（三）加快了京郊农业产业结构调整，带动京郊农民增收致富，促进"都市型农业"的发展

新发地市场的发展，极大地带动了京郊优质农产品的生产和销售。大兴、顺义的优质西瓜，延庆、房山的设施蔬菜，以及平谷的大桃每年都大批量地进入新发地市场销售。平谷大桃在市场内设立了直销窗口，还举办了多场大型推介活动；房山区组织龙头企业和名优农产品基地在市场内召开了产销对接会；大兴农委在市场内设立了大型广告牌，加大农业和农产品宣传力度。北京市农产品产销信息协会在2002年9月25日，组织京郊12个区县上百家农产品加工、流通的龙头企业，如华都集团、资源亚太等，在市场内召开了"2002年京郊农业绿色精品展销会"。我们对参展企业免去一切费用，给龙头企业创造条件，努力搞活农产品流通，引导加工型、贸易型龙头企业来推销自己的优质产品，让更多的消费者和客商认识并接受京郊农产品的绿色精品，让更多的"京牌"农产品走出首都、走向全国、走向世界。在农委的组织下，我们还于2006年组织市场当中的运销大户走进北京郊区农村，让他们实地了解北京的优质农产品和设施农业，以促进农产品销售和农业生产。

像这样的活动我们搞了很多，每一次活动都求真务实。这些活动的主要目的就是促进农业增效，促进农民增收，促进"都市型农业"的发展。

（四）为中国农村，特别是城乡结合部的农村发展经济作了比较大胆的探索

改革开放后，新发地村抢抓机遇，发展农产品市场，利用市场带来的人流、物流、信息流和资金流，集中力量发展第三产业，夯实了集体经济

的基础。现在，全村经济蒸蒸日上，村民安居乐业，干群关系密切，一切工作开展都很顺利。这种模式引申出的"新发地现象"，引起了社会各界的高度关注。

（五）培育了企业的核心竞争力，增强了村域经济的软实力

市场发展不但培养了技术、人才、市场、核心技能，更重要的是培植了别人难以模仿的竞争力，沉淀出了具有新发地特色的企业文化，增强了新发地村的村域经济软实力。

（六）关键时候为政府分忧，为百姓解难，尽到了一个企业应有的社会责任

2003年"非典"期间，北京市民因恐慌心理开始大批量集中采购生活必需品，造成了农产品市场菜价飞涨，在这个关键时刻，新发地市场作为首都的"大菜篮子"承担起了一项"保障供应，稳定社会"的政治任务。市场通过动员运销大户运菜进京、联系"场地挂钩"协议基地、降低市场管理费、通过行业协会组织会员运菜进京等多种措施组织货源，使大批无公害农产品从全国各地源源不断地运到北京，仅在30个小时之内就平息了一场爆发性的市场价格波动。稳定了市场、稳定了民心，保障了非常时期首都市民的菜篮子供应。但由于二级批发商和分销商为躲避"非典"，大部分已回外地老家，市场过量的供应造成了产品阶段性的供大于求，上市产品价格暴跌。为保护农民的利益不受损失，市场降低冷库的租金，鼓励运销大户大量收购并储存上市农产品，以调解市场供求矛盾。同时，市场积极发展配送业，将配送单元套房的房租降价50%，以此来搞活带旺买方市场，扭转农产品供大于求的局面，提高农产品的价格。

自今年1月上旬以来，我国南方部分地区出现了雨雪冰冻天气，导致公路交通运输大范围受阻。大批鲜活农产品滞留在路上或产地，错过了春节前的销售黄金时段，特别是盛产脐橙的江西赣州、湖北秭归、重庆奉节等地，因脐橙丰收，产量大增，但无法运出，给灾区农民造成了巨大的经济损失。而北方一些大中城市又出现了农产品供应告急。为支援灾区、稳定物价、保障供应，新发地市场想了各种办法，动用了各方资源，广泛联合生产基地，积极组织各种货源，并果断采取免收全部入场费的措施，降

低商户的经营成本，调动商户运销农产品的积极性。从1月26日开始至2月底一个多月的时间里，市场共减免各项收费1400多万元。为支援灾区脐橙销售，新发地市场从正月初二开始免收脐橙销售的所有费用，还对经营大户给予现金奖励。同时，广泛联合社会机关团体集中采购，加快脐橙销售。这些措施的实施，有力地带动了脐橙的批量销售。据不完全统计，从正月初三开始到正月二十九，不到一个月的时间，新发地市场仅赣南脐橙销量就达6460多吨，加上湖北秭归、重庆奉节等地的脐橙，新发地市场二十多天内所有脐橙总销量突破了1.2万吨。春节后天气越来越暖和，极不利于脐橙的储存，为了让商户加快速度，尽快把脐橙销出去，3月4日上午，新发地市场又在脐橙交易区隆重举行了"爱心橙"产销对接会。在活动现场，很多机关团体的负责人应邀参加并批量采购了脐橙。市场还对批量采购的单位现场发放"爱心卡"，为他们提供多项优惠政策。应该说，新发地市场为灾区恢复生产作出了一定的贡献。

市场还向全体职工和商户发出了"伸出援手，奉献爱心"的倡议，号召市场职工和商户为灾区捐款捐物。根据北京市农委的统一组织和安排，市场拿出了30多万元，通过中华科技基金会捐到灾区，向灾区奉献一片爱心。

二　下一步发展规划

现在，新发地市场现已确定了明确的发展方向，即按照"北京最大、全国一流"的总体目标、将市场建设成为与"新北京、新奥运"相匹配，符合首都国际化大都市建设要求的现代化大型农产品批发市场。眼下，市场建设正在如火如荼地进行。随着升级改造工程的进一步实施，功能区划分明确、交易方式优化提升、服务设施配套齐全，一个现代化的、充满生机与活力的市场群将出现在首都城南，为保障首都市民"菜篮子"供应，带动全国农民"菜篮子"生产发挥更大的作用。

（2008年3月8日，在接待北京市农委主任王孝东时的发言）

强化服务功能　　搞活果菜流通

我国加入世界贸易组织以来，农产品市场竞争日益激烈，果菜产业面临着更多的机遇和更加严峻的挑战。中国农产品市场协会作为我国农产品流通领域中的专业协会，将如何强化协会牵线搭桥、协调关系、凝聚力量、行业自律等多种服务功能，抢抓机遇、化解挑战、搞活流通？

在党的"十六大"报告中，我们成立农产品市场协会的一个重要目的就是想方设法为农产品市场的健康发展创造条件，提供便利，我们的一切工作都必须服从和服务于这个中心。我已搞了整整13年的农产品市场，一直这样认为：市场发展是硬邦邦的道理，办市场，市场不发展，一切都等于零。今后，我们协会工作的出发点是为会员单位的发展服务，归宿还是为会员单位的发展服务，绝不干一些形式的、意义不大的、实效性不强的事，为会员找事、添麻烦。

维护会员的合法权益，多办实事：协会作为行业组织，必须要维护各会员单位的合法权益。在这一点上，我们要理直气壮地为会员单位说公道话，尽最大努力保护我们的合法权益不受侵害，多为会员办大事、办实事，绝不能顾此也疼、失彼也怕，唯唯诺诺。

冷静面对"入世"，多搞研究、调查：中国加入WTO，有危机也有希望，是机遇更是挑战，这些话可能谁都会讲。"入世"对中国的农业，特别是农产品到底有多大冲击，我们的农产品市场协会到底能在抢抓机遇、化解挑战当中发挥多大作用？我个人认为，我们还认识不够深、理解不够透。目前，社会上普遍的反映是"入世"后挑战大于机遇，利大于弊。有人说是"狼来了"，我看则是"浪来了"，而且是大潮大浪来了，大浪淘沙，强者生存，风口浪尖，勇者无畏。

入世后，国内、国外两大市场尽管在近两年不能很快合并为一个大市场，但经济全球化的趋势是不可阻挡的。而另一方面，我国的蔬菜产业是优势产业。12月中旬，我在"河北省蔬菜产业发展研讨会"上，听农业部张真和处长讲，世界上全年蔬菜总产量是6.69亿吨，中国全年总产量是2.7亿吨，占到全世界的31%。世界人均蔬菜占有量是110.5公斤，而中国人均占有量是217公斤。从总量到人均，都高于世界水平，这就是我们的优势。

劣势和优势的交叉，使利益与矛盾交织，信心与疑惑伴生。如何抢抓机遇，化解挑战？按照WTO的原则，政府只能当裁判员，绝不能插手干预经济，而这些实实在在的工作又是必须要做的，而且任务也很重。这就为我们农产品市场协会的成立、存在、发展提供了广阔的前景。我原先看过几份材料，都讲了行业协会在处理本国与他国贸易争端时发挥的重要作用。我先举几个例子：

美商在日本开店的案例：前些年，日本东京的消费水平长期高居世界第一位，因此美国专门开办消费品市场的商人就想在东京开一家新的商品市场。东京有关企业登记注册的部门在接受其申请的同时告诉美商：政府只管按符合WTO市场开放与非歧视等原则制定的相关法律对该市场是否可以在东京设立和开业作出许可，但根据日本有关行会的法律规定，相关行业的布局规划和上市标准还同时须经东京都商业行会来认定。结果根据有关行会制定的行规答复美商，要在东京设立美资商品市场是允许的，但要按照行会的统一要求，必须建到离东京几十公里甚至100公里以外的地区，美商只好取消了原来的计划。

墨西哥控制美国进口西红柿的案例：美国西红柿生产商想打入墨西哥市场，墨西哥农业协会负责西红柿方面的专业委员会特地为此制定了一条新的行规：凡直径大于7厘米的西红柿不得上市，结果由于美国西红柿普遍在外观上大于本地西红柿而最终退出墨西哥副食品市场。

英国为美国糖果设置技术壁垒的案例：美国糖果大批涌入英国，引起英国糖果商的反对，他们马上要求相关的糖果行会采取措施。由于这种大批进口尚不构成反倾销诉讼案件，经过大量调查和抽样检查后，英国行会发现美国糖果的色素普遍偏高于本地糖果，于是很快修订了原来行会颁布的允许上市的糖果色素度，宣布凡高于该色素度的糖果可能有害消费者健康。结果英国消费者不购买美国糖果，美商只好退出英国糖果市场。

通过以上案例可以看出，各国的行会充分地运用本国的有关法律规定这个手段，在不影响WTO总原则的情况下，设置了许多技术壁垒，通过这些技术性市场壁垒和贸易壁垒来达到保护本国商品的目的。前几天，在中、日两国关于农产品问题的会谈时，我国大蒜协会的领导也参加了会谈，发挥了很大的作用，也收到了很好的效果。中国农产品市场协会的成立，能在我国农产品的进出口方面发挥很大的作用。今后，我们也要研究制定许多措施和原则，来保护我国农产品的利益，让入世由"引狼入室"变为"与狼共舞"。

总之，中国农产品市场协会成立后，有大量艰苦细致的工作要做，也有很长的坎坷之路要走。刚起步，如同蹒跚学步，困难很多，但我们信心百倍。我们相信，只要大家心往一处想、话往一处说、劲往一处使，协会的事就一定能办好，就一定能为全国的农产品流通作出贡献。

（2002年12月11日）

发挥优势　培育市场
大力发展具有地方特色的村域经济

我们新发地村地处丰台区的东南部，花乡的最东端，是一个典型的城乡结合部。全村现有5个自然村，农业人口4033人，劳动力2831名，村域面积4.69平方公里。多年来，我们一直坚持按经济规律办事，巧借改革开放东风，发挥自身多种优势，逐步缩小一产、二产，以农副产品批发市场为主业，利用其经济辐射和产业带动功能，不断发展具有丰厚利润的第三产业，逐步形成了一种具有"新发地"特色的村域经济。截至目前，全村共有经济实体39个（其中包括公园、幼儿园、医疗队等7家公益型单位），年经济收入达2.5亿元以上，纯收入比改革开放之初的1978年提高了160多倍。在强大的集体经济支撑之下，我们逐年提高村民福利待遇，加快绿化美化建设进程，全村老有所养、少有所教，呈现出欣欣向荣的景象。

回顾十几年来围绕市场主业发展村域经济的实践与探索，使我们悟出了一些道理，也有了一点体会：

一　搞农村经济，必须跳出"就农业抓农业"的圈子

改革开放前，新发地和全国其他农村一样，沉寂、封闭、贫穷。在"农不言商，只管种地"的传统观念的束缚下，村民们对土地的依赖程度特别强。本地区是北京重要的蔬菜产区，在国营菜店一统天下的年代，新发地村民的主要任务是如数种好商品菜，村干部的任务自然是负责蔬菜的统种统收。在这种机制的制约下，村民们习惯了"日出而作，日落而息"的生活，不能充分发挥劳动积极性。直到改革开放之初的1978年，全村

全年收入才156万元。随着改革的不断深入，特别是在"无工不富"思想的推动下，村党总支一班人认识到，新发地村的发展不能再固守农业，必须充分利用有限的土地资源，调整产业结构，追求资产的最大增值。1985年，北京市放开了五种农副产品的价格，欢迎外地农产品进京。国营菜店受到很大的冲击，也给新发地村的发展带来了机遇。

虽然，干部和群众的思想观念转变了，发展经济的机会也来了，但究竟以什么为发展的主导产业才能尽快让农民富起来，谁的心里面也没有底。对此，我们在干部群众中进行了深入讨论，经过反反复复的研究论证，最后一致的看法是充分利用地理位置的优势，发展农产品批发市场。1988年5月，我们在区、乡各级领导的支持下，用铁丝网围起15亩地，安排15个人，投资15万元建起了一家小型的农贸市场。

应该说，新发地市场的发展有其必然性，也有其偶然性；偶然性中包含着必然性，必然性中包含着偶然性。虽然，我们已将市场作为发展的主导产业，但我们思想中根本没有"市场是企业"这个概念。因为当时我们建这个市场的主要目的是，解决计划经济向市场经济转轨阶段农民卖菜难和市民吃菜难的问题。直到1993年，我们把全年收取的管理费和设施租赁费扣除各种开支之后，才发现搞市场也能赚钱，于是便萌生了"市场是企业"这个概念。村党总支一班人开始认真研究农产品批发市场存在和发展的规律，探索适合农民办企业的新型模式。我们通过推崇道德经济、扶持经营主体等切实可行的措施，把市场逐年滚动发展起来。到目前，市场占地面积已扩大到480亩，员工增加到480人（包括150名保安员），资产也积累到近2亿元。2001年全年农产品交易量达32亿公斤，交易额达38亿元，其中蔬菜交易量为22亿公斤，果品交易量为8.7亿公斤；蔬菜已占到北京市交易量的60%以上，果品已占到北京市交易量的50%以上。不仅如此，由于这个大市场的存在，新发地由一个原来不出名的小村子变成了北京市人流、物流、信息流、资金流的中心，变成了一个全国闻名的农产品集散地。利用这个优势，我们先后逐年发展了汉龙货运中心、木材市场、长途客运站、京新酒店等大小40多个企业。在大市场的带动下，各企业无论规模大小，经营状况都很好。2001年各企业总收入之和达2.75

亿元，纯收入之和达4872万元。新发地村也被评为"丰台区经济发展十强村"。有了经济这个基础就有了更大的发展空间，农村中出现的一些问题也在发展中得到了解决。目前，我村农业劳动力有2831名，其中在村办企业上班的占81%，综合就业率达91%。村民可享受合作医疗和养老保险，退休职工的退休金也在逐年提高，一部分种地的村民除地上产出归自己所有外，每年还可享受1500元的种地补贴。全村经济蒸蒸日上，村民安居乐业，干群关系密切，一切工作开展都很顺利。实践证明，我们当初选择市场为主导产业，发展多种产业的做法是完全正确的。如果跳不出"就农业抓农业"的圈子，我们现在可能还很落后。

二 搞农村经济，必须跳出"贪多求全"的圈子

前几年我村小企业多，而且都能赚钱。我们曾为此自豪过，还比喻是"黄浦江上的拖船"，个头虽小但长长排成一列就形成了"海上火车"，随着市场经济的发展，我们发现这些小企业在激烈的市场竞争中，一参与竞争就垮。有些虽然勉强能生存，但始终处在利润微薄或只能维持日常运转的状态，在全村经济的贡献上起不了多大的作用。原则上讲，在天天求新、日日进步的市场经济大环境中，一个企业发展速度放慢就等于原地踏步，停滞不前就是飞速的后退。当时，我们之所以没有对这些小企业进行关停并转，是因为我们考虑到这些企业还可安排部分劳动力就业。现在看，这种思想认识是错误的。原因很简单，这些不适应形势发展要求的企业，如果不及时关停并转，整合资源态度不坚决，势必会拖垮全村的经济。针对这个问题，村党总支一班人经过认真研究制定出两个发展策略。一是坚持"抓大放小"的原则，鼓励村里一些大企业兼并小企业，走低成本扩张之路；几年的时间，先后将发展速度较慢的纸库、渔场合并到汉龙货运中心，将火锅居和蓄电池厂合并到农产品批发市场，在联合公司内部进行资产重组，进一步优化利用资源。二是坚持"扶大扶优扶强"的原则，对发展速度快、经济效益好的企业在投入上给予重点扶持。如汉龙货运中心，1997年投资800万元建立后，第二年就见效益；1999年我们又抓住机遇建立了北汉龙，生意十分兴隆；2000年我们又投资建立了南汉龙，

在扶持这些发展势头较好的新企业的同时，我们将投入的重点放在我们的主导产业——农产品批发市场上，以求从市场内部挖掘潜力，争取资本产出的更大化。仅2001年，我们在农产品批发市场就投入2938万元，分别建起了建筑面积为2505平方米的种业市场商住楼，占地面积18亩的新发地市场华联配送中心，容积为1500吨的果菜冷藏保鲜库和楼房两栋、平房一排的客户生活区等服务设施。大投入带来了大产出，几年来农产品批发市场无论总收入还是纯收入都在全村各企业当中名列前茅，并且安排了大批劳动力就业。每年为国家上缴的各种税费就达1000多万元。

几年来，我们还组织基层干部外出学习，考察一些集体经济发展比较先进的村子。近的有北京房山的韩村河，大兴的留民营；远的有江苏江阴市的华西村，河南卫辉市唐庄镇的刘庄村和漯河市的南街村。这些村子村民生活富裕，福利待遇也很高，靠的就是强大的集体经济。我们还总结出他们有一个共同的特点，即发展经济决不是盲目贪多求全，而是通过干部群众的集思广益研究发展重点和发展策略，只要目标一定，他们就咬定发展不放松。我们有自己的建设用地，就等于有了自己的发展空间。我们创业靠的是农产品批发市场，我们将来的发展同样要围绕"农产品市场"，不搞"多而全"，只搞"大而专"。我们将充分发挥自己的资源和区位优势，把市场做大、做强，叫响"新发地"这块品牌。和人们提起中关村就想到"高科技"一样，提到新发地就能想到"大市场"。

三　搞农村经济，必须抓住每一个发展机遇

机遇对农村经济的发展非常重要。抓住机遇就会发展，错过机遇发展就会被耽误。尤其在飞速发展的当今社会，现实已不再是"大鱼吃小鱼"，而是"快鱼吃慢鱼"。世界著名的美国哈佛大学的校训是："时刻准备着，一旦机遇来临你就会成功。"在我们农村，发展的机遇其实也很多。但这些机遇不是实实在在的，而是隐性的、潜在的，需要我们去挖掘，更需要我们去创造。如果说哈佛大学的校训激励了一代又一代学子奋发图强、走向成功，我们应该把哈佛大学的校训改成"时刻准备着，创造机遇、抓住机遇，你就会成功。"也正是这句话时刻提醒着我们新发地的每一个干部

和群众，不放过哪怕很小的一个发展机遇。我们新发地的村干部文化水平普遍不高，也不会讲一些大道理。但在多年的实践中，我们认准了这样一个理儿：经济是发展的基础，搞好经济就会有更大的发展空间；机遇是发展的关键，抓住机遇就等于控制了发展的助推器。1988年，我们巧借改革开放东风，抓住北京市放开五种农副产品价格这个机遇建起了以蔬菜批发为主的小型农贸市场，以后几年市场中年年有进步、年年有发展，带来了人流、物流、资金流。利用这个优势，我们又不失时机地相继建起了粮油市场、水产市场、肉类市场、种子市场。1998年，我们发现西瓜和水果交易形势很好，又赶紧投资扩建果品批发市场。创造了"当年动工、当年运营、当年收回全部投资"的高速高效业绩。1999年我们又抓住机遇建起了肉类交易大厅，依托大市场的规模优势，开业时，我们对90个猪肉柜台竞价拍租，敲响了京城同行业的第一槌。仅这一拍租，在当年收回投资成本之后，又增收200多万元。多年来，我们马不停蹄，抢抓机遇，几年拼搏换来了几年的辉煌。新发地市场在全市的地位显得越来越重要。不仅这些，近几年我们凭借京新酒家的"品牌效应"又建起了更高档次的京新酒店，一开业就顾客爆满。我们开发建设的"天伦锦城"住宅小区已于今年4月28日开工奠基。2002年将有15.6万平方米住宅小区动工，其中包括9000平方米、能够容纳24个班的小学生教学楼。几年后，我们新发地村可建住宅小区120万平方米，在我们4.69平方公里的土地上将矗立起三个现代化的住宅小区，到那时全村无一间平房，村民全部搬进漂亮舒适的新楼房，好好享受高水平的现代生活，慢慢享受天伦之乐。

四 搞农村经济，必须避开"螃蟹经济"，走可持续发展之路

每一个企业都会有春夏秋冬，永葆青春是不可能的。但一个企业寿命的长短完全在于主宰企业命运的人，特别是企业的主要领导。美国的企业平均寿命在44岁左右，主要是因为他们追求持续投资，在企业未达到饱和之前，已挖掘出许多新的经济增长点。而我国的企业平均寿命只有十几岁，我们有些企业有点成绩后不去研究长远发展策略，沉溺于眼前的部分利益和光环之中，结果只是"风光一时"。人们把这样的经济叫"螃蟹经

济"——一红就死。中国的很多乡镇企业都走向这条道路。

新发地村目前有国家级的农产品批发市场，每天的大吞大吐供应着60%以上首都市民的蔬菜、果品消费；有辐射全国的汉龙物流中心，中转东西南北的物资；还有丰台区东南部小有名气的京新酒店，迎接着南来北往的客人，各个企业的经济效益都不错，应该说经济发展势头是良好的。但我们仍感到有一种危机感和紧迫感，尤其是面对中国"入世"之后的新形势，等于把我们的企业推上国际市场与先进国家的企业去竞争。我们的企业小而散，即使几家大的企业在科技方面也没有优势可言，完全是依靠资源和区位优势支撑着发展。新形势给我村这些刚刚步入成长期的企业带来了强制性的生存压力，不"创新"则"休克"，不"发展"则"死亡"。从去年年初开始，我们着力研究我村可持续发展的问题。我们已按政策将1152亩土地征为建设用地，将其划分为三大区域进行建设。在占地450亩的市场区，我们将首先贯通蔬菜、果品两大市场，解决蔬菜市场因场地小而影响交易量的问题。其次，我们要增加硬件设施投入，准备建两层式农产品交易大厅，避免露天交易带来的种种弊端；还要建蔬菜、果品两个拍卖大厅，改善交易手段，促进农产品标准化生产；另外，我们还要在市场两个进口处分别设检测岛，配置四套较为先进的检测设备，和香港一样对进入市场的农产品样样进行检测，不合格的决不让进入市场。确保从新发地市场出去的菜、果都是安全的、放心的，从而打造"绿色新发地"这块金字招牌。在320亩的仓储加工区，去年我们已建起了容积为1500吨的果菜冷藏保鲜库和占地18亩的新发地市场华联配送中心。但从目前的状况看，这些设施还远远不能满足市场发展的需要，今年我们又投资1200多万元正在建设新发地市场万联荣盛配送中心。建成后，我们将市场中分散的农产品配送中心集中起来统一管理，扩大配送规模。在3~5年之内，我们还要建起5万吨以上的冷藏设施和一座铁路货场，发展大宗农产品的物流，推进流通现代化。我们将利用3~4年的时间全部完成占地1000亩、建筑面积120万平方米的三个住宅小区建设。到那时三个现代化的住宅小区在绿色之中遥相呼应，新发地将真正成为"极目绿、花、果，鸟语伴花香"的社会主义新农村。

新发地村几年来集体经济有了长足的发展，但我们与"大投入，大产出"的草桥村、发展新型物流业的榆树庄村等花乡的其他兄弟村相比还有很大的差距。我们只是利用农产品批发市场的发展，带动了全村各行各业的经营，逐步形成了一种具有"新发地"特色的村域经济。这种特色经济有力地推动着新发地村向现代化方向快速发展。但随着首都郊区城市化进程的加快，新发村也和其他郊区农村一样，面临着一个非常复杂而且很难解决的问题——民房拆迁。农民需要一个长时间转变观念的过程。在这方面，我们希望花乡政府各部门能给予大力支持。同时，我们也相信，在区、乡党委、政府的关心与支持下，我们工作中遇到的一切困难都会解决，我们"新发地，新农村"的奋斗目标一定会早日实现。

（2002年8月8日，在"北京市丰台区花乡工作交流会"上的讲话）

发展新兴物流产业，
增强区域经济的核心竞争力

一 流通业是一种朝阳产业

众所周知，流通作为一种行业，在计划经济时代，很难发挥自身的行业优势，总是被排在各行业的末端。随着我国社会主义市场经济的发展，社会消费品市场实现了丰富和繁荣。特别是近几年，由于农产品市场供大于求，致使一些初级农产品的价格连年下滑，使处于我国国民经济基础地位的农业受到很大的挑战。在这种形势下，流通业的地位也发生了根本性的变化。国务院副总理李岚清这样讲："在新形势下，流通业已成为引领区域经济的'火车头'。"在今年4月份召开的北京市推进流通现代化工作会议上，国家经贸委副主任张志刚也讲："在当前的经济形势下，流通业已由末端行业变成了先导行业。"

的确，在"薄利生产"、"微利经营"的时代，作为支撑区域经济发展的企业，要寻求更大的发展空间，就必须考虑商品从原料生产到送入消费之间的各个环节上是否有利润增长点。政府主管部门在宏观战略决策方面，要挖掘区域经济的发展潜力，就必须做好物流经济这篇文章。很显然，流通业已成为推动区域经济发展的支柱产业。

二 物流产业是丰台区的优势产业

今年4月26日，区政协组织召开了主题为"发挥优势、培育市场、促进发展"的研讨会，与会领导和同志们各抒己见，谈得很好，大家一致的看法是：物流产业是我们丰台区的优势产业。同时，物流产业推动区域经济发展的模式，也是别的区县无法比拟和效仿的，是我区区域经济的核心竞争力。为了更进一步把"物流"在促进经济发展中的作用搞清楚，很有必要研究一下物流的概念。所谓物流，是指物品从供应地向接收地的实体流动中，根据实际需要，将运输、仓储、装卸、搬运、包装、流通、加工、配送、信息处理等功能有机结合起来实现用户需求的过程。

我区物流产业的优势有三个方面。

第一个是资源优势。丰台区域面积大，东西跨度长，与市区内的东城、西城、宣武、崇文相比，建筑物和各种公共设施少，人流和车流密度小，交通管制区域也少。建筑物少，外地大货车和农用车进城所受的影响不大，可保证物资供应渠道的畅通。与朝阳、海淀等偏北的近郊相比，丰台区发展物流产业的优势很大。因为朝阳、海淀经济发展较好，两地有限的土地资源又趋向于发展房地产、电子、观光农业等一批有特色、高回报的产业，他们不愿也没条件再投资发展物流产业。与延庆、平谷、门头沟等远郊区县相比，丰台区发展物流产业的优势更大。因为远郊区县尽管有足够的土地资源，交通也不因人流、车流拥挤和行政性管制受到影响，但是这些地区距市区较远，不能形成有一定规模的消费群体和分销主体，发展物流产业肯定会遇到重重困难。

第二个是市场优势。我们看一个地区的经济发展主要看该地区有没有较强的人流、物流、信息流和资金流。丰台区地处城乡结合部，有184个市场，而且已形成了新发地、岳各庄等地以农副产品批发为主，玉泉营、丽泽桥等地以建材批发为主和木樨园、大红门等地以服装批发为主的专业市场，且都形成了一定的规模。这么多市场发展并日趋做大，为我区物流产业的兴起和发展创造了非常有利的条件。

以上讲的两点优势只是相对优势，随着2008年奥运会的日益临近，北京的城市化进程会进一步加快，等五环、六环开通，我们的这些优势会逐步减弱。

第三个是交通优势。交通方面的优势是我们丰台的绝对优势。从铁路方面看，京九、京广、京沪、京原、丰沙等铁路干线交会于此，连通北京西站、丰台站、丰台西站及若干卫星站，构成了四通八达的铁路枢纽，可发展大宗货物的流通。公路方面，北京市的二环、三环、四环路及正在建设中的五环路和六环路穿丰台而过，与京津塘、京开、京石高速公路相衔接，形成了较为发达的公路枢纽。另外，丰台还有南苑机场，已在全国26个大小城市开辟了47条固定航线。所有这些，都为我区发展物流产业奠定了坚实的基础，是别的区县在一定时间和一定范围之内无法相比的绝对优势。

三　如何把物流由优势产业做成强势产业

上面讲了，物流产业是我区的优势产业，有优势就有竞争力，而且我们的优势更客观、更实在，这是我们发展物流产业的核心竞争力。把优势产业做成强势产业，关键要看如何对待这一核心竞争力，要看能不能尽快提升这一竞争力的执行力。依我看，必须从以下几方面入手：

（一）冷静、理智地对待物流这一产业

在我国，物流对许多人来讲都很生疏，好像十分神秘，但实际上，物流无处不在、无时不在。国家离不开物流，市场离不开物流，企业离不开物流，个人也离不开物流，当然要发展物流业并不是轻而易举的事，因为我国物流业的综合水平与发达国家相比，大约要差20~30年，但只要我们下狠心，一定能实现物流业的跨越式发展。

（二）整合资源，突出特色

丰台区在发展物流产业方面有一定的优势，也有一定的劣势，比如说，资源零散、方式单一、小打小闹、缺乏集约化管理等，这样一盘散沙，就不会有竞争力。因此，我们发展物流业必须跳出"贪多求全"的怪圈，坚持"有所为，有所不为"的原则，对现有资源进行多元化的优化组合，决不保护那些弱势企业。只要我们有几个大的、强的、优秀的产业，就可以提升全区经济。另外，我们发展物流业不能追风赶月，刻意仿效，形成"雷同模式"。我们一定要突出自己的特色，制造几个大的磁场，打出几张具有强势竞争力的王牌。

区委"关于物流产业发展规划"的报告中提出：要着力构建王佐物流基地，重点建设宛平城物流园区、汉龙物流园区、南苑物流园区，逐步形成赵辛店物流中心、东河沿物流中心、榆树庄物流配送中心的"一三五"发展思路。我非常赞同,只有把这些有规模、有特色的物流基地和园区作为重点支持发展的对象,才能带动整个区域物流产业的发展。

(三) 物尽"其流",一切要从实际出发

我们丰台区发展物流产业和其他地方一样,首先要物尽其流,我们决不能把物流局限在原有部门或系统中,各地各部门不能各自为政,关起门来搞自己的物流。我们一定要勇于或善于打破部门、行业、所有制的条块分割,在资源配置方面,按经济规律和物流本意办事。同时,我们发展物流产业不能脱离我国的国情和我们丰台区的实际情况,我国的二元经济决定了中国的物流产业必须适应城市工业经济的发展和相对落后的农村经济发展。我们丰台区外来人口多、消费水平也相对低的实际决定了丰台的物流发展必须考虑到一部分弱势群体。

(四) 防止物流泡沫,不做"螃蟹企业"

作为一种潜力巨大的朝阳产业,物流业和我国80年代初的乡镇企业一样,正在由雏形向成长型方向转变,这个时候,也是最容易出问题的时候。我国的乡镇企业从"温州模式"到"一枝独秀",再到现在的"十字路口",有很大一部分变成了"螃蟹企业",——一红就死。也有一部分企业,开始追风赶月,一哄而上,之后是一哄而散,或者是长期的恶性发展。我们发展物流产业决不能走"泡沫产业"的道路,这种"泡沫"是不利于整个物流业健康有序发展的。

四 发展物流产业的政策呼吁

中国加入WTO之后,等于把我们的物流业推向世界与发达国家的物流业相较量,给我们这些幼小的新兴产业带来了强制性的生存压力。如何抢抓机遇化解挑战,把优势发挥到最佳程度,将劣势和不利影响减少到最低程度?我个人认为,除了流通企业自身的努力外,更重要的是政府要在政策和资金方面扶持一把。重点要从三个方面入手:

(一) 注重资本市场运作,培育物流龙头企业

政府通过扶持和培育一些物流龙头企业,可以推动区域经济的发展。

目前，我区一些刚刚成形的物流企业发展最大的瓶颈就是资金短缺，培育物流龙头企业需要借助资本市场的力量。物流产业的发展，不仅仅是物流企业自身效益的增长，而且能带来人流、物流、信息流和资金流，对区域经济的发展会起到很好的推动作用。因此，政府对物流企业的发展应提供宽松的政策环境。怎么扶持？对物流企业减免税收的方式与国外在不违反WTO总原则的前提下补贴农业的方式很接近，我们应该好好研究一下。

（二）对物流企业合理布局，保持其健康发展

有人说，入世后受冲击最大的是政府，主要说政府不能再管得太多了。但是，有些事必须要政府亲自管。像物流产业中，政府就必须肩负起统筹规划、协调发展、标准制定和数据调研的责任，并对一些重复建设和不符合条件的物流企业进行关停并转。我们丰台区政府应该重点扶持一些具有一定规模和功能较完善的物流龙头企业，使之形成连接国内、国外物流中心的大流通枢纽，带动区域经济的发展。同时在发展战略上给予指导，尽快实现物流产业由粗放型向集约型转变，更好地完善物流企业的综合功能。

（三）加强流通领域法制建设

物流业作为一种新兴产业，行业之间、企业之间的竞争肯定是非常激烈的。如果不运用法律和法规加以约束和规范，必将形成无序的恶性竞争。我们应该一方面学习借鉴国外发达国家先进的管理经验，制定流通行业的法律、法规，并尽早纳入国家立法计划，颁布出台，实现由人治向法治的转变。另一方面，政府委托行业协会尽快制定物流行业运作规程和标准，引导物流企业按高标准运作，应对各种复杂的竞争，这才是我们的目标。

我们相信，在区委、区政府、区政协等领导的重视和支持下，我们丰台区的物流产业一定会成为蒸蒸日上的"朝阳产业"，为推动我区经济的发展作出更大的贡献。

（2002年8月22日，在"北京市丰台区物流产业发展研讨会"上的发言）

什么叫市场，商贾云集就是市场，客户为什么到这里云集，这是有学问和原因的。我们的市场要想发展，要想壮大，就必须树立客户至上的主导观念，要真诚地为客户服务，想方设法抓住客户的心，真正留住客户，让客户发展壮大。

市场篇

中国农业也要走品牌之路

一 品牌的重要性及中国品牌

今天上午召开的中国农产品市场的品牌大会，10位市长签了《杭州宣言》。这是一种里程碑式的大会。中国的农业关键是品牌，中国农产品的问题就在品牌，中国农业的软肋就是我们没有好的品牌。前一段时间，我应邀参加了全国的商务工作会议。陈德明部长报告了2010年的情况，他讲了这么一个问题：2010年中国出口总额已经达到2.9万亿元。这说明什么呢？是说中国2010年在全世界出口第一，进口是全世界第二。但是，全世界有品牌的产品排名，前50名没有找到一个中国的，前100名还没找到一个中国的。这说明什么呢？中国是出口大国，是制造大国，却是品牌小国。前100个都是0，我们没有一个像样的品牌，但我们是出口大国。2010年全国销售汽车1700万辆。这是什么概念呢？又是全世界第一。但是我们自己还是没有好的品牌，我们中国人还是以买外国品牌为自豪。

中国是农业大国，特别是种植大国。我们统计了一下，虽然数字还不完全准确，但也很能说明问题。2010年全国的种植蔬菜面积2.8亿亩，蔬菜产量6.2亿吨。种植面积占世界上的43%，也就是说世界上种100亩蔬菜，其中就有43亩是中国种的；从产量上说，世界上产100斤蔬菜，其中有50斤是中国产的。中国是农业大国，是种植大国，是蔬菜大国，但我们没有农业的品牌，我们的世界品牌更是没有。我前两天专门就种子搞了调研，最后我发现什么情况呢？第一名美国的先锋种业，第二名美国的孟山都种业，第三名瑞士的先正达种业，第四名法国的利玛格兰种业，第五名德国的拜耳种业。

这前五名中有两个美国，一个瑞士，一个法国，一个德国。他们的种业占世界出口的70%，五家种业垄断了世界上种子市场的70%，中国什么先进呢？中国就是水稻，袁隆平的水稻是领先世界的。我查了查，每年可以收回50亿至60亿美元。其他的种子，不管是蔬菜或者粮食，全部落后世界20年。我们新发地在干吗呢？在缅甸、在海南、在越南，我们都租了点地，种什么呢？专门种西瓜。冬天种西瓜，种什么西瓜呢？种"先正达"的西瓜。这是什么概念呢？我们开始买西瓜种子的时候，多少钱一斤？是五块钱一粒，最近呢，先正达给我们降价，降到一块五一粒，先正达的西瓜种都是绝育的，你今年买完了还得买，一颗西瓜籽种好了只能长一个西瓜，我们只能冬季在热带种，到新发地能卖二十多块钱一斤，再减去种子钱，减去化肥钱，减去所有成本之后，我们才有点利润。如果夏天到北方种，根本赚不到钱，一粒种子都一块五了，是最低价钱了，原来开始买的时候五块、四块、三块五、两块，最后降到一块五，到了一块五再也不降了，所以，我们要重视这个事情。没有我们自己的品牌，中国农业永远好不了。大豆被美国垄断了。美国大豆是转基因的，但产量高，出油率也高，美国把大豆控制起来了。种子控制起来了，油控制起来了，美国说涨钱就涨钱。我们为什么研究农产品不能让外资垄断呢？就是这个概念。

中国是出口大国，中国是制造大国，却是品牌小国，中国制造的东西很多是外国人在中国制造的，打国外品牌制造的。中国制造的东西，内贵外贱。虽然是中国制造的，却是美国品牌，写着China制造，在国内卖就贵多了，但在国外就便宜多了。美国的商场里，品牌服装排前10名的，其实都是中国制造的，却是外国品牌。中国已经成为购买大国，现在英国、日本、韩国，包括美国，售货员必须会讲汉语，不会讲汉语的，别当售货员。为什么呢？中国是最大的消费市场，中国人是大款。过去你去国外，人家看是中国人，不理你。现在老远看到中国人，不管男的女的，都很热情。"您好，买吗？便宜，要发票吗？"最基本的这几句话，看到中国人就讲。中国是出口大国、品牌小国。中国的产品是内贵外贱，这样无形中就把中国的钱给外国了。我今年去马尔代夫，这个国家的市场上，中国制造的东西，都是什么东西啊！我看了，50块钱的熨斗，60元的自行车，可穿30天的皮鞋，都是中国制造的，低档产品全是咱们中国的。稍微高档一点的是谁的呢？是印度的和巴西的，人家带品牌了。针对低档的东西，商务部提出一个"转"字。过去我们是千军万马搞出口，但是今后出口要走精兵强将之路。

咱们中国一旦有品牌，假的马上出来。我举个苹果的例子，甘肃花牛苹果的故事。甘肃的花牛苹果是怎么回事呢？我专门把它历史查出来了，这个"花牛"是什么？是一个村，60年代，从甘肃收购的一批苹果，运到香港，当时有个叫"花牛村"的村长，怕他们村生产的这些箱苹果分不清，就专门在花牛村生产的苹果箱子上面写了"花牛"二字，"花牛"，就代表花牛村，这箱是花牛村的，装多少箱，便于清点。结果呢，运到香港，香港人一吃，这个花牛苹果特别好，于是"花牛"变成一个品牌了。"花牛"一成品牌，咱们全国都产花牛苹果。有一次我上山西，去的地方我就不说了，我看漫山遍野，真和花牛苹果长得一样，苹果箱子都包装好了，上面写着甘肃花牛苹果，花牛苹果的品牌就这样被用滥了。

我还去过秭归。秭归脐橙，我发现什么了呢？凡是好的脐橙，当地农民就贴一个美国商标，代表美国产的。次点的呢，就贴一个奉节、赣南商标，打别人商标。本来秭归脐橙是一个很好的商标，结果把自己的品牌弄没了。这次参加商务部的会，欧盟理事说，欧盟市场中的假冒伪劣商品67%是中国的。所以我觉得品牌是中国必须要抓、必须要干的一件事。它需要几代人去努力来完成。我们的品牌要打，我们中国人的素质这个品牌，更重要，更要打。如果我们中国人的品牌不打造，中国农业就永远好不了。

二 农产品价格情况

国家发改委到我们这里调研的时候，我就跟他们反映了几个问题。

第一个问题是油价对农产品运输的影响。比如说，从云南到北京，一车架豆，正常的情况下，本来加五次油到北京新发地，需要走三天两夜，运费1万元；在柴油荒的时候，每次只能加200元钱，走一段不远的路程就得加一次油，有一个客商从云南到新发地加了50次油，走了7天，运费由1万元涨到1万8千元，这些成本最终只能转嫁给消费者。

第二个问题是农产品运输沿途收费繁重。这个问题我们也是一直在反映。马铃薯本来属于蔬菜，从甘肃的定西运到新发地，过桥费、过路费，要缴3500元钱，每斤土豆因此涨2元钱。按国际惯例，马铃薯属于粮食，不属于鲜活农产品范围，这是我们农产品价格高的一个最主要的原因，北京还存在农产品向城里运输的困难。用货车运到城区是不允许的，所以每天凌晨4、5点钟就有几千辆金杯车涌入新发地，往城里拉，但是金杯车拉菜，叫客货混装，警察看见要罚100元至200元，要是遇到路政局，则罚5000元至18000元，这些收费，最后都转嫁给消费者了。

"国16条"出台之后，效果立竿见影，当天菜价就下来了。当天全国土豆就不再收过桥费、过路费了，红薯和甘薯也不收了，当天柴油荒就解决了，当天我们金杯车再进城，警察也不截了，路政局也不管了，所有价格马上下来了，"国16条"这次对症下药，药到病除，说明什么呢？说明两点：第一点，问题没出在种植方面，出在流通环节上；第二点，我们的干部谁都不怕，就怕上级，上级说了就管事，上级不说不管事。

第三个问题是超市的进店费。农产品进入超市，超市要向经销商收

"进店费"，这种行规，也是农产品涨价的原因。现在国家正在讲农超对接，其实我们搞市场的倒觉得农超对接，大部分是在作秀。大城市农超怎么对接，可能对接吗？我觉得大部分是在作秀，解决不了什么根本问题。但是因为政府对农超对接感兴趣，我们就要研究这个事。我们一方面经营产地，一方面经营超市，最起码要研究市超对接，占领消费终端，就占领了这个市场，所有的基地必须占领市场这个平台。脱离市场，去搞配送，是不可能的事。

第四个问题是前一段时间，物价高的时候，农产品高的时候，很多城市出现了一种到市场里限价的现象。我当时给农业部，给我们市长，给河北省长，给回良玉副总理，我都写信了。限价肯定是错误的，限价叫饮鸩止渴，是最傻的一件事。哪能对农产品限价呢？市场经济哪能限价呢？市场经济，农产品价格高点低点本来是正常的，当然我们反对大涨大落，可是价格是一个两难的问题，它是一个跷跷板，一头要连着消费者，一头还连着农民呢，不是价格见底就一定是好事，农民的利益也需要保护。我认为，政府应关心菜价，更要关心蔬菜流通的健康发展。现在农产品价格下来了，每天都在下，这应该引起我们关注。菜价高一点，总理都出来了，低了没人管，这就是我们要说的：政府，我们的干部，长了两只耳朵，一只耳朵听消费者的声音；一只耳朵听农民的声音，听消费者的声音的这个耳朵灵，听农民的声音的耳朵发背。我们要想保证农产品供应，必须保护农民，所以我们得关注这点，不要说价格下来了就是什么好事，价格下来了不是好事，我们得当着一件大事来抓，保护农民。市长，你想抓菜篮子，光抓菜篮子不对，你还得抓菜园子，你还得抓菜摊子，才能保证这菜篮子。水往低处流，货往高处走，所有限价都是得不偿失的，所以我们协会一定要抵制限价，要想保证大中城市的农产品供应，一定要提高"三率"：第一，提高城市的自给率。北京去年蔬菜种植面积 50 万亩，今年准备增加到 70 万亩，就是增加城市的自给率。自给率越多，蔬菜的供应越安全可靠。第二，增加可控率。就是说虽然不是我们的地，但是我们跟产地有订单协议，确保关键时刻能运到大中城市去。这方面北京做了一些工作。在河北省订了 20 万亩地，订的时候拿点补贴，使这地种完以后能保证拉到北京去。第三,增加调控率。比如,上年猪肉价格便宜的时候,我们收购了 16 万吨,下年猪肉一涨价,又抛出 10 万吨,这就叫调控。去年 1 月 16 号,北京下了两天大雪,韩部长到我们那里去了。他来挺好,把总理请来了,总理走的时候,跟我说了这么一句话:"北京下两场雪,你保证了北京的价格的稳定,你做好下七天雪的准备,你做好高速路被封的准备。"什么概念?就是增加调控率。所以呢,我们这一年就研究建立一个 15 万吨的冷库,增加调控率。

作为大中城市,一定要增加自给率、可控率、调控率。所以北京商务局还要和很多省市签订产地合同。我们拿出一部分钱来,增加可控率。在此基础上,保证畅通,保住流通环节。刚才我说了,批发市场,消费终端,都要保持畅通,要形成一个长效机制。保畅通,从基地到市场,从市场到消费终端,一定要畅通。

另外我想讲一个重要问题,要想保证供应,先得保护农民。如果保护不了农民,农产品供应永远是一句空话。现在一切生产资料都在上涨,农产品不涨,对吗?汽油在上涨,农产品不涨,对吗?我觉得一定要保护好农民。现在城市干什么都比种地赚钱,政府光说增加种植率,农民不种,就等于零。保护农民要有保护价,让农民觉得种菜合适,种菜比干别的还好。这样种菜才有保障。如果这方面没有保障,农民就不会种菜,就不会安心务农。农产品涨价,从长远看是大势所趋,任何人也阻挡不了。为什么呢?土地越来越少,农民越来越少,居民越来越多,中国的耕地号称 18 亿亩,还有一个质和量的问题呢。我见过这么一个市长,他说你相中这块土地,你就不用管了,我说"这不是基本农田吗?""我给你调啊?"我把基本农田调到山上去。山上能当基本农田。如果 18 亿亩基本农田都上山了,粮食产量能有保障吗?我们的 18 亿亩,不能光看量,还有一个质的问题。只有保护农民的利益,才能保住米袋子、菜篮子。

(2011 年 1 月 13 日,浙江杭州,在"中国农产品市场协会第二届第五次会员代表大会"上的讲话)

新形势下农产品批发市场
可持续发展的思考

我国的农产品批发市场大部分建于80年代中期,被人们认为是改革开放的结晶。从1984年全国第一家蔬菜产地批发市场的建立到目前4000多家农产品批发市场遍布各大城市或重要产区,已有18个年头了。18年当中,农产品市场充分发挥物资集散、价格形成等多种功能,在引导生产、富裕农民、方便零售、服务市民的同时,自身也得到了长足的发展,已成为我国农产品流通体系的龙头和中枢。进入21世纪后,我国的农业面临新的形势,农产品流通体制和经营形势面临严峻的挑战。作为商品流通主渠道的农产品批发市场,能否继续保持活而有序、繁荣发展的局面,这是每一个农产品市场经营管理者都必须认真思考的问题。这里我谈一谈新发地农产品批发市场的基本状况、发展现状、存在的问题以及下一步设想,以期赢得政府及社会各界更多的关心与支持。

一 市场基本情况

新发地农产品批发市场始建于1988年5月,由新发地农工商联合公司创办,属乡镇集体企业。市场位于北京市南郊京开高速路四环立交桥往南1公里处,办市场的环境得天独厚。作为一家产地蔬菜批发市场,在"谁投资、谁管理、谁受益",各类经济主体一哄而上办市场的大环境中,靠文明服务、滚动发展,如同一匹"黑马"屡屡击败竞争对手,在流通领域驰骋,经过13年的经营管理,已发展成为一家以蔬菜批发市场为龙头的国家级农产品中心批发市场,目前日客流量3万多人次,车流量1万多辆次,高峰期蔬菜交易量达700多万公斤,果品交易量达800多万公斤。强大的吞吐能力和辐射功能,吸引了全国30多个省市自治区的农产品运销户来此交易,使新发地逐步变成一个人流、物流、信息流、资金流的中心,反过来又推动了市场的发展。2001年全年农产品交易量达到32亿公斤,交易额达38亿元,其中蔬菜22亿公斤,果品8.7亿公斤,已分别占到北京市的67%和25%。大市场的存在和发展,带动了一批相关产业,带旺了各行各业的经营,给当地农民带来了丰厚的利润,给地方经济带来了一个又一个发展机遇。

二 市场发展现状及压力

论规模,像新发地这样的农产品批发市场在北京乃至全国都屈指可数。但从市场目前来看,仍属于那种"只供交易场所,只搞经营管理"单一服务的初级市场,对生产者和消费者缺乏商流、物流、信息流的综合性服务。市场一面是千家万户的小规模农户,一面是遍布城乡的小商小贩。小生产与大市场的矛盾,流通渠道不畅和大贸易的矛盾,严重阻碍了市场向规模化、现代化、档次化方向的发展。去年,尽管交易量高达32亿公斤,但初级农产品的大量进市和传统落后的面对面现货现钱交易,使全年的交易额仅达到38亿元。从市场效益看,收入还是主要靠收取管理费和设施租赁费,加上近两年农产品价格持续走低,市场内自产自销的农民又占着很大的比例,管理费的收取一直维持在很低的水平,经济效益提升一直缓慢。

目前,新发地市场的发展和中国的农业发展一样,处于一个"爬坡过坎"的阶段。一方面是各种因素和矛盾的制约,加快发展和提升竞争力有很大的困难;另一方面是新形势发展本身遇到的严峻挑战和竞争压力。先说新形势,从宏观的角度看,我们面对国际、国内两种形势。国际上,美、日、欧等国家和地区的经济发展减缓,世界贸易的增长速度减慢,全球化的跨国收并开始收缩,全球经济持续低迷。中国"入世",经济全球化的格局已经形成。农产品已由长期短缺变成总量平衡,多年以来,农民增产不增收的问题日益突出。为拉动经济增长,国家采取"扩大内需,刺激消费"的办法,连续给工人涨工资。而结果是,增长的多,花在"吃"

上的钱越来越少，尤其是初级农产品的消费市场已不可能再扩大。"民以食为天"变成了"食以精为先"。

内外部环境发生的巨大变化，给农产品流通企业带来了强制性的生存压力。就新发地市场而言，生存压力可以归结为以下几个方面：

（一）外资零售业大举进军中国市场，农产品市场有可能被生鲜食品所代替

近两年，国外商业巨头进军中国市场的首要目标是大型超市，其优点除价廉外，还能满足消费者一次性购物需要，实行一站式购物。目前主要有美国沃尔玛、法国家乐福等等，零售连锁业的销售额在年年增长。不仅如此，他们还把目光对准了具有广阔市场前景的副食品蔬菜生鲜食品，这是大的趋势。我们新发地市场如果不尽快考虑占领这块零售市场，自身的规模化发展的基础就会动摇，甚至面临生存危险。

（二）国内有效需求不足，市场经济疲软，供求关系持续失衡

目前，全国大部分农产品批发市场走下坡路，其根本原因是国内有效需求不足。尤其是人们用于初级农产品的消费越来越少，使农产品批发市场的供求关系持续失衡，农产品价格长期低迷。新发地市场作为全国交易量最大的农产品批发市场这一点显得更为突出。去年12月初，大白菜已降到了4分钱一斤，问津者仍然很少。而搞净菜配送的业主却搞得红红火火，赚得可观收入。人们生活水平不断提高，消费需求和消费标准不断加大，给新发地这个初级农产品交易的大市场带来压力，能否继续生存，关键是能不能继续吸引广大消费者，而这中间最重要的是提供的商品和服务是否能够满足消费者新的需求。因此，提高市场的档次已到了刻不容缓的地步。

（三）周边地区批发市场林立并逐渐做大，对新发地市场构成威胁

农产品批发市场不同于别的企业，生死存亡是很正常的事。据有关部门统计，全国每年新生100多个市场，同时又会关闭100多个市场，新陈代谢如此之快真是令人震惊。就目前来看，以前和新发地市场三足鼎立的岳各庄和大钟寺市场由于所处地理位置的特殊，受城市规划和交通的影

响，从交易量上看，比不了新发地，但是他们已经明显向现代化、档次化方向发展，交易额和企业本身的收入不会比新发地市场少。另外，大洋路、四道口、十里河等市场日趋做大，给我们新发地农产品批发市场的生存造成很大的压力。寻找市场长期发展的战略目标，已成了各家市场真正的投资重点。

（四）北京申奥成功，城市化进程加快，批发市场必须业态升级

北京申奥成功，将加快城市化进程。同时，北京市的农产品市场将实行业态升级。发展方向是果菜超市越来越多，集贸市场越来越少，交易方式越来越先进。新发地市场的蔬菜交易量已占到北京市的67%，可以说是首都的一只大菜篮子，但过去那种粗放型经营已不能适应"新北京、新奥运"的要求。随着奥运的日益临近，大量初级农产品露天交易的方式将不会再存在下去，农用车进城也会受到限制。如果不尽早着手，等五环、六环开通，新发地市场也会陷入尴尬境地。因此，新发地市场目前的生存压力很大。

三 目前存在的主要问题和困难

农产品批发市场是小农经济的产物，本身有着一些先天的不足。凭借改革开放的春风，一路坎坷、一路风雨走到了今天。在促进商品流通、搞活城乡经济当中立下了汗马功劳，但是由于农产品市场的法律、法规相对滞后，长期竞争无序的粗放型经营，留下了很多后遗症。在新旧时代交替的今天，一些问题开始暴露出来，自身的弱点又使解决问题困难重重。就新发地市场而言，目前的主要问题和困难表现在以下几个方面：

（一）营业面积大，设施简陋，向超市化发展资金困难

新发地市场占地面积共480亩，分蔬菜、果品、粮油、种子、水产品等多个经营区。除了水产、种业、肉类、干鲜果品五座交易大厅外，大部分蔬菜和果品都是露天交易。我们是农民办的集体企业，从建场到现在一直坚持"边挣钱，边投产"的滚动发展模式，所有设施都是十三年间陆续建起来的。但设施的增加与营业面积的增大始终不能成正比，管理费中那微薄的利润不能满足中级市场对设施建设的要求。提高市场档次，向超市

化方向发展,首先面临的是资金问题。一步一步慢慢投入,不能和"新北京、新奥运"的步调一致。快步发展,在硬件设施上来个大手笔,又有点心有余而力不足。

(二) 经营主体规模偏小,上市品种品牌少,交易手段落后且提升困难

在新发地市场做生意的人当中,自产自销的农民占着很大的比例。农民的特点是文化不高、组织化程度低、经营规模偏小。他们可能生产出世界上最好的农产品,但要卖出好的价格就非常困难,因为一家一户的农民进入市场的交易成本是非常高的。另外,常年上市的农产品尽管品种很多,但都是土生土长的初级农产品,没有形成一定的品牌,交易手段仍然是传统的面对面的现货现金交易。我们也想引进拍卖等先进的交易手段,但实际上却有很大困难。一是农产品质量规格不够标准,而且价格常年低迷,如去年12月份大白菜仅卖4分钱,连包装费都不够,还怎么拍卖。二是农产品没有品牌,就没有多元化的竞争主体,没有多元化的竞争就会因缺乏优胜劣汰的经济规律而失去活力和意义。

(三) 农产品加工业滞后,引资很困难

前面已提到过,新发地市场只是一个"只供交易场所,只搞经营管理"的初级农产品批发市场,不要说在生产领域,就是在加工领域也是一片空白。近几年来,人们用于食品,特别是初级农产品的消费越来越小,消费观念逐渐向安全、健康、高品位的方向转变。农产品加工业滞后不仅影响市场的经济效益,更重要的是农产品价格始终上不去,进而成了农民增收的瓶颈。

就目前来看,新发地市场发展农产品加工业有两大优势:一是市场有丰富的货源可就地取材,省去东奔西跑采购,可降低成本;二是有足够的场地,不再花高价买地皮。我们也面临两大困难,一是引资困难,从整个投资形势看,各企业对农业投资一直不够"热"。而市场本身是服务行业,收入不多,和对方合作只能是出地,土地属于村集体所有,一旦用地首先要考虑安排一大批本村劳动力。由于新发地属农村,村民大部分文化不高,很难适应高效率快节奏的现代化工作需要。这样一来,我们自身的不

足成了引资合作的障碍。二是引智困难，发展农产品加工业，首先要有一批"身怀绝技"的专业技术人员和懂现代化经营的管理人才。非常务实地讲，这样的人才新发地村也出了不少，可他们都不愿留在农村，都已远走高飞了。发展这一产业，只能"借鸡生蛋"，对外引智、引才。在市场经济条件下，人才是要讲条件的，一要有好的工资待遇，二要有好的工作环境，三要企业为自己解决后顾之忧。说工资待遇，我们是农村集体企业，钱是大家挣的还要大家花，普遍工资都不高，不是不想而是不能拿出高薪对外引进人才。说工作环境，这里是农村，每天接触的是农民，工种还是和农产品打交道。后顾之忧就更不用说了，户口不能接收，养老退休保障金也很难保证。所有这些都为我们引才造成困难。说现代社会的人才不是资源而是资本，可我们没有足够的资本让这个资源转变成自己的资本。

（四）销售领域力量薄弱，发展现代化的连锁零售业困难重重

新发地市场的大吞大吐，注定了这里销售的农产品价格不高，成了北京市典型的一级批发市场。从目前来看，市内大部分中小型批发市场的菜果都是从新发地市场进的。通过二级批发市场，小商小贩又把苹果拉到小区或一些马路市场销售。这样层层批发流转，等苹果到消费者的餐桌上时已加了好几倍的价。不仅如此，菜果的层层批发流转，会造成人为的破坏和污染，影响城市的交通和卫生。可以说，这样的流通是有百弊而无一利的。新发地市场有着丰富的资源，而且价格低廉，这是别的任何零售企业比不了的优势，但由于销售力量薄弱，这个优势没有发挥出来，主要原因：一是资金短缺，不能实现高度集中的采购与配送；二是在市内设零售店铺手续难办且费用太高；三是缺乏资金运作经验，高素质、综合协调能力强的专业人才。问题多多，困难重重，严重限制了市场连锁零售业的发展，进而影响到整个市场的经济效益和可持续发展。

（五）技术落后，农产品安检关口难把

随着人们的消费市场从"有什么吃什么"转为"吃什么有什么"，"择食消费"成为一种新时尚。在这种大背景下，食用农产品的安全与否被提上议事日程。作为首都大菜篮子的新发地市场，本着为首都人民健康高度负责的精神，专门派人去香港学习了蔬菜"快速酶测定法"，并购置

了各种检测仪器。从 1999 年开始对进场交易的蔬菜进行抽检,但这种方法要经过收集样品、分拣、切段、送机检测、定性定量分析等多个环节。每检测一种蔬菜最快也得用 35 分钟,等检测结果出来,即使超标,菜已卖了一半,也就是说,已有一半的超标蔬菜流进了消费。如果将检测设备移到市场大门口,对进入市场的菜车像客人登机一样,一车一车地检测,是根本做不到的。新发地市场平均两分钟进一辆菜车,如果车车检测,农户等得不耐烦不说,场外停车也是一个大问题。从今年 7 月 1 日开始,北京市要求所有从市场出去的蔬菜必须达到食用安全标准,但仅仅靠目前的检测仪器和检测方法,无论如何也做不到。新发地市场业态升级,迟早要向超市化方向发展,但由于地理、交通等优势,大吞大吐的功能至少在近几年不会改变。如果没有 1~3 分钟能检测出一种蔬菜食用安全与否的方法,市场发展肯定会受到影响,损害整个北京市民的菜篮子。

(六)"加法减法"出现矛盾,龙头企业有苦难言

中国的问题关键在于农村,而当前农村又存在一个突出的问题——农民收入下滑。为解决这个问题,中央提出"多予、少取、放活"的新思路,也就是想方设法增加农民收入,千方百计减轻农民负担,竭尽全力把农民的积极性保护好、发挥好。新发地市场发展的 13 年,可以说是和农民同甘共苦的 13 年,办好这个大市场,让农民进入商品流通领域,拼搏鼓腰包,就等于保护和发挥农民的积极性。13 年当中,新发地市场通过信息引导、产销对接,直接带动或间接指导上百万农户的生产,使其走上发家致富的道路,市场本身也得到了滚动发展,被农业部等国家八部委评定为农业产业化国家重点龙头企业。农民收入连年下滑,新发地市场作为龙头企业没有任何理由不考虑这个问题。我们除一如既往地保护好、发挥好农民的积极性外,更重要的是减少菜农进场卖菜的管理费,我市场的管理费收取标准在全国同行业中已处于很低水平。而每年国税、地税、工商管理费等各种费用加在一起近千万元。增加农民收入要把市场办好搞活,减轻农民负担要把管理费降低、少取,国家的各种税收、费用还要如数缴齐,这样的加法和减法本身出现了矛盾。龙头企业背着沉重的包袱,实在难以担当龙头。前面提到的各种困难归结为一点还是资金困难,而资金困

难的根源是企业本身负担太重。如果各种税收有增无减，市场要提高档次、做大做强，即使借助资本市场的力量和金融机构的支持，也不会走上可持续发展的道路。

四 下一步设想及其政策呼吁

办中国的事要从中国的国情出发，我们的国情是近13亿人口，其中近9亿是农民。要让农民增收，既要考虑长远目标，还要解决好当前的突出问题。农业产业化经营有效地解决了农产品产销脱节的问题，对农民增收起了很大的作用。但"公司+农户"这种模式，不能让农业产业真正"化"起来。因为公司是企业，不是慈善机构，也不会给农户恩赐什么，要的是有利可图，发展农业产业化经营，在公司和农户之间应该有一个中间组织，这就是农产品市场。农民收入下滑的主要原因是农产品流通渠道不畅，而搞活流通，关键在于农产品市场。城市和农村的经济差距越来越大，而促进城乡经济协调发展，还要看农产品市场。沉甸甸的责任就落在我们的肩上，我们不能也不敢有丝毫的怠慢。今后，我们有几点打算：

（一）定"稳定圆心，扩大半径"的发展方针，围绕农产品把经营做大做强

我们已确定"稳定圆心，扩大半径"的发展方针，也就是以市场为圆心，逐步向农产品的生产、加工和连锁零售两头延伸。不求"大而全"，只要"大而专"，经营农产品是我们的优势，农产品量大价低是新发地市场作为企业的核心竞争力。因此，市场今后的发展还是围绕农产品。

（二）合理利用土地资源，加强硬件设施建设

按政策新发地村已征地1152亩，我们已经农业部、原内贸局的领导专家多次实地考察、设计、论证，以求合理利用这有限的土地资源。现已将这1152亩地规划为住宅区、加工仓储区和商品交易区，除了300亩的住宅小区外，其余的两区属新发地市场经营管理。在加工仓储区，去年我们还打算和客户合作再建2000吨这样的恒温库，力争在今后三年内建起总容量达5万吨以上的农产品储蓄设施，对市场进行"吸缺"。在商品交易区，我们准备利用三年时间建成20个半封闭式果菜交易大厅，避免果菜

露天交易变质失鲜。另外和浙江、大连两家海水产品批发商合作，建一座三层楼的海产品交易大厅，带旺市场水产经营。还要建一栋建筑面积为2.5万平方米的商业城：含肉类、水产、菜果等生鲜食品的超市、风味小吃厅、多功能厅和写字楼。现在各种手续已基本办完，等加油站搬迁完毕，即可动工。

（三）初级农产品精深加工，促进农产品的转化

去年，我们和华联综合超市合建了占地18亩、投资1000多万元的农产品加工配送中心。依托市场丰富的货源，联营体可逐步走低成本扩张之路。依托华联技术和营销优势，可对上市的农产品进行浅层的"形象设计"和深层的"内质改造"，最终使土生土长的农产品价值化，从而实现"农业增效、农民增收"的目的。今后，我们要将该联营体作为重点，在场地配置、管理制度、资金投入等方面加以扶持，让更多的农产品走上超市的柜台，带动更多的农户致富。

（四）发展连锁零售直销配送

今后，我们在农产品的销售方面，重点要抓两件事。第一件事是发展连锁零售业，打算在市内居民小区、学校附近和繁华地带租赁和设置"新发地市场"果菜店铺。按照特殊经营的方式，统一招牌和装潢格调、统一价格、统一采购、统一服务和管理标准、统一门店作业方式，把农产品层层批发流转的利润与实际消费者分享。这事情做成，既可降低市民吃菜的价格，方便市民，还可解决一大批下岗职工和农村剩余劳动力的就业问题，为政府分担忧虑。但是做这件事，无论在零售店铺租赁设置上，还是资金投入上都得靠政府。

第二件事是发展配送直销。以前市场对配送直销一直持冷淡态度，总觉得这个行业很难赚钱。从最近的调研情况来看，新发地市场内专营或者兼营农产品配送业务的单位或个人已多达50家。这50家配送中心一年内向城区内配送净菜、净果及其半成品和少量的肉类、副食、调料、水产可达2.5亿公斤，配送成交额可达4亿多元。按每人每天消费菜果0.5公斤计算，新发地市场通过配送可供应140多万北京市民全年吃菜，同时还为上千人提供了就业岗位。但这些配送中心由于规模小而分散，配送工具不

统一，信息收集困难，经验缺乏，安检困难等多种原因，服务和管理都不够规范，发展步伐越来越小。

今年，我们决定在果品市场南门外专门建一个农产品配送园区，格局为两层楼，二楼为规范化的套式楼房，包括卧室、门庭、厨房、厕所，既可住宿又可办公。一楼为农产品包装净处理和初级加工的档位。楼前建停车场，把市场内50多家分散的配送中心集中到配送园区，统一安装电话，统一配送工具，统一办理车辆进城证。这样把50家放在同一个起跑线上，让其互相竞争，市场只当裁判员和服务员，最终因优胜劣汰的规律，会使配送的菜果质量越来越好，服务态度也会越来越好，实现资源的优化组合。同时，市场还可集中精力做好配送菜果的安检工作，确保直接从新发地市场走向市民餐桌的食品都是安全的、放心的。

（五）进一步加强蔬菜农药残留检测

新发地市场一贯重视农产品的安全问题，一直致力于绿色、安全优质农产品的引入与经营。但种种原因，特别是市场的吞吐量大和检测速度慢之间的矛盾，使检验蔬菜农药残留工作不能很好地开展。另外，从整个北京市民来看，对食用农产品的安全问题是"喊得多做得少"。新发地市场是首都菜篮子工程的龙头企业，在农产品质量检测方面，政府采取任何措施，我们都会举双手赞同，并坚决拥护和配合。但作为企业，我们也会为自身利益着想，我们希望政府在这方面统一口径，喊齐口号，这样才能从根本上遏制劣质农产品流入消费。为什么要这样说？因为目前北京市经营农产品的市场有好几十家，如果不同时抓好这个问题，哪一家市场也不会执著地限制所有的"问题农产品"，谁先出头，肯定既是"先烈"又是"先驱"。说"先烈"是因为它为人民的健康牺牲了许多经济收入，说"先驱"是因为它有可能不再是"市场"，而是"广场"。为什么？因为问题蔬菜从这个市场出来，不能确保它不会进入消费，有很大的可能进入别的市场，菜还是被人吃了，而先出头的市场有可能为此而门可罗雀。这个问题，政府在制定政策时是必须首先要考虑的。

今年，我们要对市场交易区进行重新规划调整，首先要下决心打通未完工的市场中轴路，使蔬菜果品两大市场贯通，以减缓蔬菜市场因场地小、车辆多而带来的防火、秩序、卫生等方面的问题。同时要分开进口和出口，将检测设备直接设在大门进口，在门外建场地。目前我们正着手引进世界上最先进的"气质联动检测仪"，并培训相关的技术人员，投入一定的人力财力，在大门口多设几套检测设备，像香港一样，对进入市场的农产品车车进行检测，不合格的决不让进入市场。这样一来，新发地完全有可能向社会承诺，市场销售的农产品都是无公害的绿色食品。

（六）整合经营，调整原商业街经营项目

为了便于就近归口管理，新发地农工商联合公司将原来木材市场负责管理的新发地商业街划归到新发地农产品批发市场，由我们负责管理。我们本着"大而专"的发展方针，调整原商业街以百货和低档服装为主的经营项目，逐步向粮油和精品过渡。等各商户的协议到期，我们不再和经营粮油特菜以外的商户签订协议。原商业街将转变为"新发地农产品批发市场粮油特菜经营区"。我们的农产品经营就会越做越大，越做越强。

（七）完善服务功能，提高交易方式

新发地市场要从初级市场向更高层次的市场过渡，首先要完善服务功能，提高交易方式。目前，新发地市场有1500吨恒温库，今年再建2000吨的小型保鲜库，三年内要扩展5万吨左右，这样完全有能力满足客户农产品的仓储需要。

在运输方面，我们学习了出租车行业的管理模式，成立了150人的场内班车运输服务队，现在仍不能满足顾客的需要，我们仍在发展充实队伍。果品市场内还常年有40多辆出租货车，为顾客提供北京市的运输服务。今后，我们要成立市场自己的运输服务队，为客户提供通向全国的长途运输服务，尽快把物流业发展起来，扩大利润空间，使市场的发展有后劲。

在交易器具方面，目前，我们有电子地磅5台，为客户整车交易提供方便，还有磅秤及配套的垫板、抬杠、铁筐、绳子共100多套，可基本满足客户零售需要，今后还要视情况而增加。

在结算方式方面，我们将在市场整体交易区规划改造时，引进现代化的电子结算系统，为求方便，快速高效率避免现金现货面对面交易的种种不利因素。仓储、运输、结算及交易器具等服务功能完善后，我们完全可以引进现代化的交易方式——拍卖。先分量分级拍卖一些有品牌的上市农产品，如海南祥麟公司的"百果园"牌香蕉，河北永年的"南大堡"牌无公害蔬菜等。逐步促进农产品标准化、规格化生产，进而达到整车拍卖交易，再发展再进步，还可以像荷兰的鲜花市场一样，不必把所有的商品都拿到交易大厅，把拍卖、仓储、运输区分开，拿样品进行拍卖，拍卖完之后再集中到仓储运输区拿货。现在我们和中国农网合建的"新发地市场信息网"已经开工，建成后新发地市场的各种实用信息向社会发布和展示。第三期工程完工后，我们还可以把全国各地市场的各种信息摆放在信息网的交易平台上，引导并组织市场内运销大户在网上进行竞标采购和竞价拍卖，最终实现农产品流通的规模化、现代化、档次化。

（八）建铁路货场，依托网络信息和行业协会，把贸易做大、做稳

随着商品交易区、加工仓储区的整体调整、规划建设，我们决定向有关部门申请引一条铁路专用线到市场，专建一个铁路货场，为运销大户提供方便。在信息化建设方面，等"新发地市场信息网"建成正常运转，并证明能产生很大的效益后，我们决定面向全国推广这一产业技术。按照新发地市场信息网的模式，在全国各地大型农副产品批发市场和有规模、有特色的农产品生产基地建立网络，并组织发动社会上的消费大户（如部队、机关、学校及大中型饭店等）加盟入网，通过网络把产地、市场、消费者三方信息重点衔接起来，共享信息资源。同时，我们要充分利用行业协会的桥梁和纽带作用，多为买卖双方办点实事。

目前，中国农产品市场协会和北京市场协会农副分会的办公地点就设在新发地市场内，这对我们来说是极大的优势。我们将利用这一优势，多搜集各地各方面的信息，加强与全国各大批发市场和生产基地的沟通与联系。建立互信机制，办好这两件大事能产生两大效益：一是我们通过网络能掌握大量的农产品信息，增强企业的竞争能力；二是我们有遍布全国各地且信誉度较高的合作伙伴。这样一来，市场内某一种农产品供大于求价格下滑时，我们就可以立即组织货源运到别的行情好的市场，而市场某一

种农产品供不应求价格上涨影响市民购买时，我们还可通过网络从外地调进一大批同品种的农产品。这样一来，我们不出一分钱既可做买卖，还可调节市场供求关系。平抑物价，不会出现赔得一塌糊涂的现象，很好地保护商户积极性。新发地市场的贸易也会越做越大，越做越稳。

  以上八个方面的工作设想，并非脱离实际空发奇想，也不是潮流概念炒作。我们是在分析了世界全球化、信息化和网络化的迫切形势后，在竞争、压力面前所作出的一种战略选择。特别是中国加入WTO后，中国的农业已不仅仅是国内的农业，而是世界农业的一部分，我们的农产品批发市场同样是世界农产品市场的一小块。我们搞企业，思路也得转变，和"文化大革命"时喊的口号一样："站在家门口，心想天安门，放眼全世界"。我国农村人口众多，农业生产力较低且发展不平衡，经营分散，一家一户的农民不可能直接阔步走向国内市场，更不可能走向国际市场。新发地市场被评为"农业产业化国家重点龙头企业"，其中最重要的一个原因就是带动能力强。通过新发地市场这个桥梁，使上百万农民改变"农不言商"的传统观念，陆续跻身商品流通，走上发家致富的道路。对入世后素质不高的中国农业面临严峻挑战，面对农产品价格连年下滑、农民增产不增收的普遍现象，作为农业产业化国家重点龙头企业的新发地市场，除了压力和危机感之外，更多的则是强烈的社会责任感。

  我们有很多事要做，有很多想法和计划要实施，但在资金和其他方面则是强烈的社会责任感。要想跟上世界经济发展的潮流，必须从现在开始迈出，大步跳跃式发展，而发展主要得靠政府。我们真心希望政府在资金（发放无息贷款）、政策（减免各种税收）及其他方面扶持一把，更直接地说，扶持龙头企业就是扶持中国农业，扶持中国农业就是扶持中国农民。我们将以实际工作努力争取，以一颗诚心安静等待。

五　前景展望及双重效益

  我们相信，在各级政府对农产品流通工作的重视下，在政策、资金及其他方面的引导与扶持下，在社会各界的大力支持下，新发地市场凭借在市场经济大潮的风头浪尖搏击13年的勇气和经验，阔步向前发展，前景将一片光明。

(一) 三年后的展望

三年后，新发地市场将发展成一个交易层次和管理较高、功能较为完善的中级农产品市场。在仓储区，我们有总容量达5万吨的冷藏设施，荟萃国内和世界各地的精品果菜；包装加工区，我们有对农产品进行浅层形象设计（净处理和包装）的专业队伍，还有对农产品进行深层的内质改造（半成品加工及脱水处理）的车间和流水线；在物流配送区，我们有40多辆开往全国各地的集装箱大货车，随时准备待发。还有一条铁路专用线和一座现代化的铁路货场，整日吞吐着全国各地的大宗农产品。由我们负责管理的一支统一服装、统一运输工具的配送队伍常年忙碌奔波于市场各大机关团体、学校、部队、宾馆、饭店和市场之间，大把大把地分享着"三产"中的丰厚利润。在商品交易区，我们有20个现代化的半封闭式果菜交易大厅，大厅内柜台上摆放的不再是成堆成筐未经任何处理的低档次的果菜，而是一些干净、亮丽、新嫩的精品蔬菜和果品，像五彩椒、火龙果等。

电子结算取代了传统的对手交易，交易区的拍卖大厅往往是全场客户瞩目的焦点，质量标准化、包装规格化蔬菜和水果被陆续推上拍卖台，标牌高举，表槌频敲，生意一笔接一笔。值得一提的是，交易区大门进口处设了好几套世界上最先进的"气质联动检测仪"，像人乘飞机前要进行安检一样，进交易区的农产品样样进行检测，药残不合格的绝不会混进交易区，以此来打造"新发地"这块金字招牌。在零售区域，市内遍布了100家统一招牌、统一装潢格调、统一服务标准、统一门店作业、统一价格的"新发地市场果菜经销店"，统一着装的营业员全部是北京市的下岗职工。在信息服务方面，新发地市场信息网成了市场经商户寻找销售市场和提高商机最方便、最快捷的工具。从仓储加工到连锁零售，各个方面都在运作，各个方面都能赚钱，围绕农产品延伸出的多个产业，为新发地带来丰厚的利润。经济效益直线上升，市场开始跳跃式发展。经营不断扩张和延伸，需要进一步开发人力资源，300多个就业岗位用来安置北京市下岗职工是新发地市场三年后对政府的回报和对全市人民的庄重承诺。

（二）五年后的展望

通过三年的资金积累，新发地市场已有了一定的经济实力，再经过两年的跳跃式发展，我们完全可以走资本营运的路子。五年后，新发地市场又将以另一种姿态出现在全球商品流通领域。

商品交易区：交易大厅仍然存在，只是格局发生了变化。一面是精品菜果展示柜，一面是仓储商场。展示柜里只允许摆放菜果样品，所以上市交易的品种多达好几百种。顾客需购买某种菜果，可只看样品，然后由营业员在电脑里输入顾客所需的包装规格和数量，鼠标一点，自动提货机会从仓储式商场里取出顾客所需的东西，并经传输带送到顾客在交易区内指定的任何一个地点。交钱也在门口进行电脑结算，拍卖大厅里摆在拍卖台上的也仅仅只是样品，交易在拍卖厅做，货物在仓储区取，质量、标准、规格跟样品一模一样。新发地城的竣工开业，又成了城南一大亮点。两层楼的肉果菜等生鲜食品超市天天平价，天天新鲜。所售的菜果都是从安全、营养、保健的方向出发，经过精细加工而成的半成品，有一定的科技含量。

零售市场：新发地市场果菜经销店将增加到150个左右，基本上服务到北京市所有的街道和社区。在方便市民的同时，新发地的知名度也越来越高，无形资产也越来越多。

信息网络：通过新发地信息网展示平台的对外宣传，使该网站成为沟通东西、连接南北的信息桥梁。随着B2B电子交易平台的搭建，新发地市场的行情和各种信息会搬上交易平台，发展电子商务，组织各大经营户在网上和全国各地或世界各地的客商做生意已经成为可能。另外，北京各消费大户（机关、团体、学校、部队等）还可进行网上采购，由市场负责送货上门。这样一来，新发地不仅成了全北京市的菜果辐射中心，还是全国的信息集散中心。市场具备的功能已达到一个比较完善的现代化农产品批发市场的要求。市场强大的带动能力，会使新发地的各行各业经营红红火火，全村经济蒸蒸日上，市场发挥的示范作用，会在全国范围内实现"产业扶贫"，实践江总书记的"三个代表"。

（2002年4月6日）

以流通为核心　建立紧密的产销体系

在新形势下，在建设社会主义新农村过程中如何发挥合作经济组织的作用，以及在新形势下对如何更好更快发展农业合作经济组织进行政策、经济和社会层面的综合解读，探讨如何破解销售难、创品牌等困扰发展的现实问题，推动合作经济组织发展，具有十分重要的意义。

我的报告分两个部分：第一部分是介绍新发地市场的发展情况，第二部分，谈谈我对合作经济组织的一些看法和认识，欢迎大家批评指正。

第一部分：新发地市场的发展情况

一　北京新发地市场简介

新发地农产品批发市场成立于1988年5月16日，至今已经是19个年头，到目前是北京市最大的农副产品专业批发市场。市场现占地面积1370亩，有管理人员1000多人，其中包括300多名保安，总资产近10亿元。目前，每天的交易量，蔬菜约900多万公斤，果品约1000多万公斤，生猪2500头，羊2500只至3000只，牛350头左右，另外还有副食、调料、海产品、禽蛋、茶叶、种子等农副产品，交易量都很大。

2006年市场各类农副产品总成交量是60.5亿公斤，成交额为151亿元，前五年交易量在全国同类市场当中名列第一，交易额名列第二。其中蔬菜、果品两大项的供应量已占到全市需求量的70%以上，2006年营业收入1.5亿元，利润7000多万元，另外给国家上缴各种税费1200多万元，应该说是北京市名副其实的"大菜篮子"和"大果盘子"，是当地纳税大企业之一。市场发展的19年当中，受到国家和北京市领导的高度重视，从2003年到现在有50多名副部级以上领导到新发地市场视察指导工作，共获得各种荣誉和奖项72项，包括"全国文明市场"、"农业产业化国家重点龙头企业"等国家级的荣誉。

二　市场发展三个阶段

第一个阶段是从1988年到1993年，为自然发展阶段。

1988年以后，从土地由集体种植到个人种植到个人承包，农民有了蔬菜，当时成立市场的目的，是解决我们农民卖菜难的问题，所以在1993年以前，新发地市场一直处于自然发展阶段，其目的就是为了解决计划经济向市场经济过渡当中农民卖菜难和市民吃菜难的问题，不是以营利为目的，基本上没把市场当做一个企业来看待。

第二个阶段是从1994年到2002年，叫正常有序的发展阶段。

我们把这一阶段看做量的积累。因为1994年以后，市场由原来的15亩已经扩大到150亩，年交易量已经达到2.3亿公斤，市场形成一定的规模，同时也有了一定的经济基础。我们逐步认识到市场管理者搞市场也是一种企业行为，所以从管理上、制度上、经营观念上、服务宗旨上，我们开始研究新发地市场怎么搞。

我们没有搞过市场，想到新华书店去买本书来研究都没有。90年代初没有市场经营管理这方面的书。当时为了搞好市场，我们就自己去摸索经验。比如，我亲自带着两车西红柿到内蒙古集宁去卖，目的就是探讨从客户到市场需要怎么管理。回来之后，我又到河南漯河去买菜，去的目的就是尝试一下怎样买农产品。这样做的目的就是想总结出一套管理市场的办法和经验。回来之后，我们定了"三大纪律、八项原则"，其中有这样一条：我们绝不能购买市场上客户的东西。什么原因啊？因为我在集宁卖西红柿的时候，对别人卖两毛五，市场管理员过来了，他说："小张，我也买西红柿。"我说："你随便拿吧。"管理员说："我不能，我们市场有规定，我得给钱。"卖别人两毛五，最后卖给管理员连五分都不到。所以我觉得卖给管理员和"吃卡拿要"分不清，所以就把这条定在"三大纪律、八项原则"里。

同时，还制定了我们的经营宗旨，就是"让客户发财，求市场发展"。客户来的目的就是为了赚钱，客户到市场上不能挣到钱，那客户就不会到这个市场上来。买方卖方都到新发地来了，市场才能不断壮大。当时我们也定了许多其他的制度，比如说我们要提拔干部，就先得有一个卖菜的过程，让他到外地去卖菜实践一下。我们有一种说法，叫"请不来，叫不来，赚钱准来；轰不走，赶不走，赔钱准走"。就是说，客户到市场的目的就是为了赚钱，如果不赚钱，客户是不会到市场来的。

另外，我们把安全放在首要位置，因为我在内蒙古集宁卖菜的时候，看到胳膊上画着龙纹着凤的人，在我跟前晃悠，当时心里特别害怕，集宁那里的市场管理者真不错，他来了，说"有什么事，有我盯着呢，你放心吧，你就挨着我办公室，有事找我就行"。所以我觉得客户到市场来最需要的就是一个安全的交易环境，这一点十分重要。所以19年中我们市场一直在全力以赴地致力于打造安全的交易环境。

我们还规定，绝不放走一个赔钱的客户。这是我们"三大纪律、八项原则"里面很有特色的一条。客户在新发地赚钱了，他必定还是你的客户；如果他在新发地市场赔钱了，这种客户可不能盲目地放走。不但他不来了，他回头再现身说法，就会让全村子的人都不到新发地来。所以凡是赔钱的客户，我们是不会随意放走的，一定要把他留住，把他请到办公室，如果收了人家管理费，就把钱退给人家，然后，一定帮他总结出这次赔钱的原因，比如说河北省有一种白茄子，特别好吃，但是在北京卖不动，北京消费者不接受，这样的产品运到北京来准赔钱。北京需要又圆又黑的茄子，其他茄子都不受欢迎。有时候信息不灵，客户来上货，也造成赔钱结果。客户可以来之前给我们打电话咨询一下行情，我们这里24小时报价，报完价之后再到新发地市场来。这样，客户就不会跑冤枉路，盲目进货，即使赔了钱，也还会再来新发地市场。

我觉得市场能做大，关键是有客户。所以我们经常跟职工说，客户就是我们的衣食父母，客户就是"俺爹俺娘"。我们的工资就是客户发的，客户不远万里到新发地来干什么？是给我们送钱来了。他们就是我们的衣食父母，我们一直贯彻这样的思想。

第三个阶段是 2002 年以后，我们把这一阶段称为跨越式发展阶段。

由于传统的农贸市场在基础设施、交易手段、交易方式、交易环境等方面都比较落后，现有的流通业态已不能和首都国际化大都市相匹配。从 2002 年开始，北京市政府多次召集由各大批发市场负责人参加的研讨会，规划研究今后批发市场的合理布局和技术改造问题。新发地市场依托得天独厚的区位优势，被市政府规划为"一南一北"两个特大型一级批发市场之一，作为全市商业规划重点工程，重点支持市场尽快提档升级。新发地市场开始踏上跨越式发展的轨道。

三 市场中买卖双方的构成与身份

市场卖方，也叫市场供应主体，可分为四大类：

第一类为产供销一体化的公司、组织，他们生产上有基地，流通和销售环节有自己的渠道和网络，在市场供应中占 10%。 比如市场商户刘宝平，在全国拥有基地十几万亩，生产的优质农产品直接供应北京大多数四星级以上的酒店。安徽长丰县的草莓产业，由政府出面，创新生产种植（大棚内轮茬种植，用蜜蜂授粉），政府再组织帮助销售。

第二类为农产品运销大户，也叫运销专业户或农产品经纪人，他们是不种地的农民，在市场供应中占 40%。 从这个角度来说，我们新发地市场是一个百万富翁、千万富翁的摇篮和孵化器。我亲自看到一些大户，开始到新发地来的时候，蹬的是三轮车，现在都有汽车了。我们市场内这样的例子太多了，有一个商户叫潘孝海的，号称"西瓜销售大王"，他潜心做西瓜销售，树立品牌，通过他销售的西瓜约占北京市总需求量的 2/3。

第三类是农产品运销专业合作组织，就是我们今天说的"合作社"。 他们将资金捆绑起来，增强抵御市场风险能力，他们在市场供应中的比例大约占 25%。比如市场内的王慧东，他们六七家联合成立一个荔枝销售公司，不管荔枝销售市场怎样，他们总能把荔枝销售做得热火朝天，通过他们销售的荔枝能占北京市场的 60%。

**第四类是自产自销的农民，由于生产和经营的规模都很小，抵御市场风险的能力弱，目前他们在市场供应中还占有一定份额，大概能占 25% 的比例。

买方市场，也叫市场分销主体，也可分为四大类。

第一类为一级批发商，也就是从新发地市场批发货贩运到城里的二级市场和零售市场，赚取中间差价，他们在市场分销中占30%。

第二类是农产品配送业主，他们有公司、团体和个体户，组织和形式都不同，他们依托新发地市场采购不同品种的农产品，直接配送到宾馆、饭店、学校、部队、机关团体和超市，基本上都是进入消费终端，他们在市场分销中占35%~40%。现在我们固定的配送大户有200多个，他们占我们市场销售的40%左右。

第三类就是农产品中转贩运户，占到25%左右。根据中国南北气候差异，他们专门进行南菜北运和北菜南销。我在香港、澳门见过上面标有产地是"新发地"的大白菜。新发地哪儿产大白菜啊！其实就是从新发地市场倒过来的。北京当地大白菜几分钱一斤，可到南方卖一块、一块五、两块。

第四类就是机关团体自行采购和群众零购。到过年过节、星期天，他们开着大轿车拉着老太太、老村长、老师长等，他们在市场销售中有5%的比例。

以上就是买方和卖方的基本情况。

四　新发地市场对建设新农村的影响

现在讲建设新农村，讲"一村一品"，新发地的"品"就是新发地批发市场。自从建了大市场以后，把我们周边地区的"三产"都带动起来了，包括宾馆、饭店、加油站、长途客运站，共有30多家企业，都是为市场服务的，真正是"搞活一个市场，带动一方经济"，包括我们新发地村农民，可支配收入逐年增加。1988年新发地村经济收入只有几百万元，通过新发地市场的发展，现在我们总收入在3亿元以上。

现在新发地农民有2700多名，其中有500多名退休的，在新发地市场直接上班的村民有800多名，95%以上的新发地农民都在新发地就业了。新发地的医疗、幼儿园，包括退休费都是逐年提高。现在退休费最高的可达到1500元，而且我们是一年领13个月的退休费，所以农民们还是比较安居乐业的。通过新发地市场把新发地的经济都发展起来了，可说是"老有所养，少有所教"。

总的来讲呢，新发地市场绝不是单纯的解决新发地农民就业问题，而是解决全国多少农民就业、解决农民卖菜难的问题。有些人，比如有位叫陈明华的福建人，他进市场的时候，当时身上负债20多万元，通过南菜北运、北菜南销，他一年就把债务还清。现在新发地市场当副总经理的顾兆学，他被评为"北京创业十大青年"，甘肃省老家发展他入党了。这样的例子很多，我们初步统计，市场每年直接带动上百万户农民，19年带动上千万户农民走上了发家致富的道路。现在市场中涌现出一大批实力强、品牌亮的优秀商户，像市场西瓜大王潘孝海，年销售西瓜3万多吨；靠蹬车卖菜起家的刘宝平，现拥有全国基地十几万亩，还被评为"全国十大优秀创业青年"；市场调料商户张洪俊，从小做起，现在被推选为福建省龙岩市人大代表；山西商户赵跃升，通过精品果品经营，现在被选为山西平陆县政协常委。还有的经营户，通过新发地市场得到"第一桶金"后，从原来的做大蒜经营发展成古玩界的大老板，从经营一个小饭馆发展到成了有名的电影制片人。目前，在市场注册资本在500万元以上的客户已有600多家，在市场卖菜卖果品而又到当地县、市任人大代表、政协委员的已有50余人。

第二部分：如何构建我国农产品产销紧密合作体系

一 建立精密型农产品产销合作体系是解决小农生产和大市场衔接的需要，也是提高我国农产品的国际市场竞争力的需要

在市场经济的今天，一家一户的家庭经营，无法与大市场衔接，这是我国现阶段的一个国情。加入了WTO，没有了关税的保护，我们一家一户家庭经营生产出来农产品，根本无法与国外以高新技术为支撑的规模化、标准化、产业化生产出来的农产品竞争。在不改变农村分户经营政策的前提下，我们只有通过建立符合我国实际的紧密型的农产品产销合作体系，为分散的农民提供行之有效的服务，才能克服我们的不足。这个体系的构建，不应该也不可能由政府大包大揽。改革开放29年来，我国已经形成了以批发市场为龙头农产品，以农产品运销商为骨干的营销体系。现在国家又出台了农民专业合作社法，只要生产合作社发展了，通过农产品运销商把农民专业合作社与农产品批发市场紧密结合在一起，生产合作社—运销商—农产品批发市场，将是构建我国紧密型农产品产销合作体系的关键载体。

二　农产品运销商与农产品批发市场构成我国农产品营销的脊梁

农业部市场与信息司曾经出版过一本介绍我国农产品市场的书，书名叫《中国农产品的脊梁》。把农产品批发市场比作我国农产品的脊梁，可谓千真万确！农产品批发是脊梁，农产品运销商就是其中的骨干力量。我们试想一下，如果没有了农产品批发市场，或者说如果没有千百万农产品运销商，我们的农产品会怎样？我们的农业会怎样？我们的"三农"会怎样？

我国农产品现有的产销体系是这样构成的：一家一户农民生产农产品，由专业的购销商在产地市场或田间收购后运到销地市场批发销售，中间运输由专业的运输商来完成。批发市场是中心环节。需要强调的是，其中不管是购销商、运输商，还是农产品批发市场的建设管理者，几乎都是农民，他们绝大多数是在没有得到财政任何支持的情况下，维持着我国庞大的农产品营销体系正常运转，这不能不说是一个奇迹，是中国农民在市场竞争中的又一伟大创举！

我们北京新发地农产品批发市场，担负着北京1500多万人口70%的餐桌农产品的供应。和我们一样，我国各大城市的农产品批发市场同样承载着市民餐桌供应的重任。

王广是新发地市场的一个批发商。他是安徽的一个普通农民，一家亲戚10多口人从拉三轮车卖菜，到后来组建了一个农产品购销公司，前年在海南乐东投资400万元建了一个冷库，和当地25000个农民开展产销长期合作。王广不但为农民提供适销对路的品种，还帮助农民请技术员提供技术服务，农民因此种出的瓜菜不但产量高、质量好，并且再不愁销路，总能卖出好价钱。当地农民都把王广称作"财神爷"。王广是北京新发地市场上千个农产品购销商之一。我国的农产品就是由一个个批发市场培养出来的千百万个王广这样的购销商实现了从"产品"到"商品"的转换。

河北乐亭冀东果菜批发市场是典型的产地市场，当地种了大半辈子菜的农民薛强说："过去百亩菜百里卖，自从有了这个批发市场，现在是万亩菜万里卖。"通过市场，他种植的6亩蔬菜顺畅地销往全国各地。连续几年来，他每年都能靠种菜收入3万元。在市场龙头强有力的带动下，乐亭县果菜种植面积由原来的5万亩发展到了80万亩，全县果菜产品由原来的10多种增加到40多种。更为重要的是，批发市场培养出来的160多个中介组织、2300多名果菜经纪人，联系着4万多家国内外客商和当地10多万个农户。乐亭城关镇的温庆林就是当地的一名很有名气的经纪人，他开始种菜到市场卖，到后来租一个摊位给自己同时帮别人卖菜，到最后做专职的经纪人，现在他一个人一年能卖8000多吨，相当于一个人一年能帮2000多农户把农产品销售出去。

上海曹安菜篮子股份公司是上海最大的农产品批发市场之一，利用地处国际大都市的优势，在经营传统农产品批发业务的同时，大胆涉足国际农产品进出口交易，每年营业额数千万元。

三 关于科学构建并完善紧密型农产品产销合作体系的几点建议

"三农"问题中最难的农产品运销，实际上是由农民自己来解决的。但其支撑体系是脆弱的，无法应对国际同业对手竞争。国家应该从战略上重视农产品产销合作体系的构建，明确把农民专业合作社、农产品运销商、农产品批发市场作为这个体系的骨干组成部分，农产品批发市场是这个体系的龙头和大本营，尽快针对这三者发展的需要，制定相应的扶持政策。具体建议如下：

（1）农民对合作社的认知是有限的，农民运作合作社的能力也是有限的，国家应该在财力和人力上加大对农民建设合作社的辅导和培育力度。

（2）运销商是合作社的产品走向市场的桥梁，国家应该通过引导和培育，将分散的农产品运销商有效组织起来，以各地为中心，鼓励同品运销者成立运销合作社，同样享受生产合作社的权利、义务和保障，往上可成立同业者协会，尽快建立全国性的运销者联合会协会。

（3）参照《农民专业合作社法》，尽早制定《农产品运销法》和《农产品批发市场法》：在法律没有出台的情况下，应参照《农民专业合作社法》中"国家支持发展农业和农村经济的建设项目，可以委托和安排有条件的有关农民专业合作社实施"的条款，将"国家支持发展农产品市场体系建设的项目，委托和安排给有关农产品运销者协会或农产品市场协会来实施"。

（4）大集体的生产关系废除了，分散经营的生产关系无法应对激烈的市场竞争。国家应该依据现实和市场法则，重构我国农业生产关系。本着"单一的才是专业的，专业的才是有生命力的"原则，在基层，依据《农民专业合作社法》，重新把单品生产合作社作为基本单位；往上，在县一级成立由单品合作社组成的单品协会；再往上，在省一级，由各地单品协会再组成单品联合会。在中央成立中国农产品协会联合会（简称"中农联"），最好在中央成立大农委或大农办直接领导中农联。这是一个适应市场法则的全新生产关系，它能真正将官、商分开，将官、钱分开，这样才能保证在这种框架下，一切市场的东西具有生命力，形成紧密型的农产品产销合作体系。

（2007年6月24日，在"第二届全国农业合作经济论坛"上的报告）

建设现代化的农产品市场

一 市场基本情况

新发地农产品批发市场成立于1988年5月，至今已发展了整整19个年头，是北京市目前最大的农产品批发市场。市场现占地面积1370亩，有管理人员1200多人（包括300多名保安员），总资产近10亿元。目前，每天的交易量：蔬菜约850万公斤（高峰期突破1000万公斤）、果品约970万公斤（高峰期达到1320万公斤）、生猪2500头、羊2600只、牛350头，还有副食、调料、禽蛋、茶叶、种子等农副产品，交易量都很大。2006年市场各类农副产品成交量为60.5亿公斤，成交额为151亿元。据国家统计局统计，新发地市场交易量在全国同类市场当中名列第一、交易额名列第二，其中蔬菜、果品两大项的供应量已占到全市需求量的70%以上。全年营业收入1.3亿元，利润7000多万元，为国家上缴各种税费1200多万元，是北京市名副其实的"大菜篮子"、"大果盘子"和当地纳税大企业之一。在市场发展的19年当中，先后有44位副部（省）级以上的领导亲临市场视察指导，先后获得"全国文明市场"、"北京市文明示范市场"、"农业产业化国家重点龙头企业"等60多项荣誉称号，去年又被商务部确定为全国48家"重点联系批发市场"之一。

二 升级改造项目的基本情况

（一）项目定位

新发地农产品批发市场升级改造项目是北京市商业规划建设的重点项目，已被列入《北京市农产品流通体系发展规划（2002～2008年)》、"北京市2004、2005、2006年度重大工程"和北京市政府"折子工程"当中。加快该项目的实施，将有力推动农业产业化和首都商业流通现代化进程。市、区、乡各级领导对该项目都非常关心和重视。

（二）项目总体目标

新发地农产品批发市场升级改造的总体目标是：利用3~5年的时间，将新发地市场建设成为北京最大、全国一流，符合首都国际化大都市建设要求的现代化大型农副产品综合批发市场。具体地讲有以下几个指标：

（1）农产品年交易量升级改造后要达到70亿公斤，担负起北京市农产品80%以上的供应量。

（2）建筑面积升级改造后要从露天交易改为厅内交易，建筑体量约24.3万平方米。

（3）采用平面绿化与立体绿化相结合的方式，升级改造后绿化面积要达到24万平方米，综合绿化率达30%以上。

（三）项目主要内容

新发地市场升级改造项目的主要内容有以下四个方面：

（1）规划三大功能区，即：综合交易区、仓储加工配送区、农产品展销与商业服务区。

（2）建设十个中心，即：市场交易中心、拍卖中心、电子结算中心、信息网络中心、检测中心、仓储物流中心、加工配送中心、商务中心、展销中心、生活服务中心。

（3）提升市场功能，即：实施入场商户资格审定制度；落实入场交易产品的"三化"标准，建立全程可追溯制度；改进交易方式、结算手段；建立稳定的经纪人队伍，实施好市政府倡导的放心肉菜工程。

（4）构建管理系统，即：以市场整体升级改造为契机，积极引进人才，大力推进市场建立现代企业制度，健全公司体制，并使之逐步具备投、融资功能，最终成为上市公司。以建设信息主导型农产品批发市场为目标，建立相对完备的农业信息系统，发布每日交易快讯，满足查询需要，提供最新动态报告，为首都农业信息系统建设作出应有的贡献。

（四）项目投资情况

项目总投资5.53亿元，资金来源为企业自筹、政府支持、银行贷款和对外引资等多种方式。

（五）项目预期效益

新发地农产品批发市场升级改造后，有重大的意义。

1. 政治效益

国以民为本、民以食为天。升级改造后的新发地农产品批发市场，交易规模扩大，向首都人民提供的农产品质量和卫生安全状况将极大改善，可以更好地丰富全市人民的"菜篮子"，是一项顺民心的政治工程。

2. 社会效益

升级改造后的新发地农产品批发市场，将新增8000个就业岗位，并起到车辆截流作用，有利于北京交通通畅，有很好的社会效益。

3. 经济效益

升级改造后的新发地农产品批发市场，将成为首都经济新的增长点，除新发地市场经济增长外，还将带动相关产业的发展，更好地引导农民调整产业结构，发挥"先导产业"的作用，直接经济效益和间接经济效益都可以为市财税新增收入。

4. 生态效益

升级改造后的新发地农产品批发市场，将成为环境优美的市场；减少外埠车辆进入四环以内，减少废气污染；净菜进京，也可以减少市区垃圾。

（六）项目进展情况

新发地市场升级改造项目主要分三部分：一是市政道路设施建设，二是仓储加工区的建设，三是市场交易区的建设。截至2006年底，该项目累计投资总额为4.19亿元。2007年对于新发地市场来说是关键的一年，我们将紧紧抓住2008年奥运会带来的新一轮经济增长这个大好机遇，按照北京市流通业发展的总体规划和要求，举全场之力，进一步加快升级改造的进程。今年将准备开工以下工程：

1. 蔬菜交易大棚工程

计划建8个蔬菜交易大棚，去年已完成2个，今年计划再建6个，每个大棚长 118 米、宽 40 米，单体建筑面积为 4056 平方米，总投资约 4430 万元。

2. 拍卖中心工程

该中心主要包括：一栋四层式拍卖大厅和两栋三层式展销大厅，总建筑面积 13300 平方米。

3. 街道式交易档口工程

该工程为两层，共 6 栋，单体面积为 1300 平方米，总建筑面积为 7800 平方米。

4. 集体式交易档口工程

该工程主要为 2 栋三层式综合交易大厅，总建筑面积 22000 平方米。

以上工程总投资约为 1.35 亿元。

三　农产品市场的内在规律和世界农产品市场发展格局

（一）农产品市场的内在规律

1990 年，我在商业部学习时，听英国经济学家怀特先生讲，建农产品批发市场要具备四大条件：第一，地处城乡结合部；第二，有市场交易的自发基础；第三，靠近高速路，交通便利；第四，用原始车辆到城市消费中心不能超过 1 小时。

（二）世界农产品市场发展格局

2003 年 11 月上旬，我和国内几位主要市场的负责人和国务院有关部门的领导，参加了在葡萄牙首都里斯本召开的世界农产品批发市场联合会第 23 届年会，同时为我国政府争取申办在深圳市召开一次国际农产品会议（第 22 届在南非举行，第 24 届在意大利罗马举行）。会议期间，世界批发市场联合会主席冈萨雷斯先生还接见了我们，并就全世界农产品批发市场的建设和发展进行研究和探讨。会议结束后，我们还参观了欧洲的农产品批发市场。

纵观世界形势，看看中国的实际国情和经济状况，我觉得：我国农副产品批发市场的生命力是极强的，至少在 50 年内是不会消失的。但交易方式和发展方向必须尽快改变。就拍卖方式而言，深圳福田市场从 1997

年施行农产品拍卖交易,号称"首开农副产品流通体制改革的先河"、"敲响了中国农产品拍卖交易的第一锤",但搞了近 7 年也不是很成功;还有山东寿光去年投巨资建起的电子拍卖大厅,也只是个样子和表面文章。另外,北京的莱太花卉和云南的斗南花市的拍卖交易运作得也不是很好。从超市化经营看,曾经轰轰烈烈的福州"农改超",也以失败而告终。因此,搞任何事情都要实事求是,要结合实际情况。我认为像法国、西班牙等国家开展的农副产品连锁、配送方式代表着中国农产品市场将来发展的方向和发展趋势。

四 存在的主要问题和困难

(一)请求免缴或即缴即返土地出让金等相关税费

2000 年 9 月,北京市人民政府《关于调整北京新发地农产品中央批发市场用地的批复》(京政地(2000)102 号文件)当中,市政府将北京农产品中央批发市场建设用地调整为 942.78 亩,其余 1152.9 亩由丰台区政府进行建设。这 1152.9 亩当中,建设用地为 660.02 亩,由北京丰泰新房地产开发公司负责建设新发地市场交易区、仓储加工区和新发地住宅小区。由于市场建设资金不足,我们先启动了新发地住宅小区,目的是用房地产销售资金建设市场。在办理住宅小区的《国有土地使用证》时,我们按照《北京市人民政府办公厅关于在丰台区花乡建设中央批发市场征地拆迁安置工作有关问题的通知》(京政办发(199483 号)文件)精神,将市场建设应缴纳的耕地占用税、新菜田开发基金、大市政配套费、固定资产方向调节税、"四源"费以及其他应向政府缴纳的税费,均作为市政府对批发市场的投资,所有费用即缴即返还,继续投入市场基础设施建设当中。今年市场升级改造急需仓储加工区的《国有土地使用证》,需要缴纳土地出让金等费用,我们希望市政府给予支持,批准我们免缴或即缴即返土地出让金等相关税费,将这些资金投入市场建设当中,推动市场升级改造进程。

(二)请求解决农业拨款及国债

农产品批发市场的建设属社会公共品的投入,具有很强的社会公益性。从国外看，农产品批发市场的建设基本都是政府投资，起步和档次都较高。而我国农产品批发市场的建设资金绝大部分靠企业原始积累，档次和交易方式都很落后。为了和首都国际化大都市建设要求相匹配，北京地区农产品批发市场需要尽快提档升级。这项大工程的建设仅靠企业自身力量难以解决，因此，我们希望政府以国债、贴息贷款、政府投资、财政拨款以及减免税收的方式给予资金支持。

（三）解决市场分级管理

北京地区目前有各类市场1000多家，涉及农产品经营的市场就有500多家。但几乎所有市场内批发和零售两种业态都没有分开，给管理带来极大的不便。无法从最关键的地方入手抓农产品质量安全。因此，希望市政府将北京的农产品市场区分批发和零售两种业态，确定1~2个一级批发市场，并且以行政的手段，规定所有农副产品在第一次发生交易时，必须通过一级批发市场再进入零售市场和消费终端，这样政府只要监管好一级批发市场就能够达到监管好整个北京市场农产品质量安全的目的。

（四）解决配送车辆市区通行证问题

从全世界形势看，大规模的连锁配送是农副产品批发市场的发展方向。其原因，一方面可减少城市的垃圾量和车辆尾气污染，另一方面可推进商业流通现代化，提高城市经济发展水平和文明程度。特别是近几年，农副产品物流配送作为一种新型流通业态，如雨后春笋般发展起来，成为首都农副产品流通的重要组成部分。仅新发地市场就有配送中心129家，全年向市区配送各类食用农产品17.8亿公斤，占成交总额的近1/3。但由于各种配送车辆型号不统一，不能办理市区通行证，进入市区受到很大限制，给配送业的发展造成很大的制约。因此，我们希望市政府对农副产品配送业的发展给予倾斜性的政策支持，解决一下配送车辆进城问题。

基本情况就是这样，我们也欢迎北京市政协的领导和专家在方便的时候到我们新发地市场参观、考察、调研，并指导工作。

（2007年4月2日，在"北京市政协农产品流通工作座谈会"上的发言）

积极发挥农产品市场在果品流通及产业化进程中的积极作用

一 新发地市场在果品流通和产业化领域简单经验介绍

这些年来，新发地果品市场发展迅速，几年都是市场的骨干部分，特别在市场开拓、服务"三农"、带动果品的信息化和产业化方面摸索了一条新路子。

大家都知道，新发地市场的水果交易量每天都保持在1000万公斤的市场供应量，为首都的市场提供70%的果品供应，尤其在高档进口果品方面更是达到95%以上的份额，市场上市水果品种丰富，随着每个季节的变化，市场上总能有新鲜和丰富的品种。市场这些成绩的取得，也是市场长期坚持"服务三农"、带动果品产业化和市场化的结果，可谓"水到渠成"。

（一）为全国经销商提供信息咨询和价格分析，服务农户，服务社会

多年来，市场专门设立两部热线信息电话，为社会提供信息咨询和价格分析。同时，市场利用自己丰富而快捷的农产品特别是果品信息，建成同行业最丰富和庞大的数据库，又利用这个平台来服务社会，反哺社会。十几年来，市场的信息咨询和服务电话覆盖全国各地，甚至国外有不少信息还以我们新发地市场网站发布的信息为参照，真正实现了信息的高效流通和价值。

（二）和全国的优质果品基地和公司实行"场地挂钩"

实现了生产和流通、销售的最优化组合，大大提高了农产品的流通效率。截至2005年底，新发地市场已经和216家全国各省市的农产品生产基

地签订了《进场交易农产品挂钩协议》，丰富了农产品市场供应，同时，也更好地为果品的生产和流通、销售提供了快捷途径。

（三）为全国各地果农提供信息服务

每年新发地市场还专门安排有经验的代表到产地和基地，为当地的农产品及果品提供销售和服务信息。每年都有产地农产品，特别是果品因为信息不灵通、流通不畅而滞销，后通过市场实现产品价值最大化的例子。

（四）搭建全国各地优质农产品进京通道和平台

几年来，通过举办推介会、发布会等形式，市场已经帮助十几家省及地级市优质农产品登陆首都市场，又通过首都市场辐射全国。山东苹果、湖北橘子、陕西的猕猴桃、石榴、江西南丰蜜橘等等，通过新发地市场这个平台，扩大了影响，取得了显著的经济效益和社会效益。

二 关于果品流通的问题的几点看法

（1）大力培育发展果品市场，深入研究解决存在的问题。重视批发市场的建设，目前，我国的水果流通量中大约有70%~80%是通过批发市场实现的。要发展现代化的果品交易方式，实现远程交易。

这里需要强调的是，建立农产品市场准入制度，是缓解果品流通供大于求等矛盾的方法之一。通过建立农产品市场准入制度，在产地和销地市场两个环节实施农产品质量安全控制，提高产品质量，确保"菜篮子"产品的安全。近年来，"果篮子污染"越来越受人们关注，果品不安全隐患增多，如猕猴桃施用"膨大剂"增大。这些不安全食品直接影响了人民身体健康，甚至危及生命安全。建立市场准入制度，虽然给农民和经营商增加了很多限制，但从长远看是有利的。消费者一旦建立了消费信心，食品的总消费量肯定会扩大，价格也会提高，可以弥补因不用或少用农药、化肥等带来的损失。更为重要的是，建立市场准入制度，能有效缓解我国当前果品供大于求的矛盾，还能促进农产品的出口，于国于民都有利。

我在这里告诉大家的是，我们农产品批发市场早已重视和推行这项利国利民的制度，现在正以各种形式来完善和推进这项制度纵深发展。

（2）大力发展果业现代流通方式、连锁配送及冷链物流产业，建立专业的果品配送中心、专业的果品超市等。不断延伸产业发展链条，建设果品深加工企业，组建中介营销组织，持续做大做强果品产业，努力提升果品产业经营水平。从产业链条看，过去只注重生产，现在开始向注重生产、流通、加工的产业化经营转移。国外水果经过采摘后贮藏加工，增值比例为1∶3.8，而我国还处于1∶1.8的水平，通过采用新的工业技术，加工需求量还有很大潜力。

（3）发挥龙头企业的带动作用，做大做强果品产业。果品产业化、市场化的核心问题，是要建立产贮、运销、加工配套的服务体系，使农民摆脱市场风险。当前特别要加强现代化龙头企业的建设，目前我们的服务体系是断裂式的，技术、卖肥、卖药、保鲜贮藏、食品加工都是各干各的，各在一段，形不成整体的利益关系。

（4）成立果品专业合作社，做大做强水果产业，整合配送队伍，加强市场建设，规范市场行为，加强行业自律。

（5）大力开拓国际市场，正视困难，充分挖掘市场潜力。

当然，果品产业要做大做强，在以上方面完善还是远远不够的，果品产业的标准建设、市场准入制度、品牌建设等方面都对果品产业产生影响作用，还需要我们广大的行业工作者来共同努力，共同推进这项利国利民产业的发展。

（2008年11月18日，在"全国果品产业经验交流暨先进典型宣传推介表彰会"上的讲话）

物流配送在"菜篮子"工程中的重要地位

一 新发地市场物流配送业的过去、现状及前景

早在 1997 年，孟学农当主管商业工作的副市长时，对北京的物流配送很支持，给当时的大钟寺市场配了 100 辆配送车，大力发展大规模的物流配送。但是当时的市场还没有发展到那一步，也就是说还不成熟，结果是那 100 多辆车全军覆没。随着经济的发展、人民消费观念的转变，从 2000 年开始，物流配送产业如雨后春笋般地发展起来。以新发地市场为例，2000 年全市场共有搞农副产品配送的业主 28 家，2001 年发展到 42 家，2002 年发展到 78 家，2003 发展到 97 家，2004 年已发展到 121 家，2005 年已发展到 138 家，现在，新发地市场有 18 套配套设施齐全的配送中心，但是仍然满足不了客户的需求，配送业发展势头非常看好。我看过一些资料，根据世界粮农组织调查结果：对鲜活农产品来说，源头生产者和终端消费者的利润只占总利润的 20%，而 80% 的利润都在物流环节。因此，农副产品的物流配送产业具有广阔的发展前景。

二 新发地市场发展物流配送产业的具体做法

新发地市场发展物流配送产业得到了各级政府的关心和重视，并且在各个方面给予了大力支持，我们的具体做法是：

（1）严格按经济规律办事，发展符合现代物流业发展方向的城市物流配送产业。

（2）扶大、扶优、扶强、扶品牌，把信誉好、规模大、有品牌、实力

强的物流配送企业通过竞价招标的方式引入加工配送中心。

（3）提供系列化信息服务，帮助商户寻找商机。①把232家和市场签订场地挂钩协议的生产企业的电话等信息资料，无偿提供给市场的承销商户，拓宽了他们的进货渠道。②在网上提供24小时价格等信息服务。③免费为配送企业制作网站，帮助企业宣传，提高其知名度和影响力。

（4）免费为配送企业提供农药残留检测服务，提高配送产品的质量安全和附加值。

三 新发地市场发展物流配送产业的体会

在这几年的发展过程当中，我们深深体会到，农产品物流配送是一个蒸蒸日上的朝阳产业，具有很大的发展潜力。农产品批发市场发展物流配送产业，是市场作为企业发展产业化经营，走可持续发展之路的必然选择。我们的体会是：

（1）鲜活农产品物流配送产业对大市场依赖性特别强。现在还没有也不可能实现一个企业把人们所需要的各大类农产品全部生产出来，因此，依托大市场发展物流配送产业的优势就比较明显。

（2）在农产品供大于求的大背景下，搞农产品生产和经营主要有两项指标：一看它是不是能卖出去；二看它是不是能卖个好价钱。而物流配送产业的发展能有力搞活农副产品批量买方市场，提高农副产品的附加值。这是农副产品流通的发展方向。

（3）发展农副产品物流配送可有效吸纳当地和外地的剩余劳动力，增加农民的工资性收入。目前，新发地市场搞配送的业主共有138家，提供就业岗位1623个。

（4）发展农副产品物流配送，可减少城市的垃圾污染，推进农副产品流通的现代化。农副产品物流配送的大部分产品都是经过包装加工的，已将垃圾和废弃物在市场内就地处理。

（5）发展农副产品物流配送，可更好地服务于机关团体、宾馆、饭店、学校、部队及城市居民，为他们的生活提供方便。

四　新发地市场发展物流配送产业的设想

既然农副产品物流配送产业发展前景较好，那么我们就要大力发展这一产业，下面，我谈几点今后的设想。

（一）我们已提出"抢占终端零售市场，把新发地市场搬到市民的家门口"的经营战略

围绕这一战略，我们开始在市内各居民小区设立"新发地市场便民服务店"和"新发地市场生鲜农产品大卖场"，每个便民服务店的面积在80平方米左右，每个大卖场的面积在1000平方米左右。采用租地自建和租房改造的模式，所有门店都统一招牌和装潢格调，统一价格，统一采购，统一服务和管理标准，统一门店作业方式。这些店由新发地市场百舸湾物流配送公司统一管理、统一经营，并聘用了外地来京务工人员和北京市内下岗职工（每个店安排5个人，每个大卖场安排60人）。每个店每天将根据自己的销售和需求，将信息通过电话、传真等方式反馈给百舸湾物流公司，由百舸湾公司统一配送，降低库存，降低运输和流通成本。这些做法直接反映在零售终端就是老百姓买到的农产品既新鲜又便宜。目前，我们已在海淀区北太平庄小西天附近建了一家1000平方米左右的生鲜农产品大卖场；已在海淀、西城、丰台（青塔小区、右安门小区、方庄小区、北大地63号大院）等区开设了36家便民服务店；共安排外来务工人员和北京市下岗职工200多人。我们打算利用3年的时间，在北京市区内开设10家左右大卖场和300家左右"便民服务店"，服务范围覆盖北京市区80%的居民小区。

（二）据统计，截至2005年年底，市场农副产品物流配送的业主已发展到138家

2006年我们准备再建60套配套设施齐全的配送中心，进一步整合市场配送资源，把这138多家配送业主当中的一些大企业集中起来，形成一个新发地物流配送园区。对一些机关、团体、学校、部队、宾馆、饭店等消费大户，采用直销配送的方式，根据他们的需求，从市场批发各种农产品，直接送到单位的食堂，减少环节，降低成本，从根本上把住农产品的质量和价格关口。不但进行农产品粗加工，还要进行精细加工。

（三）现在我们正在对市场进行全面的升级改造

在改造当中，我们将充分利用市场的关卡功能，整合市场的人口，在各大门口设立"检测岛"，引进国外先进的农产品检测设备和技术，通过快速检测的方式，像香港一样对进入市场的农产品车车进行检测，不合格的决不让进入市场。这样一来，我们将有足够的底气向社会承诺：新发地市场销售的农产品都是安全的、可靠的、放心的。

（四）专门建一个检测楼，从美国引进一种"气相色谱质谱联动检测仪"

这种仪器目前在国内还是最先进的，能对农产品进行定性和定量的系统检测，这一机构我们要具备"三性"，也就是权威性、准确性和经营性。

（五）大力发展电子商务

把电子商务和物流配送完美结合起来，把商流和物流分开，减少市场的车流量，实现资源优化配置。

（六）成立新发地市场物流配送联合会

将联合会做成完全符合市场经济规律的专业合作经济组织，真正把各种资源整合起来，指导和推动整个物流配送产业的健康发展。

五　目前存在的问题

（一）拆迁问题

拆迁问题是当前新农村建设和市场升级改造的头等大事，由于受"瓦片经济"和"灰色收入"的影响，村民从骨子里不愿意拆迁上楼，所以，拆迁难度很大。好在今年市政府提出"举全市之力，向违法违章建设和脏乱差开战"，区乡领导大力宣传，全力以赴，我们新发地村要求领导干部和党员带头拆迁，工作尽管很难，但还要继续往下推进。

（二）资金问题

农产品市场属于半公益性的微利经营企业，市、区政府要求新发地市场加快升级改造工程进程，这个工程总投资要达553亿元，仅市政道路工程就投资了1.74亿元，大部分都要靠贷款建设。现在市场升级改造已到了关键时候，还需要很大的一笔资金，但原来一些有效资产全部贷款抵押出去了。如果继续贷款，既没有担保企业，又没有抵押物，实在很困难。希望政府有关部门在资金和政策上给予支持。

（三）交通问题

交通问题分两块：第一个问题是商户配送车辆进城问题，每个季度北京市只发很小一部分通行证，丰台区商务局算是很照顾我们新发地市场，但每季度也只能给我们5个通行证，而且都是以旧换新。所以现在许多配送商户配送时都是"偷偷摸摸"。另外，为了通行方便，有许多商户都购买面包客车进行配送，为了装货只能拆座，但一旦让警察逮住肯定会挨重罚。

第二个交通问题是京开路出口问题。新发地现已成为一个典型的人流、物流、信息流和资金流的中心。据不完全统计，新发地地区每天的车流量都在1.5万辆（次），人流量5万人（次）左右。但由于京开高速公路新发地段缺少出口，给新发地地区交通带来极大的不便，尤其是京开辅路，长期处于堵塞状态。从北往南方向看，从市区往南想进入新发地市场的车辆，必须从京开高速路马家楼出口提前出来，然后沿辅路钻过桥洞往南走方可到达，由马家楼出口到新发地市场要走2公里的辅路，从马家楼出口至京良路出口之间的距离达31公里；从南往北方向看，南方各省、市来的货车想进入新发地市场，就必须从京开高速路西红门收费站出口提前出来，然后沿京开辅路走3公里从新发地桥掉头方可进入；如果不从西红门出口出来，下一个出口就到了玉泉营出口，而这两个出口之间的距离就达4.9公里；从西往东方向看，从南四环西边来的车想进入新发地市场，就必须从南四环新发地出口提前出来，然后沿南四环辅路转入京开辅路再往南走方可达到。从南四环辅路到新发地市场需走2.5公里的辅路；从东往西方向看，从南四环东边来的车想进入新发地市场，就必须从南四环草桥出口提前出来，然后沿辅路在马家楼桥连续钻桥洞绕到京开辅路，沿辅路往南方可到达。从草桥出口到新发地市场需走3.3公里的辅路。

以上问题的存在，使得从京开主路转入辅路的车流量增大，无形中增加了辅路的交通压力，使辅路常年处于超负荷运行的状态。尤其是每天的上、下班高峰期，京开辅路长时间暴堵，赶上逢年过节时，整个京开高速路新发地段的辅路被堵得严严实实，有时被堵的车队排了好几公里，而且长时间得不到疏通，严重影响了正常的交通。针对这个问题，我们从2003年开始就逐级写申请，申请在新发地桥南200米处增设出口，满足南方货车进入新发地市场的需求；在新发地过街天桥北150米处增设出口，满足市区采购车辆和南四环东、西方向过来的车辆进入新发地市场的需求。如果能增设这两个出口，将有效解决京开高速路辅路新发地段车辆拥堵的问题，既方便了广大群众，又支持了新发地市场的发展，具有很强的社会效益和经济效益，但这个问题到现在也没有完全解决。最近一段时间，北京市交委好不容易才同意增加京开路东侧的出口，至于京开路西侧的出口，北京市交委只是说先拓宽辅路，再看实际和需求。这两侧辅路的拓宽中，涉及灯杆外移、树木移栽以及电信、雨污水管线合理处理等大量工作，我们还需要区委、区政府以及有关部门领导给予大力支持。

六 对丰台区发展现代化物流产业的意见和建议

综观丰台区物流产业的发展，重点提以下几点意见和建议：

（一）应成立专门的组织，保护和协调物流业的发展

由于现代物流产业涉及商务、交通、铁路、信息产业、民航、工商等多个部门。如果出现个别不作为的部门，为保护部门利益，把本应该顺利办完的事情推来推去，没人敢为物流企业承担责任和风险，这样会丧失好多机遇，阻碍物流业的发展。我们建议政府专门成立一个完全能够协调相关部门的组织，让其作为成长中物流企业的"娘家"，让物流企业有话敢说、有困难敢找，这样有利于现代物流业的发展。

（二）要打破区域界限，做大物流园区，做强物流产业

丰台区地域面积大，从整体看具备发展物流产业的优势，但不是说丰台的每一个地区都能搞物流产业，关键要看这个地区有没有发展物流产业的基础，是否具备天时、地利、人和等基本条件。因此，整合现有物流资源，做大物流园区，做强物流产业已势在必行。以新发地地区为例：新发地市场和中央市场只有一街之隔，属"一园两区、错位经营"，新发地市场建的冷库规模较大，而中央市场缺少冷库，中央市场有许多商户租新发地市场的冷库使用，既解决了中央市场商户的实际困难，又增加了新发地

市场的收入,实现了真正"双赢"的效果。如果从新发地再往西,一旦路修通了就会与白盆窑形成一个更大的物流区,实现的效果会是"多赢"的。再比如,新发地的汉龙货运中心由于发展势头迅猛,场地开始出现紧张,而紧邻的新宫村由于交通和位置原因,发展较为缓慢。新发地和新宫村的领导站在发展战略的高度共同商议,决定打破两村界线,做大物流园区。新发地从新宫村置换了50亩地,用于汉龙货运中心的发展。同时修了一条50米宽的路,从京开高速路直通新宫村。这样一来,一下子搞活了新宫村的经济,做大了汉龙物流园区,稳定了新发地的经济和社会,而且增强了物流企业抵抗市场风险的能力。

(三)不要人为控制物流产业的发展,多给成长中的新兴业态一点自由

物流产业作为一种成长中的新兴业态,其发展遵循一定的社会和经济规律,有的时候,往往会出现"有心栽花花不活,无意插柳柳成荫"的怪现象。如果我们人为地过多控制和约束,物流产业很难蓬勃发展。我们应该给这种新兴业态多一点自由,使它在一个稳定宽松的环境中自由发展,等形成一定的规模和雏形之后,再对其严格管理和规范,这样,物流产业就会像"朝阳产业"一样蓬勃发展起来。

(四)政策和资金要对物流产业给予倾斜性的支持

现代物流产业作为一种蒸蒸日上的"朝阳产业",应该是丰台区今后重点发展的一个支柱产业。物流产业的发展会带动其他产业的同步发展,增强整个区域经济的核心竞争能力。以我们新发地地区为例,新发地市场和中央市场的发展带动了汉龙货运中心的发展,物流产业的整体发展带来了强大的物流、人流、信息流和资金流,各种资源在流动当中不仅实现了保值增值,还拉动了酒家、饭店、宾馆、长途客运、汽车维修、加油等32个经济实体的综合发展。发展物流产业所带来的隐形效益是显而易见的。应该说扶持现代物流产业,就是扶持区域经济,也是扶持一方百姓。政府应该在政策和资金方面多给予倾斜性的支持。

(2006年5月11日,在"北京丰台区政协物流企业座谈会上"的讲话)

农产品经营的规模化与品牌化

海南省特殊的地理位置和气候条件,使这里的农业生产具有得天独厚的天然优势和未来发展的广阔空间。近年来,海南农业的飞速发展,不仅有效促进了当地农业增效和农民增收,更重要的是其在全国的辐射力和影响力越来越大,对于保障我国农产品供应,尤其是冬季农产品的供应越来越重要,受到国家领导人及农业部的高度重视,现已成为我国名副其实的大"菜篮子"和大"果盘子"。

一 海南农业的突出优势

(1)绝对优势。海南是中国唯一的热带省,一年四季都能进行农业生产,而且适宜种植的农作物品种繁多。同时,海南是目前中国,乃至世界范围内少有的基本未遭受工业污染的地区,优质的生态环境为海南发展符合国际标准的绿色农业、有机农业提供了条件。这种特殊的天然优势,可以使这里一年四季种植丰富的蔬菜,尤其是冬季,当北国千里冰封的时候,这里依然暖风和煦,是蔬菜生长的黄金季节,所以这种"天然大温室"的绝对优势是全国任何地方所不能比拟和复制的。

(2)相对优势。海南的冬季温暖如夏,尤其适宜蔬菜的生长。这时,我国北方进入农产品种植的"休眠期",即便是有大棚菜,其品质和产量远不如海南天然条件下种出来的蔬菜。所以说这种相对优势,不仅可以大大降低蔬菜种植成本,而且可以有效弥补因冬季寒冷造成北方蔬菜生产的空白,对于保证严寒条件下我国市场的供应,尤其是保证以首都北京为核心的北方市场供应,发挥了巨大作用。以新发地市场为例,每年春节前后,海南蔬菜供应量占据整个北京市场的40%左右,这种相对优势非常明显。

(3) 战略优势。今年1月16日，国务院总理温家宝视察新发地市场时，对海南冬季蔬菜保证首都供应给予了充分肯定，对海南省驻新发地市场联络人黄栋说"北京没菜我找你"，成为海南农业生产的一句经典代言，随后，委派农业部韩长赋部长亲自去海南视察。韩部长一到海南就说："总理让我来看菜。"这些都充分说明，海南农业的发展已越来越受到国家的重视，也发出一个强烈的信号，那就是伴随国家打造海南国际旅游岛战略的实施，农业发展也将会在不久的将来纳入国家保稳定、保供应的一个重要基地。这种明显的战略优势为海南农业未来的发展指明了方向并提供了重要发展机遇。

二 海南农业的发展现状

近年来，海南省委省政府高度重视农业生产，全省农业种植面积逐渐提升，种植的标准化程度也越来越高，特色生产越来越明显。同时，经过十多年的经营，海南省积累了相当丰富的反季节瓜菜和热带水果的生产、运销经验，农业商品化程度大大提高。同时，摸索出了一套调整农业产业结构、开拓农产品市场的办法，目前已成功举办12届"冬交会"，且一届比一届成熟。

(1) 热带农产品特色日益鲜明。近年来，海南省瓜菜、水果等热带作物特色产业蓬勃发展，对农业增长的贡献率达80%以上，建成了全国人民的"菜篮子"、"果盘子"。2009年全省瓜菜种植面积230万亩，产量704万吨，畅销全国170多个大中城市。预计今年海南瓜菜种植面积270万亩。

(2) 农产品出岛出口大幅增长。农产品畅销全国170多个大中城市和40多个国家和地区。2009年，瓜果菜出岛490万吨，拉动100亿元收购资金、100万人次进出岛。2009年海南口岸农产品出口同比增长39.8%，高出同期全国农产品出口增速30个百分点。

(3) 农业产业化水平不断提高。一是每年落实产业化资金1000万元左右，扶持发展农业龙头企业和农民专业合作社，全省省级以上农业龙头企业172家，带动农户54.5万户，农民专业合作社1200多家，带动21万户农户增收。二是规划建设定安、塔岭、琼中、昌江、屯昌等农产品加工区,2008年全省规模以上农产品加工企业230家,产值253亿元,近三年年均增长20%。三是制定预冷库5年规划和实施冷库补贴政策,2008年投入1.5亿元建设农产品预冷处理系统,新增冷库容量2.6万吨,冷库总容量突破13万吨,冷藏保鲜处理能力达200万吨以上,为农民和企业节本增收6亿多元。

三 海南农业的发展方向

新形势下,海南作为全国人民的大"菜篮子"和大"果盘子",提出了更高的标准和要求。下面我想结合实际,谈一谈海南农业的发展方向。

1. 要搞规模化经营

我国有2亿农民在种植农产品,一家一户分散种植,这种方式十分落后,要想改变这种落后的种植方式,必须通过合作社的方式,把农民有效组织起来,以此来提高组织化程度和标准化程度。

我到美国参观的时候,看见一对夫妻种1.2万亩小麦,产品全出口中国，忙的时候雇点人。我还参观过美国的一个养猪场，年出栏60万头，你如果去参观，想换件白大褂，紫外线照照不成，必须得买飞机票，坐直升机在猪场绕一圈。他们养猪跟当兵似的，一进去就3年，这是一个周期，管理很严格。我说的组织不是人民公社，是把一家一户的农民有效组织起来现代化的农业生产经营合作组织。像我在中国台湾看到的一样，农产品种植"远看一大片，近看有界线"，虽然一家一户种植，但能分出来，且是统一规格、统一品牌、统一管理，我觉得这是中国农业今后的发展方向。同样，也是海南农业的发展方向。

2. 农产品必须打品牌

中国是种植大国，但却是品牌小国。我们号称在世界上蔬菜产量占44%，水果产量占20%，但是我们品牌是最次的，没有品牌，"出口"、"食品安全"永远是一句空话。

今年初，海南"豇豆角事件"在全国闹得沸沸扬扬，给海南豇农带来了"灭顶之灾"，教训极其深刻。事实上，是海南陵水县个别农户种植的豇豆角农药残留超标了，结果一宣传，导致整个海南省的豇豆角都卖不出去，这是天大的冤案呀！如果有品牌，就不会出现"一人得病大家都吃药"的问题了。所以说，打品牌、保护品牌是农业发展的一个极其重要的环节和方向。

3. 要高度重视食品安全

随着人们生活水平不断提高，消费者对农产品的质量安全越来越重视。如果生产者和经营者不重视食品质量安全，将会给整个行业带来毁灭性的打击，代价极其沉重。

2008年，震惊世人的"三鹿奶粉"事件就是一个活生生的例子。因企业内部管理不善，一个曾经称霸中国奶业几十年的龙头企业和全国知名品牌，被可怕的"三聚氰胺"在一夜之间彻底击溃了，企业的领导人和相关工作人员受到了法律的严惩。

这个案例再一次警示世人：民以食为天，食以安为先。食品安全就是天大的事。近年来，海南农产品对中国的影响越来越大，在抓好产量的同时，一定要高度重视食品安全，这关乎海南农产品销售的命脉。

4. 农民要走进市场

市场是农民就业的延伸。据统计，新发地市场直接或间接带动农民就业人数就达近百万人。农产品种植有四个环节，分别是种子研发、种植、运输、销售，其中种植的利润是最低的，有的专家说只占总利润的5%～10%，但是风险却是最大的，赶上涝灾、旱灾、雹灾都是你的，好不容易赶上丰收了，丰产不丰收，卖不动了。像2008年的橘子似的，都烂在地里卖不出去。所以我觉得农民光靠种植，从秦始皇到现在从来就没有发过财，一定要走进市场，分享利润的最大化。

2007年都知道养猪挣钱了。我到吉林、黑龙江搞调研的时候，那里养猪农民特别高兴地说："今年我们养猪挣钱了，一头猪纯收入500多块。"我那算了一笔账，养100头猪挣5万块，但是在我们新发地市场，就是占这么两平方米地卖肉的一个人。一年纯收入就能达到20万块钱。搞销售的两平方米，卖猪肉挣20万块钱，而搞养殖的养100头猪才挣5万块钱，所以说，农民只会种植、只会养殖，永远不走进市场，你就永远发不了财。市场是百万富翁的摇篮，所以说得把规模化经营起来。

最后，我相信更坚信，有海南省委省政府的正确领导和大力支持，有全国各地经销商的紧密配合，海南农业的发展一定会越来越好，海南农民的生活水平一定会越来越高。

(2010年12月12日，海南国家农产品基地的经验与借鉴)

终端销售与网点建设

一　建设便民连锁店的背景

2007年1月，我参加北京市"两会"期间，许多代表向我反映北京市社区居民在家门口市场买的菜价格一直偏高，并且菜的质量还不是很新鲜。

我们新发地市场这些年一直都对农产品流通环节进行跟踪分析，在分析中，我发现，一些农产品从外地来到北京，流通环节的费用转嫁到消费者身上的现象非常突出，有些流通成本是不合理的，是可以避免的。举一个例子：海南的辣椒从产地到北京的一级市场——新发地市场要三天两宿时间。在产地，每斤收购价为0.8元，在中间运输环节上，包含产地包装、仓储、运费、司机等工资，摊到每斤辣椒上成本为1元，这样进入新发地市场的辣椒约为1.8元/斤，在一级批发环节，加上不到0.1元，就进入北京市的二级市场，到了宣武、西城的农产品市场价格涨到了2.2~2.4元/斤，到了欧尚等超市，价格又超过了3.0元/斤，到了东方新天地等高档卖场，当初的辣椒价格涨到了8元/斤，有的地方卖到了10元/斤。我就觉得，减少农产品消费的中间环节太重要了。如果减少新发地市场的农产品到北京的流通环节，直接配送到北京的社区，将给北京的居民带来很大的实惠。

在2008年3月份，我又受邀参加了北京电视台的《北京议事厅》栏目，与参加栏目的人大代表、政协委员等嘉宾共同讨论北京市区在社区建立便民菜店的想法。大家对北京社区便民服务菜店的需求非常迫切，在城区中，平均2平方公里只有一家小型菜场，居民买菜非常不方便。相对于近些年飞速发展的房地产业来讲，像居民便利菜店等服务设施建设远远滞后，所以，如何让居民能在家门口买到安全、优质而又价格合理的蔬菜水果，成了各级政府非常关注的一件大事了。

丰台区政府和丰台街道领导非常关心支持便利菜店建设，达成了新发地市场便民连锁菜店的实现。早在去年底，丰台街道的邢书记、李毅主任就开始研究解决自己街道辖区的卖菜难等民生问题，他们找到新发地市场，研讨如何把新发地市场的蔬菜水果等农产品直接送到社区，服务当地的居民。他们做了许多工作，协调了许多关系，先后建立了7个菜店，交给新发地连锁经营，不收场地租金，使新发地市场的蔬菜水果通过这些菜店，减少中间的流通环节，让当地的居民能买到从新发地市场直接配送的新鲜、价格便宜的蔬菜水果。同时，新发地市场和丰台街道也订立了合作意向，在保证质量、价格、服务、安全和卫生框架内，双方利用各自优势和资源，把这个民生工程做好做实。现在，新发地市场采用市场直接配送的方式，统一经营，收到了当初预想的效果。

二　新发地连锁菜点购销流程介绍

新发地连锁菜店购销分三个环节，分别是采购环节、配送环节和销售环节，整个流程采用"六统一"管理贯彻其中，分别是：统一采购、统一配货、统一运输、统一标准、统一品牌、统一销售。以下分别是各环节介绍：

第一个是采购环节。

7家菜店根据当天具体销售情况，在下午2点到4点将本店第二天所需水果、干货类品种数量等信息通过电话、手机短信等报到办公室（现设在吴志广门市），下午4点到6点将水果、新鲜蔬菜等信息发到。通过整理后，总结成全部需求量报到采购员手中，2名采购员随时根据需求总量统一采购，这是第一个"统一"。

在这一环节有两个因素非常值得关注：第一个因素是与小商小贩分散经营相比采购时间不同。小商小贩一般是在各品种每天购买最低时采货，比如水果午后价格比傍晚时要便宜不少，小商贩多是这个时间进货，他们首先考虑的是怎样压缩成本。而连锁菜店因为制度规定要质量第一，所以只能安排在下午行情上涨的傍晚时分进货，质量自然是新鲜不少，但进货的成本自然也上来了。这种情况在果品中很多，苹果、梨等采购都属于这种情况。

第二个需要关注的因素是采购制度的创新。现在，我们也在思考对采购制度的探索和创新。小商贩经营中，采购是自家分散采购，品种少、数量小、采购相对灵活。而在连锁经营中，采购工作因为要统一，所以标准非常重要。统一采购能发挥品种丰富、数量大、批发价格购进的优势，但因为要把保证质量放在首要位置，故只能采购质量上乘的产品，加大了运转的成本。采购员这个岗位要求是人员业务能力强，责任心重并且精力充沛。但是采购员这个岗位的工作性质很容易出现回扣现象，并且这种回扣行为具有不可控性。由于农产品行情一日多变，"快马赶不上青菜行"，并且一般采购都是现金交易，对某一个品种农产品来讲，一天当中，有时是一个晚上当中，行情上差一两分钱是很正常的，如果进货量大了，这种原因形成的误差也很大，很容易产生腐败。针对这种情况，我们在不断加强责任心、服务意识的同时，采用"采购联保机制"，就是由7家菜店互相搭配、相互监督，既保证了质量，又规范了进货渠道，还培养了采购人员，从磨合这段时间看，起到了很好的效果。

第二个环节是配送环节，包括统一配货、统一运输。

在这个环节中，统一采购的货品分批进入车间（特菜厅的21号），由专门的分货员根据每个菜店的供求信息进行配货，同时，对产品进行检查，把不合格产品挑出来另行处理。

配货完毕后，由专门运输车辆把当天购进的货统一运输。配货员将货装车，并与押货人员交接，把货品运到各个菜店，交接完毕，才完成整个配送环节。

第三个环节是销售环节，包括统一品牌、统一销售。

现在运营的7个菜店全部由丰台区丰台街道协助设立，没有场地租金，把菜店经营成本降低了一大块，也让利给当地居民。"统一品牌"指的是菜店由街道服务中心与合作方新发地市场联合打造品牌，这个品牌内涵直接是"便"民。所谓"便",一是方便了当地居民买菜,解决了城市生活中"买菜难"等大问题。二是便宜,因为新发地市场是整个北京地区蔬菜水果的一级批发市场,是整个首都农产品价格形成的"晴雨表",加上当地街道居委会协助在各社区公用面积上盖菜店,省了场地租金,上述这几个因素必然能降低菜的价格。

现在,各菜店的价格,主要由两个因素决定:一是与本地区的早市价格对比,规定零售价格不能超过早市的20%,部分商品不能超过30%。二是由当地消费水平、接受能力、消费习惯等决定。价格高了,居民接受不了,东西卖不出去;价格低了,各菜店就得赔本经营,他们自负盈亏,所以也不行。这就要求双方要找到一个良好的结合点。

"统一销售"指的是,在销售过程中,服务标准是统一的。

以上是关于连锁菜店购销流程的介绍和分析,结合最近的各菜店运营来看,我谈三点看法,作为今后工作的侧重点和要突破的地方。

三 下一步的想法和工作重点

（一）管理

管理上一要完善,二要科学。现在管理是这个项目成功的重要条件。当然,这个项目的各方都在摸索阶段,需要总结经验,齐头并进,从实际出发,提高管理的水平。

在这方面,重点是要形成一套成功模式,这个模式一方面要符合"质量、价格、服务、卫生、安全"的框架基础,同时,也要兼顾遵循市场经济规律,形成一套符合丰台实际生活需要的连锁服务模式,为丰台人民生活、经济发展服务,为建设丰台服务。

（二）解决好菜店复制和布点工作

应该说,这个项目运营成功的首要条件就是规划布点问题。这个项目发展到现在,之所以能有7个菜店在运营,与丰台街道的支持与工作是直接相关的。但这还远远不够,要进一步发挥街道作为一级政府实施管理与协调的职能。因为,从目前的国情和社区情况来看,街道的游商是制约这个项目发展最大的因素。

现在，丰台区召开"推动新发地市场在社区建立便民连锁店现场会"的工作会议，新发地市场作为丰台区的窗口企业，有责任来做好这件事情。我们将充分发挥新发地市场的信息优势、产品优势、客户优势和市场优势，配合各级政府，把社区连锁菜点工作做好。

（三）寻求一些支持

现在，围绕丰台街道的7个菜店已经形成了一套发展模式，这个模式也正在总结和完善。这个项目的成功，对于各方来讲，社会意义都将大于经济效益，但项目本身还是需要一些外界支持的，主要来自两个方面：

1. 政府方面

解决居民"买菜难"和小贩游商等城市管理问题，是政府的职责。而新发地连锁店的意义就是帮助政府解决这些问题，最先受益的是政府。我们也正在总结材料上报政府，寻求政府的支持。这种支持包括在菜店基础设施的建设、保障食品安全措施等方面，政府都要提供资金支持。王苏维副区长在9月份视察工作时也表态，政府可以在这些方面给予支持。对于王区长提出的设想，新发地社区连锁店能不能在简化服务职能上，把菜店设计成马路边、社区中的一道风景，在搞好菜篮子供应的基础上，增加相应的服务职能，这都是我们工作的研究方向。还有，食品安全是天大的事情，我们准备在今后的配送过程中，实现全程冷链封闭运输，在购买运输封闭车等方面，也希望政府能提供支持。

2. 新发地市场支持

现在连锁菜店每天配送的蔬菜水果在8000斤以上，高峰期达万斤，到了周末还会多一点，现在天气越来越冷了，这就需要一个相对固定并且有室内条件的房子来做配菜点。现在丰台区准备扩大新发地市场的连锁店规模，新发地市场也要专门开辟一个地方，作为新发地市场配送中心，这也是当务之急。

（2008年11月27日，在北京市丰台区政府"推动新发地市场在社区建立便民连锁店现场会"上的讲话）

北京新发地农产品价格为什么全国最低

新发地农产品市场价格在全国最低，尤其比小城市的价格低，甚至有些比产地还低，因为它的销售量大。小城市是论斤卖，这里论车，薄利多销。

到目前为止，今年蔬菜价格比去年同期下降30%，去年的加权平均价是1.29元/斤，今年是0.91元/斤。其他品种，如猪肉、羊肉、鸡蛋、粮油、淡水鱼都在上涨，尤其是猪肉上涨幅度最大，去年是7.5元/斤，今年是11.75元/斤，预计到9月份会有所下降。从白条猪的价格走势图上可以看出，最高峰是6月23日，爬到山顶之后没有急于"下山"，一直在"山上"徘徊，过完春节后随着周期过去会总体"下山"。猪肉的周期分为大周期和小周期，大周期是18个月（猪从生下来到性成熟需8个月，配种需5个月，到出栏还需5个月）；小周期是10个月（从配种到出栏需10个月）。我们在辽宁、河南等地做了调查，有个可喜的结果，人们把母猪留着，让母猪"计划生育"，不用大循环。

今年6月份高峰的原因：6月份吃的猪肉正是1、2月份出产的小猪，那期间正是猪的肠胃病犯得最严重的时候，能存活50%就很不错了。现在8、9月份吃的猪肉是3、4月份的小猪，成活率高了。从目前来看，猪的防疫没有大问题，因此再过5个月，猪肉的供应保证没有问题。

今年的猪肉价格为什么突然高峰？往前推到2009年4月份到2010年4月份，我们收购毛猪是3.5～3.8元/斤，一斤毛猪需要5斤玉米，5斤玉米需5.5元。农民有一特点，不计工钱，毛猪价格如果不低于5.5元/斤，就觉得不赔钱。毛猪低于4元/斤一头猪就会赔500元，因此养猪风险较大。毛猪价格长期过低才引起6月份猪肉价格上涨。今后需要关注的是猪长比，如果收购价低于猪长比数，政府应该适当干预。像现在，猪肉价格上涨后，政府没必要过多干预，靠市场经济之手就能够调节，比如农民养一头猪能赚1000元，已经能够刺激农民的积极性，不需要政府进行优惠政策的支持。今后猪肉价格低的时候，政府需要进行干预有两条：

一是政府在低于猪长比数的时候给予补贴。农民最担心的是防疫，害怕猪大量死亡。除了美国以外，世界上大部分国家都是以散养猪为主，我们占60%，没有规模化的养殖，散养的特点是不低于猪长比就养。现在关注比高峰期关注要强，高峰期的时候就忍着，因为农民的积极性已经上来了，再采取措施已经没有必要。猪的周期不像菠菜，菠菜的周期只有30天，这次猪肉上涨可喜的是很快得到了缓解。

二是降低成本。现在是谁在推动物价上涨？农产品价格贵了，但是农民没发财，全国700个县是贫困县，这些恰恰是农业大县。韩村河是靠建筑发财，华西村靠钢材致富。山东寿光搞农业的王乐义，他并没有发财，但是全国需要像王乐义这样的人才，全国出一个吴仁宝可以，出一千个吴仁宝，农业就成问题了，但是中国需要一千个王乐义。因此农产品价格高，并不意味着农民发财，推动物价上涨的是人工费、运输费、油费，这是当前形势影响的。

我是农民，1976年当兵复员回村当统计员，当时村里有4600亩耕地以种蔬菜为主，后来当了车队队长，从新发地运车菜到城里运费15元，当时（80年代）北京的规定是以近郊为主、远郊（如大兴、房山）为辅，后来改成以北京为主、外埠为辅，到现在以外埠为主、北京为辅。每年的12月份到次年的4月份是北京蔬菜生产的淡季，我们号称自给20%的蔬菜，但是恰恰连6%都没有，因此我们一部分靠储存菜，像内蒙古、甘肃的土豆、胡萝卜；一部分是自给菜，我们只做5%的保护地生产，95%靠外埠供应，南菜（两广、云南、海南）占主体，南菜保证了北京的供应，这种运费与当年是无法比拟的。

我们做了一个调查，从海口拉一车西瓜（27吨），2850公里，运费是23000元，油费是9300元，占整个费用的40%。近距离的像山东寿光，拉一车蔬菜（35吨），500公里，运费4000元，油费是2000元，占50%，远距离的油费比例低一些，近距离的一般都在50%以上。再比如从三亚拉一车芒果（31吨），3200公里，运费25000元，油费是10200元，过海费3000元，油费占到40%。

过去各地的蔬菜供应都是以当地农民种植的蔬菜为主。我们在上海做了调查，上海有50万亩菜地，上海人不把黄瓜、大椒叫做菜，他们爱吃鸡毛菜，当地人自己种。上海有一个政策，鸡毛菜卖多少钱不管，只要种，每亩地给600元，提高自给率。

目前社会除了钱在"降价"，其余都在涨价。市场上雇保安，前年是1400元/月，去年是1600元/月，今年2000元/月都招不到好的。再如建楼房的钢筋工，前些年是50元/天，技术也不错，现在150元/天的工人技术还不如以前的好。因此，现在的人工费、汽油费、运费都在上涨。全国大流通能够解决地方农产品价格平稳，同时也抬高了物价，这既是好事又是坏事。过去鲁迅先生讲，北方大白菜运到广州，要系红头绳当做新鲜物去卖，现在不一样，六七月份全国吃的菠菜都是内蒙古新河产的，有首诗说得好，"旧时王谢堂前燕，飞入寻常百姓家"，过去的新鲜物到现在已经不再新鲜了。

第二个淡季是每年7、8、9三个月，北京的蔬菜来源主要是河北北部的地区，如张家口、东三省、内蒙古、宁夏、甘肃，这几个月不受南方涝灾的影响。北京4到6月和9月底到11月的自给率超过30%。

农产品受气候的影响，我们预计今年的蔬菜不会有太大的上涨，因为去年价格高，刺激了农民种植的积极性。今年内蒙古、宁夏的降雨量都比往年高，去年内蒙古降雨量是181毫米，今年到目前为止已经将近300毫米，去年露天土豆800公斤/亩，而今年是2000公斤/亩，今年的土豆、胡萝卜、洋葱都是大丰收，因此预计今年9、10、11月份的蔬菜价格是下降的。今年6月份到会宁县，这个县的县长说："今天是6月10号，一年两季粮食，一季叫颗粒无收，因为旱，现在玉米长得很好，如果最近10天内下20毫米的雨，我可以保证今年玉米亩产1000斤。如果再有半个月还不降雨，我保证今年玉米颗粒无收。"因此说，气候对农产品有很大的影响。

新发地农产品的价格并不高,"最后一公里"价格高了。调查发现:社区菜市场的价格与新发地的距离成正比,比如宣武区的天兴利民菜市场、朝阳区的朝内南小街菜市场,摊位租金都是1200元/月,宣武区的菜市场批零价为59.9%,而南小街菜市场的批零价是113.3%,价格翻了一番。

距新发地路程相等的社区菜市场价格的高低与摊位租金成正比。比如西城区的天泰龙兴菜市场和天秀菜市场相比,相等面积的摊位,天泰龙兴是1000元/月,批零价是73.6%,而天秀菜市场是1270元/月,批零价是85.8%,这样租金高的价格转嫁给了消费者。

从新发地进货的社区菜市场与其他社区进货菜市场价格成正比。从新发地市场进货价格低一些,从其他市场进货要高一些。

新发地直接配送的便民菜店比商户自己采购的价格低点,市场配送的差价一般在40%~50%之间。

从长远来看,目前的农产品价格还是偏低的,因为一切都在涨价,农民说现在的肥料论"元"涨,农产品论"分"涨。农产品受供需矛盾影响,价格时涨时落是正常的,但是我们要反对大涨大落。今后农产品价格趋势还是上涨的,关键是消费者要理性认识这个问题。

政府出台了配送直通车(绿色车队),这是减轻中间环节的重要课题。流通成本的高低决定着农产品价格的高低,流通成本分为两个环节:一是从全国到新发地市场的流通成本;二是从新发地到超市终端的流通成本。尤其是第二个环节影响更大,能够解决第二个环节,农产品价格下降的可能性是很大的。

"蒜你狠"、"蒜你贱"还有"豆你玩"都是市场经济调解下的正常现象,由于气候等原因造成亩产减少或增加,供需矛盾出现问题,价格自然上涨和下降。最近调查分析鸡蛋价格预计会下降,因为养鸡的农民增多,并且处于丰产期。

保证北京供应,要提高三率:一是自给率。二是可控率,通过建立基地或者客户租赁基地、订单农业用地共500多万亩。三是调控率,我们每年为政府储存1万吨的蔬菜,前年大雪的时候平抑了物价,因为气候无常，极端天气随时都会发生，因此还得加强调控率。我们准备建设12万吨的冷库，一部分建高温库储存蔬菜；一部分建低温库，在猪长比低时储存猪肉。

我们现在有一些困难，有400多亩建设用地，专门建冷库，要缴1亿元多的土地出让金，我们目前通过贷款暂时解决了，如果这笔钱不能返还，对我们的压力很大。冷库是一种低利润的投资，作为大市场没有足够储存设施是不可行的。像新发地市场，不用给钱，我们需要政策。政策不但能解决问题，还限制腐败现象的发生。

对于便民菜店，丰台区拿出许多优惠政策，城管、物业、街道办事处三处共同解决菜店的问题，每40平方米的菜店保证1000户的居民供应，保证200种蔬菜与水果的供应。

（2011年8月25日，在接待北京市发改委副主任张远来新发地市场调研时的讲话）

菜价不稳定的原因与对策

一 今冬明春北京蔬菜的供应形势

(一) 北京蔬菜供应的主要来源

20世纪80年代以前，北京的蔬菜供应是以近郊为主（如朝阳、海淀、丰台）、远郊为辅（如大兴、顺义、房山等），当时从近郊如丰台运一车蔬菜到市区，只有15元的运费，而现在北京的蔬菜供应是以外埠为主，吃的是全国的农产品，而以北京自产为辅。平时北京自给20%的蔬菜，在每年的12月份到次年的4月份，这时北京处于淡季，供应偏少，约占10%。通过新发地市场23年的统计总结，我们得出北京市主要吃四类蔬菜：

第一类储存菜，以河北、内蒙古、宁夏、甘肃等地的土豆、胡萝卜、大白菜、洋葱等为主，约占总销量的30%。第二类是南菜，是广东、广西、云南、海南等地的豆角、圣女果、冬瓜等，约占总经销量的40%。第三类是山东、河北的保护地蔬菜，黄瓜、西红柿等约占20%。第四类北京自产菜，以油菜、茴香等为主的叶类菜约占10%。

(二) 今冬明春北京蔬菜供应形势

今年以来，我国大部分地区遇到了风调雨顺的好年景，加上各地农业部门高度重视农业增产增效，全国农产品的种植面积和种植技术都有所增加和提升，使我国以土豆、洋葱、胡萝卜等为主的冬季储存农产品大获丰收。

以乌兰察布地区种土豆为例：2010年降雨量180毫米，今年降雨量为300毫米，比去年增加120毫米；2010年种植面积是401万亩，今年为432万亩，比去年增加31万亩；2010年的总产量是225万吨，今年的总产量达 393 万吨，比去年增加 168 万吨。另外以河北省为例：2010 年河北省瓜菜种植面积 1057 万亩，2011 年瓜菜种植面积 1880 万亩，增加 823 万亩。

1. 冬季储存蔬菜供应情况

冬季储存蔬菜主要包括大白菜、土豆、洋葱、水萝卜、白萝卜、青萝卜、胡萝卜、蒜苗（蒜薹）等几个品种。目前得到的信息是：土豆、洋葱供大于求，大白菜种植面积与去年大体相当，供应充足，蒜薹库存充足，胡萝卜供应充足，其他萝卜供应状况与去年大体相当，价格会相对稳定，总体来看冬储菜供应充足。

2. 北方设施蔬菜供应情况

北方设施蔬菜主要集中的品种是黄瓜、茄子、西红柿、芹菜、西葫芦以及小白菜、小油菜、小菠菜、香菜等小菜品种。小菜的生长期比较短，价格会不时地出现波动，涨几天、落几天是正常现象，无论上涨还是下跌，持续的时间均比较短。

北方地区近几年设施农业发展很快，辽宁、内蒙古东部、甘肃、吉林、黑龙江的大棚蔬菜稳步发展。上述地区冬季大棚蔬菜的上市量正在赶超河北、山东两地冬季设施蔬菜在北京地区的上市量，对北京地区冬季蔬菜的贡献率年年递增。

冬季的黄瓜、西红柿供应充足。尤其是西红柿，近几年产量持续增长。辽宁的西红柿供应范围扩大到长江以南，今年的种植面积会超过去年。现在值得注意的是病害，辽宁今年秋季西红柿的种植面积比较大，但是产量并没有同步增加，主要表现在单株产量下降，挂果率、结果率下降。

甘肃的圆茄、长茄今年年初在北京的上市量不足，曾经使得茄子的价格一度走高，今年的上市量会有所加大。今年年初，河北、天津的芹菜价格低于去年同期，价位基本上属于正常。现在得到的信息是，那里的大棚今年仍然准备种植芹菜。今年年初西葫芦的价格低于去年同期，但是价格比较合理。因此，我们判断今年冬季的种植面积既不会扩大，也不会减少。

总体上看，冬季设施蔬菜的供应形势会略好于今年年初，价格稳定。

3. 南方蔬菜供应情况

今年年初，产自云南、四川、广东、广西、福建、浙江等地的蔬菜供应量超过去年，但是海南蔬菜的上市量小于去年，使得北京地区在春节前后的菜价明显上涨并创下新高。新发地市场今年以来只有春节前的20天和春节后的10天加权平均价超过去年同期，这其中海南蔬菜的贡献率功不可没。

海南蔬菜的种植面积比去年同期扩大了10%以上，可是因为长时间的低温天气影响了蔬菜的生长，造成产量下降或上市期推迟。今年如果气象条件正常的话，海南蔬菜的供应会好于今年年初。值得注意的是四川、云南、广西的蔬菜，今年年初，那里种植的菜花、白萝卜、生菜、豆角、豌豆、莴笋的价格一度较低，希望那里今年种植的面积不要减少。现在广西的豆角、架豆已经进入收获期，价格比北京还高，暂时无法北运。总体上看，今年年底之前，南方菜的价格可能有所增高，明年年初价格会有所下降，供应基本稳定。

从总的情况来看，今冬明春北京的农产品供应一是数量比较充足，二是价格比较稳定。

二 北京在全国率先免除部分农产品入场费的重大意义

今年11月1日，北京市政府作出决定，率先在新发地市场对大白菜、土豆、洋葱等八个品种免收入场费，此举对于解决全国农产品卖难、平抑首都农产品物价和保障首都农产品充足供给发挥了重要作用。我认为我们的政府在恰当的时候做了一件恰当的大好事，具有特殊而重大的意义：

一是选择的品种正确，这八个品种是今冬明春消费者的当家品种，每年占冬季消费的50%以上。

二是时间正确，这个时间选择非常重要，11月至来年1月，正是全国人民"两节"（元旦、春节）期间的供应高峰期。

三是能够及时迅速地吸引全国菜源，源源不断地进入北京市场，保障首都农产品充足供应和稳定供应。

三 菜价不稳定的根本原因及对策

农产品价格很简单，就一句话：多了就贱，少了就贵。导致菜价贵有很多因素。

（一）自然因素

农副产品生产和工业品不一样，它受天气、气候的影响比较大。近年来，我国气候变化无常，灾害天气较多且频繁，给我们的农业生产带来诸多不稳定因素，导致农产品价格像"过山车"似的忽高忽低。

我举几个例子：

一是从2009年11月初开始，我国北方地区连续遭遇两次强降雪，并逐渐进入30年一遇的冷冬天气，北京经历了数天-16℃~-17℃的极端天气，整个冬季气温均比常年同期低了3℃~4℃，2010年春天又出现了"倒春寒"。这种低温天气，使得大棚的蔬菜生长缓慢，上市期推迟了一个节气——15~20天。由于北方蔬菜上市推迟，4月上旬南方蔬菜逐渐退出北方市场后，北方蔬菜未能及时衔接，出现"断茬"，导致全国的菜价上涨。

二是今年6月10号，我去甘肃省会宁县考察，会宁县杨子明副县长对我说，如果这个时候会宁下20毫米雨，我就保证今年玉米亩产能达到1000斤，如果不下雨，我保证颗粒无收。

三是今年年初，海南供应北方的蔬菜种植面积从2010年的240万亩增加到270万亩，当时好多人担心会出现卖难的问题，但是年初海南经历了长时间的低温阴雨天气，蔬菜减产，不但没有出现卖难，反而供不应求。所以仅仅增加种植面积，不一定出现卖难，还要靠老天爷帮忙。当地老百姓开玩笑说：农业的根本出路在于受灾。

四是今年以来，我国北方地区风调雨顺，使我国农产品大获丰收。洋葱、土豆等大丰收，价格就便宜。比如去年土豆批发价每斤1.5元，今年土豆批发价每斤0.5元。

（二）非自然因素

1. 农业和农业干部弱势

我注意到，我国农业和农业干部都处于弱势地位。我查了一组数据：去年，全国有2862个县，其中国家级贫困县有575个县，而这575个县全是农业大县，就是说在中国凡是纯农业的大县都意味着贫穷和落后。

而我们的农业干部呢，相对来说也是弱势群体。你比如同样是当副县长，负责农业的副县长一般排最后。再比如我们到外地去，我们想征地，无论是谁当县长、县委书记都要大干特干，把招商引资、发展经济作为"天字号"工程，甚至不惜一切代价。因为我们国家考核县长、县委书记的一个标准叫GDP，跟小学生考分一样，你有高分就考上清华，你没有高分就考不上清华，你德、智、体再好也都没有用。农业只能富民，不能强县。

我到某地考察，原来是鱼米之乡，现在特别重视招商引资。前一段时间我到一个县城去，只见着一个县委书记，我说你们县长、副县长去哪里了，他说都到全国各地招商引资去了。

2. 产销信息不畅

近年来，我国农产品几乎年年出现"卖难"问题，为此国家领导人曾多次作出重要批示。出现这种问题的根本原因是农产品的产销信息不对称，缺乏对农民种植的科学指导，农民种植农产品几乎是"跟着感觉走"，盲目跟从，导致同一品种的农产品丰产却不丰收，打击了农民的积极性。

我举两个例子：一是大蒜，2007、2008、2009年初过低的大蒜价格，严重挫伤了全国农民种植大蒜的积极性，致使全国大蒜种植面积锐减，从而导致2010年大蒜价格高得"离谱"。这种"离谱"其实是一种报复性上涨，这种上涨主要是市场行为，而不仅仅是个人行为。二是今年7月28~29日和8月13~14日，在半个月之内，我先后两次到内蒙古乌兰察布市考察，看到那里一望无边的土豆长势喜人。当时，我就预感到土豆、洋葱等农产品会出现卖难的问题，于是，我在7月份《中国蔬菜》杂志上专门发表了文章进行预测。其实农产品价格很简单，就是多了就便宜少了就贵。

3. 种子价格过高

我国种子研发相当滞后。目前，我国70%以上的种子已经被国际上操纵住了。第一名是美国的先锋种业，第二名是美国的孟山都种业，第三名是瑞士的先正达种业，第四名是法国的利玛格兰种业，第五名是德国的拜耳种业。这几家种业垄断世界种业的75%，其中也垄断我们中国70%的种业市场。我们中国种子唯一好点的就是袁隆平的水稻——隆平高科，他的品种每年向世界卖回五六十亿美元回来，我们水稻种子先进世界15年，但是我们其他种子恰恰落后15~20年。

现在东北开始种美国的转基因大豆。为什么种转基因大豆？因为中国70%的食用油被外资垄断了，这几个巨头说你不种转基因大豆我就不收你的，你要种转基因大豆我可以给你种子。以前我们的报纸老说转基因的食品有可能损害健康，现在有的说：到目前为止还没发现转基因食品对人类有害。为什么这么说呢？我们东北基本上种转基因大豆了。你再说转基因大豆有害健康，那东北的农民怎么办呀，还卖不卖。现在我告诉你，外资当初很低价或是白给你种转基因种子，等你都种完了，跟你吸毒似的，一旦吸上瘾了再给你断掉，那时种子想卖多少钱就是多少钱。

种子被外国垄断之后，对我国农产品的价格和生产都是干扰，种子也是一个国家的战略资源，能影响一个国家的执政能力。有农民说，当初种子是白给，而现在是论粒买，一亩地光种子就要花掉几百元。种子价格高，也是导致我国农产品价格高的原因之一。对此，我举一个例子，今年我去内蒙乌兰察布市考察，当地种了大面积的胡萝卜，一问当地的农民，全是日本的种子，叫"红缨2号"，一亩地光种子钱就400～500元。就是说不管种地挣多少钱，种子钱是必须要掏的。

4. 流通成本过高

我国农产品的流通成本远远高于种植成本。农产品种植就是四个环节：种子研发、种植、运输和销售。其中种植的利润是最低的，只占总利润的5%～10%，但是风险是最大的，赶上涝灾、旱灾、雹灾，损失都要由种植者来承担，好不容易赶上丰收了，但极有可能出现丰产不丰收的情况，卖不动了。在我国，种植者是承担风险最大、利润最低的。

今年4月份大白菜价格特别低，我们到山东金乡收购白菜，到了那农民说："你们自己去地里采摘吧，愿意给就给我们几块钱，不愿给拉着就走吧，不收过几天也翻到地里了。"然后我们就砍白菜，找当地人收获、掰好、装好塑胶袋再装到车上，等装好车当时每斤白菜合八分钱，这属于人工费。从山东金乡运到新发地的运费每斤白菜合一毛五，这样即使农民一分钱没要，运到新发地大白菜变成了两毛三，当时的批发价是两毛五。到城里的超市每斤要卖五六毛钱，这时城里人就要抱怨，这白菜怎么这么贵。而这个价钱还是菜农一分钱没要的价格。这和海里打鱼一个道理，大海没向我们要钱，但运到北京，一斤带鱼一百多块钱，这其中是冷库、运费、人工等成本的叠加。

5. 务农不如务工

从目前看，在城市务工的收入要远远大于在农村务农的收入，刺激了全国大量农民工涌入城市，导致务农人数越来越少。以北京为例，来京务工人员收入一般一个月在2000元以上，除了必要的生活开支，一年纯收入可达1.2万元左右，如今在农村种地一年的纯收入远不如这个数字。这导致了大量农民工涌入城市。

我调查了一组数据：2003年农民与城市居民收入比是1:2.86（农民年均收入2622元，居民年均收入7498.92元），2009年农民与城市居民比是1:3.3（农民年均收入5000元，居民年均收入16500元），而且两者的收入差距越来越大。在"干什么都比种地强"和"务农不如务工"的大环境下，务农人数越来越少，留在农村的几乎是老人和妇女，农产品的种植成本就会增加。

6. 粮价拉动菜价

近两年，国家连续调高稻谷、小麦的最低收购价格，而种菜基本上没有补贴，菜农往往存在"丰产不丰收"或"卖菜难"的市场风险，当农民种菜的收益不如种粮的收益时，他们自然会选择种粮，而不去种菜，这是造成蔬菜价格不稳定的一个重要因素。

小麦和稻谷补助情况：国家发改委表示，为保护农民种粮积极性，进一步促进粮食生产发展，经国务院批准，决定2011年新粮上市起适当提高主产区生产的小麦最低收购价水平。规定：每50公斤白小麦（三等，下同）、红小麦、混合麦最低收购价格分别提高到95元、93元、93元，比2010年分别提高5元、7元、7元。每50公斤早籼稻、中晚籼稻、粳稻（均为三等）最低收购价格分别提高到102元、107元、128元，比2010年分别增长9元、10元、23元。

7. 租赁费用太贵

在北京市三环以内租一间普通的20平方米的房子月租金需要3000～4000元，有的租一个2～3平方米的摊位月租金需要1000～2000元，好的地段更贵。而从事农产品交易的小商贩，大多来自农村，全家携老带幼来京需要不小的开支，而卖农产品具有运输损耗、时间长不新鲜等特点，为了能达到一个满足自身需求的"平衡价格"，他们不得不以"暴利"的经营模式销售，从而导致农产品价格到终端市场"翻着跟头涨"。而超市的价格也如出一辙，高昂的房租费、莫名的"进店费"等，使得超市内的农产品价格居高难下。

我认为政府要想确保农产品稳产稳销，最核心的是抓好两条：一是信息，依托市场测算出全国各地农产品品种和数量的数据，而后有针对性地指导种植、生产。二是流通，尽可能创造高效通畅、低成本的流通环境。最重要的是一定要保护农民的利益，如果打消农民种植的积极性，后果可想而知。

8. 经济发展需要

我国正由温饱型向小康型社会转型，各种商品的价格都在进行调整，农产品也不例外，农产品价格上涨是社会发展到一定阶段的普遍现象，也是一种经济现象，很正常。比如一些经济发达的国家，蔬菜价格要比我国高许多。

我认为今后我国农产品领域还要在以下几个方面有所突破：

第一，国家实行土地流转，搞规模化经营。改革开放后分田到户，推进了生产力发展。现在实行土地流转，是农业生产方式深化改革的一次飞跃，未来我国农业的发展方向应该是规模化经营，像国外一样走合作社的路子。

今年10月11~12日，我去辽宁省海城市考察，参观完后，我认为海城市市长项世伟的做法值得借鉴和学习，比如他们将流转的土地分类种植，农民有土地租金收入，同时参加生产，变成农业工人，月月有工资。种植方式分为一万亩大蒜、一万亩草莓等，这就有效解决了小生产对大流通不匹配的问题，使产量和种植面积有保证、可控制，做到种植的面积和品种有计划。就是说市场经济条件下指导农业生产，要有计划经济的手段。

第二，加强信息指导，确保稳产稳收稳销。在市场经济条件下，政府对农业种植既不能完全放任自流，任其发展，又不能过多在价格上干预。那么，如何做到稳产稳收稳销，让农产品的生产保持持续发展，我个人认为政府应在信息指导上下足、下大工夫。

我们泛泛地讲信息，很大也很空，只有具体落到实处该怎么抓，才能真正有效管用，起到"定海神针"的作用。其一，我认为信息必须真实，应该坚决遏制下面"欺骗"的数据和信息。其二，要充分利用全国批发市场真实交易的数据，进行及时追踪统计，并进行科学分析。其三，统计完数据之后，要真正用起来，及时将第一手的信息通过电视、网络、手机短信等媒体发布出去，有针对性地指导全国的农业生产。

第三，加强农村水利建设，确保农业稳产稳收。

农业种植要稳产稳收，就要下大力气加强农村的水利建设。比如，我去内蒙古乌兰察布市考察时,看到当地采取现代化的滴灌技术,使农产品的产量做到稳产高产,这种做法就很好,能够确保农产品种植在遇到不良天气时稳产稳收。使用滴灌技术种植的土豆亩产6000斤,而靠天种植的土豆亩产2000斤。

四 如何应对突发事件,保证价格稳定

我认为要想保证大城市农产品的安全稳定供应,提高"三率"是关键。尤其是像北京、上海、广州这样的大城市,才能有效确保在极端天气或突发事件中,农产品数量充足供给和价格稳定。

1. 提高自给率

这是提高大中城市自产自足的最有效方法。众所周知,目前我国大中城市蔬菜种植面积越来越少,城市人口越来越多,这是不争的事实,因为干什么都比种菜挣钱,而在城区加大蔬菜种植面积是城市供应的一种最安全的办法之一。北京市政府计划在几年内,使北京市的蔬菜自给率由现在的28%上升到35%,蔬菜种植面积由50万亩上升到70万亩,这是提高城市自给率的最有效方法。

2. 提高可控率

这是保证城市农产品安全稳定供应的长效方法。作为承担着首都80%以上农产品供应的北京新发地市场,目前,我们正在北京市周边、河北省环北京方向洽谈建设8~10个市场,通过市场和周边农民搞订单农业,确保北京市农产品的安全稳定供应。同时,我们在全国各地建立了550万亩农产品种植基地,通过订单农业和产地储备的方式,确保在特殊情况下能够迅速从全国各地的农产品种植基地调菜,保证首都市场的安全稳定供应。

3. 提高调控率

这是短时间内无外埠供应情况下,有效保证城市农产品供应的最有效方法。目前,新发地市场有1万吨冷库作为北京市政府的应急储备,分别在2008年、2009年、2010年担负了北京市政府的储备任务,并在2009年底至今年年初北京市连续下五场大雪的情况下,发挥了重要作用。2010年

1月16日，温家宝总理视察新发地市场后，给予了较高评价，并提出"如果大雪封了高速路或下七天大雪，能否保证首都供应"的新课题。为此，我们正在积极筹建12万吨的北京市最大冷库，此冷库建成后将会大大提高首都农产品供应的调控率。

同时，我认为我们的各级政府和领导，还要保护好两方面的利益：一是保护农民利益。给农产品价格上涨一个合理的空间，毕竟随着我国经济的快速发展，各种物价都在上涨，农产品价格的适度上涨，不仅有利于农民增收，也有利于建设社会主义的新农村，而且有利于扩大内需，实现经济社会又好又快地和谐发展。相反，如果"务农不如务工"、"干什么都比种地强"成为一种常态，种地的农民就会越来越少，农产品价格势必会越来越贵。二是保护农业干部。目前，政府在考核提拔干部时，当地经济发展的GDP是其中一项硬指标，不论你其他工作干得多么出色，这个硬指标上不去就很难提拔。农业干部虽然没能为经济发展作出十分突出的贡献，但它是基础，是一切发展的前提，没有稳定安全的农业保障，就没有经济大发展的繁荣。为此，我们建议政府要转变思想观念，保护农业干部，重点提拔和使用有突出贡献的农业干部。

（2011年11月9日）

关于农产品"卖难"问题的原因及对策

农产品价格很简单,就一句话:多了就贱,少了就贵。

一 卖难的原因

(一) 种植面积大

农产品出现卖难现象的主要原因是供大于求,就是生产量、供应量大于需求量。之所以生产量大于需求量,就是因为在上一个生产周期,该农产品的价格较高,调动了农民种植、养殖的积极性。

比如目前出现的土豆卖难问题,就是因为去年及前年土豆的价格过高造成的。2010年秋季,新发地市场销售的"夏坡蒂"最高价达到了1.6元一斤,"大白花"达到了1.3元一斤,如果每亩产6000斤的话,每亩的收益就达6000元,就会极大调动农民种植的积极性。

以乌兰察布地区种土豆为例:2010年种植面积是401万亩,今年为432万亩,比去年增加31万亩;2010年的总产量是225万吨,今年的总产量达393万吨,比去年增加168万吨;2010年亩产1200公斤,今年亩产1800公斤,比去年增加600公斤;2010年降雨量180毫米,今年降雨量为300毫米,比去年增加120毫米。

(二) 气象条件好

农副产品生产和工业品不一样,它受天气、气候的影响比较大。今年全国来说气候条件风调雨顺,尤其是北方降水充足,为农产品的增产创造了条件。

(三) 小生产对大流通

目前,我国是2亿户农民搞种植,是典型的小生产对大流通。种什么，种多少，农民跟着感觉走，导致生产无序。每个品种到底种了多少亩，农业部说不清，商务部也说不清。所以农产品买难和卖难问题会屡屡交替出现。

二 解决的对策

（一）国家实行土地流转

农业生产的合作化是农业生产方式的改革，现在实行土地流转，是农业生产方式深化改革的一次飞跃，未来我国农业的发展方向应该是规模化经营，像国外一样走合作社的路子。

（二）加强农村水力建设

农业种植要稳产稳收，就要下大力气加强农村的水力建设。比如，我去内蒙古乌兰察布市考察时，看到当地采取现代化的滴灌技术，使农产品的产量做到稳产高产。这种做法就很好，能够确保农产品种植在遇到不良天气时稳产稳收。

（三）改良品种打品牌

比如今年张家口地区农民种植的土豆，其中"夏坡蒂"品种价格现在是 0.65 元一斤，而"克辛三号"现在每斤只能卖到 0.45 元，每斤差 2 毛钱。其次，农产品要打品牌，确实让好的品牌卖出好价钱。

（四）通过种子销售判断种植面积

在农民朋友种植的过程中，在购买种子的时候，如果你发现某个品种的种子热销，最好是回避。政府要根据这些情况，对农业生产和农民种植进行科学有效的指导和提示。

(2011 年 10 月 15 日，北京卫视《身边》栏目专访：《冬季当家蔬菜》)

农产品批发市场作为"肉菜放心工程"的载体，应该站在工程实施的最前沿和各省市农产品生产者、经销商广泛联合，努力探索社会效益和经济效益有机结合的有效途径，开创出一条双赢之路，让首都人民的"菜篮子"真正绿起来，让全国农民的腰包真正"鼓起来"。

管理篇

坚持"以人为本"的经营理念
恪守信用　搞好服务
全面提升农产品市场的档次和管理水平

我们中国农产品批发市场诞生于20世纪80年代中期，成长于90年代，进入2000年后，全国农产品市场已稳定在4600多家，虽然每年均有100多家市场诞生，同时每年也有100多家市场关闭，生生死死已进入平衡阶段，说明中国农产品市场这块蛋糕需要多大已基本定型，中国农产品市场已完成了发展的第一阶段"量"的积累。

当前，中国农产品市场已进入发展的第二阶段，叫"质"的飞跃阶段，现在全国大部分市场都进入一个全面提档升级的关键时刻。市场升级提档分成硬件和软件，在硬件问题上我不讲，在软件问题方面，也就是市场管理问题上我想重点讲三个问题。

一　人才问题

有资料显示，美国的企业平均寿命12.4岁，中国的企业平均寿命远远低于这个数字，而中国的民营企业平均寿命只有2.4岁。决定企业寿命长短的原因很多，其中人才起着决定性作用。

我们常说，一个人可以搞活一个企业，一个人可以救活一个企业，一个人可以发展一个企业，这就是说的人才。在市场竞争中，人才资源已实实在在地成为一种资本，而且是企业的第一资本。这里我举几个大家都知道的案例：各位领导所知道的"小霸王"牌电器产品，在90年代市场上红得发紫，特别是"中英文电脑学习机"刚投入市场时，人们想买还得托关系。应该说"小霸王"在市场经济汹涌澎湃的大潮中是一个成功者，其主要原因在于"小霸王"的技术经理段永平是一个事业心强、管理和技术水平较高的能人。而当企业发展辉煌之时，段永平因为和"小霸王"董事长产生分歧而离开了"小霸王"。几年以后，一个新崛起的品牌"步步高"击退了许多同行"老大哥"，一路高歌，迈入中国电器行业排头兵之列，而此时"小霸王"却效益低迷，市场份额不断流失，直至破产，而"步步高"的掌门人就是当年从"小霸王"出走的段永平。"小霸王"由兴到衰，"步步高"则由小到大，这个过程完全在于人，这就是人才的力量。

众所周知的河南双汇集团，起家以火腿肠出名，火腿肠为什么出名，是因为双汇的肉比别的企业产出的肉好吃。收购来的猪一旦进入双汇，一定善待，绝不能踢打，在屠杀前还要给猪洗澡，放点轻松快乐的音乐（如《喜洋洋》）让猪听，其目的就是不让猪情绪有大的变化，避免猪产生毒素，让生产出来的肉更卫生。这种善待猪的科学方法，是双汇人才的成果，被业界纷纷效仿。但双汇发展辉煌时，其核心人才也被竞争对手死死盯住。2004年初，双汇常务副总经理谢振西被北京千喜鹤集团以高薪和丰厚待遇挖走，引起双汇管理高层的大震动，严重影响了企业的效益。而北京千喜鹤却挺起腰杆和双汇叫板肉类市场。目前，千喜鹤与双汇在市场份额上平分秋色。

北京的"五星"啤酒，1915年建厂，1959年周恩来总理指定"五星"啤酒为国宴用酒。1995年以前几乎垄断了全市80%的市场，而"燕京"啤酒在1980年还是一个名不见经传的小型乡镇企业。90年代末，"以人为本"的"燕京"啤酒挖走了"五星"啤酒的一名主管技术的骨干厂长后，"燕京"迅速发展，而"五星"每况愈下。两个品牌啤酒的市场占有率很快平分天下。这时，"五星"看到了自己丢了京城啤酒市场的龙头宝座，慌了手脚，犯了一个致命的错误。他们为了增加市场占有量，采取"贴标"的方式，将"五星"牌商标贴在了其他啤酒的包装上，由于质量无法控制，"五星"啤酒失信于消费者，很快倒闭。而"燕京"一跃成为全国啤酒行业的龙头老大。

以上我举这么多例子，其目的就是想说明一个问题，人才在市场经济竞争中实在是太重要了，人才能救活一个企业，也能毁灭一个企业，用好人才就等于驾驭好了企业。

但是，如何用好人才却不是一件很容易的事，中国有句名言叫"人才有用不好用，庸才好用没有用"。蒋介石在用人上就曾说过"宁用庸才不用人才，宁养饭桶不养油桶"，虽说蒋介石最终兵败如山倒，但在国民党统治中国之初，在军阀割据的形势下，这句话是对的；孙中山也败在"用人"上，才让袁世凯有机可乘。

关于用人，这里需要提出一个"忠诚"的问题。

"忠诚胜于能力"是美国海军陆战队200多年来最重要的作战箴言，也是世界500强企业选人、育人、用人、留人的重要标准。

忠诚既是一种品德，更是一种能力，而且是其他所有能力的统帅与核心。一个人的策划能力、组织能力、技术能力、沟通能力、解决问题的能力……都要通过忠诚能力才能体现它的价值。缺乏忠诚，其他能力就失去了用武之地。而且忠诚还是一种义务，与公司同命运，为荣誉而工作，用生命去执行，你就会因此而得到高额的回报。所以选拔人才首先是忠诚你事业的人。

另外用人还有一个大忌，不能把众多人才放在一起用，这是中国人的特点，一个人才是条龙，两个人才变成虫。人才的相加不是算术相加，往往是1加1不等于2，还有可能小于1。

钓过螃蟹的人都知道，篓子中放了一群螃蟹，不必盖上盖子，螃蟹也爬不出来，因为只要有一只螃蟹想往上爬，其他螃蟹便会纷纷攀附在它的身上，结果是把它拉下来，最后没有一只能够出去。企业里常有一些人，嫉妒别人的成就与杰出表现，天天想办法破坏与打压，如果不予去除，久而久之，组织里就会剩下一群互相牵制、毫无生命活力的"人才螃蟹"。

拿破仑元帅说过，两个元帅当家不如一个元帅做主。

我们农产品市场作为一个半公益性的企业，要保持可持续发展的后劲，就必须在人才机制、激励机制、竞争机制方面进行改革，要把目光放到"人才与市场效益息息相关"的角度，排除一切干扰，打破地域、亲域、血域、关系域，不拘一格地选拔人才，真心实意地尊重人才，想方设法地激励人才，合情合理地使用人才，让各类优秀的人才脱颖而出。人才选拔不看别的，只看有没有真才实学，能不能胜任工作；选拔上来的人才不搞"终身制"，能上同样也能下。因某些小问题下去的人，不搞"一棍子打死"，改过后还有重新提拔的机会。作为企业的领导，每天都要考虑怎么样才能使用好每一个人。还有没有人才没有被提拔上来，要对自己的每个员工都了如指掌，知道哪个人有什么特长，最适合干什么工作，要经常考察企业的人才效应有没有发挥到极致。同时要关心员工，合理使用，让员工在这个企业里感到温暖，最终使他们产生很强的凝聚力，忠诚地为市场效力。

二 诚信问题

常听有人讲："质量是企业的生命，诚信是企业的灵魂"，我们中国农产品市场的经营、管理、建设和发展，首先要建立完善的诚信体系。就诚信而言，市场和人一样。一个人有了诚信，就有了凝聚力，没有了诚信，就失去了凝聚力。一个市场有了信誉可以从小变大，没有信誉同样可以从大变小，直到死亡。这里我举几个典型的例子。

（一）年轻人"背宝过河"的例子

2001年的高考作文题是这样的："一个年轻人，在漫漫人生路上经过长途跋涉，到达一个渡口的时候，他身上已经有了七个背囊：美貌、金钱、荣誉、诚信、机敏、健康、才学。渡船开出的时候风平浪静，过了不知道多久，风起浪涌，上下颠簸，险象环生。老艄公对年轻人说：'船小，负载重，客官你必须丢掉一个背囊，才可安全到达。'看年轻人不肯丢掉任何一个，老艄公又说：'有弃有取，有失有得。'年轻人想了想，把'诚信'丢到了水里。这个年轻人今后能成功吗？"

（二）中俄边贸日益萧条的例子

20世纪90年代初，苏联刚解体，什么东西都缺乏，我国在俄罗斯的边贸特别火。但后来，我们的假冒伪劣货多了起来，许多东西欺骗了人家。慢慢地人家明白了。前几年，我到俄罗斯边境的一个城市看了看，在一些高档商店中写着："请顾客放心购买，此店绝无中国货"。这样中国的买卖还能好做吗？

（三）中国人在日本洗盘子的例子

还有这样一个例子：有一个中国人在日本打工，每天在饭店洗盘子，老板说每个盘子要洗 7 遍，结果他只洗了 5 遍就觉得很干净了，于是以后每个盘子就只洗 5 遍，这样他每天挣钱自然很多。一次老板偶然发现他只洗 5 遍，说他不讲诚信并开除了他。他在去别的饭店打工时，店主们一听说他不讲诚信，就没有人用他，后来他住的房东听说他不讲诚信，也不让住。最后，他流浪街头逢人就讲"洗盘子要洗 7 遍"。如今我国已经加入WTO，原国务院总理朱镕基说过，"加入WTO，我除了担心中国的农业，就是担心中国人的素质，关键是能不能遵守游戏规则"。还有人说，"中国人特别能吃苦，特别能受累，也特别爱耍小聪明"。这小聪明实际包含着一个诚信的问题。

（四）英国人赔偿失物的例子

在英国，如果你邮寄或寄存的东西丢失，只要你向有关部门反映一下，他们不问任何原因就会如数赔偿。因为英国人是很讲诚信的，你说什么他们就信什么。所以全世界的人都喜欢和英国人打交道。

（五）猪肉产销联合体淘汰会员单位的例子

我们新发地市场猪肉产销联合体成立之初共有七家定点屠宰场。后来，有两家屠宰场不讲诚信，把一些注水肉、病害肉偷偷地运到市场销售。结果被我们发现，将其开除出联合体。他们到别的市场去经营，对方一问原因，也将其拒之门外。这两家企业因此而倒闭。

由此可见，"质量是企业的生命，诚信是企业的灵魂"，这绝不是一句空洞的口号，也不是一个概念的炒作，而是一个朴素的哲理。最后，我要讲一句请同志们记住："有德之人不一定能成功，但真正成功的一定是有德之人。"

三　服务问题

我们农产品市场不是生产性企业，没有自己的拳头产品；农产品市场靠什么树立企业形象，靠什么留住自己的客户？最根本的只有两个字：

服务。

什么叫市场？商贾云集就是市场。商贾云集为什么到这里云集？这是有学问和原因的。我们的市场要想发展，要想壮大，就必须要树立一个"客户至上"的主导观念，要真诚地为客户服务，想方设法抓住客户的心。

海尔集团首席执行官张瑞敏曾经说过，判断我们企业干部错误大小，就是看这个企业离市场的远近，离市场越远，我们的错误越大；离市场越近，我们错误就越少。20世纪80年代，市场上电冰箱的产品大多数是雪花牌，约占市场总量的70%（因"雪花"名字起得好），海尔冰箱就是打不开市场。海尔集团开始研究。一次机会来了，他们发现雪花电冰箱把不合格的放在一个仓库里，根据质量问题的大小，再低价卖给消费者。而海尔集团抓住这个机遇，在青岛市最繁华的大广场上，把海尔集团认为不合格的几千台冰箱产品全部集中起来，用铲车砸碎，重新回炉。并请来大批记者大肆宣称不合格的海尔冰箱决不出厂，就这样，一个是把不合格产品低价处理掉，另一个是把不合格产品毫不客气地砸碎回炉，海尔的产品一下子抓住了客户的心，占领了市场，并带动了其他海尔电器产品的销售。几年后，雪花电冰箱在市场上一落千丈，不得不转产其他产品，而海尔的产品在市场上卖得越来越火暴。我们农产品市场属于第三产业，是一个服务行业，要抓住客户的心，首先就要树立起顾客至上的主导观念。

今后市场竞争会更加激烈，市场经济本身就是"几家欢乐几家愁"的事情。我们亲眼看到前几年还如火如荼的市场，今天已经人去场空；前几年还火暴的交易，现在却每况愈下，十分萧条；市场经济不相信眼泪，今天发展，明天不一定壮大；今天光荣，明天不一定伟大。特别是我们农产品市场，一旦倒闭，很难有东山再起的机会。

市场经济是实现资源优化的经济，其核心的手段就是竞争。在这场竞争中，我们的市场面临着难得的机遇和无与伦比的挑战。无论是强一些的市场，还是弱一些的市场，同样毫无选择地被卷入这场竞争，这场竞争是没有任何退路的竞争，你必须无条件地参与到这场竞争中来。在这场竞争中，我们的市场和市场领导要么成长起来，要么被淘汰出局。

在这场竞争中，不少中国人耳熟能详的名字已不复存在："天府"可乐不再可乐;"旭日升"不再东升;"孔雀"电视不再开屏;"燕舞"音响已经偃旗息鼓;天津"飞鸽"不再展翅高飞;上海"永久"也不再长久;"乐百氏"已改嫁外人……中国1600多家具有悠久传统历史的"中华老字号",70%已衰落,20%经营惨淡。

世界同时进行着两种战争:硬战争与软战争。硬战争的手段是杀戮,其组织形式是军队;软战争的手段是竞争,其组织形式是企业。这两种战争都是你死我活的战争,其结果都是非常残酷的。在这里,我希望我们中国农产品市场协会各家理事,努力学习,学习在激烈市场竞争中求生存、求发展的本领,不断提高市场的档次和管理水平,发展自身,壮大自身,力争在这场战争中立于不败之地。

(2005年12月23日,在"中国农产品市场协会第五次全体理事大会"上的讲话)

关于加强农产品批发市场建设的几点认识

一　在管理市场同时，我们先讲什么叫市场

中国市场的源头是《清明上河图》，是从赶大集发展出来的。换句话说是商贾云集叫"市场"。市场的核心：人旺财旺。"文化大革命"时期有句话叫：乱中夺权，市场经济讲：乱中夺钱。市场说到底是一个人家，商贾云集（卖方买方）都到你这来。为什么到你这来，很简单，请不来，叫不来，赚钱准来；轰不走，赶不走，赔钱准走。所以搞市场核心就十个字：让客户发财，求市场发展。如果搞十年市场，不能培养一大批百万富翁，这市场工作就是没搞好。

二　农产品市场成立的四个条件

1990年，我在商业部学习时，听英国经济学家怀特先生讲，建农产品市场要具备的四个条件：

（一）销地市场

（1）地处城乡结合部。

（2）有市场交易的自发基础。

（3）交通十分便利。

（4）用原始车辆到消费市场不超过1小时。

（二）产地市场

（1）交通十分便利。

（2）有市场自发基础。

(3) 周边有大面积农产品基地。

(4) 距大城市中心较近。

三 如何建设、管理、经营农产品市场

我们农产品市场属于第三产业，是一个服务行业，要抓住客户的心，首先就要树立起"顾客至上"的主导观念。

（一）客户决定我们市场的生存、发展和命运

这个观念我们一定要树立好，我们农产品市场的利润来自于客户的管理费和租金，从利益上讲，市场与客户是一个典型的共同体，让客户发财，求市场发展，客户越多，市场的利润就越多。如果我们的农产品市场没有客户，就不能叫市场，只能是一个广场。所以，我们农产品市场的兴旺与不兴旺，发展与不发展，逐渐壮大还是日益萎缩，都是由我们的客户决定的。

（二）客户有需求，我们才有工作

我们农产品市场既有卖方还有买方，把该卖的东西都卖出去，这是卖方的需求；把想买的东西都买到，这是买方的需求。正是因为有了买卖双方的需求，才有了我们这个市场，而市场需要管理，客户需要服务，有了客户的需求才有了我们的工作。客户要吃饭，我们给他建配套的饭店；客户要住宿，我们给他建配套的旅店；客户的车要加油，我们给他建配套的加油站。围绕客户的多方面需求，我们开展了全方位服务，就有了许多的工作岗位。因此，我们的一切工作都是围绕客户的需求开展的。

（三）客户有选择的权利

全国有4600多家市场，客户为什么一定要选择到你的市场去经营？这是有学问的。客户选择一个市场，就和咱们出去吃饭选择饭店一样，也要看一看这个饭店卫生不卫生、干净不干净，冬天是否暖和、夏天是否凉快，服务质量好不好。有时候，饭店里的顾客态度不好，甚至骂服务员，但服务员还是热情服务。因为现在不是60年代、70年代吃饭难的时代了。我们都见过，你想吃饭先看着别人吃饭，等人走了，你立即坐上去，现在饭店已没有这种现象了。客户选择一个市场，肯定有一定的道理，要么配

套设施好,要么经营环境好,要么管理水平好,要么服务质量好,这些都是硬性指标。

(四)客户是人,人有两个特点:一张嘴到处说,两条腿到处跑

接待好一名客户就为市场培养了一个优秀的推销员,口碑的力量是无限的,这要比登广告强得多。

(五)永远尊重我们的客户,客户是我们的衣食父母

著名相声大师侯宝林在临终的时候对他的徒弟说:"要永远尊重我们的观众,因为观众是我们的衣食父母。"市场干部和职工的工资都是客户给发的。要向全体职工讲,谁养活了我们。我们的客户来自五湖四海,他们不怕寒冬酷暑,不远千里来市场给我们送钱,50年前魏巍写了《谁是最可爱的人》,今天,谁是最可爱的人?是我们的客户。

(六)牢牢抓住你的客户,在客户和你之间不允许有第三者插足

如果有第三者插足,那就不是你的客户了,作为市场的管理者,要爱护所有的人,包括反对过你的人,骂过你的人。要记住一句哲言:"当你把周围的人都看成天使的时候,你自己已经进入了天堂;当你把周围的人都看成魔鬼的话,你自己已经下了地狱。"爱别人也是爱自己,我们一定要学会爱别人,爱别人要首先爱我们的客户。

我们农产品市场,要做好服务这篇文章,就要研究系列化、全方位的服务。

在服务行业中,现在有一种新说法,叫全方位服务。

什么是全方位服务?全方位服务有三个要素:

第一个要素是规范的服务。第二个要素是情感服务。第三个要素是令客人喜出望外的惊喜服务。如果我们把全方位的服务做好了,我们的市场就会一年上一个新台阶。从花费的劳动力代价而言,规范的服务我们要花70%的劳力,情感的服务我们要花20%的劳力,对客人的喜出望外的惊喜服务花10%的劳力就可以了,这是对劳力的分配。

规范服务就是国家有规定的、有条例的或约定俗成的服务。这是服务当中最基本的服务。我们国家规定有"×星饭店"。什么叫"×星饭店",概念是什么呢?我认为:一星饭店一定要干净,干净是最低条件。二星饭

店一定要讲设施，设施比如电视、电话等要齐全。三星饭店一定要讲究舒适，要宾至如归，没有舒适的感觉就不叫三星饭店。四星饭店一定讲豪华，豪华到代表一个地区经济发展状况和顶点。五星饭店就是让每位顾客都有VIP（贵宾）的感觉。这些标准就是规范服务。感情服务是在规范服务的基础上从心理上爱我们的客户，问候他们，尊重他们的服务。惊喜服务是在规范服务、感情服务上的附加值，惊喜服务是令客人喜出望外的服务。

什么是市场规范服务

我们农产品批发市场的规范服务，重点体现在对客户的服务设施和服务流程上，比如说：市场内的道路、停车场、交易大棚、交易大厅、档口摊位、地磅等设施，还有一些现代化的设施，如电子结算、电视监控、电子显示屏。规范的服务涉及客户的吃、住、行等方方面面（包括上厕所）。客户到市场来的主要目的是把产品转换成商品，把劳动成果转换成经济成果，更直白地讲就是通过市场把自己的农产品变成真金白银，装在兜里拿回家。每一个客户来市场交易的过程，就是我们服务的过程。一次满意的交易活动，就是一次规范的服务流程。

什么是情感服务

关于情感服务，有许多实实在在的例子。比如说：客户的车不小心翻了，菜撒了一地，你和你的职工能不能主动上去帮一把，蹲下来捡捡菜。还有，一个客户推满满一板车菜，在上坡时非常吃力，你和你的职工看到时能不能推上一把。另外，逢年过节时，能不能以市场主要领导的名义主动给客户送张祝福的贺卡，发条祝福的短信。所有这些对客户来讲都是一种情感服务，也可以讲是情感投资。情感投资往往是看不见直接效益的投资，但它却是直接成本非常低、潜在回报率相当高的投资。我们农产品市场在这方面多做一些工作是非常必要的。

什么是惊喜服务

说到惊喜服务，对客户来讲就是一种意想不到的服务，也是一种令客户内心震撼的服务。比如说，我们的客户病了，市场的领导和员工能不能像亲人一样，非常着急地把他送到医院。如果客户没有钱，能不能毫不犹豫地给他垫付，甚至可以不考虑客户以后有没有偿还能力。

1992年初春，安徽一位姓朱的农民带着老婆孩子来我市场卖菜，这位商户突然得了病，我们紧急派人把他送到医院，当时由于没有医药费，市场为他垫了5000元，但后来这位农民在住院期间大出血，不幸与世长辞，留下了孤儿寡母和5000元的债务，老朱的妻子带着孩子回到了安徽老家。两年后，这位妇女带着5000元来到市场，把钱还给了我们，还带来了许多老乡，当时这位妇女这样说："新发地市场在关键的时候帮了我一把，我如果不把钱还上，一辈子也不踏实。"正是这种惊喜服务产生的持续效应使这位姓朱的商户的老乡和朋友纷纷来新发地市场做生意，现在他们这帮人已成了新发地市场经营户队伍的骨干力量。

在深冬季节，在夜间滴水成冰的时候，你发现市场里面有一个客户，穿的衣服很少，显得特别冷，你和你的员工能不能非常大度地将自己的棉衣借给他穿，让他先温暖心田，再温暖身子。另外，假如你的客户出了车祸，你能不能主动帮他跑保险，主动帮助协调和处理交通事故并妥善解决善后事宜。所有这些对客户来说都非常重要，因为这些都是在客户正常心理想不到的情况下，你做到了。你做的事情完全出乎客户的预料。这种服务留给客户的往往是内心深处无尽的感动。大批被感动的客户，能让你的市场变成一个磁场，产生强大的凝聚力和吸引力。

我们大家知道服务有一个标准，就是什么叫服务成功，什么叫服务失败，有回头客的服务才是成功的服务，只有回头客的市场才是成功的市场。如果我们用回头客来判断我们的服务成功与否，我们就会发现三种服务争取回头客的结果是：我们花70%的规范性劳动力服务只带来了10%的回头客，20%的情感的服务带来了20%的回头客，10%的喜出望外的惊喜服务则带来了70%的回头客。

四 关于农产品发展的五个问题

第一个问题：农产品要发展，必须搞品牌建设。

因为我们中国是农业大国，是种植大国，却是品牌小国。2007年我国的蔬菜种植面积2.7亿亩，产量5.5亿吨，面积占世界的1/3。换句话说，世界上每三亩菜地中就有一亩是中国的,这是种植面积;产量占世界上的44%,就是说世界每产100斤蔬菜其中就有44斤是中国产的,中国生产的果品占世界的18%,所以我们是种植大国,但是我们是品牌小国,我们农产品没有自己的品牌。没有好的品牌就没有办法出口,就没办法挣大价钱。每年世界评100个名牌,美国占60%,其他40%归欧盟所有。不光农业,中国其他工业也是这样,中国是制造大国,也是品牌小国。我看了一个资料,中国的工业有1700种,在世界上产量是占第一位的,但是没有自己的品牌,我们只会给人家加工,包括波音飞机,中国都在制造,是给人家加工的,包括汽车,我们所说的"北京现代",其"现代"品牌是韩国的,北京只不过是个分厂……由此我们更应重视品牌对农产品的紧迫性。

北京有一个专门生产出口袜子的工厂,前两天我去参观,参观完之后我对品牌重要性更重视了。这家袜子工厂,生产线前面是一样的,就到最后不一样,贴上鳄鱼的就出口168元,贴上别的标签的可能200多元,最后没有标签的也就20多元钱。其实前面的生产线是一模一样的。品牌意味着暴利,所以我们农产品也要研究品牌。我们的品牌既比不上美国,也比不上以色列。以色列的农产品还出口咱们中国呢!我去过以色列,很小的一个国家,但是却是农业大国、农业强国。以色列有大量品牌用于出口,所以说如果我们总停留在种植阶段,没有自己的品牌,那么中国只是种植大国,永远不会变成农业强国。

我们都是干部,都是农业干部,我觉得这件事我得跟大伙讲一讲,如果没有品牌,农产品只能在低价位运行,永远卖不出好价钱。

现在我们市场有一部分奥运获奖果品,一共是1231个品种,我们市场拥有的一等奖品种就有100多个。这些奥运获奖果品的价格就和普通水果不一样。同是哈密瓜,获果品奖的哈密瓜要比不获奖的高3倍,当然质量的确也不一样,那个获果品奖的哈密瓜一咬跟吃蜜似的,那个不获奖的哈密瓜一咬起来跟吃萝卜似的,它们的品质就是不一样。我说好品质要有好品牌,这是今天我讲的第一个问题,我们农业要发展,必须搞品牌建设。

第二个问题:农民不光要种植,还要走进市场。

农民光靠种植,不走进市场,种植就搞不好。因为农业种植有四个环节：第一个环节叫种子研发。就是通过培养新品种，靠卖种子挣钱；第二个叫种植。我们大部分农民都在搞种植。第三个叫运输。第四个叫销售。这四个环节种植利润只占总利润的5%～10%，大部分利润被那三个环节搞出去了，而且这三个环节是有保障的。我种子研发出来了，我想卖多少钱就卖多少钱，你买了种子后具体种好种不好跟我没关系，你先把钱给我。种子就没问题，运输也没问题。从海南运到北京，从山东运到北京，你得给我多少钱，少了这个钱我可不运，运输赢利也有保障。零售也可以做到，赚钱我就卖，不赚钱我就不卖。所以真正的风险就在种植环节，旱了，你要受灾，涝了你要受灾，雹子来了你要受灾，好不容易风调雨顺了，丰收了，东西却卖不动了。这就是种植业的市场处境。

　　为什么呢？因为市场经济和计划经济不一样，计划经济是丰产就丰收，市场经济不见得，丰产可不一定丰收。比如说大白菜，我搞20年的农产品运输，我总结了一个规律，大白菜价格叫"两平一歉一丰收"，基本上维持这个规律：两个平年，一个歉收年，一个丰收年。我再讲这个歉收的价格，这个歉收年是什么呢，恰恰是我们大白菜风调雨顺，产量特别高，而价格特别便宜的时候，平常大白菜可以卖到四五毛钱，这是平年，好年头卖到七八毛钱，歉年卖到四五分钱。今年的大白菜价格特别好，刺激了农民种植大白菜的积极性，结果明年又赶上风调雨顺，大白菜丰收了，那么大白菜就是灾年。产量丰收年，却是价格灾年。大白菜可能几分钱一斤，大约每四年有这么一个轮回。作为农民，光靠种植永远发不了财。从秦始皇到现在，没有光靠种植发大财的，所以我们农民除了种植还要走出去，还要走进市场，不能光靠菜贩子。菜贩子也是农民，作为农产品的经纪人，挣钱时候来了，不挣钱时候不来了。我搞20年市场，我觉得市场是百万富翁的摇篮，我亲眼看见很多人到新发地蹬三轮车，现在变成百万富翁了，千万富翁，有的人还在全国买了很多地，种植、出口、搞运输。所以我今天要讲第三个问题，就是农民要组织起来，不能光搞种植还要搞流通。

　　第三个问题：农民要组织起来。

　　中国有8亿农民，有2亿户农民在种植农产品，属于小生产对大流通。小生产对大流通，有很多弊病，食品安全问题、品牌问题，都解决不了。我就三亩地我搞什么品牌啊！所以我们得规模化经营，我们通过组织把它搞起来，建立农村合作组织、农村合作社。

我在海南看到一个农村合作社不错，猪还是农民自己养，个人分开养殖，集体有一个合作社，集体帮农民销售，猪虽然是农民分散养的，但是一切饲料、一切管理、一切品牌都是统一的，这样才叫规模化养殖，才能搞出规模化养殖来。美国的农民夫妇俩可以种12000亩小麦，种植全程实现了机械化管理，生产的小麦全部出口中国，国外实现了规模化种植，就有钱挣了。外国一说农民，说你家有农民亲戚，意味着你有富裕亲戚，在中国要说你有农民亲戚则表明你是穷人，正相反。所以我们争取农业规模化，比如中国的台湾、韩国、日本，虽然农民种植面积不大，但是经过合作社、农协合作组织把农民们有效组织起来了，统一包装，统一品牌，这样就解决了规模化经营问题，有规模化经营才能解决品牌问题，才能解决食品安全问题。如果一人二亩地各干各的，食品安全永远是一句空话。

第四个问题：农产品价格一定要放开。

去年猪肉价格最高的时候，新发地市场批发价达到（每公斤）21块钱，肉价太高了总理就来了，研究怎么办，很多专家提出要限价，我觉得市场经济就是农产品绝对不能限价，限价是最愚蠢的一种办法。中央从2005～2008年，年年中央一号文件都讲"三农"问题，"三农"的核心是农产品增收，但是农产品不涨价，农民怎么能增收呢，现在我们政府有两只耳朵：一只耳朵听着消费者的声音，一只耳朵听着农民的声音，但我总觉得它听消费者的声音的耳朵灵敏，听农民声音的耳朵发背，所以农产品一涨价各级政府都慌，我说这有什么慌的，市场经济该涨价就涨点价，现在猪肉的售价上来了，农民才挣多少钱，没挣多少钱，养殖户早就应该挣点钱，现在价格上去了，对农民来说，是好事。

今天我看农产品的批发价降到3块钱一公斤了，猪价又降到临界点了，可是政府没什么动静。前两天我们搞调研，养毛猪成本价已经达到5块多钱将近6块钱了，现在批发价13块钱一公斤就已经接近养猪的成本价了，收购毛猪降到6块钱以下，农民养猪已经不挣钱了，但政府还没有反应，我前两天给政府写了封信，我说猪的价格该关心了，政府要不关心，下一个恶性循环就来了，农民就要开始宰母猪了。因为养猪不像蔬菜，蔬菜如果价格上来了，半个月就能缓过来，它的循环特别快，猪有一个很漫长的循环期，养母猪，生小猪，再育肥猪，得一年半的时间，这个周期太长，到时候政府就得真慌了。这叫"蛛网效应"，就是说蜘蛛饿了才想起再织网抓虫子太慢了。所以我说价格得放开，千万不能控制农产品价格。

最近大家都听到三鹿奶粉出问题了，其实三鹿奶粉出问题，从某种意义上来讲，我总觉得是政府惹的祸。政府为什么惹祸呢？政府老限制牛奶的价格，说是保护消费者，政府限制牛奶价格了，加工厂就得研究降低成本，降低成本就得从奶农那里找，奶农养的牛不挣钱就想办法往奶里兑点水，兑点水化验蛋白质不够了，他就兑点三聚氰胺，循环就出来了。谁惹的祸呀？还是政府惹的祸，政府就应该放开价格，牛奶该是多少钱就是多少钱，进口奶价格很高，比中国奶贵多了。农产品价格一定要能反映它真正的含金量，不要限制，限制了就会出现像三聚氰胺这样的事，因为现在明知不挣钱的事谁干？我们是农民，农民不挣钱的事也不能干，现在不是革命时期，明知不挣钱的事是没人干了，不挣钱干它干嘛呀？这不是研究办法吗？你有政策我有对策，明知违法的事还真有人干，所以我说农产品价格一定要放开。

前几年说中国通货膨胀是猪肉惹的祸，我觉得这是无稽之谈，通货膨胀是大方向的问题，跟石油、跟各方面有关系，怎么可能是猪肉惹的祸呢，所以我就觉得咱们一定要用市场经济的杠杆，不要怕，水往低处流，货往高价走，农产品价格高了，大伙就去种植、就去生产，产品多了，价格就下来了，这叫市场规律，任何人都阻挡不了。限价是计划经济的产物，决不是市场经济的事物，所以我觉得农产品决不能限价。

第五个问题：食品安全。

民以食为天，食以安为天。民以食为天就是我们干的天大的事，天大的事里面安全是第一位的。安全的农产品必须从源头抓起。安全的农产品是种出来的，是养出来的，不是检测出来的。

现在我们每个市场都配置了好多检测中心，但是真正的不安全食品进入市场就等于进了汪洋大海，比如说这一车圆白菜，收的是几十家的，检查一棵，不能棵棵去检，检查一棵圆白菜合格了，不能代表整车合格，检查一棵圆白菜不合格也不能代表整车不合格。有一次我化验一棵圆白菜不合格，我说大爷您车上的菜不合格，按照规定您不能在我们新发地销售了，老头特别生气，什么不合格，你会化验吗？又从车上拿两棵跟我化验去，一化验是绿色食品，你上哪说理去？最后我跟踪那车去了解情况，通过调查找到了原因，原来他这车收的是18家的圆白菜，这18家的圆白菜中有一家妇女刚打完农药。其实她那瓶农药也是低毒低残留的高效农药，符合农产品的用药规则，但是关键是刚打完，刚打完接着就拿起来。那收购的说北京卖两毛了，我们这收购一毛五你卖不卖，她听说价格挺合适放了药筒把菜收了。如果（让她的菜）挥发了一天也就没事了。所以说我们要把这些基本常识要告诉农民，安全的农产品必须来自源头。如果我们不从源头去抓，到了市场就等于到了汪洋大海。

我前年、去年去安徽长丰，有一户农民的草莓就很不错。草莓第一年如果在这块地种完了，第二年再种草莓，什么白粉病、红叶病等病就开始来了，这户农民种的草莓不生病，因为他的轮种措施很科学。他倒茬，棚子是活动的，一亩地一棚子，第一年种草莓，第二年把棚子搬别的地去了，这边改种水稻了，这种倒茬的方法有效地抑制了这种菌虫的发生。另外他每棚里面搁一箱蜜蜂，靠蜜蜂去授粉，蜜蜂是最敏感的一种动物，一旦有点农药就会死亡，所以他种的长丰草莓是绝对安全的，所以他打出"长丰草莓"这一品牌，在北京卖得特别好，价格比别人的都好，中央7套还专门播了他的情况。各级政府要重视农产品，重视食品安全，必须依靠村长从源头抓起，应该说农产品的食品安全是我们中国农业发展的生命线。我们什么时候把这个问题解决好了，中国农业就会大发展了。

（2008年10月23日，在"中国（盐城）农产品创新型市场发展高峰论谈"上的讲话）

加强管理　把农产品市场办出特色

一　新发地市场的经营特色

(一) 明确的服务宗旨

"让客户发财，求市场发展"是我们市场的服务宗旨。当时我们提出这个服务宗旨时，有许多人听起来不顺耳，认为我们的提法与社会大潮流背道而驰，甚至对我们的说与做持怀疑态度，但我们没有丝毫动摇，因为我们认定了一个道理，市场能不能搞好，关键要看有没有人气和商机，能不能对经商客户有强大的吸引力。对客户来讲，一个市场最大的吸引力在于安全、快速、稳妥地赚到很多的钱，"请不来、叫不来，赚钱准来；轰不走、赶不走，赔钱准走"。

因此，市场发展是硬道理，让客户发财是最硬的道理。如果搞了十几年市场，扶持不出一批百万富翁，就什么道理也没有，就只能说这个市场没有搞好。

(二) 成熟的经营理念

我们在全国同行业中，首次提出了"以道德经济发展市场"的经营理念，每月职工工资和给客户做好事的多少直接挂钩。我们认为，社会主义市场经济的深层内涵其实就是道德经济。搞市场、办企业如果一味追求金钱、利益至上，往往会形成为了获得利益而不择手段的行为，而这样的企业又往往是"火"过三年，但"活"不过五年。我们提出道德经济的经营理念，绝不是概念炒作，一方面我们采取"放水养鱼"的经营方式，通过降低管理费的收取标准，把更多的利润让给客户；另一方面，我们通过和客户面对面交流与无偿信息服务，帮助客户闯市场、做生意，想方设法让他们每次来市场都有钱赚。另外,我们通过下决心狠抓治安,为客户创造安全宽松的交易环境,客户在新发地市场除了用心赚钱之外,其他事情完全可以不考虑。

二 新发地市场的管理模式

十八年当中,我们在管理上一直坚持"三大纪律、八项原则"。

(一) 三大纪律

1. 财务纪律

在财务管理方面,我们一直坚持严明的财经纪律,从方方面面堵塞漏洞,尤其在一些大项开支上,一张发票要四五个人签字,有人觉得这样做有点烦琐、复杂,但我们认为这是财经纪律应有的严格程序。

2. 着装纪律

凡在我市场工作的员工,我们规定:不准穿奇装异服;上班时,不能穿高跟鞋,不准抹口红,不准佩带"三金"。我们这样做的主要目的就是让员工明白自己要服务的对象是谁,拉近员工和客户之间的距离,让客户有话敢说,有事敢求。当然,如果外出集体活动和开会,我们不作具体要求。

3. 购物纪律

1993年之前,我们规定,员工和管理人员不能吃、拿、要客户的瓜果和蔬菜。后来我们考虑到如果员工向客户买东西,买的和卖的有地位之分,交易也难以公平,因此我们修改了制度,不让员工在市场内购买蔬菜、瓜果等任何物品,如有违反者,将给予重罚,情节严重者还有被开除的可能,为此,我们每月发给员工50元钱的购物补贴。

(二) 八项原则

1. 收费不搞多元化

从建场开始,我们在收费上就严格实行"一票制",工商管理费、国税、地税等行政性收费都由我们代收,然后分别上缴给上级部门。为什么这样做,因为我们明白客户的心理,收一次费他受得了,如果多个部门同时向他收费,他从心理上就难以承受了。

2．员工不经过做生意实践，不让上岗

市场有一条不成文的规定，每一名员工在进市场上班之前，必须到外地市场买菜和卖菜，通过实践体验做生意的真实感受，从而明白客户最需要什么、最反对什么、最拥护什么，这样才能懂得怎么设身处地为客户服务。

3．不放走不赚钱的客户

我们的干部管什么？主要是看市场的客户做买卖的真实情况。对于赚了钱的客户，我们一般不管，因为我们知道，赚了钱的客户一定能来，而且还能带来自己的亲戚和朋友；对于没有赚钱的客户，我们问不清原因（品种不对路、信息不灵、质量不好还是其他问题）决不把他放走，因为他们如果回去一宣传，说在新发地市场做买卖赔了钱，他的亲戚和朋友、邻居老乡都不会再来。这样的宣传，比新闻媒体曝光还要厉害。

4．客户有困难，不能视而不见

我们一直坚持这样一个原则："客户有小病，自己管；客户有大病住院，市场管；客户有了困难，从经理到员工，人人都要管。"为客户排忧解难是每一个员工义不容辞的责任。

5．员工及其家属不准在市场做生意

一国可以两制，但一个企业绝不能有两种制度。我们规定：员工及其家属不准在市场做生意，我们对员工这样讲，要么在市场内踏踏实实上班，要么辞职下海经商，决不能既当裁判员，又当运动员。这样可以有效地防止经营上的不公平竞争。

6．不拘一格用人

我们在选人用人时，重点强调不唯书、不唯上、只唯实，从三个方面选材用材。一看他有没有良好的品德和敬业精神，二看他有没有实际工作能力，三看他能不能接受新鲜事物。

7．不孝敬父母、家庭搞不好的员工决不提拔

我们认为：一个人如果连父母都不孝顺，家庭搞不好，就很难有一种爱岗敬业和奉献的精神。唯有"安居"才能"乐业"，如果家庭搞不好，整天在工作时间内考虑家庭的事，就无法把全身心的精力都投入工作当中，工作肯定干不好。

8. 不刻意效仿成功的企业

我们一般不组织干部刻意研究其他成功的企业，因为我们觉得成功的企业有其成功的多种原因，或是抓住了机遇，或是拥有多种有利的条件；如果专门研究成功的企业，就会形成照搬照抄的习惯，就不会有新的思路，自然没有好的出路。因此，作为市场总经理的我定期组织干部研究失败的企业，专门找其失败的原因，以接受教训。

三 下一步发展规划

下一步我们将要重点抓好两件事：

（一）市场的升级改造

目前，北京市已将新发地市场确定为全市一级批发市场之一，我们正准备投资5.53亿元，按照"北京最大、全国一流"的改造目标，对市场进行全面提档升级。根据农产品批发市场的特点和发展方向重点规划、建设交易区、商业服务区和仓储加工区，加快建设农产品拍卖中心、电子结算中心、检测中心等十个服务中心。改造后的新发地市场年交易量将达到60亿公斤，承担起北京市80%以上的农副产品供应任务。通过加强信息化建设和食品质量安全管理，外埠进入北京的农产品都要通过一级批发市场以拍卖的方式，由承销商分销到全市零售市场和消费终端。到那时，新发地市场将会发生翻天覆地的变化。

（二）培养和引进人才

（1）对内培养员工提高素质。已送了三批员工去北京市委党校学习，争取用五年的时间让市场员工80%成为大专生，不图别的，只求提高文化素质，有了高素质的员工队伍就不愁办不好一个企业。

（2）对外不惜代价引进一批高能力的专业人才，推进市场更快发展。目前，我们对外引进的大专以上学历的人才已达52名，其中有学士学位的就有4名。

（2006年11月，在接待北京工商大学师生考察团时的讲话）

农产品流通中的诚信建设

北京新发地农产品批发市场成立于1988年5月16日，到1998年5月16日已建场10周年。为了纪念这个辉煌的日子，我撰写了《论市场发展和道德经济》一文。同年10月，在第四次农业部定点鲜活农产品中心批发市场暨批发市场信息网工作（桂林）会议上，我作了《论市场发展和道德经济》的典型发言，以后在有关报刊、资料上发表过。

计划经济在中国的革命战争年代和社会主义建设初期起了重要的作用。但是，随着国内、国际形势的变化，计划经济越来越显出它的弊端。母鸡多下蛋，不行；果树上多结水果，不行；农民多种菜，不行；钢厂多炼钢，不行……必须按计划，否则是资本主义。改革开放后，邓小平同志关于市场经济问题的一系列论述，为改革开放指明了方向。随着社会主义市场经济的发展，WTO的加入，市场规则越来越重要，同时道德经济问题也越来越突出。社会主义市场经济不是搞资本主义，钱当然要赚，但不能搞资本主义唯利是图的那一套。必须继承和发扬中华民族的传统美德，必须深入开展以诚实守信为重点的思想道德建设，文明经商，合法经营，"以道德经济发展市场"。市场越发展，越是需要诚实守信这一道德规范。

下面，我分七个问题进行论述：一是诚信是中华民族的传统美德。二是诚信是社会主义市场经济发展的基石。三是诚信必须强化科学化的缜密管理。四是民主和法制是诚信的保障。五是精神文明建设盛开"诚信花"。六是诚信给新发地市场带来了巨大活力和商机。七是以"三个代表"重要思想为指导，进一步开展以诚信为核心的道德经济建设，为打造新发地"绿色航母"而奋斗。

一　诚信是中华民族的传统美德

我们中华民族有五千年的文明史，在这漫长的发展历程中，形成了代代传承的美德，比如敬业乐群、公而忘私的奉献精神，"天下兴亡匹夫有责"的爱国情操，"先天下之忧而忧，后天下之乐而乐"的崇高志趣，自强不息、艰苦奋斗的昂扬锐气，"富贵不能淫、贫贱不能移、威武不能屈"的浩然正气，"鞠躬尽瘁、死而后已"的为政风范，诚实守信、履约践诺的立身之道，厚德载物、道济天下的广阔胸襟，奋不顾身、舍身取义的英雄气概，大道之行、天下为公的社会理想等。

今天，我国进入了全面建设小康社会，加快推进社会主义现代化建设新的发展阶段。深入学习"三个代表"重要思想，全面贯彻党的十六大和十六届三中、四中全会精神，坚持以经济建设为中心，深化改革，扩大开放，健全完善社会主义市场经济体系，搞活现代流通，培育、改造农产品批发市场，提升硬件设施和软件功能。必须把弘扬和培养民族精神作为社会主义先进文化建设的极为重要的任务来抓，按照江泽民同志2003年提出的"传承中华美德，培养民族精神"要求，吸取我国人民的文明成果，借鉴世界各国道德建设的成功经验，努力建设社会主义思想道德体系，认真贯彻中共中央关于《公民道德建设实施纲要》的20字方针——"爱国守法、明礼诚信、团结友善、勤俭自强、敬业奉献"。开展以为人民服务为核心，以集体主义为原则，以诚实守信为重点的思想道德建设，提倡社会公德、职业道德、家庭美德，尊重知识、尊重劳动、尊重人才、尊重创造，与时俱进，开拓创新，政治文明、物质文明和精神文明建设一起抓，建好国家农业产业化重点龙头企业，全心全意为"三农"、客户和市民做好服务工作。

二　诚信是社会主义市场经济发展的基石

诚信，"诚"即真诚，诚实就是说话做事表里一致，不虚假，不欺骗，不隐瞒；"信"即践诺，守信就是说话办事讲信用，答应了别人的事，认真履行诺言，说到做到，守信是诚实的一种表现。诚实守信既是中华民族的传统美德,又是当今市场经济的基本规则和商业道德,一切在市场经济下从事经营活动者都必须加以遵守。

(一)坚守诚信的重大意义

就个人而言,诚信是高尚的人格力量。古人云:"言而有信"、"一诺千金"、"一言既出,驷马难追"、"人无信不立"、"人而无信,不知其可"。诚信是立身之本,是做人的基本道德。

企业是市场的主体,也是信用建设的主题,诚信对市场、企业兴衰成败关系极大。可以说,诚信是企业的生命,不仅是一种品行、一种道义、一种声誉,更是一种责任、一种准则、一种资源,是企业的无形资产。诚信是企业经营的根本,经营者和消费者之间形成好的诚信关系,才能保证社会主义市场经济秩序有序运转。只要企业以诚信的态度面对消费者,讲信誉,生产的产品货真价实,就能赢得市场,其必然成功和兴盛。否则,失信于消费者的企业,注定要没落衰败,特别是当前国际、国内市场竞争空前加剧,企业能否对其产品负责并作出质量保证,在很大程度上决定着企业的生死存亡。因此,市场、企业一定要把诚信视为自己的生命而积极加快建设和维护。企业诚信健全了,就会使社会信用体系日益健全。在当今这个市场经济的时代里,所有的经济贸易活动应在以诚信为本的前提下,按照市场经济规律进行。良好的信用是市场发展的内在要求。

诚信,能真正实现公平、公正和平等的等价交换。

诚信,可以降低交易费用,节省经营者的经营成本。

诚信,可以减少市场风险。

诚信,可以使经济的参与者方便快捷地获取交易双方真实的信息,为广大消费者带来实际利益。

就社会而言,诚信是正常的生产生活秩序。

就国家而言,诚信是良好的国际形象。总之,诚信是市场经济的准入证,是社会主义市场经济的基石。

(二)诚信缺失的破坏作用

信用缺失严重影响国民经济运行质量的提高,降低经济运行效率;严重影响企业之间的交易速度、交易效率、交易规模、交易质量,破坏经济主体之间以合同契约为基础的正常信用关系；严重影响消费者的消费行为，特别是信用消费，使扩大内需的政策大打折扣；严重影响市场体系的发育和成长，大大制约市场机制发挥配置资源的基础性作用。社会信用的缺失，不仅会妨碍经济的正常运行，严重时还可能导致金融危机和经济危机，造成整体经济的混乱、衰退。

诚信缺失毁了地区，毁了企业，毁了个人，毁了外贸，阻滞了消费，同时造成严重的经济损失，这样的事例不胜枚举。

一是毁了地区的事例：温州是一个站在中国经济改革潮头的城市，在20世纪80年代取得了经济上的巨大成就，地方经济迅速崛起，温州人在北方地区遍布北京、太原、呼和浩特、银川、西安、兰州等地。一个十四五岁的小女孩，一个人出来做生意，白天钉鞋，晚上"乞讨"酸菜、土豆，由于肯吃苦，这个温州人的生意越做越火。内蒙古有一个10万人的小城市，1984年一年内，温州人自己带回家的钱有多少不知道，仅从邮局汇回温州家里的钱就有80万元之多。但是对商业利益的过分追求使人们忽略了对诚信的重视，温州假冒伪劣商品出现并逐渐泛滥，诚信缺失，不少温州企业跟外地企业打交道，违约赖账，失去了大量的客户和消费者，温州经济走向萧条。

1987年，有关部门在杭州武林门广场烧掉了一批温州假冒伪劣皮鞋，同时，国家八部委联合发文，对乐清的低劣电器进行惩治。一时间，很多大商场打出了"本地没有温州货"的牌子，使温州成了"假冒伪劣"的代名词。温州市委、市政府花了很大力气才把这种被动局面扭转过来。

我曾经举过白洋淀旅游业和赤峰西瓜的例子。改革开放之初，白洋淀旅游业特别火，后来出现了大量欺客、宰客的现象。旅游车刚到白洋淀境内，就上去很多人强行拉客，诚信缺失，旅游的人越来越少，不得不打出"重树白洋淀形象"的标语。赤峰宜于种西瓜，每年都大面积栽培，20世纪90年代后期，赤峰西瓜大量进入新发地，当地瓜农收入相当可观。但前几年出现了严重的欺行霸市现象，贩运户来拉瓜，装好车后还要加钱才准离开，弄得瓜卖不出去，农民只好改行种别的。

2004年2月23日，北京市食品安全办公室发出指令，在全市范围内停止购进和销售天津金斧食品厂、天津食艺园食品有限公司的所有肉制品，并对本市销售这两家产品的经营者进行了查处。天津蓟县的肉制品因此在北京全部被"封杀"。

二是毁了企业的事例：如果生产厂商诚信缺失，制造假货，以次充好，以假乱真，那么消费者则不得不在消费过程中备加小心。曾有些报道说有些厂商生产火腿用敌敌畏浸泡，用色素加酒精勾兑制成假冒红葡萄酒，用旧馅做月饼。那么消费者在信息不对称的情况下，不知道哪些厂商的产品安全卫生，肯定会对所有的腌肉制品敬而远之，减少红酒和月饼消费，消费品市场最终会因为诚信的缺失、假冒伪劣产品的盛行而渐渐萎缩。"一粒老鼠屎，坏了一缸酱"，就是这个道理。

浙江消费者因使用掺"吊白块"的粉丝而险些丧命，重庆、湖南查出不法厂商用"毛发水"兑制有毒酱油，广州出现几百吨黄曲霉素严重超标的毒大米，这些企业能好得了吗？

三是毁了个人的事例：有一个令人十分愤慨的例子。1994年夏天，在宣武区长椿街的一条小巷里，有一个外地人到一家个体商店买了一瓶"北冰洋"饮料，6毛一瓶，给店主一张百元票子让找钱。这店主把100元票子先朝钱箱上一放，也不找钱，装模作样地忙这忙那。过一会儿，将100元真币放进钱箱，拿出一张百元假币，信口雌黄，硬说这张假币是购饮料顾客的。双方争执激烈，店主蛮横无理之极，竟要掏顾客的兜，气不过的邻居打电话报告了派出所。警察一来，那店主的脑袋就耷拉下来了，紫胀着脸皮说是搞错了，就这德行谁敢去买他的东西？

四是毁了外贸的事例：20世纪90年代初，苏联刚解体，经济不景气，食品、日用品很缺乏，我国在俄罗斯边境的贸易特别火。随着赚钱的胃口越来越大，假冒伪劣货多了起来，也坑蒙拐骗了一些人，慢慢地人家就明白了。2000年我们到俄罗斯考察，在边境的一个城市看到，在一些高档商店里都写着"请顾客放心购买，本店绝无中国货"。这在国际贸易中给中国塑造了多么令人难堪的形象。

还有黄桃罐头恶性竞争的例子。据中国罐头工业协会提供的资料，2003年国际上几个黄桃主产国纷纷歉产。我国黄桃没有减产，但由于低价恶性竞争，甩卖速冻原料，出口量7.9万吨，同比增加3.4万吨，但平均每吨价格同比下降9.7%，损失3900万美元。

中国在出口蔬菜、水果、钢材等方面都出现过这种情况，不讲诚信，恶性竞争，只能给国内同行带来心痛的损失。

三　诚信必须强化科学化的缜密管理

在市场经济建设和发展过程中，信用缺失现象十分严重。正如2004年2月26日中共中央国务院《关于进一步加强和改进未成年人思想道德建设的若干意见》指出的"一些领域道德失范，诚信缺失，假冒伪劣、欺骗、欺诈的活动有所蔓延"。市场经济大潮中，有些人见利忘义、不讲诚信、损人利己、唯利是图，违背企业道德、市场道德，为获得经济利益不择手段。商标侵权、强买强卖、欺行霸市、商业欺诈、坑蒙拐骗、虚假信息、掺杂使假……花样翻新。有些侵害消费者权益的事令人发指，给消费者的生命财产安全造成难以弥补的重大损失，有些人走上了犯罪的道路。

食品安全问题，与人民群众的利益息息相关。有时，食品安全问题曾到了令人"谈食色变"的程度。口蹄疫、疯牛病、高致病性禽流感、注水肉、瘦肉精、假酱油醋、毒大米、泔水熬出来的色拉油、劣质奶粉、"吊白块"、蔬菜农药残留超标……近年来的食品安全问题，有的是天灾，更多的是人祸，例如注水肉、瘦肉精、蔬菜农药残留超标等。国家三令五申，工商等执法部门狠抓严管，市场主办单位严厉监督，可就是有少数企业和个人铤而走险，迎风而上。食品卫生安全问题成为老百姓的热门话题。

新发地市场是北京最大的菜篮子，一些领域道德失范，诚信缺失，假冒伪劣、欺骗、欺诈的活动不可能不向我市场蔓延。2001年6月28日，我参加了北京市政府召开的"实施肉类放心工程"通报座谈会，回来后，我将会议精神向全场员工和客户代表作了传达。

市场党支部、场委会高度重视卫生安全食品的供应工作，把诚信当做发展市场的基石，打防结合，进一步推进科学化、现代化的缜密管理。市场和工商部门组织员工、商户培训技能，提高辨假的能力，组织学习《消费者权益保护法》、《食品卫生法》、《产品质量法》等法律和政府关于整顿市场经济秩序,打击经营假冒伪劣商品的政策,以及实施"食品安全工程"的一系列规定。通过宣传有些地区有害、有毒食品造成严重后果的案例,激发市场管理者的高度责任感,唤起市场经营者的职业道德良心,讲商德,不能挣黑心钱、害人钱,企业更不能在置老百姓生命健康于不顾中求发展。使商户"以道德经济发展市场",以诚信对待消费者,靠诚实劳动发家致富。我们在以诚信、严管,确保"放心肉"、"放心菜"、"放心果"、"放心粮油"等的供应方面开展了如下几项工作。

(一)质量诚信——确保卫生安全食品供应

1. 建立和完善"猪肉、豆制品、熟食产销联合体"(场厂挂钩)

我场1997年在综合营业大厅(西厅)里有30个猪肉摊位,由于市场管理有道,客户经营有方,生意火暴。有的客户居然高价炒起了摊位。鉴于这种情况,市场又建起了含90个猪肉摊位的猪肉调料大厅(东厅),于1999年7月16日开业,高峰期日销猪(肉)1000多头,生意更加繁忙。然而在这时,注水肉、病害肉、母猪肉等在丰台区有,在整个北京地区也有,有的还相当严重。丰台工商分局市场科十分重视,极为关心猪肉的质量和农产品市场的发展前途。他们跟我联系,要在新发地市场搞试点,建"猪肉产销联合体"。我决定让副总杨洪凯、张连明和他们一起运作,经过区工商、商委、动检站、新发地市场和各厂家多次会议研究、协商,于2000年秋成立了"猪肉产销联合体"。

对猪肉的质量保证程序:一检、二索、三奖惩。

一检:屠宰场进生猪需检疫、检验—屠宰—检验—运输,必须冷藏车到新发地市场门前,工商干部和市场管理人员进行复检并审阅屠宰证明和检疫证明。

二索:索证、索票。必须有来源发票、销售专用凭证、销售信誉单、肉检报告单。同时建立了"豆制品产销联合体"和"熟食产销联合体",对豆制品要求每品种全部包装,各熟食经营户均配备有冰箱、冰柜,每天用紫外线灯光照射两次(各半小时)消毒。

三奖惩:严格按照"产销联合体"的章程办,实行责任追究制,对经营产品卫生安全质优的予以表扬和奖励，对违规的进行批评、清退。2001年有一家大兴厂家出现一头老母猪肉，后来又发现一家，都被清出了"联合体"，通过严格奖惩，新发地市场做到了无注水、病害牛羊肉，无火碱浸泡分割鸡。

对于新发地市场的"猪肉产销联合体"模式，国家工商总局局长王众孚、北京市委书记刘淇等领导来场视察时都给予充分肯定。王众孚局长说："要将新发地市场的经验向全国推广"。

2. 蔬菜农药残留检测和菜、果"场、地挂钩"

20世纪90年代后期，蔬菜农药残留超标问题越来越突出。为了保证"放心菜"的供应，1999年3月，我带人去香港学习快速酶检测法，回来后建起农残检测中心。采用快速酶抑制法，每天抽样检测，合格率一年比一年提高。对于不合格的蔬菜，一是不准在场内卖，二是对自产自销的菜农或运销户进行教育，不能种农残超标的菜，三是对检出农残超标的蔬菜，市场给当地县（区）、乡（镇）去函，请其加强监督管理。

自国务院在全国开展"无公害食品行动计划"和北京市政府提出创建"食品放心工程"以来，首先同河北省乐亭冀东蔬菜水果批发市场签订了第一个蔬菜"场地挂钩"协议，至今已与300多家无公害绿色蔬菜基地签约，场地挂钩运转情况良好。2004年春出了"香河韭菜"事件，农药"3911"残留超标，我场调整了韭菜专营场地，使韭菜销售更加集中，加强了检测，现在客户和市民反映都不错。

在蔬菜农残检测工作中加强了对配送中心蔬菜的检测，确保出场的配送菜都是合格菜。市场准备在各门增设检测点，并拟引进世界上最先进的"气质联动检测仪"，确保首都"放心菜"的供应。

3. 对粮油批发中心、副食调料大厅严加管理

市场对粮油批发中心、副食调料大厅等严加管理，各门点经销的小麦粉、食用油都是市级名牌。1999年春，有一家销售冒牌面粉，面粉是河北省产的，质量也不次，但是商标冒用了北京某厂家的，工商部门对其进行了严肃处理。2000年春对副食调料大厅个别摊位经销袋装的白糖和私自销售食盐进行了查处。

4. 价格诚信——不缺斤短两

价格是市场经济的杠杆。我场的蔬菜、水果等的价格是全市最低的，有个别商户考虑到价格低、利润小，有使"黑秤"的缺斤短两行为。为此，市场规定客户不准使用木杆秤，一律使用规范化的电子秤，不准在秤上做文章。国家质检总局、国家工商总局联合公布的《零售商品称重计量监督管理办法》（2004年12月1日起实行）规定：粮食、蔬菜、水果或不高于每公斤6元的食品，允许最大负偏差值20克。肉、禽蛋（活禽除外）、水产品（活鱼、水发品除外）、糕点、糖果、调味品或高于每公斤6元，但不高于每公斤30元的食品，重量未超过2.5公斤，允许最大负偏差值为5克。干菜、山海珍品或高于每公斤30元，但不高于每公斤100元的食品，在0.5公斤内，允许最大负偏差值为1克。我场组织了客户和管理人员深入学习，认真贯彻执行。两座大厅和新建的活鱼、活禽交易厅都配有公平秤，管理人员认真检查，杜绝缺斤短两现象。

5. 信息诚信——不搞虚假广告

我场建场以来，在"健全完善道德经济枢纽工程，大力开展无偿信息服务"方面做了大量的工作。市场的信息联网工作多年来一直受到农业部联网工作会议的表彰。

新发地市场农产品网站2002年建立以来，逐步完善，现板块已有：①法律政策通告栏；②绿色食品货源栏；③优质农副产品栏；④优质商户介绍栏；⑤供求信息栏；⑥市场行情栏；⑦客户商群栏；⑧质量通告栏；⑨领导视察栏等。

广告是企业宣传的重要手段。可是，现在有不少广告含有虚假成分或干脆是纯虚假广告。有的媒体在人们用餐时播映治脚气、痔疮的广告，令人恶心。我场很少做广告，在宣传工作上配合媒体搞过少量的专题，由于不搞虚假宣传，效果是挺不错的。

6. 合同诚信——重合同，守信用，诚信履约

在商业来往中，信用固然重要，但是合同、协议等文字形式的合约必不可少，诚信履约更为重要。

在我国的广大农村，盖房子、娶儿媳、孩子上大学等一家人的大事操办时，亲朋好友之间总要互相借贷，少则几百，多则数千，甚至上万元。相互倾囊帮助，一般的无所谓借据，而且秘而不宣，这中间绝大多数人是讲诚信的，"借账不赖账"，但同时也有个别出现问题的。

据有关部门调查，北京80%的人认为，虽是亲密的朋友，借钱也要打借条。他们认为，打借条是维护诚信的一个很重要的手段。签合同、打借条等协约，规范的文字工作很重要，有人会在文字上做文章。1999年春，市工商部门来我场组织员工培训时，首都经贸大学有位教授曾讲过一个例子：一张"还欠款8000元"的条据，实质上是借款人向对方归还欠款8000元，可贷方却说是"尚欠款8000元"。可见，合同的文字工作是必须认真讲究的。

还有签了合同后来不履约的。前年新疆就出现过，商家和农民签了收购瓜子协议（订单农业），但等瓜子成熟时，别的商家恶性竞争，以每斤高出几角的价格去收购，于是农民毁约，"有奶就是娘"，谁说价高就卖给谁。这几年"订单农业"毁约例子时有所闻，我对"订单农业"是很支持的。我曾讲过企业不是慈善机构，老板不是慈善家，双方都必须讲诚信履约。

我们建场16年以来，和企业、客户、员工等签订的各种合同、协议上万份。我们重合同、守信用，客户毁约的事是极少数的。

在管理上我们是缜密的。我们实行经营者准入制，凡固定经营者必须做到身份证、营业执照、卫生许可证和健康证四证齐备，外地来京商户还要有进京暂住证，方有资格入场租赁经营。凡承租经营户一律要同市场签订正式合同，签署质量保证书和卫生、"三防"（防火、防盗、防煤气中毒）协议书，对商户建立档案和经营记录，防止诚信缺失。这些措施有力地保证了合同履约。

7. 竞争诚信——公平有序竞争

随着市场的发展，海南蔬菜大量进入新发地。1995年开始，每年各季都要搭海南菜交易大棚，海南菜经营户要占好位置，就找经理，闹得经理们和我忙得不亦乐乎。1997年我们开始抓阄儿，这种办法好一点，但还不能体现公平竞争。

1999年7月10日，我们对猪肉大厅75个摊位进行公开拍租，敲响了京城肉摊拍租第一锤。以后，我们对蔬菜批发、水果批发、新建饭馆、蔬菜批发东楼两栋商品房、保鲜库的冰海鲜区铺面房、新建粉条区及咸菜区用房都采取了公平、公开、公正的拍租方式，收到了良好的效果。诚信竞争，公平有序竞争，我场迈出了可喜的一步。

这里说一下茶店"玫瑰香"葡萄被人冒充品牌问题。天津市汉沽区茶店镇的"玫瑰香"葡萄，系露地栽培，有独特的玫瑰香味，含糖分18度至21度，色泽亮、口感好，取得了中国绿色食品中心认证。2002年7月30日，汉沽区副区长高廷印等来新发地市场签约准入。2002年9月份"玫瑰香"葡萄开始进入我场销售，很受北京市民青睐。2003年，北京市场上出现了许多假冒商标的"玫瑰香"葡萄，汉沽区领导来京开展打假，我们协助做了大量的工作。

四 民主和法制是诚信的保障

在十六届三中全会通过的《中共中央关于完善社会主义市场经济体制若干问题的决定》中，中央明确提出建立健全我国社会信用体系的任务，并要求形成以道德为支撑、产权为基础、法律为保障的社会信用制度，提出建立信用监督和失信惩戒制度，逐步从原始支付手段为主导的市场交易方式，向以信用交易为主导的市场交易方式的健康转变。企业、个人和政府的社会信用体系，是一种促进诚信的社会机制，通过解决经济和社会生活中信用信息不对称的矛盾，从而有效惩戒失信行为，褒扬诚实守信，维护经济活动和社会生产的正常秩序。我们在市场蓬勃发展中，深深体会到民主和法制是诚信的有力保障。

（一）民主保障诚信

（1）必须不断提高党的执政能力，加强党对卫生安全食品工程建设的领导。党的干部要廉洁自律，党员要起模范带头作用。现在我们正拟建市场定点经商客户党支部。

（2）每年的"3·15"开展各种活动，由市场主办，工商、质监、动检等执法部门协办，宣传《消费者权益保护法》等法律、法规，接受市民关于质量问题的咨询和投诉。

（3）加强场风监督工作，充分发挥总经理信箱的作用。我们的场风监督工作，原来归市场办公室管，为加强场风监督的力度，我们于2003年成立了场风监督办，直接归总经理领导。场风监督办现有主任1名，工作人员5名，昼夜24小时有人值班。场风监督办具有监督内容多、任务量大、服务范围广、及时迅速、工作人员自身素质较高等特点。

场风监督办深入、细致、周到地为客户和市民服务，对于客户反映的欺行霸市、不正当竞争等问题以及客户遇到的困难都要予以解决或向领导汇报，请领导处理。对于市民、顾客反映的食品卫生安全问题、缺斤短两、经营者的服务态度等进行调查处理。

场风监督办还对员工进行监督。市场制度规定，工作人员不准向客户吃、拿、卡、要，同时考虑到管理者和被管理者所处地位不同。严格规定"员工本人不得在市场内购买菜、果等物品"。场风监督办听取群众反映，进行监督检查，对于市场管理人员有贪污、受贿，接受客户吃请、收受客户礼物等违法违纪行为，一经发现，协助领导严肃查处。

场风监督办对举报人严格保密。场风监督办成立三年多来，受理客户、市民、员工反映各种问题的信函300多件，有专人很快送到总经理手中，总经理随时阅批，及时处理，收到了良好的效果。

（二）法制保障诚信

在以诚信为重点的道德经济建设中，我们将"依法治场和以德治场"相结合，学法、懂法、用法，强化市场治安工作，切实保护了客户的利益。

市场治保工作由杨洪凯副总主抓，在蔬菜批发和水果批发各设一个治安办，保安人员由1998年的80人增至200多人，加强了治保力量。市场治安人员、客户和玉泉营派出所驻场办干警团结一心、群策群力、打防结合、科技创安，严厉打击偷盗扒窃、使假币、欺行霸市、强行收取保护费和不法地倒分子，公平、公正、公开地处理各种交易纠纷。丰台公安分局于2001年4月3日在我场召开公捕强行收取"保护费"、伤害客户、作恶多端的张贵臣（绰号"老狼"）、池军大会。2004年夏天，再次在我场召开公捕数名偷盗、扒窃等犯罪分子的大会,时隔三年,两次大会,震慑了犯罪分子,打击了他们的嚣张气焰,降低了发案率,广大客户拍手称快。

强有力的治安是构建主义市场经济和谐氛围、深入建设以诚信为重点的道德经济的保障,为客户进一步创造了安全、宽松的交易环境,取得了良好的经济效益和社会效益。

五 精神文明建设盛开"诚信花"

理论和实践、精神和物质是一个整体。精神文明建设是"代表中国先进文化前进方向"的重要内容,是以诚信为重点的道德经济建设的一个重要方面。改革开放初期,社会主义经济建设蓬勃发展,但是也出现了人们"一切向钱看"、精神文明建设有所忽视的情况。邓小平同志指出:"十年的最大失误在于教育"。他要求我们"两手都要抓,两手都要硬"。在党的十五大报告中,江泽民同志强调指出:"只有两个文明都搞好,才是中国特色社会主义。"

在市场的精神文明建设中,我们组织员工深入学习邓小平理论、"三个代表"和党的十五大、十六大精神,认真开展以为人民服务为核心、集体主义为原则、诚实守信为重点的社会主义道德教育,加强民主法制教育和纪律教育。我们开展了"五讲、四美、三热爱"活动,提倡"职业道德、社会公德、家庭美德",培育"四有"人才。员工们优质管理、文明服务、狠斗歹徒等等,营造了一个安定、团结、和谐的市场。

市场十分注意员工的形象管理。《市场文明经营信誉公约》规定:市场管理人员要做到文明管理、礼貌待人、热情服务、不耍威风、不刁难顾客。对客户、顾客讲"三礼",即礼仪、礼节、礼貌。上岗、执勤人员必须佩戴标志,着装整齐,女员工上岗时不准抹口红、戴"三金"、穿高跟鞋、超短裙等。

16年多来,我场所有员工特别是治安经理张玉凤等治安保安人员,救死扶伤,实行革命人道主义,帮助客户解决为难问题。场内卖菜、果的农民、贩运户,患了疾病,治安办人员找车送医院、挂号、陪床、垫支医药费等,把病人从死神手中夺回来。救助心脏病突发的大兴县菜农王大爷,患急性肠炎的蓟县别山乡农民王学国等，受到了客户的表扬。

收费组杨振江同志，协助治安办和偷盗分子作斗争，身上多处被歹徒砍伤，但他忍着剧烈的疼痛和治安办人员一起将歹徒抓获。2000年7月15日早晨，交管员杨玉海从窃贼手中夺回客户的钱包，9700元现金和驾驶证、手机等全部完璧归赵。失主拿出1000元酬金，被杨玉海同志婉言谢绝。这些同志见义勇为、狠斗歹徒的事迹在市场传为佳话。

市场工会被人们誉为"员工之家"。工会干部经常进行家访，向员工发送生日礼品，慰问生病和遇到困难的员工，送上水果和捐款，为他们排忧解难。周六晚上，组织员工开展文化娱乐活动。主办元旦、春节晚会和国庆知识竞赛等，丰富了群众文化生活，给他们补充了精神食粮。

"一方有难，八方支援"，市场开展了献爱心表真情活动。1998年夏，长江中下游地区发生特大洪涝灾害，我场员工捐款1.5万元，全公司捐款26.5万元。市场还组织客户车辆将土豆、萝卜、圆白菜等运往灾区，帮助灾民渡过难关。在北京市和内蒙古自治区结成伙伴合作关系以来，我场每年都向内蒙古自治区包头市等西部地区受灾农牧民伸出友谊之手，捐款、捐物（大衣、被褥、棉衣等）。

我村村民侯金香同志身患重病，市场和公司各单位踊跃捐款。2004年11月24日，我代表村党、政将28023元捐款送到侯金香同志手中，鼓励她和病魔作斗争，祝愿她早日康复。

2004年12月26日，印度洋发生强烈的地震、海啸，一些国家受灾，死亡15万余人，100万余人无家可归，我场员工心系灾区，纷纷解囊捐款，发扬了国际主义和人道主义精神。

为推进精神文明建设，我场开展了评选先进集体、先进个人和文明经营户的活动。

一是月评：自1999年11月份开始，对收费组、治安组每月评选先进小组，颁发"流动红旗"，带旗上岗。

二是节评：按节日评选"三八"妇女红旗手、"五四"青年突击手、"七一"先进党组织和模范共产党员等。

三是年评：先进员工自2000年开始评选，已评出数百人次；文明经营户（诚信经营、服务热情、效益良好等），自1997年开始评选，已评出500余人次。

四是参与上级部门评选：建场以来，我们参加了花乡、丰台区、北京市和中央各有关部门对农村集体和个人的评选先进工作。

五是特殊时期评选：2003年7月，我场党支部组织评选了抗击"非典"模范共产党员，场办、工会组织评选了抗击"非典"的先进员工。

六是及时嘉奖：对于有重大或特殊贡献的员工，及时给予嘉奖。我场的评先进工作，既看员工的"物质文明"，也看员工的"政治文明和精神文明"。奖励的办法是荣誉证书和奖金相结合，事迹突出的给予重奖。如蔬菜批发市场治安经理赵军抓治安不徇私情，收费组长宋秀清勇抓窃贼等，都受到了重奖。

加强社会主义精神文明建设是建设小康社会的重要目标，是提高党的执政能力的必然要求，是构建社会主义和谐社会的重要保证，我们要充分认识社会主义市场经济条件下精神文明建设的重要性、艰巨性、复杂性，进一步加强以诚信为重点的"道德经济"建设，物质文明、政治文明和精神文明建设一起抓，以人为本，理解人、同情人、尊重人，展开新思路，研究新问题，开创精神文明建设的新局面。

六　诚信给新发地市场带来了巨大活力和商机

新发地市场成立16年来，在各级党和政府的领导和各有关部门的大力支持下，实行总经理负责制。全场员工以诚信为基石，以道德经济发展市场，深化改革，扩大开放，艰苦奋斗，开拓进取，科学化缜密管理，适时升级改造，提升硬件设施和软件功能。鉴于市场人多、车辆拥挤，升级改造工程先修了双向四车道的东轴路、中轴路、西轴路，建起铁路地下通道，将多年梦寐以求的蔬批和果批贯通的思想一朝实现。"走出去、请进来"，抓住了商机，增强了活力，客户纷纷而至，市民沓沓而来，滚动、良性、跨越式发展，取得了可喜的成绩。

一是五个功能区

（1）蔬菜、肉类、水产品交易区

(2) 果品、种业、调味品交易区

(3) 粮油、茶叶、副食品交易区

(4) 仓储加工配送区

(5) 农产品展销与商户生活区

二是十个中心

(1) 市场交易中心（已基本形成）

(2) 商品拍卖中心（与台湾常富企业集团合作）

(3) 电子结算中心：将结算、金融、信贷、收税、收费一体化，引进银行结算系统

(4) 信息网络中心、电子监控中心（已建，现代化）

(5) 检测中心（已建，需增更先进的仪器）

(6) 仓储物流中心：引进一条铁路专用线，建一座大型货场（容积为5万吨的冷库、保鲜库，已建成投入使用）。

(7) 加工配送中心（大型的，2005年建成）

(8) 商务中心：建一栋6层商务办公大楼（2005年建成）

(9) 农产品展销中心：展示、展销、看样订货、新产品发布、产品研讨（2005年建成）

(10) 生活服务中心（已建成，较为现代化）

16年以来的市场发展所取得的每一项成绩，都是与中央、市、区、乡各级领导的支持分不开的。

16年以来，我场获得了许多荣誉。被农业部定点为鲜活农产品中心批发市场，原内贸部定点为全国重点联系批发市场，农业部等九部委两次评定为国家农业产业化重点龙头企业等，并被有关部门评为"全国文明市场"、"北京市文明示范市场"（北京仅一家）、"首都文明市场"、"京郊农业十大杰出典型"等。

我个人也被有关部门评为1998年度北京市市场管理先进工作者、北京市劳动模范、北京市绿化隔离地区建设先进个人、2000年冬季海南农产品运销工作中作出突出贡献先进个人，连续四年被评为北京市京郊经济发展十大杰出典型。2003年度"冰轮杯"第三届中国果菜产业十大杰出人

物，在《中国市场》2002~2003年度"优秀市场、优秀管理者"评选活动中，荣获"优秀市场管理者"称号。2003年6月被北京市委授予"北京市防治非典型肺炎工作优秀共产党员"称号，2003年7月被中共北京市委党校评为优秀学员，被聘为中国管理科学研究院当代社会问题研究所高级研究员。分别当选为中国农产品市场协会、北京市场协会产销分会、北京市丰台区肉类食品行业商会这三个协会的会长，中国蔬菜流通协会第三届理事会副会长等。我虽然获得了这些荣誉，但我深深感到与党和人民的要求差距甚大。这些荣誉，对我是个鼓励也是鞭策，激励我更好地投身于现代流通和市场管理建设工作，继续坚持"让客户发财，求市场发展"的服务宗旨，进一步"以道德经济发展市场"。

七 以"三个代表"重要思想为指导，进一步开展以诚信为核心的道德经济建设，为打造新发地"绿色航母"而奋斗

在以诚信为重点的道德经济建设过程中，我们付出了艰辛，尝到了甜头，也总结出了一些宝贵的经验。但这只是万里长征走完的第一步，"以道德经济发展市场"，任重而道远。

我们要继续坚持以诚信为重点的道德经济建设，健全完善诚信宣传教育体系，逐步提高人们的道德修养，规范人们的道德行为，使商业道德和职业道德成为客户和员工普遍认同和遵守的行为准则。讲道德、重诚实、守信用，以更好地保护消费者的生活安全，形成政府讲诚信、企业讲诚信、人人讲诚信，以诚信为荣、失信可耻的良好社会氛围。把个人、企业诚信量化为标准，对个人、企业诚信进行评估各种等级，对诚信度高的个人和企业给予鼓励和奖励，对诚信度低的个人、企业和失信者视情节给予惩处，触犯刑律者送司法机关依法严惩。周密防范和严厉打击假冒伪劣活动，消除社会上坑蒙拐骗的欺诈现象，从根本上清除侵害消费者正当权益的丑恶行为，使社会主义市场经济的列车行驶在正常的轨道上。

坚冰已经打破，航线已经开通，道路已经指明。现在，社会主义市场经济体系逐步完善，中国农产品批发市场蓬勃发展，首都北京的建设日新月异，新发地市场面临着1997年以来的第二次跨越式发展，形势喜人，

又形势逼人。让我们高举邓小平理论的伟大旗帜，以"三个代表"的重要思想为指导，深入学习，贯彻党的十六届三中、四中全会和2005年中央农村工作会议精神，牢记"两个务必"，加强和提高党的执政能力，树立牢固的科学发展观。坚持"让客户发财，求市场发展"的服务宗旨，进一步开展以诚信为重点的道德经济建设，学习国内外农产品批发市场的先进经验，加快新发地农产品有限公司的股份制运作，大力发展现代物流业，深交老朋友，诚招天下客，以9亿元打造新发地的"绿色航母"。搞好市场升级改造，全面建设好菜、果交易区等五个功能区和十个中心，把新发地农产品批发市场建设成为"北京最大、全国一流、香飘全球"的一级批发市场。

按照"北京市2005年在直接关系群众生活方面拟办的重要实事"关于将全市21家大型批发市场等17类与群众生活密切相关的食品纳入监控系统和建立全市统一的食品检测和监督抽查体系，对不合格食品予以下架和退市的要求，确保卫生安全食品的供应。为首都人民的"菜篮子"、"果盘子"、"米袋子"和全国农民的"菜园子"作出更大的贡献。以矫健的步伐、诚实的形象、甜美的硕果、和谐的市场迎接2008年北京奥运会和新发地市场建场20周年的到来！

（2004年12月31日）

全力保障首都市场食品安全

一 落实食品放心工程的基本做法

多年来，新发地市场在政府有关部门的严格监管和正确指导下，一直致力于农产品质量安全检验检测体系建设，相继采取了一系列切实可行的措施来实施和推进"食品放心工程"，以市场换产品、以市场换质量、以市场换安全"。

（一）从流通环节入手，严把鲜肉、熟食、豆制品市场准入关口

为确保首都百姓吃上放心肉，新发地市场于2001年6月，联合丰台、大兴、朝阳的六家市级定点屠宰场，成立了以市场方、定点屠宰场、政府监管方为主的全市首家跨区、县猪肉产销联合体。其运作模式是典型的"双链经营"，即：消费者—市场—生产厂家。两个链条之间有五个重要环节，即生产厂家、厂家业务员、市场、市场经营商户和消费者。市场作为经营户的监督方，要求每一个经营户必须向消费者出具"购物信誉单"，购物单上面写明经营户姓名、摊位号、销售日期等。同时市场通过统一的结算方式，每天建立经营户和厂家业务员的台账，上面清楚地记载着什么时间从哪个摊位进了哪个厂家多少号业务员的多少斤肉，并将业务员的胸牌号刻成章印在猪肉上。这样一来，一旦消费者买到盖有"新发地市场鲜肉复检章"的猪肉出现了问题，就可以追根溯源，将责任层层追究到底。

在日常监管中，联合体实行末位淘汰、动态管理，逐步淘汰一些质量和信誉较弱的企业，并引进和发展外地一些质量和信誉较好的大型品牌企业加入联合体，提高联合体的信誉度、美誉度和吸引力。目前，联合体成员共有12家企业，其中北京市11家，河北秦皇岛1家。在此基础上，市

场于2002年9月成立了"熟肉制品、豆制品产销联合体",从根本上保证这两类食品的安全供应。

(二) 成立蔬菜农药残留检测中心,逐年加大检测力度

针对蔬菜农药残留问题,新发地市场加强自律,于1999年7月正式成立蔬菜农药残留检测中心。这套系统主要是参照香港经验,采用"快速酶测定法"进行检测。检测指标主要是有机磷和氨基甲酸酯类高毒高残留农药的含量。对抽检当中合格的蔬菜,市场让其挂牌销售,让消费者明明白白消费;对农药残留超标的蔬菜,除了不让经营户在市场内销售外,还给蔬菜生产基地政府主管部门去封信函,建议对其蔬菜生产给予监督和指导。这几年各地政府主管部门都很重视食品安全工作,我们的信函90%以上都得到了回复,北京周边地区的许多农业局长和工商局长还亲自开车来新发地市场了解信函的具体情况,表示一定要配合新发地市场的工作,从源头堵住农药残留关口。

(三) 与生产基地联合,督促蔬菜安全生产

2002年6月28日北京市政府召开了"北京市肉菜放心工程通报座谈会",新发地市场积极响应政府号召,于7月6日签订了全市第一份蔬菜"场地挂钩"协议书。以后又陆续和河北、山东、海南等26个蔬菜生产大省的232家无公害农产品生产基地签订了协议书。在选择基地签订合约时我们坚持三个标准:第一,基地是独立的法人实体;第二,基地有省部级以上认证的无公害基地证书;第三,基地对市场的供应量大,产品质量信誉好。同时,市场在丰台工商分局的指导下,又和市内部分零售市场签订了"蔬菜批零挂钩"协议书,真正形成了无公害农产品从产地到餐桌流通的专用渠道。由于在上市产品质量方面严格把关,市场的信誉度和美誉度都在逐年提高,2003年、2004年、2005年连续三年被北京市工商局评为年度"守信企业"。

(四) 建成加工配送中心,扶大、扶优、扶强、扶品牌

目前,新发地市场有不同规模的配送业主132家,年配送量为19.6亿公斤,约占市场总成交量的1/3。我们将福建超大集团、深圳鑫荣懋公司、北京鹏飞迎奥公司等一大批知名度较高的大配送企业集中在一起统一管

理，并在配送中心设置检测设备，对配送出的菜、果样样进行检测，不合格的决不让流进消费领域。打出"绿色新发地"这块金字招牌。先做好"点"上的工作，逐步把一些档次低、品质差、无品牌、食用安全没有保障的菜、果挤出市场，从而保证从新发地市场出去的菜、果都是安全的、放心的。

二 食品安全监管方面取得的成绩

由于市场严格按照市食品放心工程协调小组提出的"监管源头、标准准入、扶持大户、品牌商品、包装进京、系统检测、网络营销、全程追诉、动态管理、严格执法"十个环节、四十字方针的指示和要求，通过市场这个载体，认真落实了政府为民办实事的各项措施，食品放心工程在市场产生了巨大的实际效益。

（一）市场信誉度日益提高，猪肉销售量持续攀升

自从成立猪肉产销联合体后，市场内销售的注水肉、劣质肉、病害肉的违法情况连续下降。如果发现哪个厂家的肉质有问题，当即将其开除出联合体，目前已开除了两家。同时，又引进秦皇岛肉品集团和北京顺鑫农业股份有限公司两家国家级龙头企业。到现在新发地市场上病害肉、注水肉已基本绝迹，肉质有了很好的保障。加上市场有一定的规模优势和影响力，猪肉销售与日俱增。几年的时间，已由原来的日销售量500多头增加到目前的2000多头。消费者对新发地市场的信任度也越来越高。

（二）基地生产者安全意识增强，蔬菜农药残留超标率连年下降

这几年，各地政府对食品安全这个问题都很重视，市场又逐年加大检测力度，抽检蔬菜不合格率连年下降。我们对1999～2006年的检测结果作了统计，1999年7～12月抽检14个品种1820批/次，超标12个品种104批/次，超标率5.71%；2000年抽检26个品种3736批/次，超标15个品种157批/次，超标率5.29%；2001年抽检27个品种3937批/次，超标12个品种150批/次，超标率3.81%；2002年抽检38个品种4037批/次，超标13个品种132批/次，超标率3.27%；2003年抽检44个品种6453批/次，超标11个品种185批/次，超标率2.87%；2004年抽检48个品种

9682批/次，超标12个品种245批/次，超标率2.54%；2005年抽检56个品种14796批/次，超标10个品种339批/次，超标率2.29%；2006年抽检68个品种20116批/次，超标10个品种462批/次，超标率2.03%；八年总抽检数量65159批/次，超标1797批/次，总超标率为3.47%。总的趋势是超标率逐年下降。

（三）防治"非典"非常时期，协议基地发挥了非常重要的作用

2003年入春以来的非典型肺炎疫情，给人民的身体健康和生命安全带来极大危害。4月23日下午，许多学校、机关、宾馆和饭店的采购部门大批量地集中购买一些易于储存、传说中有助于预防"非典"的蔬菜，这种超常规的疯狂购买，使市场上农产品的供求关系严重失衡，菜价在短时间内飞涨。"非典"危害着人们的生命，也同样考验着市场应对突发事件的能力，考验着工商部门的监管模式。为平抑物价、稳定市场，保障非常时期市民的"菜篮子"供应，市场充分利用蔬菜"场地挂钩"的优势，迅速与当时的217个大型蔬菜生产基地取得联系，传递信息，组织货源，使得大批蔬菜源源进京。仅在30个小时之内蔬菜上市量就翻了一番，稳定了市场，稳定了人心。

新发地市场在食品安全监管方面取得的成绩，离不开新发地人自身的努力，更离不开政府的支持与帮助。中共中央政治局常委、全国政协主席贾庆林，国家工商总局局长王众孚，副局长甘国屏、杨树德，北京市委书记刘淇，市委副书记、市人大常委会主任于均波，北京市工商局局长张志宽，时任丰台区委书记王子生、区人大常委会主任杜瑞琴、区长张大力等领导多次亲临市场视察指导，为工作开展给予了极大的帮助。王众孚局长视察后表示："要把新发地市场的经验向全国推广。"

三 下一步发展规划

目前，北京市已将新发地市场确定为全市"一南一北"两个特大型一级批发市场之一，我们按照"北京最大、全国一流"的改造目标，投资5.53亿对原有市场进行全面的提档升级。升级改造项目已被列入"北京市

商业规划重点项目"、"北京市政府重大工程建设项目"和"北京市政府折子工程"当中。根据农产品批发市场的特点和发展方向重点规划建设交易区、商业服务区和仓储加工区,加快建设农产品拍卖中心、电子结算中心、检测中心等十个服务中心。改造后的新发地市场年交易量将达到80亿公斤,承担起北京市80%以上的农副产品供应任务。通过加强信息化建设和食品质量安全管理,外埠进入北京的农产品都要通过一级批发市场以拍卖的方式,由承销商分销到全市零售市场和消费终端。政府通过监管这两个一级批发市场农产品的质量,就能达到控制全市农产品质量安全的目的。

新发地市场将进一步完善和规范市场经济秩序,认真研究、探索社会效益和经济效益有机结合的批发市场管理模式和有效方法,以更好的服务、更优的质量、更合理的价格为首都人民提供更放心的农产品,为繁荣城乡经济、丰富首都人民菜篮子作出新的、更大的贡献。

(2007年3月13日,在接待北京市政协副主席黄以云等领导时的发言)

北京新发地农产品批发市场治安综合治理情况及经验

集贸市场是我国商品流通的主渠道，其最大的特点是人多、人杂、治安难抓。新发地市场是以蔬菜批发为龙头的集贸市场，与其他集贸市场相比有很多的共性，其中最明显的一点就是治安问题很棘手。2001年的严打集中整治中，新发地市场也被列入全市挂号的77处治安重点地区之中。作为与北京市民生活息息相关的大菜篮子，治安秩序的好坏将直接影响到首都的社会稳定。因此，新发地市场的治安一直是各级领导关心的重点。去年的严打整治专项斗争中，工商、公安、城管等政府执法部门多管齐下，市场治安部门积极配合，经过五个多月的严厉打击和整顿规范，市场的治安秩序有了明显的好转，也取得了一定的成绩和经验。在这里，我们将2001年严打整治情况及经验作个简单的总结，并在此基础上肤浅地谈一点集贸市场治安治理的对策。

一 市场规模，治安问题及成因

（一）规模

新发地市场成立于1988年5月16日，属村办乡镇集体企业。经过13年的滚动发展，已由当初单一的蔬菜批发扩展到蔬菜、果品、粮油、肉类、水产、日用百货批发交易的综合性市场。占地面积也由当初的15亩扩大到480亩。市场每日的车流量均在1万多辆次，人员流量高峰期可达4万人次。2001年农副产品交易总量达32亿公斤，其中蔬菜交易量为22亿公斤，已占全市蔬菜交易总量的67%。成为北京市最大的农副产品批发市场之一和我国北方地区重要的农副产品集散地。

(二）治安问题及成因

（1）由于市场规模大，交易面广，场内人员流动量大，人员成分比较复杂，使得违法犯罪分子作案后混进杂乱的人群，逃离现场，给破案带来很大困难，造成案件积压（仅2000年4～8月5个月时间共发生刑事案件60起，而破获的只有13起）。

（2）市场内经营的商户大多来自农村，法制观念淡薄，缺乏自我保护意识，即使受到伤害，为了避免以后不遭报复，一再妥协、让步、忍辱负屈，不敢报案，有时甚至采取"花钱消灾"的方式。这样一来，违法犯罪分子的气焰日益嚣张，造成发案率上升（2000年4～6月发生刑事案件27起，而到8月底已上升至60起）。

（3）以前市场属樊家村派出所管辖，由于该所辖区面积大，对市场配置的警力相对不足，出警不驻警。根本没有时间和精力专门研究市场的治安工作，造成发案率居高不下（2000年4～6月3个月时间，刑事案件月均发案9起，而7～8月刑事案件月均发案仍高达16.5起）。

（4）1995年之前，市场规模较小，在市场的治安防范工作中，"人防"占主要位置。随着市场的发展和交易规模的扩大，人流量也在增大。治安的艰巨性、复杂性与日俱增。为了维护市场正常的交易秩序，我们不断充实治保力量（保安已发展到150人），并投入大量的资金作为对破案有功人员的奖励。即使这样，仍常出现"东边巡逻西边出事；顾了此，顾不了彼"的尴尬局面，发案率也持续上升。很显然，仅靠"人防"与市场日益增大的人流量相比较，已不能匹配。市场发展规模和发案率已成了正比。

由于以上治安问题的存在，在2001年的严打集中整治中，新发地市场被确定为全市挂号的治安重点地区之一。

二　严打整治情况及做法

在去年的严打集中整治中，新发地市场治安部门工作人员与玉泉营派出所驻场民警紧密配合，联手作战，先后出动警力1370余人次，治保力量1200余人次，在市场内进行了大规模清理整治11次；打掉5个恶势力团伙；破获现案 19 起；处理治安案件 45 起（其中因经济纠纷引起的 15 起），成卷 12 卷，口头调解 33 起；抓获违法犯罪嫌疑人 57 人（其中刑事犯罪嫌疑人 26 人，治安违法嫌疑人 15 人，其他违法人员 16 人）。今年严打以来至 8 月底，共发生各类刑事案件 28 起，破现案 19 起，与去年同期发案 60 起、破案 13 起相比，发案率降低 53%，破案率提高 46%。"110"接警 136 次（其中群众求助 66 件），治安案件 45 起，比去年同期"110"接警 436 次，治安案件 104 起，分别下降 68% 和 43%。收容 302 人，批评教育 223 人。治安秩序明显改观，客户的安全感大为提高。我们的做法是：

1. 领导重视、组织得力

在去年的严打集中整治中，市、区、乡党委、政府和工商、公安、城管等部门对我市场的治安非常重视。办了以下三件大实事：

（1）丰台公安分局领导站在战略的高度，于 2001 年 2 月份成立了玉泉营派出所，并派六名精干的民警进驻市场，成立警区，下大力气对市场开展整治工作。

（2）成立严打整治领导小组，由花乡乡长王春兰亲自担任组长，副乡长马增光担任常务副组长，玉泉营派出所、新发地村和市场三方面的领导任副组长，下决心整治市场的治安秩序。

（3）成立由花乡综治办、工商所、城管监察大队、交通大队机动中队、巡查二队、玉泉营派出所组成的治安协调站。多管齐下，清理整顿市场治安秩序。

2. 重拳出击，初战告捷

"不怕有案件，就怕不能及时破案；如果不及时破案，就会助长犯罪分子的嚣张气焰；能及时破案，就能有力地打击犯罪分子的嚣张气焰。"这是有辩证关系的。在去年的严打整治中，我市场严格按照市公安局严打整治第二条战线的工作部署，在区、乡党委、政府和丰台公安分局的统一领导下，在乡综治办和玉泉营派出所的指挥下，积极配合玉泉营派出所驻场民警，从打击市场内黑恶势力入手，深入细致地开展工作。3 月 7 日，将在市场内敲诈勒索、强行收取"保护费"的张贵臣（绰号"老狼"）抓获。丰台公安分局为震慑犯罪，于4月3日，在我场召开了"打黑除恶公开处理大会"，参加者超过3000人。收到的效果是：从4月2日到4月15日，连续13天未发生刑事案件。治安案件比2000年同期下降了86%，治安秩序明显好转，客户的安全感大为提高，来此经营的客户也越来越多。

3. 连续作战，除恶务尽

初战告捷后，市场治安部门的工作人员本着"除恶务尽，不留后患"的工作态度，配合驻场民警乘胜追击，连续作战。去年4月17日，根据群众举报将谷作文（男，23岁，黑龙江人）、刘亚东（男，31岁，黑龙江人）等3名冒充保安员对客户进行敲诈勒索的小团伙抓获。同日，又一举将以河南人张学锋为首的5人扒窃团伙全部抓获。又一次有力地震慑了犯罪分子，收到的效果是：从4月17日至5月10日连续23天没发生刑事案件。治安好了，四面八方的客户闻讯纷至沓来。

打了几个漂亮仗之后，市场治安部门工作人员仍不敢有丝毫懈怠，和民警紧密配合，对犯罪分子露头就打，不让其形成气候，誓保今年西瓜上市时，市场治安秩序稳定。6月10日，将偷包（包内有现金1613元）的犯罪嫌疑人许传军（男，28岁，河南固始人）抓获；7月18日，将偷马甲（内有现金2188元）数日后，又出现在市场内的犯罪嫌疑人关建康（男，28岁，河南上蔡县人）抓获；8月15日，又将在市场内买花生（3880斤，价评2378元）后未付货款逃匿一个多星期的犯罪嫌疑人李铁军抓获。"莫伸手，伸手即被擒"，我们始终保持这样的高压态势，才使市场的发案率直线下降，治安秩序大为好转。

4. 加强防范，压住发案

（1）加大宣传打击力度。我们通过加强治安方面的广播宣传，设立"民警提示"警示牌，向客户发放信息联系卡和赠送《北京新发地报》等多种手段，加大了宣传力度，为严打整治工作创造了良好的氛围；为取得严打整治丰硕成果奠定了基础。

（2）建立商户联保组织，提高安全防范能力。为从更大程度上提高市场经商客户的防范能力，让其自管自治，相互监督，共同负责。我们和警区民警商议，对市场内客户采取联保制度。固定客户每10~15人为一组，推选出一名代表,作为信息员经常与民警保持联系。对流动客户,在鼓励他们自愿组合的基础上,尽量把同一个地方的人安排在一起。这样,一旦有坏人出现,他们会联合行动,有的报警,有的对付坏人,不给犯罪分子以可乘之机。截至去年8月底,组织成员已发展到450多户,他们是市场治安防范体系的重要组成部分。

(3) 成立市场服务队,规范场内运输秩序。以前市场内的短途运输,均是私人无组织地提供服务。鱼龙混杂,难免会出现坑害客户的事情。在去年的严打集中整治中,我们把严打整治和规范市场经济秩序两者有机结合起来,于5月份成立了市场板车运输服务队,统一着红色马甲,并逐个编号,登记造册。定期开会,组织他们学习相关知识;教育他们文明服务,礼貌待人,并制定了相关规定。这样一来,他们不但为客户提供了优质服务,防止无证车辆坑害客户,同时,还能充当"治安耳目",是民警和市场治安工作人员的重要辅助力量。截至去年8月底,队员已发展到150多人,今年队伍仍在发展壮大。值得一提的是,这150多人的吃饭问题得到解决,本身对稳定首都的社会治安秩序、净化社会治安环境都很重要。

(4) 建立停车场,规范车辆管理。以前市场内部及周边各种出租车、配货车以及一些顾客的非机动车辆经常停得满满的。由于没有专人管理,车辆被盗、被刮的事件经常发生,人们怨声载道,市场的形象也因此受到影响。

市场认识到这一点后,在蔬菜批发市场东大门外,水果批发南区,东、西大厅门前,水产批发市场门前均建了停车场。供出租车、配货车以及顾客的车辆停放。派专人管理,适当收取点费用。这样,既做到车辆停放整齐划一,避免阻塞交通;又能有效防止车辆损坏和被盗事件发生。

(5) 成立邮电所,便利客户现金运转。市场人流量大,而且外地人居多,但邮政和储蓄业务在市场内一直是一片空白。固定的客户把大量的现金存在家中,流动的客户把大量的货款带在身上,这无形中埋下了许多治安隐患。

去年的严打集中整治中,我们与邮政部门商议,在市场内成立了"新发地邮电所"，并于6月18日正式开业。该所不但能为客户提供一般邮政服务，而且能办理邮政储蓄，实行全国通存通取。客户今天在新发地邮电所存的款，明日即可在客户家乡取到，十分便利。还可办理邮政储蓄卡，持卡可在ATM机上取款。这样，客户身上不带大额现金，就不会有现金被抢、被盗的事件发生。

由于以上方法措施到位，把一些案件消除在萌芽状态，大大降低了发案率。

三 以"建"代"控"，巩固成果

通过严厉打击，加强防范，市场的治安秩序明显好转，客户的安全感大大增加，发案率直线下降。这种良好的局面确实来之不易。如何巩固成果，重在控制，我们采取了下面两种手段。

（一）科技创安

在严打整治中，市场在丰台公安分局的指导下，投巨资建起了闭路电视监控系统。这套现代化的治安防范设备，有28个探头，其中固定探头5个，分布在蔬菜、果品两市场的各大门口；变焦探头23个，分布在蔬菜、果品两大市场内人员稠密、交易繁华的高发案区。市场聘请专业技术人员，通过该系统24小时对市场进行不间断监控。结合日常治安巡逻，对违法犯罪活动露头就打，不仅有力地预防恶性案件的发生，还能为破案提供有力的线索和证据，对预谋犯罪分子的心理也是一个强大的威慑，真正把治安工作纳入现代化管理的轨道。

（二）创新管理机制

治安工作的根本是为经济建设服务。一味地为抓治安而一阵风似地穷追猛打，行不通！为了净化治安环境，一门心思地清理外地人，也行不通！治安工作怎么搞，集贸市场如何管理，关键在于机制的创新。

毕竟坏人是少数。许多文明经营者，在市场的发展中立下了汗马功劳，他们与市场是利益共同体。市场想的是，如何为他们解决多种困难，特别是生活上的问题。经市场领导运筹、商议，决定在果品市场南门外专为客户修建档次较高的生活区。其中楼房两栋，平房一排，共计130间。

把市场周边地区租住民房的客户引进该生活区，集中起来实行物业管理，这样，既能为市场带来一定的经济收入，又能有效地防止盲流人员混入市场。这种以"建"代"控"，以"服务"代"管理"的新模式，会在稳定市场治安秩序，保护经济建设方面发挥重要作用。

四 严打整治后的状况

经过去年近五个月的严打集中整治，市场的治安秩序较以前有了明显的好转。主要表现在以下几个方面：

欺行霸市、敲诈勒索、收取"保护费"等带有黑社会性质的团伙、组织已被铲除。尤其是"公开逮捕张贵臣、池军大会"召开后，在强大的震慑力下，一些预谋犯罪的不法分子不打自退。客户的安全感大大提高。到市场治安办公室报案的人越来越少，有时甚至好几天连小的治安纠纷也没有。

（1）电视监控系统投入使用，把一些案件消除在萌芽状态，市场的发案率直线下降。

（2）据各方面的信息反映，新发地市场的治安好多了，在这里经商、购物也踏实多了。

（3）最明显的是，治安秩序的好转带动了市场经济效益的提升。从打击"老狼"团伙初战告捷后，来市场发货的车开始多起来。之后，通过市场破获的一个个案件，加上宣传力度的加大，客户们深感市场打击犯罪、狠抓治安的决心，对市场的信任感也日益增强。一传十，十传百，四面八方的经商户潮水般地涌向新发地。市场内商贾云集，交易更加繁忙；瓜车爆满，场景颇为壮观。

（4）市场的治安整治工作得到了各级领导的充分肯定。市委副书记强卫、首都综治办主任吴玉华、丰台区委书记王子生等领导多次来市场检查指导，在对严打整治工作成绩充分肯定的同时，提出了一些建设性的意见。

（5）部分新闻媒体对新发地市场的治安整治取得的成果作了宣传报道。

五　总结与体会

在去年的严打集中整治中,我们也总结出了一些经验,即建立打、防、控一体化的立体管理模式,采取"多管齐下"的综合治理措施,对新发地这样的集贸市场非常适合。通过去年的严打整治,我们也深刻地体会到,市场治安秩序的好转与各级领导的重视密不可分。可以这样说,如果没有市、区、乡领导的重视和亲临指导,就不会有现在这样良好的治安局面。通过整治后,市场发货的车与日俱增的现象,我们更加明白了,好的治安秩序能与市场经济效益达成正比这一实实在在的道理。

今后,我们将重点考虑"狠抓治安"和"保护经济"这两个问题。狠抓治安,该怎样"狠"、怎样"抓",会不会因为方法不当而伤及经济建设;保护经济,该怎样"保"、怎样"护",会不会因为保护措施不力而只着重利益小环境,忽略治安秩序大环境建设。市场在发展,我们的思路也在跟着发展。我们将一如既往地坚持"打防结合,以防为主"指导方针,积极配合各有关部门标本兼治地整顿和规范市场经济秩序,为新发地市场今后的跳跃式发展清理环境、扫平障碍,为首都的社会治安秩序稳定作出应有的贡献。

(2004 年 12 月 10 日)

责任感是每个优秀企业所必备的品质。鉴于新发地市场在全国行业中的影响和作用，新发地市场呼吁建立"农民专业生产合作社＋农民专业运销商＋农产品批发市场"紧密型农产品营销合作机制。同时倡议，所有农产品批发市场，对农民专业合作社生产的农产品进场交易，要提供优惠和支持，要义无反顾地担起这个历史的重担。

社会责任篇

为首都人民的"菜篮子"和"果盘子"保驾护航

北京新发地农产品批发市场自1988年5月16日成立以来,历经22年的发展,现已成为北京市最大的农产品专业批发市场,承担着首都70%的蔬菜、80%的水果和100%的进口水果供应,2009年的交易量为90亿公斤,交易额300亿元,是首都名副其实的大"菜篮子"、大"果盘子"和农产品供应的"晴雨表"。

22年来,新发地农产品批发市场信息中心作为首都农产品供应的瞭望者、守护者和坚守者,他们用勤奋和智慧编织着首都农产品安全供应的绿色屏障,他们用责任和执著书写着服务首都建设发展的无限忠诚。22年如一日,风雨无阻地将每天最新的农产品供应信息及时上报北京市政府、农业部、商务部等部门;每当国家遇有突发灾害和重大活动时,他们全天候坚守岗位,把最新的农产品供应信息及分析预测第一时间发布出去,为保证首都农产品安全供应和政府指导农民生产作出了重要贡献。

22年来,新发地农产品批发市场信息中心先后8次被农业部授予全国农产品批发市场信息联网工作先进单位,6次被商务部评为市场运行检行监测信息报送先进单位,12次被北京市政府评为信息报送工作突出贡献单位,为服务首都百姓、繁荣首都经济、维护首都稳定、促进"三农"增收作出了重要贡献。

一 用数字丈量人生价值

有句话说得好:"新闻贵在新,信息贵在准"。为在第一时间将最准确的农产品价格及时统计并上报各级政府领导,为首都农产品安全供应提供最具权威性的分析预测，22年来，新发地农产品批发市场信息中心12名同志，克服人员少、工作强度大等诸多困难，无论寒来暑往、春夏交替，他们总是迎着黎明前的微熹，将一组组鲜活而真实的数字统计并发布出去，用准确的鲜活数字服务首都市民、服务首都发展、服务中国三农。

市场特殊的工作环境和交易方式，注定了这里的工作强度之大。每天早上天不亮，市场信息工作人员便分组深入到商户中采集数字，要跑遍蔬菜、水果、肉类、副食等1200多亩的角角落落。由于市场商户99%来自农村，他们的文化程度普遍较低，每天早上采集数字时，是商户交易的高峰期，此时统计价格，遇到商户不耐烦是很正常的。面对部分商户的不理解，市场信息工作人员总是不厌其烦地一遍遍讲道理，苦口婆心地给商户讲信息工作的重要性。其耐心的讲解和真诚的服务，不仅感动了商户，而且赢得了他们的理解和支持。

采集完数据、录入电脑、校对核实、网上发布等，对于每一个数据，信息中心的同志们都严格把关，因为他们深深懂得新发地农产品批发市场农产品的价格，不仅是首都农产品的"晴雨表"，也是全国农产品价格的"风向标"。天天面对一组组枯燥的数字，他们从来不敢有丝毫马虎，总是一遍遍地核实，一遍遍地检查，直到确保统计的数字万无一失。有时，为了弄清一组数据，提供最有价值的数据，加班加点是常事。但他们总是任劳任怨，一丝不苟，从来没有任何怨言。

22年来，市场信息中心的同志们，天天与数字为伴，日日与数字为伍，从来没有发生过一起错报、漏报问题，其鲜活、准确的数据统计受到北京市政府、国家各部委和广大农民朋友、商户的高度认可。针对农产品历年价格的规律性，他们还经常写出农产品产销分析报告，为提醒政府有针对性地指导农民种植、高度重视农产品流通、搞好产销对接等提供了重要参考。为适应时代发展需求，他们对市场网络多次进行升级改造，联系网络公司开发了农产品价格上报、发布软件，大大提高了工作效率。同时，为在市场经营的商户建立网上电子商城，打开了虚拟网络这个没有"围墙"的农产品交易市场，为商户赢得了大量国内外农产品交易业务。新发地农产品批发市场网站已从最初的日点击率1000多人次，发展到目前已达到日点击量达 10 多万人次的焦点网站。22 年如一日，他们用准确而鲜活的数字彰显了自身的人生价值；22 年的默默付出，他们在普通而平凡的工作岗位干了不平凡的事情。

人们常说：什么叫不简单，就是把一件平凡的小事做千万遍不出错就叫不简单。新发地农产品批发市场信息中心的同志们，历经 22 年的认真坚守，他们在平凡的工作岗位上所作出的不平凡的工作应该说是一种伟大。

二　用责任勇担使命

每当国家遇有突发灾害和重大活动时，比如"非典"、冰雪、地震、奥运等，新发地农产品批发市场信息中心的同志更是寝食难安，夜不能寐。此时，他们像上得紧紧的发条，每分每秒地关注着市场农副产品价格变化情况，及时将采集的鲜活数字统计上来，为首都农产品安全稳定供应提供信息服务。

（一）非常时期的非常应对

2003 年"非典"期间，当时农产品价格出现大范围上涨，市场信息中心的同志及时将统计数字上报市场领导。市场领导果断采取一系列强力措施，仅用 40 个小时就平息了一场惊人的蔬菜价格大战，为首都做好"非典"疫情的控制和防疫作出了突出贡献。

2008 年初，我国南方地区遭遇了 50 年不遇的雨雪冰冻灾害，运送鲜活农产品的车辆被滞留在高速公路上不能及时到达市场，造成首都部分农产品紧缺。信息中心的同志们第一时间将首都农产品大幅度上涨情况上报北京市政府，引起了广泛关注。在北京市有关部门的指导下，市场采取多种措施组织货源，及时保证了首都稳定供应，使首都农产品价格迅速回落。

7 月份，北京奥运会、残奥会即将召开，市场信息中心的同志们敏感觉察，近期农产品价格有所上涨，而且逐步呈现抬高之势。于是，他们紧急写了一份保证北京奥运会、残奥会期间农产品供应的建议，很快得到市场领导的高度重视。市场董事长张玉玺亲自带领 12 家市场运销大户奔赴甘肃、河北等地调运蔬菜，及时推出十大保证供应措施，免收各种费用达3000余万元，为北京奥运会、残奥会的成功举办作出了重要贡献。

2009年9~10月，市场信息中心得知，首都国庆60周年庆祝活动需要40万份配餐，他们及时将此情况反馈到市场领导，使市场顺利承接了此任务。由于北京奥运会、残奥会的成功保障经验，市场高标准、高质量完成了国庆60年大庆游行队伍40万份配餐业务，荣获首都国庆60周年群众游行支持贡献单位。同时，市场高度重视食品安全和农产品安全信息发布，在北京市科委的大力支持下，投入1000多万元资金，购置了食品安全快速检测车及设备，使进入北京新发地农产品批发市场的农副产品做到车车有检测、个个保安全，安全信息第一时间在网上发布，为首都人民提供安全放心的农产品。

（二）特殊时期的特殊应对

去年底至今年初，北京市陆续下了5场大雪，其中今年1月1日、3日的降雪是北京市59年来最大的一次降雪。为保证首都农产品供应，信息中心及时发布农产品价格变化情况，在市政府的支持下，市场承接了市政府下达的3000吨储备菜的任务，建立3000吨的蔬菜储备库，一旦北京缺菜，将这些储备蔬菜及时补充市场供应。在信息中心同志们的建议下，市场还动员市场商户利用其他冷库多储存一些蔬菜，市场经销大户在市场周边冷库储存了4000余吨蔬菜。同时，市场还充分发挥在全国建立85万亩农产品供应基地的优势，北京连续降雪，市场紧急从海南调运150多车，共4000多吨蔬菜。由于措施得力，当时全国其他降雪城市的蔬菜价格都出现了上涨，唯独北京有5天的时间菜价下降。

充足的准备和科学的调配，及时平抑了因不良天气造成蔬菜价格上涨的现象，稳定了市场供应，并建立了一整套保证首都农产品稳定供应的长效机制。今年1月16日，中央政治局常委、国务院总理温家宝亲自莅临市场考察，对新发地农产品批发市场对首都全面发展作出的突出贡献给予了充分肯定。

2009年，蔓延全球的金融危机，给首都的经济发展带来了严峻挑战和考验。新发地农产品批发市场充足的供应和畅通的信息发布，确保了首都人民生活必需品的供应基本稳定，对首都经济度过金融危机，实现保增长的目标，作出了重要贡献。

（2010年3月9日，北京新发地农产品批发市场信息中心荣获全国劳模集体先进事迹材料）

勇担社会责任　促进产销衔接
全力以赴保障农产品高效流通

今年下半年以来，受全球金融危机的影响，我国农产品市场销售疲软、价格低迷，部分鲜活农产品出现滞销。新发地市场和全国农产品市场一样，也出现了农产品销售不畅、价格低迷的情况。特别是柑橘类产品，受"虫害风波"的直接影响和波及效应，销量直线下降，价格与去年同期相比跌了很多。作为全国交易规模最大的农产品市场和农业产业化国家重点龙头企业，我们采取积极有效措施，帮助经销商、运销户解决困难、在市场内开展农产品推荐会，加快农产品销售。

第一，今年以来所有柑橘类产品入场费减半收取，摊位费减半下调，用这种方法来降低经营成本，鼓励经销商扩大销售，一些重灾区的橘子产品免收了全部入场费。

第二，联合农产品主产区政府、农业龙头企业和新闻媒体，在市场内组织召开各种形式的农产品展销会和推介会，推广农产品品牌，加快农产品销售。

第三，市场主要领导带领运销大户，分批分次地深入农产品主产区和生产基地，联系组织货源，带动当地的农产品经纪人和农民，直接进入大市场批发销售。

第四，停止收取所有采购车辆的占地停车费，以此来鼓励和吸引更多的采购商来新发地市场采购农产品。

第五，在北京市区加快发展农产品便民店，叫响"把新发地市场办到你的家门口"这个口号。目前，已在市区发展了42家便民店和两个大卖场，所有便利店经营状况良好，门庭若市。

由于方法得力、措施到位,新发地市场的农产品价格近期已从低谷开始回升,特别是橘子类产品的价格冬天已经结束。如砂糖橘批发价现已达到每斤2元以上,最好的可突破一斤3元,与去年同期相比,已基本持平。

元旦、春节这两个重要的节日即将来临,这两个节日也是一年当中市场交易的最高峰,对于每一个商户来说都是不容错过的大好机会。新发地市场将紧紧抓住两节销售的黄金机遇,继续秉承和发扬"让客户发财,求市场发展"的服务宗旨和"以德治场,以道德经济发展市场"的经营理念,为全国各地远道而来的农民兄弟帮好忙、服好务,为所有农产品进入市场销售创造一个商机无限的平台,为所有的客商创造一个安全、宽松的交易环境。同时,我们将继续对橘子类产品入场费减半收取,摊位费减半下调,进一步扩大橘子产品的销售。在此基础上,我们还要联合全国各地农产品政府、农业龙头企业和新闻媒体,在市场内搞更多的、更大规模的、更高规格的农产品展示会和推介会(春节前已确定的推介会就有20多场),我们这样做只有一个目的,就是让各地的农产品通过新发地这个平台,进入北京的千家万户,并通过新发地市场的中转走向全国,走向世界。

在这里，我也代表新发地农产品股份有限公司，向各位领导和与会代表表个态，我们新发地市场的经营原则是：在大灾、大难、大波动以及农民兄弟遇到困难的特殊情况下，我们从来都是不惜代价、不计成本、不遗余力，共渡难关。

（2008年12月22日，在国家农业部"全国农产品产销衔接工作视频会议"上的发言）

发挥龙头企业带动作用
推动新农村建设和光彩事业发展

建设社会主义新农村是我国现代化进程中的重大历史任务，全面建设小康社会，加速推进现代化，构建社会主义和谐社会，离不开社会主义新农村建设。新发地在上级党和政府的指导和支持下，一直把建设新农村当做重点工作和发展方向，把它当做新发地投身光彩事业的一个新方向。

（一）发挥"一村一品"作用，利用市场的带动和辐射功能，提升区域经济发展

这么多年，我们坚持发展市场，带动了周边经济发展。新发地村因为市场的带动作用，经济逐年上升，村民生活更是每年迈上新台阶。在建立市场之前，村集体经济只有100多万元，通过这些年新发地市场的发展和带动，2006年新发地村（不含房地产开发收入）总收入达3亿多元，人民平均收入达1万多元，新发地村也成了远近有名的致富村。村民不但有了实实在在的实惠，集体还拿出大批收入来提高村民的福利和待遇，村民的医疗保险高了，村民的退休养老金升了，现在我村最高退休金可达到1400元。全村经济蒸蒸日上，村民生活过得有滋有味，老有所养、少有所教，和谐相处。

（二）逐年扩大市场规模，带动农民增收

新发地市场的繁荣与发展，不仅搞活了首都城乡经济，加速了中国农业产业化进程，更重要的是培育出了一大批完全能够适应市场经济规律的新型农民，通过他们成功的示范作用，带动了千百万中国农民走上了发家致富奔小康的道路。

有人曾经算过一笔账：单蔬菜一项，2006年市场全年交易量约30亿

公斤，按每户2亩菜地一年两茬产菜1万公斤计算，市场一年直接带动全国30万农户走上发家致富道路，加上果品、粮油、调料、肉类等项，市场一年就能带动上百万农户了。新发地市场还把带动和辐射能力扩展到全国的产地基地，从2003年开始，市场和全国的农产品基地270多家签订了场地挂钩协议，帮助这些地区的农产品解决销售难问题，也带动了地方的新农村建设。

（三）解决本地村民就业，为社会提供了大量的就业岗位，并成立专门公司为政府和社会安排下岗失业工人

新发地为了解决村民的就业问题，村里成立了"劳动力就业办公室"，专门解决村民的就业问题。目前，新发地村农业劳动力有2800多名，除了退休职工外，在村办企业上班的农村劳动力综合就业率达到95%以上。同时，向村民作出"不挑不拣，十天就业"的庄重承诺。随着市场规模日益扩大，在市场就业的人员越来越多。现在，市场常年有固定商户3800多家，移动商户6400家左右，为社会提供了大量的就业机会和岗位。

市场还响应政府号召，近年成立专门公司安排下岗失业人员，帮助许多城镇贫困家庭解决生活困难。2004年11月，市场成立了农产品信息咨询公司，安排失业下岗工人30人。2007年，市场又成立了新达物流公司，再次安排失业下岗人员42人。市场为他们提供就业之余，还组织培训，上全保险，提高他们的家庭收入。

（四）视市场商户为衣食父母，反哺社会体现公益情怀

市场的商户是市场发展的生命线，更是市场发展的衣食父母。市场于2003年投入巨资，克服了巨大的困难，为市场内的外地经营者打造了居住专门小区，每户只要出很少的成本租金就能住上设施齐全、环境优美的两居室，被大家亲切地称为"经营者的乐园"。

为促进全国农产品基地发展，市场积极采取多种措施开展帮扶工作。如市场拿出55000元，为安徽"将军县"同时也是全国重点贫困县金寨县500多个山村订购《农民日报》；拿出6万元帮助内蒙古林西县建立了农产品批发市场。现在，我们和农业部已经定了合作意向，准备拿出资金再向山西、贵州等贫困地区开展文化扶贫送报送温暖活动。市场免除了20%的

管理费，引导内蒙古河套香瓜入场交易。每年为了支持贫困地区农业发展和支持农产品新品种打入市场带动农民致富，市场一律免除他们农产品进场的管理费。建场以来，市场为全国100多个县、市组织举办农产品推介会，免费提供展位和场地，不但为当地政府分了忧，解了难，更重要的是，依靠市场强大的带动作用，也让地方农业增了效，农民增了收。

（五）责任感，新发地尊师重教，帮扶贫困地区经济发展

新发地村通过市场的带动和辐射走上了小康道路。新发地把教育放在重要的位置，新发地建起了丰台区硬件响当当的学校，为老师和学生营造一个好的教学环境。同时，新发地人还想让全社会的"大市场、大农村"共同走上发家致富的道路。每逢灾害之年，新发地总是动员全场全村之力，帮助那些需要帮助的人。据市场工会统计，近些年来，市场累计为内蒙古等受灾地区捐款万元。当市场领导了解到西藏优质农产品不能很好进入市场时，新发地市场主动和西藏合作——提供多项措施帮助西藏农产品通过新发地市场打入全国市场。今年9月新发地村党委还组织党员和市场商户，专门到山西贫困地区黎城县的穷困山村，出谋划策，帮助他们的两所小学学生，改善他们的学习条件和环境。当看到乡政府没有资金购买取暖煤，还拿出2万余元为他们购买了取暖煤，体现了社会主义大家庭的情谊。

责任感是每个优秀企业所必备的品质。鉴于新发地市场在全国行业中的影响和作用，新发地市场呼吁建立由"农民专业生产合作社＋农民专业运销商＋农产品批发市场"紧密型农产品营销合作机制。同时倡议，所有农产品批发市场，对农民专业合作社生产的农产品进场交易，要提供优惠和支持，要义无反顾地担起这个历史的重担。在前不久召开的全国村长论坛会上，新发地市场联合华南地区的广州市场及我国著名蔬菜产地寿光三元朱村，联合成立我国第一个跨地区跨行业的农业合作经营组织，专门为农民服务，受到了社会各界的肯定和好评。

（2007年11月28日，在"接待中央统战部副部长、全国工商联党组书记胡德平座谈会"上的讲话）

以理论指导实践　以实践推动发展

新发地村近年来的成长发展启示我们：坚持理论联系实际，加强理论指导实践，是我们成长发展的"命根子"，是指导我们克服一个又一个困难，不断迎难而上、发展壮大的重要法宝。理论是行为的先导，是指导一切工作的"风向标"，而实践是检验真理的唯一标准。

一　学习开展情况

（一）认清形势，用理论指导实践

一是占领教育主阵地，把理论指导实践作为一项长期性的重要工作贯彻到各项工作的始终。

创建新发地市场的实践深深启示我们：加强理论学习，注重理论教育，坚持理论联系实际，不仅可以改写发展的历史，更是寻求发展的"金钥匙"。我们高度重视对党员和村民的理论教育，相继创办了《新发地市场报》、《北京新发地报》两张报纸和新发地有线电视台，及时将党的创新理论和其他重要思想理论通过报纸和电台播撒给全体党员和全体村民，并开展系列教育活动，用理论知识不间断地武装党员和村民的头脑。如今，这两份报纸成为我村重要的宣传阵地，村民们的精神食粮。

二是坚持"请进来，走出去"的教育学习模式，把提高党员干部能力素质作为村域发展的第一要务。

在不断成长和发展的过程中，村领导班子深刻认识到，人才是企业发展的关键，而学习是人才成长的基础。每一步成功跨越和漂亮转身，都让我们深刻感受到加强理论学习，用理论武装头脑，指导企业发展的重要性、必要性和紧迫性。于是，我们把加强党员干部能力素质作为村域经济发展的第一要务。

（1）建立党员干部学习培训长效机制。这些年，我们一方面组织党员干部到北京著名大专院校有针对性地学习深造，一方面专门到国内著名企业培训单位——锡恩培训学院对党员干部进行集中专业培训，使党员干部的业务能力素质显著提高。同时，我们还通过村党委以中心组学习、上党课、党支部党小组学习等多种方式，组织党员学习讲师团提供的《党员干部读本》、《理论热点面对面》、"大讲堂月刊"等各类理论学习资料，特别是大讲堂讲稿版，成为中心组学习的重要学习材料。

（2）坚持"请进来教，走出去看"。为拓展党员队伍学习视野，提高党员队伍的综合素质，我们借助北京市委讲师团农村示范教育培训基地这个平台，先后组织20场党课报告会和12场周末大讲堂活动。2005年以来，我村先后邀请中共中央党校卢存岳教授、北京大学国际关系学院政治系李茂春主任、首都师范大学郭海燕教授、中央党校梅敬忠教授、张荣臣教授、中国社会科学院杜志雄研究员等18位专家学者为我村党员干部职工作报告。

2007年，村党委创造性地在全村党员队伍中开展"四看"活动，即到烈士陵园看一看，到革命老区看一看，到监狱看一看，到殡仪馆看一看。通过"四看"，引导教育党员干部知恩惜福、廉洁自律、淡泊名利。

（二）创建流动党员党支部，把学习覆盖到流动党员

新发地市场有来自全国30多个省市的商户，有的商户是党员。为了给这些流动党员创造一个温暖的家，在乡党委的大力支持下，新发地市场于2006年1月12日成立流动党支部，目前有党员119名，积极分子79名。我们配合乡党委联合新野县县委，于2007年8月成立了河南新野驻新发地创业人员党支部，有13名新野党员。

我们坚持统一纳入党委管理教育体系、统一参加党委教育活动和实践活动，真正把他们当一家人。每次理论宣讲报告会和周末大讲堂都组织流动党员群众参加学习班，使他们受教育。流动党员在经商中亮明了身份，增强了商户党员的企业信誉，实现了社会效益和经济效益的双丰收。市场成立23年来，培养了数百名百万富翁、千万富翁，66名商户党员被全国

各地政府选为政协委员和人大代表。

2008年5月市场为赈灾义演,组织广大党员现场筹集善款120余万元。西瓜大王潘孝海在四川大地震后,一次性捐款5万元,商户王忠坐轮椅特意赶来捐款1万元。

二 取得主要成效

（一）班子能力素质和党组织战斗力显著提高

新发地村班子成员能力素质从最初的"小马拉大车"到现在的熟练驾驭,最显著的标志就是,通过不断理论学习,用党的创新理论武装头脑,我们班子能力素质和党组织的战斗力都显著提高。新发地村先后获"丰台区经济发展十强村"、"产业经济结构调整先进村"称号。我作为村党委书记,先后获"全国劳动模范"、"2008年度中国三农人物"等多项荣誉称号。

（二）村域企业和经济建设实现又好又快发展

近年来,我们通过创新理论不断深化改革,用理论指导和调整产业结构,村域经济发生了翻天覆地的巨大变化。2009年全村总收入3.5亿元（不含房地产收入）,新发地市场交易量90亿公斤,交易额302亿元,交易量、交易额连续八年双居全国第一。同时,市场业务还辐射全国及蒙古国、俄罗斯等国家,是首都名副其实的大"菜篮子"和大"果盘子",也是全国交易规模最大的农产品专业批发市场。目前,新发地市场直接或间接带动近百万农民就业,为服务首都百姓、繁荣首都经济、维护首都稳定、促进"三农"增收等作出了突出贡献,先后荣获"农业产业化国家重点龙头企业"、"2009年影响北京百姓生活的十大企业"等100多项荣誉称号,国务院总理温家宝曾先后两次来市场视察,并给予了较高评价。

（三）村风和谐,村民过上殷实富裕的小康生活

在村民就业安置上,村民就业率达100%。近年来,天伦锦城小区、期颐百年小区等一栋栋现代化大楼拔地而起,新发地小学校、幼儿园、海子公园、绿色有机垃圾处理场等一个个人性化的便民为民场所相继建成。村民们高兴地说,现在的新发地村楼高了、路宽了、环境美了、村民富

了,真正实现了"建一个市场,带一批产业,活一方经济,富一方百姓"的目标。

三 几点收获体会

(一) 理论学习必须紧密联系实际

无论是从实践中得出的理论,还是创新理论,都必须紧密结合实际,科学指导实践,只有这样才会起到很好的效果。新发地村每一次跨越式发展,理论指导都发挥了巨大作用。

(二) 探索创新是最好的科学发展

无论是新发地市场发展壮大的经历,还是流动党支部的成功管理模式,以及经营者乐园的建设,都充分说明了新形势下,理论创新和实践创新是相辅相成、紧密联系的。这不仅是专家教授的新课题,也是我们每个党员干部的新课题。我们要结合自身实际坚持探索创新,更好地促进企业发展和社会进步,同时进一步推动学习的深入。

(三) 持续发展解放思想永不停歇

社会实践未有穷期,思想解放永无止境。解放思想是一项永不竣工的"工程"。而思想的"年轻度"与思想的"解放度"成正比,要想保持思想永远年轻,就必须不断学习。只有这样,才能在不断竞争中,时刻保持清醒头脑和清晰的发展思路,才能更好地指导和推动实践。

今后,我们将按照科学发展观的标准和要求,在区乡党委的正确领导和大力支持下,借助市委讲师团丰富的资源优势,继续组织开展好"三会一课",并采取有效措施,把党的创新理论学精、学深、学透,为把新发地村建设成为京南富裕、文明、和谐、宜居、稳定的新农村而努力奋斗!

(2010年4月29日,在2010年中宣部"关于学习型党组织调研会"上的发言)

尽好代表职责,践行"北京精神"

我从 2003 年 11 月起开始被选为丰台区第十三届、第十四届、第十五届人大代表,2007 年 11 月被选为北京市第十五届人大代表,作为有着近十年代表经历的一名人大代表,我在切身感受到光荣和自豪的同时,还感受到"人民选我当代表,我当代表为人民"的时代责任感和历史使命感,更要树立"一日当代表,终生为人民"的思想。

今天很荣幸与同志们一起学习交流,谈一谈我当代表的经历和感受。

代表是一种职务,是一种责任,不是荣誉,不同于劳模。劳模是一种荣誉,不是职务。

一 人大代表是一种社会责任

这种责任是人大代表履行好职责的重要前提和保证。因为这种责任上连国家发展大计,下连普通百姓生活琐事,有了这种责任,就有了干好人大代表工作的巨大动力和满腔激情。2 月 22 日,听了李超钢书记讲区乡工作研究会,他说,干好工作的动力关键是有感情,干一行爱一行,如果不爱这行,就没有动力干好。因此,当人大代表,就应该爱这份责任。有了立足自身实际,尽心尽力履职尽责的热情干劲,就能够较好地履行一名人大代表的神圣职责,为社会、为国家、为人民谋求最大的福祉。

我当近十年的区人民代表,每年要提 2~3 个提案、建议,共提建议 28 件,并且大部分都得到了解决。我当五年市人大代表,共提建议 16 件,有些提案是丰台区人大代表提交上来的,我都认真履责,时时刻刻保持强烈的代表意识,凡是对社会有益的就尽自己能说、能做的,本着对社会负责的态度去解决。

（一）致信北京奥组委的故事

2008年6月27日下午，我应邀随北京市考察团赴哈萨克斯坦考察结束后，乘坐阿拉木图至北京的KC887航班返回。安检前，我们同行人员将当地的2瓶饮料、1瓶啤酒和1瓶矿泉水放入随身携带的包内，没想到能够顺利通过安检。此事引起了我的高度警觉。因为那时距北京奥运会开幕还有一个多月的时间，如果有不法分子由国外乘机进京搞破坏，不仅严重影响我国声誉，更主要的是可能会影响北京奥运会的顺利召开。回到首都机场，我迅速和出关的部门反映。他们把详细情况记下之后，我仍放心不下，第二天我以北京市人大代表的身份，连夜致信北京奥组会，第二天就引起了北京奥组委和国家相关部门的高度重视，并立即对国外赴京飞机采取安全措施，奥组委还专门为我写了一封信，开了一个座谈会表示感谢。作为北京市人大代表，为北京奥运会的成功举办尽了一名人大代表的绵薄之力。

（二）请命郭金龙市长的故事

2010年以来，我国农产品价格居高不下，北京市农产品价格更是高得"离谱"，这里既有不可抗拒的自然因素（天气干旱、汽油涨价等），也有综合性的非自然因素，还有北京市的特殊因素，种植面积减少、租赁费用太贵等，但其主要原因之一是"最后一公里"的问题。新发地市场的价格很低，结果到超市很高，全国农产品拉到新发地市场都有"绿色通道"，而从新发地市场到消费终端没有合法车辆。每天凌晨3、4点钟，几千辆金杯车涌入新发地市场，而金杯车属于不合格车辆，警察定为"客货混装"，如果被警察逮到要罚100~200元，如果被路政局逮到，要罚5000~18000元，被称为"灭顶之灾"。我问询过市场配送商户，每年都能碰到几回"灭顶之灾"，而这些罚款最终还是要转嫁到消费者身上。

警察不让金杯车拉菜是有道理的，因为拉货以后，刹车时是很危险的。例如用金杯车拉鲜鱼，每年都会发生车毁人亡的现象，在车内放入水箱，装上鱼，虽然车一晃悠增加了氧气，确保了鱼存活，但是遇到急刹车的时候，水一涌，危险很大。

2010年6月13日，我以北京市人大代表的身份请命郭金龙市长，希望北京市政府尽快出台政策使拉鲜活农产品的车辆合法化,很快得到北京市交通局的高度重视,市交通局副局长于杰等领导亲自来新发地市场调研,并召开座谈会。后来找了吉林市长,定了两条:一是告诉警察,暂时不罚用金杯车拉菜的人;二是制造一种专门拉菜的合法车辆。我们欣喜地看到,2011年11月8日,在北京市政府的大力支持下,我们联合北京市交通委和北京福田汽车公司,在新发地市场隆重举行了"城市鲜活农产品绿色车队暨首都菜篮子直通车启动仪式",首先解决100辆,再努力发展到1000辆。此举使北京市在全国率先开创了城市鲜活农产品拥有直通车的崭新历史,既解决了"最后一公里"无合法车辆运输的大难题,保障了首都北京鲜活农产品的安全稳定供给、平抑了首都鲜活农产品价格,又提升了形象,减少了污染,确保了安全,可谓是一举多得,意义重大。

(三) 三次上书温家宝总理的故事

一是,2009年3月5日,听完温家宝总理在"两会"期间作的政府工作报告后,我对报告大篇幅讲"三农"感到十分欣慰,但唯独没讲农产品流通大为不解,心里很不是滋味。因为我觉得"三农"的核心在流通,在销售,没有种不出来的农产品,只有卖不出去的农产品,卖比种还重要。为此,我以中国农产品市场协会会长和北京市人大代表的身份上书温家宝总理,题目为《不关注流通的农业是一个不完整的农业》,受到温家宝总理的高度重视,并转回良玉副总理作出重要批示,商务部领导专门找我了解情况。更为可喜的是以后连续几年的政府工作报告都讲农产品流通,重点讲述"要大力发展农产品加工业,推进农业产业化经营,支持批发市场和农贸市场升级改造,推动生产与市场对接"。

二是,2009年新疆维吾尔地区的农产品滞留,国务院组织农业部、商务部及全国农产品批发市场专门召开现场会。为解决当地农产品销售难问题,航空公司为新疆农产品运输提供了很多优惠政策,哈密瓜空运到北京比陆地运输还便宜,并且运输速度快很多。然而,在运输过程中,航空公司出现了"野蛮装卸"的问题,致使进入北京新发地市场近1/4的哈密瓜破损,给当地瓜农造成了损失。为此,我连夜上书温家宝总理,并得到温总理的高度重视,转到商务部组织座谈会,到了第四天发现运来的哈密瓜就没事了。

三是，近年来，我国农业领域受到外国的严重入侵，比如中国70%以上的种子被国外垄断。例如东北大豆，中国本来是世界上唯一拥有大豆基因的国家，2000年以前，中国大豆控制着全世界。2000年以后，一个美国种子公司研究所的副所长访问中国，当时中国的一个农科所的副所长接待，双方谈得很好，结果临走时，美国人给了中国一些种子，说这些种子的含油量很高，作为回礼，也让工作人员从基因库里拿出大豆种子回赠给美国人。后来美国人研究出一种转基因大豆，并且把全世界163个国家的转基因大豆都注册了，注册后才把种子给中国，目前中国东北地区种植的都是美国的转基因大豆。

转基因大豆对人类的影响有没有害还很难说，经调查，吃转基因大豆的老鼠比不转基因大豆老鼠数量明显减少。中国大豆在世界上已经没有市场，现在国外吃的都是巴西、美国、阿根廷的大豆油，由他们垄断市场，控制大豆的价格。还有东北的玉米种子，叫"先玉335"，也是美国的。另外东北的胡萝卜"红缨二号"是日本的。外国的资本侵占中国的市场是很危险的，如果东北种植的全部是转基因大豆，一旦战争爆发，美国不发给种子，中国人自己的种子也没了，中国人就会吃不上饭，这是大问题。种子涉及国家安全，属于战略问题。

更为可怕的是近两年来，外国资本疯狂进入我国农产品流通领域，大量收购我国农产品市场，严重危及国家的根基和老百姓基本生活用品的保障供应。2010年，山东寿光市场被美国的黑石给垄断了，齐齐哈尔、哈尔滨、贵阳等很多市场被美国的地利集团垄断。实事求是地说，农产品市场属于微利行业，挣不了多少钱，外国资本大量侵入流通领域，不排除另有动机。有国外资本出巨资收购新发地市场，考虑到首都的安全稳定和中国农业的稳定，在惊人的诱惑面前，我毅然决然地拒绝了。虽然，我们是一个村办企业，但我是一名共产党员，一名北京市人大代表，我认为，如果中国的农产品批发市场一旦被外资控制，尤其是像北京、上海、广州这样的大城市，后果将不堪设想。

为此，我以中国农产品市场协会会长和北京市人大代表的身份，于

2011年3月14日致信国务院总理温家宝，题目为《关于采取果断审慎措施遏制外资并购控股境内大型农产品批发物流市场的建议》。2011年3月24日，温家宝总理亲自批复，不久国务院出台了相关规定，凡是年交易额超过2亿元不得有外资入股的中央文件。

（四）催生"国16条"颁布

2010年，我国农产品价格像"过山车"似的忽高忽低，极不正常，出现了著名的"蒜你狠"、"姜你军"、"豆你玩"等，引起了党和政府的高度重视。但是存在一个问题，就是拉鲜活农产品的车辆，像蔬菜和水果，从全国各地到北京都不收过桥费、过路费，而土豆、甘薯、鲜玉米、鲜花生按照国外的规定属于粮食作物，收取过桥过路费。

期间，我深入到全国各种植户和商户中，认真调研情况。2010年6月10日凌晨1点，国家发改委副主任张晓强在北京市副市长吉林的陪同下，亲临新发地市场调研，我作为北京市人大代表，及时将调研的第一手情况向领导汇报，建议将马铃薯、甘薯、鲜玉米、鲜花生列入鲜活农产品范围，享受"绿色通道"政策。2010年11月20日，国务院关于稳定消费价格总水平、保障群众基本生活的16项措施，将提出把上述四项农产品正式列入鲜活农产品的范围。

二 人大代表工作不是一帆风顺，当代表要有坚韧不拔的精神

京开路转成高速路是在1994年，当时新发地发展不是很快，交易量也不是很大，大钟寺、岳各庄比较大。后来，随着新发地的发展，京开路开入出口问题凸现出来。2005年，一次吉林副市长到新发地来，我把情况和他讲了，他说你不是丰台区代表吗？你用代表的名义给我写个报告，我批一下不就可以解决了吗？后来，我按他的方法写了一个报告，并得到他的批示，在当时北京市交通委周正宇副主任的帮助下，新发地京开两侧各开了一个出口。

2007年，我当北京市人大代表，我觉得京开路两侧还差一个入口，于是我在代表大会上提建议，但每次都得到交通局的婉言谢绝，此后，我每年都写，屡拒屡写。一次，交通委让我写代表意见，我写了"态度挺好，事没办了"的意见，这个路口我写了4年代表提案，开了5次座谈会，最终达到目的，终于在2011年把路口开了。

三 代表没有付出就没有收获

这么多年，我们工作起来没有节假日，没有星期天，即使到国外开会也是去也匆匆，回也匆匆。2009年9月去英国，开会一天，晚上在布莱尔家吃完饭，连夜赶回，三天多从英国打个来回。2011年11月去法国，两天开会，四天回来，并在总统府会见萨科齐，因为家中村里有事要处理。同志们，农村工作无边无际，工作起来无时无晌，我们还要无怨无悔。因为我们是共产党员，我们是人民代表。

《寺庙里两块石头对话》的故事：寺庙里的两块石头在小声交谈，铺在地上当台阶的一块石头向被雕成佛像的另一块石头抱怨说：咱俩从一座山来，瞧你现在多风光，每天都有那么多人跪在你脚下顶礼膜拜。我怎么那么倒霉，每天被人踩来踩去，又脏又累，石头和石头怎么那么大差距呢？被雕成佛像的那块石头略一沉思，慢悠悠地说：老兄，别忘了，进这座庙时，你只挨了四刀，我可是挨过千刀万剐呀！石头如人。纵观古今中外，遍阅典籍史册，那些有大成就、大功德、大名声、大造化的成功人

士，哪一个不是吃尽千辛万苦，受尽百般磨难，最后才能修成正果，成名成家？各位代表，我们要努力，要付出，要奉献，才会有成绩。

四　人民代表要奉献、要清廉

人大代表要管好自己，要廉政，让群众信服你。我们当干部，尤其是农村干部要叫群众都满意是不可能的，作为干部，要坚持四个字：干活、干净。会干事、干成事、干大事，并且做到本身硬、本身正、本身净。因为我们要发展，就要影响一部分群众利益。比如拆迁民房，拆迁违章，不拆迁，村里没办法发展。一拆迁矛盾重重，一拆迁就有可能出现上访。其实，上访并不可怕，可怕的是领导害怕。领导害怕给压力，但我们做到99次无理上访，绝不许一次有理上访。2010年，我村拆迁1800多户，无一户上访，我们的做法：

一是不要脱离群众。群众为什么听你的？不要躲村民，平常多接触村民。当干部的，见着村民谈什么，说什么，该聊什么是一门大学问，让群众觉得你没架子，群众才会亲近你。农村有个习惯，村里的婚丧嫁娶，有病住院一定要去看一看，他是你的村民，同时这也是化解各种矛盾的最好机会。

二是要管好自己。当干部要让群众一怕你，二尊重，三信服。千万不要欺骗老百姓，说了就要算；千万不要把任何事情都告诉老百姓，因为有些事还不成熟。我们当干部上边都有领导，但我们工作有相对独立性，有时真正领导你的是你的意念，干好了是你的意念，干不好也是你的意念。外面的世界很精彩，管好自己特别重要。有时各方面的发展都很不错，但是自己管不好自己，群众照样不满意。西方有句名言：脚下未长满老茧，就没有资格赶别人。

三是要廉政。公生明，廉生威。我们作为代表，无论是在哪个领导岗位上，一定要廉政。阳光是最好的防腐剂，一切要公开、公正、公平，我们每周都召开干部会，讲一个星期的工作，布置下星期的工作，几十年雷打不动。所以，农村干部和科学家不一样，科学家99次失败1次成功就能得诺贝尔奖，农村干部99次成功，1次失败就会身败名裂。

明代监察御史的故事。明代一位监察御史曾讲到：一日天空飘着小雨，他乘轿进城，轿夫穿一双新鞋，开始老找干爽的地方踩，但一不小心踩在湿漉漉的泥巴里面后，就不再顾忌了。这位监察御史感慨地说，我们为人做官跟轿夫没有两样，一旦失足，就没有什么地方不敢去，没有什么事情不敢为了！要正确使用权力，并且把住每一个环节。

五 代表是一种使命，是一种重托

这些年，让我感受最深、体会最大的是：人大代表一定不要辜负人民的重托，一定要为人民的利益谋福祉。只有这样，才能真正肩负起一名人大代表的崇高使命，才能受到人民群众的真正拥护。

2007年，我家拆了房，住上了天伦锦城，过上了现代生活，但每次看到村民大部分还是住平房，我心里就不是滋味。我觉得一个人住楼房没意思，全村所有人都住上楼房才有意思。但新发地不是重点村，政府不征新发地的地。拆迁是一件难事，经过几年的发展，我们有6亿多元的存款，每年还有2亿多元的纯收入，我觉得靠自己的力量拆迁，让村民全部上楼，这时有人和我说"拆迁等于找死"。但我想现在不拆迁，我退休了会让村民骂死。

2010年我们贷款10亿元进行拆迁，并制定了五年发展规划：2010年拆迁年，2011年建筑年，2012年入住年，2013年还款年，2014年幸福年。现在我们花了27亿元基本拆迁完毕，又花了33亿搞建筑，天伦锦城、期颐百年、天娇俊园10月份全部完工，争取让全村已拆迁村民2012年一定回家过年。我觉得一个人富了不算富，全村都富了才是真富。如果当干部十几年，村里依然涛声依旧，不能旧貌换新颜，这说明这个干部当得是不称职的，会成为历史的罪人。

长江三峡夔门的故事：长江有个三峡，三峡有个夔门。70年代我当兵路过此地，夔门把滔滔大江紧束成一条沟，水流湍急，船工管这个叫"鬼门关"。船行驶到这里的时候，全凭经验特别丰富的舵手，稍有不慎，连船带人就可能粉身碎骨。但驶过这段，就是一马平川，风平浪静。这个时刻，关键看船长。我们都是舵手，都是每个村子发展的舵手。要驾驶农村这条船渡过重重险关而到达彼岸的舵手。

　　最后，我想用一个寓言故事结束我的讲话。非洲有个古老的寓言：一个年轻人很不服气老酋长总是料事如神，不说错一件事。这个年轻人想跟老酋长打赌，他抓了一只小鸟，然后攥在自己的手里，背在身后，跑去得意扬扬地问老酋长，你说我手里的小鸟是死还的是活的？他想，如果老酋长说它是活的，我手一捏，小鸟就死了；如果老酋长说它是死的，我手心一松，小鸟就飞了，无论怎么回答，老酋长一定会说错。这个时候，老酋长微微一笑，跟这个年轻人说了一句话，他说的是什么呢？他告诉这个年轻人7个字：生命就在你手中！其实这句话，也是我想对在座的各位领导干部说的7个字，"生命就在你手中！"机遇、发展、成功都在我们手中。

　　（2012年3月16日，在2012年北京市丰台区花乡人大代表培训班上的讲话）

发展篇

全国市场这个"蛋糕"已经形成，全国市场的发展已经从量的发展阶段向质的发展阶段发展。所以今后市场的竞争就是客户的竞争，谁能抓住和稳定客户，谁的市场就能发展。客户是市场的衣食父母，客户决定着市场的兴衰。

北京新发地发展之路与中国未来农业

各位老师、同学们：

大家下午好！很高兴和同学们见面，和同学们一块交流。清华大学是我国的最高学府，同学们都是我们当今中华民族青年的精英。清华大学是人才辈出的世界级的黄金宝地，也是政治家、经济学家、艺术家的摇篮。我年轻的时候，只知道清华大学是教育神坛，连想都不敢想到清华大学读书，所以我希望同学们要珍惜你们的机遇。

我只是一个农民，普普通通的农民，文化不高。先自我介绍一下，我是丰台区新发地村的党委书记。一提到新发地，大家就马上会想到新发地农产品市场。其实新发地是个农村，是一个由1800户，4100多口人组成的农村。新发地因农产品市场的存在而出名。我今年整整60岁，除了其中6年在部队生活，其余时间都是与农业、农民、农村打交道。几十年的农村工作和农产品市场的发展，让我悟出一个道理：亲近土地，土地养人；亲近农民，农民养心。下面，我分两部分给同学们讲讲。

第一部分：新发地市场的发展之路

一 靠3个"15"起家

北京农产品供以1985年为分界线。1985年呢，我们是农民，当时农民前面还要加一个菜，叫菜农。我们是北京丰台区的郊区菜农。1985年以前，我们种出的蔬菜，全都交给北京市二商局，自己卖菜是违法的。1985年以后，北京市放开蔬菜等五种农产品的价格，欢迎外地农产品进京，开始了计划经济向市场经济转轨的新时期。北京郊区的农民把土地承包给个人了，这个时候，二商局也不再收农民的蔬菜了，农民手里有菜了，便拿到路边去摆摊卖菜，就这样，新发地农产品市场开始萌发。这个由农民自发组织的"马路市场"由于秩序混乱，不但堵塞了交通，而且使道路两边的环境受到破坏。当初，我是村里一个计划经济的干部，对这个"马路市场"是不理解的，我带着一群人来轰过这个市场，但是，今天轰，今天就没有了，明天不轰，明天又来了。大有"野火烧不尽，春风吹又生"的感觉。

后来，丰台区工商所的田振梅所长告诉我："现在都是市场经济了，大钟寺建了一个市场，你应该去看一看。"我去看了看，看了之后觉得受益匪浅，我觉得农民自己种的蔬菜再拉到城里去卖，管得了种，管不了卖。所以，当时就觉得自己应该搞一个市场。1988年5月16日，加上我有15个青年，投资15万元，圈了15亩地，把这个市场成立起来了，这就是新发地批发市场的雏形。当时成立这个市场的目的，只是想解决我们新发地村的"卖菜难"问题，因为光我们新发地村就有4000多亩菜地。

我当过兵。市场开始运营，怎么收管理费不清楚，怎么管理也不清楚。当时我们的管理没有水平。1976年我复员以后，在农村干了很多工作。管过出租车，卖过肉，也养过鱼。说到养鱼，当时不清楚怎么养，就到城里新华书店买书看，按照书本上的知识就能把鱼养得不错，在丰台区还小有名气呢。对这个农产品市场也不太清楚，买书去吧。到了新华书店，没买着，书店里没有说这个市场怎么建的书籍。怎么去管理这个市场？我没有经验，后来市场越发展越大，本来15亩地够我们自己村的人用了，后来我发现外村的人也过来了，当时我心里还有点疙疙瘩瘩的，就觉得我们自己建的市场，怎么外人还来了？外地人老上这市场来，所以市场在逐年加大。到现在21年，21年是逐渐发展的21年，就是每一年交易量、面积都在增加。

办市场赚钱就指望着那点管理费，一车收个块儿八毛，大家还真没看上，只是希望以此解决农民卖菜难的问题。而经过几年的发展，细算一下每年的纯收入，让大家吓了一大跳：第一年8.5万元，第二年28.3万元，第三年59万元，第四年将近100万元……而且是逐年增加。随着市场收入的连年攀升，市场用地已明显不能满足交易的需要，于是在我的建议下，市场用地第二年发展到25亩，第三年40亩，第四年80亩，第五年100亩……这时，我才开始意识到原来市场是可以当个企业来办的呀！

与清华大学水利水电工程系学生座谈后合影

二 换位思考，发展企业

新发地的发展由量的飞跃，到质的飞跃。缺乏理论，没有经验，为了摸清客户心理，我决定采取换位思考和换位角色的方式，从研究实践、揣摩客户到底需要什么样的服务，怎么才能把市场建设好。

在一买一卖中，让我感受颇深，搞市场必须搞好服务，这是市场发展的"命根子"。不久，我制定了包括管理者不能在市场买菜的"三大纪律、八项原则"的规定，制定了一系列员工守则，其中最重要的一条就是市场职工在来市场正式上班之前，必须到外地市场做一回生意，当一次商户，利用换位思考，感受一下商户的艰辛，体验商户在市场最需要什么、最关心什么、最反对什么，这样才能更好地服务于商户。这些实实在在的做法赢得了客户的好评和满意。同时，我还经常教育我们的职工："要善待我们的客户，客户是我们的'衣食父母'，是咱'爹'咱'娘'，我们的工资是他们发的。"写出了宗旨："让客户发财，求市场发展"，总结出了客户"请不来，叫不来，赚钱准来；轰不走，赶不走，赔钱准走"的市场规律。

什么叫市场，商贾云集叫市场，以人为本，增加凝聚力和吸引力。你要对客户有感情。很多人都和我说，我们能办市场吗？我说，谁都能办，关键是你对农民有没有感情，有感情就能办市场，没有感情的人是办不了市场的。下面我给大家讲几个有关新发地市场的故事说明一下。

一是河北蔬菜大户刘仁的故事：河北固安的一个蔬菜大户叫刘仁，在我们市场发展，发展几年之后，也发财了，还买了两辆车。2003年，刘仁的三儿子在一次运输途中遭遇车祸丧生，我听说后立即派人出车帮助老刘跑保险、办理后事，还减免了他全年的房租，给悲痛中老刘以极大安慰。可是祸不单行，没过半年，老刘的两个小孙子在市场玩耍引发火灾，造成周边几十家商户损失严重，他们纷纷向刘家索赔，老刘被派出所拘留。我得知后，连夜从派出所保出老刘，第二天又拿出钱替老刘赔偿了受损的商户，并鼓励他继续把生意做下去。在我们的帮助下，老刘最终摆脱了困境，成为我们市场的蔬菜批发大户。

二是安徽姓朱的商户的故事：在市场里面有这么一对姓朱的夫妻，夫妻两个在市场里面待了一段时间，也挣了一点钱。后来丈夫突然生病了，就送医院了，最后反倒越瞧越严重。说是肝出血，为了看病把自己挣的钱全都拿来看病了，最后没钱了。没办法了，要向我们市场借点钱，我们就借给了他们5000元钱，可是到了最后，也没把那个丈夫救过来。丈夫都没了，就剩下孤儿寡母了，后来我们还给他们买的车票，送他们回家了。我们那5000元钱也不要了，就当没有了。但是没想到，过了两天之后，人家那个妇女又把5000元钱还给我们了。她说，我们在新发地这段时间感到了人情冷暖，如果不把这钱还给你们，我于心不忍。最后，不但她来了，把她的安徽老乡都带过来了，带来好多人在市场里面做买卖。

三是让商户安居乐业的故事：我们投资6000万元，建立了19栋欧式风格，建筑面积43000平方米的经营者乐园，可容纳1000多户商户入驻。

但是租金我们收得很少，主要就是要让这些新发地的大商户可以在这里安居乐业。

四是"饺子文化"的故事：在我们市场有这样一个传统，而且这个传统已整整坚持了15年，就是每年的大年三十，我和市场的领导带上礼物挨家挨户地慰问商户，并煮上热气腾腾的饺子送给商户，让在市场经营的商户感受到了家的温暖和幸福。大家称之为"饺子文化"，有的商户还自编顺口溜："新发地是我家，她爱我，我爱她"。

我举这几个例子说明什么呢，你得爱客户，你得对客户有感情，如果从心里没有感情，你做什么事情，都不会成功的。

经过近21年的艰苦创业，在各级政府和市场全体职工的共同努力下，新发地市场像"滚雪球"般逐渐发展起来了。尤其是从2000开始，市场进入了飞速发展阶段：2000年实现交易量27.6亿公斤、交易额33.5亿元；2008年实现交易量78亿公斤、交易额260亿元，交易量、交易额双居全国第一。交易的品种也从当初单一的蔬菜批发扩展到蔬菜、果品、粮油、肉类、调料、水产、种子等十几大类农副产品的综合批发，其中蔬菜、水果的供应量分别占北京市的70%、80%，进口水果占90%以上。这是什么概念呢？我每天的蔬菜交易量够1300万公斤，水果够1400万公斤，北京的供应就没问题了。如果低于这个数字，北京就会紧张。形成了"买全国卖全国"的大流通格局。原先蹬三轮车来市场卖菜、卖水果的农民，尽管他们文化程度不高，有的甚至是小学毕业，如今却成了腰缠万贯的百万、千万富翁。大家形象地比喻新发地是打造百万富翁、千万富翁的孵化基地。

三 带着感情发展市场

刚才我们讲了，市场的发展关键在于有一个安全、宽松的交易场所。市场又是三教九流的集结地，市场就是一个人流、物流、资金流动的交易中心，所以各种人物都进入市场。2008年有一次开公安大会，公安局长说，全国累计逃犯有100万人，大概有70%在各类市场里。就说市场的治安绝对要一流的，这就是重中之重。如果治安搞不好，市场肯定也好不了，治安和市场的发展成正比。

如今，在北京，甚至全国来说，只要提到高科技，人们自然会想到"中关村"；只要一说起农产品批发市场，人们又自然而然地想到"新发地"。"新发地"几乎成为中国农产品批发市场的品牌代言。新发地为什么有如此大的魅力和知名度？我认为关键是有一种为国为民的社会责任，有一个以道德经济发展的企业责任。正如温总理所说的，企业家身体里一定要流淌着道德血液。21年来，新发地农产品批发市场的发展一刻也没有离开"道德发展"这四个神圣的责任，尤其是在国家遇到大事难事的时候，我们始终以战斗的姿态冲锋陷阵，为服务首都人民和促进我国农业增效、农民增收贡献我们全部的热情和力量。

我认为这种责任具有双重意义，一是对商户的责任，一是对国家的责任。前者是爱护，敢于刚正不阿，维护正义；后者是担当，危难关头，敢于挺身而出。

（一）爱护商户，敢于刚正不阿，维护正义

建场初期，我遇到过金钱的诱惑，也遭受过恐吓和威胁，但为了能给商户创造一个安全舒心的交易环境，我从未有胆怯和退缩过。一天晚上，一个东北人带着10万块钱现金到我家，他说："我给你10万块钱，你只需保证在半年之内不干涉我的行为。"我非常严肃地告诉他："你只要好好经营，在市场干多少年，我就可以保你多少年，如果你在市场欺行霸市、搞不正当行为，我一天都保不了你。"那名东北人怒气冲冲地走了。接下来，我家里遭到了一系列的恐吓和威胁，有人给我写过恐吓信，有人在夜里向我家扔砖头，有人铰过我家电话线100多次。最可怕的一次是，有人在夜里将装有汽油的瓶子点着后，扔在我家的房顶上，一下子整个房顶都着了火，连我80多岁的老母亲都投入灭火当中。这一系列的恐吓、威胁没有使我害怕，反而更坚定了我狠抓市场治安的决心。治安抓不好，市场就别想搞好。

我们重金聘用400多名保安，每年光保安费就要600多万元。负责治安的人员24小时值班，保安员、治安员、便衣昼夜巡逻。我们还买了两辆消防车，哪里出问题就赶到哪里，按市场管理规定处理纠纷，旗帜鲜明，把事故和罪恶消灭在萌芽状态，预防并严厉打击违法犯罪活动，营造了安全舒心的交易环境。

（二）热爱祖国，危难关头，敢于挺身而出

1. 非常时期的"非常应对"

2003年春，北京出现"非典"疫情后，受"封城"谣言和恐慌心理的影响，从4月23日下午开始，北京市民出现了集中大批量抢购生活必需品的现象，新发地市场很快遭到抢购飓风的袭击，鸡蛋从上午的1.9元/斤，上涨到4.0元/斤，白萝卜从上午的0.5元/斤，迅速上涨到2.8元/斤，胡萝卜、土豆、冬瓜、圆白菜的价格猛涨，机关团体开始疯狂地采购，一时间好像要将市场买空。关键时刻，我们以高度的政治敏感性认识到，必须尽快组织货源，这不仅是为了稳定市场，而是一项十分重要的政治任务。于是，我们立即开会研究，周密制订应对方案，动员运销大户运菜进京，联系"场地挂钩"协议基地、降低市场管理费，通过中国农产品市场协会组织全国其他市场运菜进京等多种措施，仅在30小时内就平息了一场爆发性的市场价格"大地震"，平抑了市场价格，稳定了民心，保障了非常时期首都市民菜篮子供应。4月24日，刚刚上任3天的代市长王岐山到市场视察，看到满满腾腾的菜车时，高兴地说："有这么多菜，我就放心了。"

然而，4月26日早上5点，我到市场一看，发现菜车明显比以往减少很多，我马上意识到可能是北京周边地区出了问题。我迅速开车前往河北固安，果然发现106国道已经设卡（京开路），有交警拿着警棍站岗，通往北京的关键路口堆起了一排排沙袋。这样一来，不但北京城内的车出不去，外省的运菜车更进不来。我当即向市政府有关部门做了汇报，并迅速反映到国务院。当天下午4点，国务院有关领导核实此事，问题很快解决。后来廊坊市的市长专门来找我道歉，他说，这绝对不是我们河北省省委干的，也不是廊坊市干的，这是一个交通局局长干的事，我们已经给他立地免职了。你放心，河北省永远是你们坚强的后盾。

2. 为农民增收"鼓与呼"

一是2004年，针对社会上对农用车辆限载严重，"三乱"现象猖獗的问题，我作为中国农产品市场协会会长，给国务院副总理回良玉写信，多方呼吁奔走，最终国家公安部门为此专门下发文件，责令全国交警部门对农产品运输"不准卸车、不准罚款、不准扣留"，确保了全国鲜活农产品绿色通道的畅通。这个政策一直在执行，所以现在我们还一直称"绿色通道"。

二是 2005 年，针对国家工商部门向市场征收管理费的问题，我以市场协会的名义专门向政府部门反映市场减免管理费的愿望和要求，得到国务院领导的高度重视，免去了对农贸市场征收管理费，使全国农产品市场一年为此受益 170 亿元，真正让广大农民和消费者受了益。

3. 奥运保障全力以赴

2008 年北京奥运会期间，7 月 16 日，刘淇书记、郭金龙市长来市场视察。他们问我，你怎么确保北京的农产品供应？当时，北京发出一个二十八号文件，要保障北京的蓝天，汽车要实行单双号。黄标车不许上路。北京的本地菜只能供应北京的 20%，80% 要靠全国各省的供应。后来我跟他们说，全国运输农产品的车辆 80% 是黄标车，如果现在进行限制，这个供应我解决不了。他们说，要是把这个问题解决了呢？我说，只要你们把这个问题解决了，北京的供应也就没问题了。北京市又出台了一个三十三号文件，奥运期间，运输农产品的车辆不受单双号、黄标车限制，因为新发地是一级市场，政府又给我们 3800 个通行证，凡是车辆往二级市场通行的，都由新发地来发通行证。在奥运期间，我们完成了蔬菜 8.9 亿公斤、水果 10.2 亿公斤的保障任务。

4. 深情的"大地情怀"

一是 2008 年的 5 月 16 日本来是我们新发地市场建场 20 周年，可是 2008 年"5·12"四川汶川发生特大地震，市场把原定筹备半年之久的 20 年场庆，临时改为"大地情怀"大型义演，现场捐款很踊跃，为灾区募捐资金 100 余万元。

二是 2008 年 10 月，因一条不良手机短信传播，严重影响了全国柑橘销售，就是"大食蝇虫"事件，媒体叫"蛆橘"。大食蝇虫每年都会发生，很正常的一件事，那叫"蛀果"，咱们平常吃梨、苹果都有可能发生这种事。本来是虫害，一下变成疫情了。老百姓也会联想，四川人都埋地里了，是不是疫情真出来了。没人敢买橘子了，让广大橘农心急如焚。这个时候我去了宜昌，湖北是产橘大省，我去那里搞了一次调研，我们发现有一户，每年产的橘子有3万多斤，橘子当年要是不摘，第二年就不长了，每年他可以卖1.5万元，这样他们的生活可以解决了，农民没有别的收入啊，可是这年的橘子却无人问津。过了段时间，好不容易来了个老客户。客户说，现在全国都在闹蛆橘呢，没人吃你橘子了，我挑点好的吧。结果，1毛钱一斤卖了3000斤，那才卖多少钱啊？这个橘农一看一点希望都没有了，就喝"敌敌畏"自杀了，据说最后拉医院抢救过来了。我听说了这件事，特别震动，回来之后，我迅速组织我们市场1500余名员工和3万名商户展开了行动，联合中央电视台CCTV-7《每日农经》栏目、各大新闻媒体，开展"促进柑橘消费爱心行动"，并邀请农科院植保所专家现场讲解。同时，市场还作出决定，对所有柑橘类产品入场采取减半收取入场费、摊位费，对一些重灾区（比如宜昌）的橘子车辆实行免费入场，以此来降低经营成本，鼓励经销商扩大销售，使全国12个省、市（区）县，数千户橘农的损失降到最低点。当时我们记者还特别敏感，不是说"大食蝇虫事件"还是叫"蛆橘"，这件事应该正面去宣传。所以我们在市场里面搞了一些推介会，大量地宣传，然后我们跟北京电视台、中央电视台正面去宣传这个橘子事件，包括我们请的著名笑星笑林来主持吃橘子活动。就这样过了一段时间，我们橘子的交易量终于恢复了。但是2008年这起"蛆橘事件"，我们农业部传出消息，我们橘农经过这起事件，损失了191亿元。

　　三是近年来，我国农产品销售难，甚至部分农产品滞销的问题越来越突出，为使全国各地的优质农产品打响品牌，打开北京消费市场，并以此为平台打开全国，乃至全世界的消费市场，我们积极联合全国各地人民政府，创新促销方式，仅2008年一年我们在市场内就举办了100余场，规模宏大、形式多样的大型农产品推介会、展销会、洽谈会等，取得了经济和社会效益双丰收，有效解决了农产品销售难的问题。

　　四是无价的"党员品牌"。近年来，新发地市场流动党员很多，为了不让这些党员成为流动党、地下党。针对流动党员管理难，找不到组织，找不到"家"的实际情况，2006年1月12日，我们成立新发地市场流动党支部，中组部组织局副局长曾贤钦参加了我们的成立仪式，并给予了很高评价。

经过3年的不断发展，目前市场内有来自全国23个省区（市）的流动党员126名，入党积极分子78名。2007年6月，新发地村党委拨款10万元，在经营者乐园专门建立了流动党员活动室，添置了空调、电脑、桌椅、书柜等设施，购买各种书籍300余册。在市场上可以看到，一些商户的门楣上挂着醒目的"共产党员商户"牌匾，市场执勤人员的胳膊上戴着红袖标，上面写有"共产党员执勤"；部分商户的胸前佩戴着共产党员标志的徽章。他们对待消费者公平公正、诚信热情，工作认真负责、不徇私情。新发地村党委在对流动党员教育管理中，坚持做到"四个见面"：党员有困难村党委问候见面，党员（商户）生意赔本市场领导见面，发展新党员联系人见面，参加党组织学习文件见面。在这个流动人口达五六万人、常驻人口达2.5万人的大市场里，流动党支部和广大党员成为维护食品安全、确保市场交易安全和树立社会主义核心价值体系的骨干力量。新发地市场流动党支部和流动党员成为对外对内的"无价品牌"。如今，市场商户中有63人成为全国各省区（市）人大代表或政协委员，为加强流动党员管理，发挥党团员先锋模范作用，推动市场经济建设，探索出了一条新机制和新方法。

五是"把新发地市场搬到您的家门口"。我作为北京市人大代表，通过开会和实地调研，发现城市居民对买菜难、买菜贵的问题反映比较强烈。我根据二十多年创办农产品批发市场的经验和深入调研，从中找到了老百姓买菜难、买菜贵的问题根本原因在于中间流通环节太多。我们算了一下，农民种植农产品能得到20%的利润，80%的利润都是被一级级批发商拿走。这样老百姓感到委屈，辛辛苦苦一年见不到多少真金白银；消费者连连抱怨，为什么菜价这么贵。为让农民和消费者真正得到实惠，我率先提出了"把新发地市场搬到您的家门口"的经营理念，通过在市区、社区等地建立连锁便民菜店，采取统一管理、统一经营、统一标准的方式，按批发价加上20%的运输费、工人工资的方式，直供给广大市民。由于我们供货及时、服务周到、价格便宜，深受老百姓的欢迎。2009年年底，我们建成200家连锁菜店，下一步，我们将把连锁菜店建设覆盖到北京市的角角落落，让更多的市民和农民受益。

六是致温总理的一封信。我国是世界上的超级农业大国，"三农"问题是我国的头等大事。而解决"三农"问题的核心是农民增收，使农民辛辛苦苦种出来的农产品在市场上换回真金白银。所以关注"三农"，必须关注流通，没有流通的农业是不完整的农业。当今的农业，没有卖不出去的农产品。2009年3月5日，我听了温总理的政府工作报告，报告对农业讲了很大篇幅，却只字未提农产品流通，我认为这是十分不应该的，光让农民种农产品，卖不出去还是等于零。所以，我连夜给总理写了一封信，虽然现在还没有回执，但是原来我们的信都有回执，我们相信这次也一定会有的。就是希望能引起国家的高度重视，一定要关注流通。三农的核心是农民增收，农民种植出来的农产品增加了产量，并不能叫做增收。只有在市场里面换成真金白银，装到农民兜里了，那才能叫农民增收。比如说产了1万斤大白菜，可能会换成钱，也可能全部烂掉。所以我觉得重视农业，首先要重视流通。

第二部分：中国未来农业发展方向

一是农业要搞规模化经营

我们国家有两亿农民在种植农产品，一家一户，而且我们国家定的60年不变，30年不变，但是这种种植方法，对咱们国家农业的发展是极端不利的，我认为，农业规模化经营之后，用合作组织的方式，农村合作社或者是农协把农民有效地组织起来，这样也为打品牌创造条件。安徽的长丰草莓，我觉得它就已经达到了规模化经营。整个县全部是长丰草莓，叫"芳香"牌，就很好。统一规格、统一品牌、统一管理，我觉得这是中国农村今后的一种发展方向。

二是农产品必须打品牌

中国是种植大国,却是品牌小国。我们号称在世界上蔬菜占44%,水果占20%多,我们量是很大的,但是我们品牌是最差的,如果我们没有品牌,今后我们出口、食品安全永远是一句空话。

三是要高度重视食品安全

农产品是往好处发展的,我们中国的食品安全是越来越好的,新发地市场从1999年对农产品开始抽测,不合格率是4.6%,2008年的不合格率是2.3%,不合格率速度下降很快。

我觉得提高国民素质是食品安全的一个重要课题。单单讲食品安全还不对,如果你只追求最大利润化,今天三聚氰胺解决了,明天还有可能出现四聚氰胺、五聚氰胺。所以说,食品安全是我们以后发展的一个重要方向。

四是农民要走进市场

我们市场每天的流动人口有五六万人,其实都是我们农民,市场就是农民就业的延伸。据统计,新发地市场直接或间接带动农民就业人数就达百万人。农产品分四个环节,分别是种子研发、种植、运输、销售,其中种植的利润是最低的。有的专家说只占总利润的5%~10%,但是风险却是最大的,赶上涝灾、旱灾、雹灾都是农民的,好不容易赶上丰收了,丰产不丰收,卖不动了。农民只会种植,只会养殖,永远不走进市场,就永远发不了财。我们亲眼看见,农民们推着三轮车进入市场,摇身一变,成了百万富翁、千万富翁。市场是百万富翁的摇篮,所以说得把规模化经营起来。

我们得关注一下农民,让农民走进市场,追求最大利润化,把市场的利润也能分配点给农民,让搞种植的农民得到更多的实惠。

同学们,农产品批发市场有四大功能:

一是上连"三农"。"三农"的核心是农民增收。现在我才理解,生产出来的农产品不叫产品,要通过市场交换。老百姓说,卖得好是块宝,卖不好是根草。所以农民增收问题在于市场交换,换成真金白银了,那才叫增收。

二是下连民生。是北京市的晴雨表。我们新发地是北京农产品价格的晴雨表，新发地农产品高了，北京农产品就高了。

三是城市安全保障。每天供应量达到1200公斤，1300公斤，北京就OK了。刚才我说了，不管是奥运会、冰雪灾害、非典，我们都成了城市安全的一种保障。

四是农民就业延伸。可直接和间接带动十几万农民就业。搞好一个市场，能解决几十万人就业。中国有句话"民以食为天"，所以我认为我们干得是天大的好事。我见有许多人去烧香拜佛，我说，今后你们不用去拜佛，去烧香，你们去搞农产品吧，搞农产品就是善事，是积功德的事，比烧香拜佛强多了。

同学们，1959年，毛泽东主席访问苏联对留苏学生说过这样一段话，世界是你们的，也是我们的，但归根结底是你们的。你们青年人朝气蓬勃，好像早晨八九点钟的太阳，希望寄托在你们身上，我今天用这段语录献给大家，中国的前途，"三农"的希望在你们身上。谢谢同学们！

（2009年4月15日，在"清华大学培训班"上的讲话）

办好农产品批发市场需要多方支持

首先感谢市农委和编委领导长期以来对新发地市场建设的关心帮助和大力支持！下面，我从六个方面，向各位领导汇报一下新发地市场建设情况、未来展望及急需帮助解决的问题，不妥之处，敬请批评指正。

一 市场基本情况

新发地市场是新发地村的支柱企业，占地1200多亩，现有员工1790人，承担着北京市70%的蔬菜供应、80%的水果供应和100%的进口水果供应，2009年的交易量、交易额预计突破80亿公斤、300亿元，交易量、交易额连续八年双居全国第一。同时，我们的农产品交易还辐射全国及蒙古、俄罗斯等国家，是首都的"大菜蓝子"和"大果盘子"，也是中国目前年交易量最大、交易额最多的农产品批发市场。市场成立21年来，直接或间接带动近百万农民就业，为服务首都百姓、繁荣首都经济、维护首都稳定、促进三农增收、解决农民就业作出了重要贡献。

二 市场发展历程

总结新发地市场21年的发展轨迹，可以把其分为四个发展阶段。

一是以3个"15"起家，市场发育阶段。 1985年，北京市放开蔬菜价格，欢迎外地农产品进京，开始了计划经济向市场经济转轨的新时期。当时，新发地村周边的农民除了向政府交一些蔬菜外，剩余部分全拿到路边摆摊零售。这个由农民自发组织的"马路市场"由于秩序混乱，不但堵塞交通，而且破坏环境。当时，我作为新发地村的干部专门负责此处的管理。为解决脏乱差的问题，我每天早晨去"马路市场"轰人，时间一长，卖菜的农民和我玩起了"游击战",让我伤透了脑筋。后来,在丰台工商所领导的指导和村党总支的大力支持下,1988年5月16日,我们15名村民,启动村里15万元资金,用铁丝网圈了15亩地,新发地市场正式成立了。

二是靠换位思考成长,市场发展壮大阶段。缺乏理论,没有办市场的现成经验,为了摸清客户心理,我亲自带领市场员工北上内蒙古,南下河南卖菜、买菜,亲自当客户。在一买一卖中,我们用自己的亲身经历和切身体会总结出了搞市场必须搞好服务,这是市场发展的"命根子",并采取了一系列切实可行的措施,总结摸索出了客户"请不来,叫不来,赚钱准来;轰不走,赶不走,赔钱准走"的市场建设规律和"让客户发财,求市场发展"的经营宗旨,使市场不断发展壮大。市场第一年收入8.5万元、第二年收入28.3万元、第三年收入59万元、第四年收入将近100万元……并且逐年增加。随之,在我的带领下,市场用地第二年发展到25亩,到目前发展到1200多亩。

三是依靠政府支持,加大投入力度,市场快速发展阶段。从2000年至今,新发地市场重点加大了对政府政策和资金争取力度,不断加大投入,实现了快速发展。市场2000年实现交易量27.6亿公斤、交易额33.5亿元,到2008年实现交易量78亿公斤、交易额260亿元,交易量、交易额连续七年双居全国第一。

目前,市场在全国,甚至全世界都有很大的影响力,市场交易的品种也从当初单一的蔬菜批发扩展到蔬菜、水果、粮油、肉类、调料、水产、种子等十几大类农副产品的综合批发,其中蔬菜、水果的供应量分别占北京市的70%和80%。原先蹬三轮车来市场卖菜、卖水果的农民,如今变成了腰缠万贯的百万、千万富翁,甚至是亿万富翁,新发地市场被大家喻为百万富翁、千万富翁的孵化器。市场成立21年来,先后荣获全国文明市场、全国十强市场、农业产业化国家重点龙头企业等145个荣誉称号。

落实科学发展观,市场获得跨越式发展。如今,新发地市场面临着全新的机遇和挑战。

第一,深入贯彻落实科学发展观,全面加速市场的升级改造,将新发地市场打造成与首都这个国际化大都市相匹配，交易环境一流、服务质量一流、绝对保证安全，并集交易、商贸、参观、旅游于一身的现代化农产品交易物流园区。第二，积极引进现代企业管理制度，紧锣密鼓地筹备公司上市，争取2012年上市，打造成中国最具活动和竞争力的现代化农产品交易企业。第三，积极推进将"新发地便民连锁菜店覆盖北京城战略"，"便"字有两层含义，一是方面社区居民，使老百姓不出社区就能买到新鲜的蔬菜水果，二是便宜，便民菜店的所有蔬菜水果均是在批发价的基础上加价20%的运输费、人工费。这样做的目的只有一个，那就是让更多的北京市民受益，为构建和谐社会作贡献。第四，大力开展网上交易，将市场搬到国际互联网上，不断拓展国内外业务，真正把新发地市场打造成国际化一流的超大型农产品专业批发市场。

三 市场经营管理现状

目前，我们市场的经营管理采取以下方式。

一是采取集中领导、逐级管理的方式，一方面保证市场人员的合理配置，另一方面积极解决当地村民就业。在对待本地村民就业上，我们采取的措施是"不挑不拣,十天就业",使村民的就业率一直保持在100%。二是分段、划片责任到人管理,把市场各个区进行细化分工,责任到人,使管理者和被管理者人人明白:我管谁,谁管我,管什么,怎么管,进而优化管理手段,提高管理效率。三是采取技防与联防相结的捆绑式管理模式,市场内安装了覆盖各个区域和角落的摄像头,能够24小时实施监管。同时,我们积极联合新发地派出所,严厉打击市场内各种安全隐患,为商户创造一个良好的交易环境和平台。

四 市场在北京市农产品流通体系中的地位和主要功能

(一) 上连"三农"

我们所说的"三农"(农业、农村、农民),"三农"的核心是农民增收。但农民怎么增收,市场经济与计划经济区别是,计划经济农业大丰收就代表农民增收;而市场经济不能这么说,农民生产出来的农产品可能代表效益,也可能是垃圾。

三农的核心是农民增收,将农民辛辛苦苦种出来的农产品在市场上换回"真金白银",农民才算增收。当今中国农业,没有种不出来的农产品,只有卖不出去的农产品,不关注流通的农业是一个不完整的农业,所以关注三农,一定要关注流通,关注销售,关注市场。

(二) 下连民生

市场是城市居民消费的晴雨表,如果新发地市场每天蔬菜交易量在1300万公斤,果品在1500万公斤,北京的供应就OK了,低于这个数字北京供应就是红灯,新发地农产品价格高,全市就高,新发地农产品价格低,全市就低。所以,市场供应直接关系民生。

(三) 城市安全

农产品产市场正常情况下含金量不高,一旦国家有风吹草动的时候,含金量就猛增。非典期间,领导走马灯似地来新发地市场,2003年,王岐山从海南调到北京代市长,上任三天,先到新发地市场看看。他跟我说,你农产品供应不好,我非典就防不好。因为老百姓慌了,就抢购。包括冰雪、地震、奥运、国庆。市场供应是城市安全保障的一个重要条件。

（四）农民就业的延伸，百万富翁的摇篮

新发地市场每天进出车辆3万辆，有五六万人在里流动，有营业执照5000多个，每个执照按三人计算，解决1.5万人就业。同时，我们市场的职工、保安全都是农民。

五 市场下一步发展思路和计划

新发地市场今后的发展，概括起来是：一个核心、三大重点、四大战略。

一个核心：把新发地市场建设成为首都农产品交易高档市场。争取政府支持，全力推进市场升级改造，彻底改变露天交易，打造与北京这个国际化大都市匹配的现代化农产品交易市场。通过两到三年的全力推进，使新发地市场无论是外在的形象，还是交易方式都发生脱胎换骨的变化，这是我们集中人力、物力、财力发展的重中之重。

三大重点：即三个重大项目，一是联合蟹岛集团、北京方圆平安有限公司两家国家级农业产业化龙头企业，投资4亿元，建设新发地绿色有机农产品物流交易区。此项目建成后，可实现年交易额60亿元以上，为国家上缴各种税费3000万元，为首都市场提供160多吨的农产品，间接带动1000个就业岗位，辐射带动40万~50万农民就业。二是联合北京建龙东方集团，打造全国第一个名优特农产品交易中心，将全国最优质、最具特色的农产品集中起来，服务首都市民，促进农民增收。此项目建成后，可直接提供就业岗位2000个，间接提供就业岗位10万个，带动全国名特优农产品发展，固定资产20亿元，年创收312亿元，上缴税收超亿元。同时，我们以此为示范点，全部推行电子化交易、网上交易，使新发地市场不仅拥有来自全国各地的"大路货"，更有"高端货"，使真正的好产品卖出好价钱。把新发地市场打造成中国安全农产品供应基地示范区。三是建设国际环球农产品交易中心。

四大战略：一是积极推进将"新发地便民连锁菜店覆盖北京城战略"，我们的目标是实现对北京市的全覆盖；二是采取承租、托管的方式在北京市周围（在五环以外六环以内的京开、京承、京台、京沪高速路口附近，

分别建立一大四小）收购开发新发地市场分场战略；三是建立新发地农产品电子交易中心，积极推进农产品国际贸易战略，以新发地市场为平台，把中国最优质的农产品出口到国外；四是2012年公司上市。

六 市场当面遇到的主要困难及需要有关部门帮助解决的问题

一是受土地性质制约，严重影响市场升级改造。由于新发地市场只有629亩地是政府批准的合法土地，而剩余的400亩土地是绿地，受土地性质的影响，致使市场无法升级改造，严重影响和制约了新发地市场的发展。尤其是近年来，已明显不能满足和适应首都的发展和需要。同时，还要注意土地租让金返还的问题。

二是受资金条件限制，立足自身发展的困难较多。新发地农产品批发市场是一个村办集体所有制企业，受资金条件限制，21年来，市场几乎完全是靠年年挣一点，年年建一点的滚动模式发展，缺乏政府的大力支持，发展力度严重不足，希望政府能给予低息贷款和补助。

三是受地理位置影响，市场交通堵塞问题十分严重。由于新发地市场地处南四环，京开高速西侧，市场内交易车辆多，加上市场各主要出口道路狭窄，目前交通堵塞问题十分严重，急需政府给予协调帮助解决。同时，前不久北京市交通管理局规定，黄标车只允许凌晨0点到6点进五环，而新发地市场地处四环，市场内交易的大部分车辆为黄标车。为了保证北京农产品供应，我们有两点建议，一是在京开路上专门建一个高架环桥，拉农产品的车辆专行，以缓解当前巨大的交通压力；二是将拉鲜活农产品的车辆在五环以内的通行时间给予政策放宽，时间从晚上9点到第二天早上7点。

四是新发地连锁配送，政府应再给予帮助扶持。因为这是一项公益事件，几乎不赚钱，政府应给予大力支持和帮助。

（2009年11月24日，在市农委、编委领导调研新发地市场时的汇报提纲）

中国农产品市场是国际
农产品贸易的重要平台

女士们、先生们、朋友们：

大家好！进入 21 世纪以来，随着现代科学技术运用农业产业和人民生活水平的普遍提高，人们的健康意识越来越强，对农产品质量的需求越来越高，绿色有机农产品不仅是中国的需求，更是世界的需求。为此，绿色有机农产品将是推动人类健康、提升生命质量的重要课题，具有巨大的市场前景和经济价值。

今天，我们召开北京绿色农产品流通与管理国际论坛，目的就是建立农产品国际交流和开展国际贸易的平台，让国外朋友全面了解中国农产品市场销售情况，进而有效促进世界农产品的大流通，并以此为桥梁和纽带更好地造福世界人民。围绕绿色农产品流通，我想讲三层意思。

一 重视农产品流通，加强农产品国际贸易具有重大意义

中国常讲"三农"，即农业、农村、农民，最核心的是农民增收，这是解决"三农"问题的核心和关键。怎么解决农民增收，那就是让农民辛辛苦苦种出来的农产品在农产品批发市场中换成"真金白银"，农民才算增收。否则，即便是农业大丰收，如果卖不出去，农民也不会增收。所以说，"三农"的核心在流通、在销售；农产品流通比种植还重要，只有卖得价钱好，农民才会种植。

我从事农产品批发市场已经有 23 年了，23 年的工作经历启示我：当今中国农业，没有种不出来的农产品，只有卖不出去的农产品，卖比种还重要。纵观世界，我相信中国农产品的国情与世界各国的国情也一样，要

想促进农业增效和农民增收,最根本的是生产出来的农产品能卖个好价钱,只要卖出好价钱,就会有效促进当地农业经济的大繁荣和大发展。

大力开展农产品国际贸易,不仅可以增进国与国之间的友好交流,而且可以有效促进各国经济发展,实现互利共赢,让更多更好的世界各地优质农产品互通交流,造福世界人民。这是一件功德的事情,具有特殊而重大的深远意义。

二 中国的快速发展,使进口优质农产品具有巨大的市场

新中国成立后,尤其是1978年改革开放以来,经过短短30多年发展,中国的全面建设发生了翻天覆地的巨大变化。2009年中国的GDP为33.5万亿美元,位居世界第三。前不久,在海峡两岸企业家论坛上,中国国际经济交流中心常务副理事长郑新立指出:"今年中国的经济必将超过日本,拿到经济总量的'世界银牌'"。

在这样的背景下,中国人的消费观念、消费方式等发生了巨大变化。如今中国人对吃的讲究越来越多,吃的质量越来越高,健康意识也越来越强。这些都传递一个非常明显的信息:国外优质农产品必定在中国有巨大的消费市场，充满着惊人的商机。为什么这么讲，主要是以下原因：

首先是中国人的消费内容发生了巨大改变： 一是追求吃上。新中国成立至60年代以前是最艰苦的年代，由于经济的落后，人们甚至解决不了温饱问题，那时能吃上饭就是人们最大的满足。二是追求吃饱。到了七八十年代，随着中国经济的发展，人们的生活水平逐渐提高，但受经济条件的制约，对食品，尤其是农产品的需求也只能是有什么吃什么，比如冬天能吃上黄瓜等反季节蔬菜，简直是一种梦想和不可思议的事情。三是追求吃好。90年代后至今，随着我国经济的快速发展，人们的生活水平发生了翻天覆地的巨大变化，对农产品的需求实现了吃什么有什么，一年四季可吃上新鲜的蔬菜，而且可以吃到世界各地的优质农产品。

其次是中国人的消费观念发生了质的变化： 一是健康意识越来越强。随着人们生活水平的不断提高和人们受教育程度的增强，人们的健康意识越来越强，过去购买农产品只考虑价格，现在不但考虑价格，而且对农产品的营养成分、农药残留等越来越重视。二是对食品质量要求越来越高。比如现在人们在购买农产品时，首先要选绿色有机的农产品。据调查显示，有70.4%的消费者希望购买"无公害农产品"，56.4%的消费者希望购买"绿色食品"，52.4%的消费者希望购买"安全食品"，22.3%的消费者希望购买"有机食品"，仅有1.1%的消费者表示"不关注食品安全"。中国政府对食品安全也越来越关注。

最后是中国市场的消费需求蕴涵惊人商机： 一是人口多。截至目前，中国有13亿多人口，其中城市人口近6亿人，人口总数相当于美国的近4倍，这个巨大的优势是世界上任何国家和地区所不能比拟的，具有天然的绝对优势。可以说，谁选择了中国，就等于选择了世界。二是需求量大。由于中国具有五千多年的美食文化，历来对吃非常有研究和讲究，从古至今延续下来的一日三餐吃蔬菜的传统亘古不变。比如蔬菜和水果，尤其是蔬菜是每个中国人每天每餐必不可少的生活必需品，是典型的刚性需求，水果也是必不可少的生活必需品。

三　中国农产品批发市场是开展国际农产品贸易的重要平台

一是中国国情决定：目前，农产品交易世界上有四种方式：一是连锁配送（美国），二是超市化经营（瑞士），三是拍卖（日本、中国台湾），四是对手式交易（中国）。中国目前的对手式交易向连锁配送发展。

据统计，中国农产品销售90%依托农产品批发市场，它具有很强的集散性和流通性，这种交易方式在未来十几年或更长时间不会改变。所以说，国外客商要想打开中国农产品销售的大门，必须依托中国农产品批发市场这个重要的载体和平台，建立销售网络，才能真正寻找到无限商机。目前，我们新发地市场每天有40多个国家的水果进入，大多是通过香港、广州等地，国内经销商几经周转才运到新发地市场。这样做不仅加大了流通成本，而且会造成不必要的损耗。我们召开这次大会的目的，就是希望国外经售商能直接进入新发地市场交易。

二是消费习惯决定：中国人有个传统习惯，就是喜欢到农贸市场购买蔬菜和水果。

新发地农产品批发市场成立23年来，不仅见证了中国的发展，而且极大丰富了首都人民的"菜篮子"和"果盘子"，我们愿以此为平台，建立与世界各国客户的交流合作，为你们提高最好的服务和宽松的经营环境。我们的宗旨是：让客户发财，求市场发展。我们的口号是：走进新发地吃遍全中国，走进新发地吃遍全世界。

同时，我本人担任中国农产品市场协会会长一职，与中国农业部及全国农产品批发市场有着重要联系和良好的协调沟通，我也愿意为你们全面打开中国农产品市场提供尽己所能的帮助。

最后，衷心地希望和期待国外朋友以北京新发地为平台，打开中国农产品消费市场，合作共赢，实现又好又快的发展。

（2010年5月16日，在"北京绿色农产品流通与管理国际论坛暨招商会"上的讲话）

农产品流通要提高综合竞争力

当前我国流通业面临的复杂形势和严峻考验。

一个民族，一个国家有几样东西不能动摇。第一是土地，第二是种子，第三是粮、油、棉、盐、菜，是我们民族的命脉，可能动摇我们执政的根基，颠覆政权。然而，恰恰我国当前在这几个方面出了问题，这不是危言耸听。

一　种子

目前，我国70%以上的种子已经被国际上操纵了。第一名是美国的先锋种业，第二名是美国的孟山都种业，第三名是瑞士的先正达种业，第四名是法国的利玛格兰种业，第五名是德国的拜耳种业。这几家种业垄断世界种业的75%，其中也垄断我们中国的70%。我们中国种子唯一好一点的就是袁隆平的水稻——隆平高科，他的品种每年向世界卖五六十亿美元回来，我们水稻种子先进世界15年，但是我们其他种子恰恰落后15~20年。

现在东北开始种美国的转基因大豆。为什么种转基因大豆？这几个巨头说你不种转基因大豆我不收你的，你要种转基因大豆我可以给你种子（接下来我讲食用油，中国70%的食用油被外资垄断了）。以前我们报纸总是登，说转基因的食品有可能损害健康，最后我们报纸偷偷摸摸写了这么一句话：到目前为止还没发现转基因食品对人类有害。为什么这么说呢？我们东北基本上种转基因大豆了。你再说转基因大豆有害健康，那东北的农民怎么办呀，还卖不卖？现在我告诉你，人家现在很低价或是白给你种转基因种子，等你都种完了，跟吸毒似的，一旦吸上瘾了就给你断掉，那时种子想卖多少钱就是多少钱。

二 食用油

2008年春节前深圳食用油断供，珠三角油荒，波及全国。为什么断供呢？这是有理由的，因为我们加入 WTO 了。我们政府有什么事下文件下惯了，现在不能下文件了，下文件属于操控物价，违反 WTO，违反国际法。外商说要教训你，你中国政府违反了国际法，操纵物价，跟现在操纵汇率是一样的。所以外商给深圳断供，教训你，这个油荒就是这么来的。商务部领导通过一个老板找金龙鱼老板。金龙鱼老板说："我们金龙鱼，包括我们代理的产品，我们可以涨价不超过5%，但条件是另4家也不能超过5%，我零售价涨50%，采购价涨20%，没人卖给我了。过去十年的战略布局，就靠今天赢利了。"

后来，商务部就开始找这四大巨头。带着文件，去找上海的邦吉集团。一进门，邦吉集团的老板是一个美籍华人，祖籍福建青田人。他说："先生，我知道你的来意，你那个不让我涨价的文件带来了吗？"商务部的人说："带来了，"邦吉集团的老板说，"你敢给我吗？"就那么嚣张。邦吉集团的老板说，"千万不要把文件给我，我还流着中国人的血液，但是你一旦把文件交到我手上，我还是美国人。我的职责所在，我必须把这份文件交给美国政府。我连取证都不需要，直接去WTO告你，中国政府操纵物价。"最后，邦吉集团的老板还警告中国政府再在WTO违反国际法，操纵物价的话，不但深圳的断供不撤销，按照国际准则，春节后上海断供，八月份北京断供，可奥运会即将在北京召开。到最后，我们的食用油文件不发了。

后来采取什么措施呢，第一文件不能撤，撤了没面子，第二也不能发给他们，第三还要巧妙告诉人家爱涨多少涨多少，视而不见，这就是食用油事件。

三 土地

我们18亿亩土地红线由来是怎么回事呢，其实我们1995年号称22亿亩，美国驻中国大使一秘，喜欢剪中国的报纸，我们中国报纸老登每年的沙漠化要减少中国的土地一个县、两个县，开发区要减少中国土地的一个县、两个县，每年修路减少中国的一个县、两个县，中国的土地以每年1160万亩的速度递减。2003年，美国发表一篇文章叫《警惕黄祸》。说什么原因呢？中国人口还在递增，还在上涨，中国的军费开支每年以两位数在递增，可中国的土地每年以1000多万亩的速度下降，早晚一天会供不应求，会实施侵略。中国看了这篇文章之后觉得大势不好，所以在2003年提出18亿亩是红线。同时，中国向太空发射两颗卫星，叫全世界都看到我们中国的土地，我们保护住了18亿亩这个红线。

但是我要讲什么呢？土地还有一个质与量的问题，这点是值得我们注意的。全国的土地虽然是18亿亩，基本农田是保护住了，但是它有一个质的问题。比如我们到外地去，我们想征地。我们要征用是基本农田怎么办呢？县长跟我说"没关系呀，只要你相中了我给你调整土地。"结果我们很多山头都变成了基本农田。我说什么意思呢，我们土地虽然说18亿亩，但它有一个质与量的问题，值得我们关注。

四 农产品市场

因为我是搞市场的，我们流通领域也是真的狼来了，农产品流通已经牢牢地被外资盯住了。现在贵州、山东、成都、齐齐哈尔、哈尔滨等地，已经被外资买光了。外商想控制你很容易，他先控制住领导，再跟你谈。有外商想花几十亿买新发地市场。假如我们把新发地市场卖了对当地村民是很不错的，但是我不能卖，因为我是爱国的，我是讲民族的。后来，外商说，"没关系，哪个领导不同意你就告诉我，我一定把他搞定。"我想了半天，一夜睡不着觉。第二天来了，我跟外商谈哪个领导都同意，就是我们开了村民代表大会没有通过，这样就过去了。但是我觉着就这件事，如果咱们中国的农产品流通领导被人控制住了，那将来真是我们中国的悲哀。

中国的文化和外国的文化不一样，外国的文化讲便捷，像麦当劳、肯德基讲方便，我们中国的文化讲什么呢，讲凑热闹。全世界的市场我全看过了，真正市场就是买方和卖方，穿着马夹，一个闲人都没有。但是你到新发地去看看，40%的人是到这儿玩的。其实，看历史上我们的《清明上河图》，你好好分析分析，那里的人20%在做买卖，80%在玩。这就是我们中国人和外国人的区别，人家讲便捷，我们讲热闹。所以我们应从这种文化上去研究，中国怎么发展。

比如新加坡这个国家，应该说很富裕了吧？都是华人，结果我到牛载水的地区，那是一个农贸市场，我看着老太太拄着拐棍，看这黄瓜苦不苦，这是中国人的特色，中国讲热闹。

我还要讲一句话，最近我们炒作得最多的叫农超对接。我觉得农超对接是一些别有用心的人，对不接地气领导的一种忽悠，其实我告诉你，像北京这样的大都市农超对接根本起不到什么作用。什么能够农超对接？就是小城市也不成，小城市农民都把菜直接进入城市了，你还农超对接什么呢？农民赶着马车就进来了。什么城市可以呢？中等城市，三四百万人口，周边全是农民，这样的城市才可以研究农超对接。尤其像我们北京、上海、广州这样的大都市根本不可能农超对接。因为我们80%的农产品依靠外埠供应。比如说，我们北京的蔬菜淡季是每年的12月份到第二年的4月份，这个淡季吃什么？第一吃我们北方的储藏菜，洋葱、土豆、萝卜、白菜，第二吃我们北方保护地蔬菜，大棚里的黄瓜、西红柿，第三吃我们北京的小菜，小茴香、小萝卜，自个种植的。我们北京的菜占多少呢？我们才占5%！5%都不到，其中40%靠外埠供应，靠两广、海南加云南。你说农超对接，你能从海南拉一车货进超市吗？你怎么进四环路呀？这是不可能的事。这纯粹是一种忽悠，我想给大伙说说，讲明这一点，不要听这个。

（2011年6月23日，在"农产品流通焦点问题研讨会"上的讲话）

科学规划　搞好流通　保障安全

在全国"两会"即将召开之际,我们满怀豪情地相聚在美丽的海滨城市天津,共同回顾刚刚过去的极不平凡和极不寻常的2008年,一起探讨2009年中国农产品市场的发展,在当前受世界金融危机影响和困扰的背景下召开此次会议,我认为具有重要而特殊的意义,因为越是困难时期,越是艰难时刻,越充满挑战和机遇,所以说2009年是挑战年,更是机遇年。对此,我们大家一定要有坚定的信心和攻坚克难的勇气。

在充满挑战和机遇的2009年中,科学规划发展蓝图,全面加强市场升级改造,大力加强市场管理,为我国农业增效和农民增收提供更加广阔的平台、更加优质的服务和更加科学的指导。我们将坚决贯彻好、落实好党中央提出的"扩内需保增长,调结构上水平,抓改革增活力,重民生促和谐"的工作原则和农业部、国家发改委的工作指示精神,实现"保增长、保民生、保稳定"的三保目标,为我国农业增效和农民增收作出更多更大的贡献。

下面,我围绕新形势下如何加强市场科学规划、搞活农产品有效流通和加强食品安全管理等方面,提几点建议和意见,不足之处,请大家批评指正。

一　发展市场一定要科学规划

当前使用最多、最频繁,也是最时髦的一句话就是"深入贯彻落实科学发展观",我认为这句话有着深刻的科学道理,因为万物皆规律,任何一件事物,违背了它内在的科学规律,势必受到应有的惩罚,这叫因果关系。我们农产品批发市场建设也是一样,如果不科学规划发展,盲目乱建，随意扩建，甚至零距离胡建，带来的危害和影响是可想而知的。

我们知道，就目前来看，全国4600多家农产品批发市场已经形成了稳定的格局，就是说这个蛋糕已经成形了，如果再雨后春笋般地建市场，搞重复建设，不仅违背科学发展规律，而且造成资源的巨大浪费，甚至形成恶性竞争。比如山西太原和广东地区的农产品批发市场建设，就存在这样的问题，零距离建设市场，花钱买客户，恶性竞争，带来了诸多不安全、不稳定因素。

1月11日至17日，我参加北京市人大会，有代表建议要在北京市增建农产品批发市场，我赶快找郭金龙市长说，市场建设一定要科学规划，搞计划生育，对此，《北京晚报》进行了专题报道。我这样说的目的也就是考虑到这一点。所以说，无论从国家长远发展的角度考虑，从地区发展的需要考虑，还是从农产品批发市场发展的长远考虑，稳定农产品价格考虑，发展农产品批发市场一定要科学规划，万万不可盲目建设，更不能随意建设。

怎样才能做到科学规划呢？我认为首先政府部门要高度重视此事。有句俗话说得好，"重商商富，轻农农贫"。这也是我国现行的政府体制所决定的，只有在政府的大力支持和统一指导下，我国的农产品批发市场才能科学规划，有序发展。否则，就会乱成一锅粥。

建议：一是市场发展一定要搞计划生育；二是给资金不如给政策（税收、土地等方面给予优惠）。

二 关注"三农"一定要重视流通

不关注流通的农业不是完整的农业，农业增效最根本的是让农民增收，使农民辛辛苦苦种出来的农产品在市场上换回真金白银。所以说，确保农业增效和农民增收，必须重视流通，关注市场。而农产品批发市场上连着"三农"，下连着民生，对于有效促进农业增效和农民增收发挥着其重要的作用。而解决"三农"最核心的问题就是让农民增收，这一切都要依靠市场去实现。所以关注"三农"、重视民生，一定要重视流通，关注市场。概括起来讲，我认为农产品批发市场在满足人们日常生活需要、保障城市安全等方面，发挥着三种功能：一是买全国卖全国的流通功能，二是稳定平抑物价的调解功能，三是确保食品安全的监督功能。

目前，我国有两亿农民从事农产品种植，是典型的小生产对大流通，要做好农产品流通，我认为必须重视和做好以下几方面的工作。

（一）把农民有效组织起来

通过建立农产品协会、合作社等，把农民有效地组织起来，形成"远看一大片，近看有界线"的局面，走规模化种植和产业化发展的道路。这一点我们应像韩国、日本等国家学习，他们成立的各种协会组织非常多，作用非常明显。

（二）积极打造品牌

众所周知，我国是农业大国，品牌小国，只有打响品牌，才能使农产品卖出好价钱，农民才能得到实惠，农业才能增效。所以要通过组织农产品推介会、交流会等形式，积极打造农产品品牌。

（三）高度重视食品安全

温总理讲，企业家身体里要流淌着道德血液。三鹿奶粉事件使全国29万儿童健康受到侵害，其中有几百名是重症患者，有6名儿童死亡，给家庭和社会带来很大的影响。前不久，三鹿破产了，三鹿 23 个相关责任人，包括奶站的负责人，都受到刑事处罚。最近，国务院正在起草《关于进一步加强产品质量管理工作的决定》。所以我们必须高度重视食品安全，从源头上高度重视，因为好的农产品是种出来的，不是检测出来的。为此，做好食品安全要严把两道关，一是从源头上严格把关，二是把好进入市场最后一道关。

三 一定要做好安全生产工作

今年是我国成立六十周年大庆，社会上各种不安全因素较多，受世界金融危机影响，我国大量农民工返乡，城市失业率增大；更为可怕的是新疆恐怖分子、西藏分裂分子、法轮功破坏分子等要趁机搞破坏。所以，当前的不安全、不稳定的因素较多，我们大家一定要高度重视。

建议：一是按照奥运会标准，加大安全排查力度，把各种不安全因素消灭在萌芽状态；二是按照上级要求，做好做细安全工作，重点是做好防火、食品安全等方面的工作，以优异的工作成绩喜迎新中国成立六十周年。

（2009 年 2 月 28 日，在"中国农产品市场协会 2009 年会长扩大会"上的讲话）

农产品市场也要全方位服务

我们大家都知道，农产品市场不是生产性企业，没有自己的拳头产品，农产品市场靠什么树立企业形象，靠什么留住自己的商户，又靠什么让商户发展？总结23年办市场的经验，我认为最根本的只有两个字——服务。什么叫市场，商贾云集就是市场，商户为什么到这里云集，这是有学问和原因的。我们的市场要想发展，要想壮大，就必须树立商户至上的主导观念，要真诚地为商户服务，想方设法抓住商户的心，才能真正留住商户，让商户发展壮大。

商户发展决定市场的命运。这个观念一定要树立好，农产品批发市场的利润来自于商户的管理费和租金，从利益上讲，市场与商户是一个典型的共同体，商户越多，市场的利润就越多。因此说商户决定市场的生存和发展。如果我们的农产品市场没有商户，就不能叫市场，只能是一个广场。所以，农产品市场的兴旺与不兴旺，发展与不发展，逐渐壮大还是日益萎缩，都是由我们的商户决定的。

1988年5月16日，北京新发地农产品批发市场成立时，由于缺乏理论，没有办市场的现成经验，为了摸清商户心理，我亲自带领市场员工北上内蒙古，南下河南卖菜、买菜，亲自当商户。在一买一卖中，我用自己的亲身经历和切身体会总结出了"搞市场必须搞好服务"这条真谛，这是市场发展的"命根子"，并采取了一系列切实可行的措施，总结摸索出了商户"请不来，叫不来，赚钱准来；轰不走，赶不走，赔钱准走"的市场建设规律和"让客户发财，求市场发展"的经营宗旨。

经过23年的发展壮大，如今新发地市场无论是在全国的品牌影响力（2011年7月份，"新发地"被国家工商总局认定为全国驰名商标），还是交易量、交易额（2010年交易量1000万吨，交易额360亿元，连续九年双居全国第一，培养出了8000多名遍布全国的大经销商，其中年交易额过亿的有32人，年交易额过千万的有883人），都是全国领先。这些都充分说明了商户决定市场的发展命运，只有商户发展壮大了，市场才能发展壮大。

（1）商户是人，人有两个特点，一张嘴到处说，两条腿到处跑。接待好一名商户就为市场培养了一个优秀的推销员，口碑的力量是无穷的，这要比登广告强得多。

（2）永远尊重我们的商户，商户是我们的衣食父母。著名相声大师侯宝林在临终的时候对他的徒弟说："要永远尊重我们的观众，因为观众是我们的衣食父母。"

（3）市场干部和职工的工资都是商户发的。要向全体职工讲，谁养活了我们，我们的商户来自全国的五湖四海，他们不怕寒冬酷暑，不远千里来市场给我们送钱，50年前魏巍写了《谁是最可爱的人》，是战士，今天，谁是最可爱的人？是我们的商户。

（4）牢牢抓住你的商户，在商户和你之间不允许有第三者插足。如果有第三者插足，那就不是你的商户了，我们作为市场的领导，要爱护所有的人，包括反对过你的人，骂过你的人。要记住一句哲言："当你把周围的人都看成天使的时候，你自己已经进入了天堂；当你把周围的人都看成魔鬼，你自己已经下了地狱。"爱别人也是爱自己，我们一定要学会爱别人，爱别人要首先爱我们的商户。

我们农产品市场，要做好服务这篇文章，就要研究系列化、全方位的服务。

在服务行业中，现在有一种新说法，叫全方位服务。

全方位服务有三个要素：第一个要素是规范的服务；第二个要素是感情服务；第三个要素是令客人喜出望外的惊喜服务。如果我们把全方位的服务做好了，我们就会把市场管理得更好。我们从花费的劳动力代价而言，规范的服务我们要花70%的精力，情感的服务我们要花20%的精力，对客人的喜出望外的惊喜服务就花10%的精力就可以了，这是对精力的分配。

一　规范服务

（一）为商户提供方便快捷的经营环境

我们农产品批发市场的规范服务，重点体现在对商户的服务设施和服务流程，比如市场内的道路、停车场、交易大棚、交易大厅、档口摊位、地磅等设施。还有一些现代化的设施，如电子结算，电视监控，电子显示屏，规范的服务涉及商户的吃、住、行等方方面面（包括上厕所）。商户到市场来的主要目的是把产品转换成商品，把劳动成果转换成经济收入，更直白地讲就是通过市场把自己的农产品变成真金白银，装在兜里拿回家。每一个商户来市场交易的过程，就是我们服务的过程。一次满意的交易活动，就是一次规范的服务流程。

总结新发地市场发展的过程，就是硬件设施不断升级改造的过程。市场由最初的15亩地发展到今天1500亩地，由最初的用铁丝网围起来的简陋交易设施，发展到现代化的交易大厅、进口水果专销冷库群、国际物流区、国内一流的检测设备、完备的办公大楼等等。这些都为商户提供了良好的经营环境。

(二) 为商户提供安全放心的交易环境

市场的治安与市场的发展成正比,治安越好,市场发展越好,反之就会严重阻碍市场的发展。尤其是作为市场的一把手,只有顶得住压力,为商户撑起一片安全的天空,商户才能真正在这里安心经营,发展壮大。

(三) 为商户提供安居乐业的放心环境

中国有句古话叫"安居乐业",只有安居下来才能真正乐业。为了能够让长年奋战在农产品交易一线的商户的家人老有所养,少有所教,这些年一方面我们开发了房地产,让买得起房的商户就地安家,另一方面我们投资近亿元,为那些买不起房的商户建了1000多套廉租房,给他们建立了经营者乐园。为了满足商户孩子上学的需求,我们先后在市场周围建立了四所能同时容纳近千名孩子的幼儿园,新发地小学优先招收市场商户孩子上学。

随着市场的不断发展壮大,市场固定商户达近万人,流动商户三四万人。其中,有近200名来自全国各地的共产党员,由于他们长期经商流动,无法过上稳定的组织生活。了解这一情况后,我们积极向上级党委反映,不能让长期在市场内经商的外地党员成为"流浪党"和"地下党",要给他们找一个真正的家。在上级党委的支持下,2006年1月12日,市场率先在全国成立第一个流动党支部,并制定了凡是在市场经商的共产党员一律减免房租费、摊位费10%的优惠政策,要求他们一方面亮身份,凝聚干劲,一方面增强社会责任感,确保质量安全。同时,市场还成立了职工之家、流动共青团组织、流动妇女之家等组织,极大丰富了商户的组织生活。

我们的付出,让这些长年在外的商户感受到了组织的温暖,使他们不仅在经济收入上有进步,在积极为组织作贡献上同样有作为。据统计,在新发地经商的商户在全国各地任人大代表和政协委员的就有66位。

二 情感服务

关于情感服务，有许多实实在在的例子。比如说商户的车不小心翻了，菜撒了一地，你和你的职工能不能主动上去帮一把，蹲下来捡捡菜。还有，一个商户推满满一板车菜，在上坡时非常吃力，你和你的职工看到时能不能推上一把。另外，逢年过节时，能不能以市场主要领导的名义主动给商户送张祝福的贺卡，发条祝福的短信。所有这些对商户来讲都是一个情感服务，也可以讲，是感情投资。感情投资往往是看不见直接效益的投资，但它是直接成本非常低，隐形回报率相当高的投资。我们农产品市场在这方面多做一些工作是非常必要的。

这些年，每当市场的商户遇到困难，我们总是及时出面帮助协调解决，让市场真正成为商户的靠山和"娘家人"，用我们的真情感动客户、赢得客户，使他们安心经营，规模越做越大。我举两个例子，2006年2月25日，在我市场做海南菜的安徽籍大商户耿井凤，与河北省新乐市从事物流的车主刘某定了合同，由刘某负责将其1028件四季豆从广东茂名运至新发地市场。双方约定总运费11510元，先支付了5000元运费，货物运送到目的地后，由收货人再支付6510元，另约定到郑州后打电话到北京。按正常情况，货物应于2月28日前运到北京市新发地市场。然而，28日给货主打电话关机无法取得联系，一直到3月3日都无法联系上。这时，耿井凤才意识到自己被骗了。我们得知情况后，及时与当地政府联系，在当地公安机关的帮助下，很快在新乐电线厂门口追查到货物，为商户挽回了损失。

2008年冬天，市场做水果生意的大户徐柱在石家庄丢了一车砂糖橘。我得知情况后，迅速安排市场的副总，与石家庄市场取得联系，很快帮助徐柱找回了那辆车，为商户挽回了损失。像这样的事情，还有很多很多。

在我们市场有这样一个传统，而且这个传统已整整坚持了23年，就是每年的大年三十，我和市场的领导放弃与家人团圆和看春节晚会的机会，带上礼物挨家挨户地慰问商户，并在市场内支一口大锅，煮上热气腾腾的饺子让在市场过年的商户免费吃饱。仅 2010 年一个春节，我们就买了两大卡车饺子，让在市场经营的商户感受到了家的温暖和幸福。大家都称之为"饺子文化"。

正是我们把市场的商户当成自己的家人，带着真感情为他们服务，才换来商户对市场的真爱。我们大家知道，人给自己家干活自然不会偷懒，不计较报酬，还要挖空心思干好。一个商户微不足道，可是一两万个商户处处想着市场的发展，试想别的市场如何竞争，这是新发地市场在偌大的北京城，不断发展壮大的重要原因，因为我们把商户当家人。

三 惊喜服务

说到惊喜服务，对商户来讲就是一种意想不到的服务，也是一种令商户内心震撼的服务。比如说，我们的商户病了，市场的领导和员工能不能向亲人一样，非常着急地把他送到医院，如果商户没有钱，能不能毫不犹豫地给他垫付，甚至可以不考虑商户以后有没有偿还能力。

还有，在深冬季节，在夜间滴水成冰的时候，你发现市场里面有一个商户，穿的衣服很少，显得特别冷，你和你的员工能不能非常大度地将自己的棉衣借给他穿，让他先暖和心田，再暖和身子。另外，假如你的商户出了车祸，你能不能主动帮他跑保险，主动帮助协调和处理交通事故并妥善解决善后事宜。所有这些对商户来说都非常重要，因为这些都是在商户正常心理想不到的情况下，你做到了。你的做到意味着完全出乎商户的预料。这种服务留给商户的往往是内心深处无尽的感动，大批被感动的商户，能让你的市场变成一个磁场，具有很强的凝聚力和吸引力。

我们大家知道服务有一个标准，就是什么叫服务成功，什么叫服务失败。有回头客的服务才是成功的服务，只有回头客的市场才是成功的市场。如果我们用回头客来判断我们的服务成功与否，我们就会发现三种服务争取回头客的结果是：我们花 70% 的规范性劳动力服务只带来了 10% 的回头客，20% 的情感的服务带来了 20% 的回头客，10% 的喜出望外的惊喜服务就带来了 70% 的回头客。

全国市场这个"蛋糕"已经形成,全国市场的发展已经从量的发展阶段向质的发展阶段发展。所以今后市场的竞争就是客户的竞争,谁能抓住和稳定客户,谁的市场就能发展。客户是市场的衣食父母,客户决定着市场的兴衰。

(2011年9月6日,在"2011年全国农产品采购商大会"上的讲话)

对我国农产品批发市场建设现状及未来发展的几点思考

一 当前我国农产品批发市场现状

（一）基础设施相当落后

基础设施差是目前全国农产品批发市场的共同特点，主要表现在：大棚连着小棚，小屋连着小屋，有楼房也是功能不全，标准不高，建设不统一，没有一个科学的规划和合理的布局，更是缺乏先进的交易设施，从而导致交易方式的落后，这已明显满足不了当前日益发展的社会需求和城市建设的需要，尤其是适应不了国际现代高速物流的发展形势。

出现这些问题，主要是因为农产品批发市场建设绝大多数是企业行为，我们知道农产品的利润很低，企业又没有多大收入，投不起资金，不像别的行业有丰厚的利润，才使全国农产品批发市场陷入破旧不堪，甚至脏乱差的局面。我国市场经济已发展了二十几年，前二十年对于市场建设来说是量的飞跃阶段，今后对市场建设来说应该是质的飞跃阶段。

（二）恶性竞争日益严重

由于全国农产品市场建设没有一个统一的规划和明确的建设标准，各地政府对此的看法和态度不一，目前农产品批发市场胡批乱建，零距离建设市场的问题越来越严重，导致恶性竞争，不仅浪费资源，甚至会引起城市很多不安全因素。这个问题广东省和山西省比较严重。

山西太原新建的绿源通市场以10万~20万元的高价收买河西农产品批发市场的商户，这种竞争越来越激烈，对当地的安全和农产品供应已形成威胁。

（三）产销矛盾逐渐凸显

2008年底，我国农产品出现了农产品卖难的问题，尤其是宁夏固原的马铃薯，胡锦涛主席对此作了重要批示。出现这样的问题，我认为最根本的原因是产销不对接、不对称，国家只重视补贴农民和关心农民种植，而忽略了销地市场，即农产品批发市场。就是说农业部门只管种植，不管流通，生产出来的农产品卖不出去，导致我国部分农产品出现滞销的问题。农民生产出来的农产品不知道往哪里卖，销地市场又缺少优质货源。

当然也有其他方面的原因：一是国家近年来出台了一系列惠农政策，极大地调动了农民的积极性；二是受近两年我国经济发展过快过热的影响，前两年物价普遍提升，农产品价格涨得过快，老百姓得到了实惠，导致各种农产品产量普遍增加；三是农民种植跟着感觉走，没有一个科学合理的指导，使同类农产品在同年大丰收；四是受全球金融危机影响，我国农产品出口量下降，许多企业关闭，大量农民工返乡，减少了城市对农产品的需求量。

（四）存在不良安全隐患

农产品批发市场资金投入的严重不足，硬件设施和交易设施的严重落后，在可管、可防、可控上存在严重的"先天不足"和"营养不良"，导致其在食品安全监管，防火、防煤气中毒等方面都存在很大的漏洞和隐患。

二 关注"三农"必须要重视流通

（一）这是由农产品批发市场的性质决定的

因为农产品批发市场是保证城市安全的基础，担负着大量"吞吐"全国农产品的重任，是解决"三农"问题的核心。换句话说农民生产出来再多的农产品，农业再丰收，换不成"真金白银"还是等于零。而农民换取"真金白银"的最终渠道是农产品批发市场，没有这个交易平台，农民增收只能是一句空话。国家采取大量补贴的方式惠及农民，我认为暂时有效，但治标不治本，最根本的还是要通过科学的指导，把生产出来的农产品在市场上换回"真金白银"，让农民真正富起来。

（二）重视流通是解决"三农"问题的核心

农产品批发市场所特有的性质决定了关注"三农"必须重视流通。只有建立健全了顺畅和谐的流通体制，制定有利于农产品流通的一系列政策法规，比如信息流通、车辆流通、交易流通等，才能使全国各地的农产品顺利地销出去，让农民得到实实在在的实惠。这样既调动了农民生产的积极性，让农民得到实惠，又满足了城市的需要，稳定了农产品价格，可谓是一举多得。

（三）关注市场建设是解决流通的根本

我们知道农产品是一个微利的行业，但它的作用十分重要，一头连着"三农"，一头系着民生，同时，还是城市安全的重要保障，解决农民就业的延伸，我们决不能把农产品批发市场完全推向市场化，它应该是社会的一项公益事业。比如韩国、日本等，政府将农产品批发市场建设完全纳入社会公益事业当中。所以在关注"三农"问题上，国家和政府应在资金、政策等方面，包括土地使用政策、税收政策、规划指导等方面给予重点扶持。

三 解决问题的建议和有关对策

要有效解决流通的问题，我们经过反复研究论证，认为必须下大力气做好以下几方面的工作：

（一）明确职责，把力量统一起来

就是说国家成立一个部门专门管农产品产销一体化，比如让农业部门专管此项工作。不能说农业部门管种植，商务部门管销售，说做两张皮，谁都管等于谁都不管，这样最容易出现推诿扯皮的事情，与"两个和尚挑水吃"一个道理。应成立一个以农业部门为主的职能部门，专门负责农产品产销工作，明确职责分工，把力量统一起来，形成一股强大的核心力和战斗力，把劲用足，把政策给足，这样的话，农产品卖难的问题就会迎刃而解。

（二）科学论证，统一规划建设

目前全国各地农产品市场建设不容乐观，以农业部门成立专管组织后，应尽快实施对全国各地农产品市场建设的深入调研和科学论证，根据不同地区、不同城市的需求，在政府的帮助指导下，对可行的农产品市场给予肯定和扶持。对那些不符合规定，尤其是零距离建设市场的要坚决依法取缔，决不能手软，从而使全国的农产品批发市场形成一个统一的、科学的建设规划格局，真正实现科学性和可持续性。

（三）整合资金，把钱花在刀刃上

要尽快确定农产品批发市场土地使用政策，出台农产品税收优惠政策或是减免政策。对符合条件的农产品批发市场要在科学规划建设和资金上给予大力支持，全面加强市场的升级改造和硬件设施建设，有效解决全国农产品批发市场基础设施落后、交易条件差的局面。对大中城市，尤其是北京、上海等农产品批发市场建设要给予重点的扶持和帮助，建设国际物流、冷链、仓储等现代流通体系和管理体系，以不断满足国际大都市发展的需求。对农产品批发市场建设要突出前瞻性、经济性和效益性，真正把有限的钱花在刀刃上。

（四）重视信息，进行科学指导

一是在指导农民种植上要充分利用网络、电视、手机、报纸等现代媒体进行科学指导，建立覆盖城乡的农业生产和产销网络，建立预警机制，坚决克服让农民生产跟着感觉走的盲目性，切实解决农产品卖难的问题。

二是要通过成立各种农业协会和合作组织，有效地把农民组织起来，形成"远看一大片，近看有界线"的规模化、产业化种植格局，大力发展订单农业，让农民走进市场，把营销大户有效地组织起来。

三是积极打造农产品品牌，因为我国是一个农业大国，品牌小国，只有农民有了自己的农产品品牌，才能卖出好价钱。

（五）重视安全，加强检查监督

一是从源头上加大检查力度，严把农产品生产安全关。因为好的农产品是种出来的，不是检测出来的。二是政府部门可以成立专门的工作人员在农产品批发市场内成立检测中心，跟踪检测，这样可以减轻企业负担，政府发布的检测数据也更有权威性。

（2009年9月）

农产品流通体系存在的问题及建议

从今年来看,全国农产品产量并未发生重大变化。以北京新发地市场为例,每天蔬菜交易量达1300万公斤,北京的供应就是绿灯。今年以来北京新发地市场蔬菜的交易量从未低于这个数字,为什么蔬菜的价格居高不下,让消费者感到很不适应,比如今年11月10日,北京新发地市场的加权平均价是3.05元/公斤,而2009年的加权平均价是1.78元/公斤,上升69%。究其原因:

一是全国性"柴油荒"问题严重

今年以来,我国出现"柴油荒"后,拉鲜活农产品的车辆在高速路上加柴油比较困难,每个加油站只许加200元的柴油,结果跑200公里又要找加油站,这样反复排队折腾,加大了运输成本。以云南到北京为例:以往运输鲜活农产品需要3天2夜到北京,运输费1万元左右。而出现全国性的"柴油荒"后,拉鲜活农产品的车辆中途不断加油,本来加4~5次油就能到北京,结果要加50次以上油才能到北京,运输时间延长7~8天,运输成本上升至1.4万~1.8万元。

二是全国"绿色通道"不够完善

我国交通部门把绝大部分农产品列入了享受"绿色通道"的政策范围,这些农产品在运输中免收一切费用。而土豆、甘薯、鲜玉米、鲜花生未列入鲜活农产品范围,而是列入粮食的范围,不享受绿色通道政策,结果增加了其成本。事实上,土豆、甘薯、鲜玉米、鲜花生是人们日常生活中最常食用的农产品。

比如从甘肃定西运输土豆进京,一辆车过路费就需要3500元,导致每斤土豆价格平均上升0.15~0.2元,即便是从最近的内蒙古到北京也要增加 0.06 元的成本。

三是城市"绿色通道"无法畅通

从全国农产品种植基地到北京新发地市场有"绿色通道",而从北京新发地市场到市区(号称最后一公里),没有合法的运输车辆。客户用货车运输不行,只能选用金杯车或面包车,所以出现了每天凌晨 4 点有数千辆金杯车或面包车大量进入新发地市场交易的情况。而金杯车或面包车运菜也是有罪名的——叫客货混装,交警发现每辆罚 100~200 元,而被路政局人员发现将面临灭顶之灾——罚 5000~18000 元,甚至要扣车。即便是这样,运输商还是照运不误,但其成本最终要转嫁给消费者,导致农产品价格连锁反应性上涨。

四是城区"最后一公里"租赁费太高

以北京为例:在北京市三环以内租一间普通的、20 平方米的房子月租需要 6000~7000 元,有的租一个 2~3 平方米的摊位月租需要 1000~2000元,好的地段更贵。再比如北京市写字楼平均每平方米的月租是 50 元,而有的菜摊每平方米的月租价格竟然达到 1250 元,相当于写字楼的近 30 倍。

五是超市进店费太贵

超市的价格也如出一辙,莫名的"进店费"使得超市内的农产品价格居高难下。在超市经营农产品,一般要扣 10%~15% 的点,一季度才结一次账,账期较长。而一家一户的农民种销,是典型的小生产对大流通,农民自己种的农产品进超市根本不现实,一是没有车,即使有车没手续,到路上肯定被罚,二是没有品牌,三是不认识人,四是超市不现金结账,还要扣点。

六是金融服务是一片空白

目前,我国没有一个对农产品流通的金融服务部门,对农产品流通的金融支持几乎是一片空白。

七是冷链、仓储建设比较薄弱

近年来,我国加大了农产品的冷链、仓储建设的力度,但总体来讲,现代化程度不是很高。

(2010 年 12 月 7 日)

附录

部分媒体报道与访谈

张玉玺：构建和谐市场

人们永远不会忘记 2003 年春天。

"非典"肆虐

北京传染病房告急、日用品紧缺、蔬菜供不应求，个别地方出现了抢购风……

4 月上旬，刚上任几天的北京市代市长王岐山匆匆来到新发地农产品批发市场调研蔬菜供应量这一牵动全局的大问题。关键时刻，新发地农产品批发市场综合运筹，南北调度，及时解决了北京市民吃菜难题，它的精彩亮相，起到了稳定人心、平抑物价的作用，它从容镇定、稳健运营，经受住了非常时期的严峻考验。

北京新发地，18 年前还是北京南郊一个普普通通的小村落，如今已经成为全国闻名遐迩的农产品集散地。2005 年，新发地农贸市场全年的产品交易量达到了 53 亿公斤，居全国第一，交易额达到 110 亿元，排名全国第二，国内三十几个省市的商户来此交易，交易覆盖面辐射内蒙古、东北、河北等地，成为北方农贸产品批发的集散地和全国农贸产品市场的晴雨表，成为确保北京市民日常生活质量的名副其实的"菜篮子"和"果盘子"。

企业的一切始于人力资本，个人的综合素质决定了发展和解决问题的能力。张玉玺用 16 年的时间主舵完善配套设备、培育市场经营、美化交易环境，一步一个脚印使新发地农产品批发市场成为蔬菜、水果、肉类、水产、种业等八大类农副产品大型综合批发市场。

张玉玺身兼新发地农产品有限公司董事长兼总经理、花乡新发地村的党总支书记、丰泰新房地产有限责任公司总经理、新发地宏业投资中心总经理数职,却依然是一个外表朴实、性格坚韧、地地道道的新发地人。他这些年来获得了"中国乡镇企业十大新闻人物"、"全国劳动模范"等光荣称号。

靠三个"15"起家

张玉玺与共和国同龄。1970年,21岁的他参了军,在海军37510部队一干就是6年。6年的军旅生活培养了他坚毅的性格和扎实稳健的作风。

1976年,张玉玺退役返乡。在村里,他先后当过基建队工人、统计员、放映员、管理员、生产队长。角色虽然不同,收入也不高,但是张玉玺对待每一份工作都兢兢业业,任劳任怨,干得出色。村里的人都夸他,说张家这小子可是个有能耐、有出息的人。

1982年,村领导班子推荐张玉玺去丰台农校学习蔬菜栽培技术,毕业后,他回到村里当上了主管科技的副大队长,负责农作物病虫害的防治工作。

1985年是北京市由计划经济向市场经济转轨的新时期。全市放开蔬菜等5种农产品的价格,欢迎外地农产品进京。新发地位于北京市南四环与京开高速交界处,由于地域上的优势,村里黄陈路和丰苑路交叉的路口有人开始摆摊做买卖,之后逐渐形成了一个农贸自由市场。当初由于缺乏管理,市场不但堵塞了交通,而且还破坏了环境,成为大都市边缘的一块"膏药"。

那个时候,张玉玺每天早上起来的第一件事就是去市场轰人。往往这边刚清走一批商贩,那边又有人回来了,这让张玉玺大伤脑筋。正在他一筹莫展的时候,当时的北京丰台区工商所所长田振梅对他说:"你还不如因势利导搞市场,彻底解决农民卖菜难的问题。现在北太平庄、大钟寺那边的市场已经搞起来了,你应该去考察一下。"

考察后,张玉玺记住了一位农产品市场专家的话:"办农产品市场要具备四个要素,首先,这个市场的早期是自发的;其次,地理位置应该是城乡结合部;其三,它的交通要非常便利;其四,市场距离消费终端,用原始车辆运输不超过一个小时。"以上四点新发地都具备,这让张玉玺茅塞顿开,精神大振,他决定自己创建一个全新的农贸市场。

经过一段时间的实地考察和紧张筹备,1988年5月16日,张玉玺肩负着全体村民的重托,仅凭划出的15亩地,筹集的15万元资金,带领同村的15名青年,义无反顾地走上了艰苦创业的历程。

口碑是最好的广告

通过亲身体验与换位思考,张玉玺梳理出了一些管理市场的办法,着手制定了"三大纪律、八项原则"等规章制度,并对市场治安管理、员工管理作出了明确的规定。

张玉玺规定,自己的员工不得在新发地市场购买任何商品,因为商户作为卖家大多不敢实收管理人员的钱,这就损害了商户的利益;他还规定,市场员工在正式上岗之前一定要到外地市场做一次生意,亲自体验商户在市场上最需要什么、最关心什么、最反对什么,这样才能更好地为商户服务。

新发地市场每天有几万人进进出出,各色人等云集,要搞好市场的治安并不容易。张玉玺安排市场保安人员24小时值勤,昼夜巡逻,在打击使用假币、偷盗、扒窃和及时公正处理纠纷等方面积累了许多经验。渐渐地,"新发地市场秩序好"的口碑在行业里传开了,市场不但稳定了,还人气大增,吸引了大批客户。

张玉玺开始着手市场管理的制度化:计费合理、准确,不多收、不乱收、不漏收、不少收;强化管理法制化,礼貌待客,和睦友善,诚信合作,坚持挂牌服务,接受群众监督,不准吃、拿、卡,不准索要客户的蔬菜、瓜果等,发现贪污者立即开除。

他们在实践中总结的这套管理模式和管理方法,对市场产生了巨大的推动力,新发地农贸市场在几年的时间里一跃而起,从创建第一年的交易量0.4亿公斤、纯收入8万元发展到了1990年的交易量2.3亿公斤、利润59万元。面对成绩，张玉玺并未沾沾自喜、头脑发胀，反而觉得自己肩上的担子更重了。

请不来，叫不来，赚钱准来

科学的经营理念是新发地得以稳步发展的根基。张玉玺说："要把新发地建成最大最好的交易市场，硬件可以用钱来买，但我们的软件——全心全意服务客户的宗旨是需要用心血去打造的。"

走进新发地果品蔬菜批发市场，人们可以清晰地看到大门两侧醒目地写着"让客户发财，求市场发展"10个金色大字。多年来，这一日趋成熟的经营理念已落实在全体员工的一切行动中。

"请不来，叫不来，赚钱准来；轰不走，赶不走，赔钱准走"。"市场经济如果没有回头客，就不叫市场"。这是张玉玺把客户吸引到新发地、留在新发地的诀窍，也是快速发展新发地的经营绝招。

客户来市场的最终目的就是赚钱。在新发地，张玉玺不仅聚拢了一批拥有百万元资金的大客户，而且还对赔钱的客户给予更多的关注。张玉玺规定，对赔钱的客户不仅要退还全年所有管理费，还一定要帮助他们分析赔钱的原因，找到问题的症结，以便日后把买卖做活、做好。

为了不断稳定、壮大客户，张玉玺千方百计给客户创造各种便利条件，尽力帮助扶持困难客户。2002年，蔬菜大户刘仁的三儿子在一次运输途中不幸遭遇车祸丧生，张玉玺闻讯立即派人出车帮助老刘跑保险、办理后事，还减免了他全年的房租，给了悲痛中的老刘极大的安慰。可是祸不单行，2003年，老刘的两个小孙女在市场玩耍，引发火灾，造成周边十几个商户严重的损失，他们纷纷向刘家索赔，老刘也被派出所拘留。张玉玺得知消息后，连夜从派出所保出老刘，第二天又拿出钱一面替老刘赔偿了受损的商户，一面鼓励老刘继续把生意做下去。在张玉玺的帮助和鼓励下，老刘终于摆脱困境站了起来，如今，生意越做越红火，已成为新发地蔬菜批发市场的大户。

给客户惊喜

客户增多了,市场发展了,张玉玺还是不满足。平时他很在意调查研究。有一次张玉玺在北大附近的水果摊前特意买了几斤水果,同商贩交谈起来,张玉玺问:"您的水果都是从哪里进的货?"商贩答道:"普通水果从新发地进货,精品水果从四道口进货。"张玉玺马上问:"为什么精品水果不在新发地进货,而去四道口?"小贩回答:"新发地的水果都是大路货,精品太少,不如四道口。"小贩的回答深深触动了张玉玺,作为新发地批发市场的当家人,他找到了新发地市场的不足,也找到了新的发展机遇。

一回到新发地,张玉玺便立即着手吸引精品水果大户进驻新发地。山西平陆的赵跃升是经营精品水果大户,当时市场没有空余的水果摊位和库房,张玉玺便把自己的办公室腾出来给老赵用,水果受气候影响明显,容易腐烂,张玉玺便给老赵备了冷库。有人传言说,老赵不是张玉玺家的亲戚,就是战友。可张玉玺并不理会这些,他一心只想发展精品水果,想要吸引更多的大户进驻新发地,从而带动小户,把市场做大做好。如今,在新发地市场,水果品种一应俱全,人们可以看到产自全国各地甚至来自我国台湾、海南、越南的水果。新发地的果品市场已经逐步发展壮大,水果批发交易总量占全北京市的80%。

市场越做越大,客户越来越多,张玉玺始终都没有忘记客户是市场发展的根本、客户是新发地市场管理人员的衣食父母。每逢年三十晚上,他总要带着煮好的饺子挨家挨户慰问看望在市场过年的商户。商户们通过这几斤饺子,真切感受到了新发地市场带给他们的那份实实在在的关怀与情谊。张玉玺深情地说:"一年的辛劳、摩擦、疙瘩、误会都会化解在这一碗碗代表真诚的饺子里!"

张玉玺自创了"给商户一个惊喜"的服务,那就是在商户们遇到困难的时候,给予他们意料之外的帮助和扶持。像市场上商户的运输车辆出现了问题,张玉玺就会安排工作人员帮助推车和修车;蔬菜水果散落了一地，给商户造成了损失，工作人员都会及时赶到帮助清理，还酌情给予一定的补贴。这些帮助和扶持其实并不属于市场管理的职责之内，可张玉玺要求自己的工作人员一定要用心体察，发现商户的每一点难处，真正帮助商户解决实际问题。就是这样看似简单、细微但又充满了关切、朴实的细节服务，让商户们把新发地市场当成了自己的家。张玉玺以自己宽广的胸怀和亲民的人格魅力凝聚了越来越多的客户，新发地市场愈发繁荣壮大了起来。

构建和谐市场

张玉玺常说"诚信之人不一定能发财，但能长期发财的人，一定是诚信之人"。正是凭借这样的理念，张玉玺一步步地构建着他心目中的和谐市场。

为了稳定商户的经营，为商户提供更好的福利，张玉玺斥资5000万元建起了一个能容纳700多户的"经营者乐园"，以低廉的价格租住给新发地的商户。他还投资了大型房地产项目"天伦锦城"，同样以优惠的价格提供给买房的商户，为商户的经营和生活创造了舒适的条件。后方稳固了，经营者打消了所有的后顾之忧。

为帮助商户规避风险，把生意做稳、做大、做强，在北京市政府的大力支持下，张玉玺组建了市场信息网络中心，及时采集包括各种产品的品种、价格、数量、产地等信息，并将加工整理后的信息，通过两部咨询电话24小时向客户和农民提供服务。同时与农业部、商务局、国家工商总局等有关部委的信息中心以及"绿篮网"、"十亿网"等全国农业系统较大的专业网站联网，还通过报纸、电台等媒体将信息及时传递到全国。

张玉玺说："办企业、建市场，追求利润这是不容回避的话题，因为没有这一点，企业、市场就不能发展，甚至还会面临倒闭破产的危险。但是，办企业还应大力提倡道德经营的发展理念。"企业社会责任建设的发展路径是将企业的专业优势与环境及社会问题的解决结合起来，最终实现企业与社会的共生共荣。农产品直接关系到消费者身体健康和社会稳定，要求经营者具有较强的社会责任感。为保证食品安全，张玉玺在市场投资建设了蔬菜农药残留检测中心，杜绝了有害果蔬进入新发地；肉类市场推行"场厂挂钩"，加强肉类产品监管，坚持索证索票制度，建立猪肉产销联合体。

张玉玺采取多种措施积极帮扶基地生产，地域遍及安徽、内蒙古、河北、海南等省、自治区，取得了明显的社会效益。

新目标"全国一流"

目前新发地市场每天有4万人在交易，1万多车辆在流动。张玉玺认为，尽管新发地市场在北京乃至全国的知名度和影响力都很大，但在交易方式、管理手段、基础设施等方面还需要进行全面的提档升级。为迎接2008年北京奥运会的到来，2003年，新发地升级改造工程全面启动——新发地市场将建设成"北京大型，全国一流"，符合首都国际化大都市建设要求的现代化大型农副产品综合批发市场。

目前，新发地农贸市场占地面积已经达到了1100多亩，职工1000多人，年创税收1200多万元，被新闻媒体广泛称之为"京郊夜明珠"、"城南不夜天"，还被研究农产品市场的专家、学者誉为"中国农产品流通领域的一艘航空母舰"。

作为市场掌舵人的张玉玺也获得了"全国农村优秀村官"、"中国优秀诚信经营企业家"、"首届中国农产品市场建设特别功勋人物"称号；2000年被授予"北京市劳动模范"称号；2003年被有关部门联合授予"全国农村优秀人才"称号；从2001年开始，连续4年被评为"京郊经济发展十大杰出典型"；2005年，他非常荣幸地当选为"全国劳动模范"。

被光环和荣耀围绕的张玉玺面对着越做越大、越做越强的新发地农产品公司并没有停下前行的脚步，新的一年，张玉玺仍保持着清醒的头脑，他的目标是把新发地农贸市场建成全国一流的一级批发市场，从而影响和带动全国农贸产品市场走向新的辉煌。

（《中国企业报》，2006年7月5日）

农产品市场建设的领头人——张玉玺

他，为北京七成近千万市民提供菜篮子产品的保障；他，为全国千百万农民解决了农产品卖难的问题；他所领导的中国农产品市场协会的500多个批发市场会员单位，遍布长城内外大江南北城乡之间，所构建的农产品流通体系挺起了我国农产品的脊梁，为国家分了忧，为农民解了难……

在北京，只要提到高科技，人们自然会想到"中关村"；只要一说起农产品批发市场，人们又自然而然地想到"新发地"。位于北京市南郊的新发地农产品批发市场是北京最大的农产品批发市场，也是全国交易量最大的农产品批发市场之一。这个市场全年各类农产品交易量达60.5亿公斤，交易额达150多亿元，北京市民的"菜篮子"有70%都由这里供给。置身市场之中，看着这里商贾云集、人声鼎沸的场景，你可能很难想象18年前这里只是一个设施简陋的小型农贸市场。实现这一奇迹的正是北京新发地农产品批发市场的领头人——张玉玺。张玉玺现任北京丰台区新发地村党总支书记、新发地宏业投资中心总经理、北京丰泰新房地产开发公司总经理、新发地农产品有限公司董事长，兼任中国农产品市场协会会长、中国蔬菜流通协会副会长、北京市场协会副会长。

经过18年的精心培育，他将一个建场初期占地15亩的农贸市场扩大到1370亩，管理人员从15个人增加到1000多人，资产从15万元积累到10亿元，全年为国家上缴各种税费1200多万元。市场的繁荣与发展，不仅搞活了首都城乡经济，加速了中国农业产业化进程，更重要的是培育出了一大批完全能够适应市场经济规律的新型农民，通过他们成功的示范作用，带动了千百万中国农民走上了发家致富奔小康的道路，取得了巨大的经济效益和社会效益。作为北京新发地农产品有限公司董事长同时也是中国农产品市场协会会长，张玉玺不仅一手谋划了一个市场的发展与壮大，更领航了我国农产品市场的前进与发展，协会旗下500多个农产品批发市场会员单位，遍布我国城乡，一头服务农民，一头服务市民，为我国农产品流通体系和城乡菜篮子工程建设作出了巨大的贡献。

守业：让客户发财成就市场发展

办市场赚钱就指望着那点管理费，一车收个块儿八毛，张玉玺当初还真没看上，只是希望依此解决农民卖菜难的问题。到1991年底一算账，张玉玺自己吓了一跳，那一年市场收入110万元。这让他开始意识到原来市场是可以当个企业来办。

市场到底应该怎么发展，张玉玺心里并没有谱，他到书店逛了一圈，也找不到市场管理方面的书籍，一下子有点摸不着头脑了。

缺乏理论，也没有经验，但是张玉玺有自己的办法。为了摸清客户心理，他决定亲自去一趟内蒙古卖一趟菜，也做一回经销商。

到了内蒙古菜市场的第三天,他就遇到了麻烦。那时的场景他至今还记忆犹新:"天已经很晚了,走过来几个长头发的人,胳膊上文着龙,嘴里骂骂咧咧的,当时我心里特别害怕。这会儿他们市场上一个负责人来了,我记得姓田,给我一张名片,说没事儿,你是北京的客人,有什么事找我。我当时激动得啊,眼泪都快流下来了。我从那以后,感觉搞市场必须先抓好治安。"

从内蒙古回来之后,张玉玺又一个人押车跑去河南漯河收购了一回大蒜。这一买一卖中,张玉玺总结了许多市场管理的经验。回来后,他定了一个包括管理者不能在市场买菜的"三大纪律、八项原则",狠抓了市场管理,特别是市场安全,这些做法赢得了客户的好评。

在市场发展中,张玉玺提出了"让客户发财,求市场发展"的口号,并制定了一系列的员工守则,其中最重要的一条就是市场职工在来市场正式上班之前,必须到外地市场做一回生意,当一次商户,利用换位思考,感受一下商户的艰辛,体验商户在市场最需要什么、最关心什么、最反对什么,这样才能更好地为商户服务。

在张玉玺和市场全体人员的共同努力下,新发地市场滚雪球般逐渐发展起来了。从 2000 年开始,市场进入了飞速发展的阶段。仅从一组统计数据看,2000 年实现交易量 27.6 亿公斤、交易额 33.5 亿元,2001 年实现交易量 32 亿公斤、交易额 38 亿元,2002 年实现交易量 36 亿公斤、交易额 48 亿元,2003 年实现交易量 41.5 亿公斤、交易额 70 亿元,2006 年实现交易量 60.5 亿公斤、交易额 150 亿元。交易的品种也从当初单一的蔬菜批发扩展到蔬菜、果品、粮油、肉类、调料、水产、种子等十几大类农副产品的综合批发,不仅有南菜北运、北菜南运,还出现了北菜更北运的现象。北京新发地市场的农产品交易量连续 6 年名列全国同类市场第一,交易额名列第二,其中蔬菜、果品两大项的供应量已分别占到全市总需求量的 70% 以上。

磨砺：非典一役考验真的勇士

这一路走来，张玉玺苦过累过，要管理这么大的一个批发市场，千头万绪的事情，哪能不让人操碎了心呢！咬咬牙，多坚持一会儿，也就挺过来了，张玉玺骨子里总有着这么一股子不服输的劲儿。回想早年的苦累，张玉玺说，感觉最为沉重的日子还是2003年那场"非典战役"。

2003年4月，北京作为非典的重灾区，疫情形势越来越严峻。北京市民因恐慌心理开始大批量地集中采购生活必需品，造成了农产品市场菜价飞涨，1元钱1公斤的萝卜涨到了16元1公斤。

在这个关键时刻，新发地市场作为首都的"大菜篮子"承担起了一项"保障供应，稳定社会"的政治任务。作为市场的负责人，张玉玺深感肩负的责任和使命，他通过动员运销大户运菜进京、联系"场地挂钩"协议基地、降低市场管理费、通过行业协会组织会员运菜进京等多种措施组织货源，使大批量无公害农产品从全国各地源源不断地运到北京，仅在30个小时之内就平息了一场爆发性的市场价格波动。稳定了市场、稳定了民心，保障了非常时期首都市民的菜篮子供应。

4月24日，刚刚上任3天的北京市代市长王岐山到市场视察，当他看到市场内满腾腾的菜车时，高兴地说："有这么多菜，我就放心了，北京的市场是不会出现供应问题的。"

回忆起那一场"战斗"，张玉玺说："其实，我当时所面临的最大压力，是如何保证整个批发市场人员的身体健康。你也看到了，批发市场人流量大，人员交往密集，传染性非常强。这里只要出现一例'非典'病患甚至是疑似病例，整个市场就会乱了，而市场乱了，首都就会面临危机。"

顶着巨大的压力，张玉玺认真安排、周密部署，投入大量的人力、物力和财力用于防治"非典"，使新发地这样一个人流量大、来自区域广的大市场中，"非典"期间未出现一例"非典"病人和疑似病人，为整个北京取得防治非典型肺炎斗争的胜利作出了积极的贡献。新发地农产品批发市场被评为"首都防治非典型肺炎先进单位"，张玉玺同志也被中共北京市委授予"北京市防治非典型肺炎工作优秀共产党员"荣誉称号,他在抗击非典型肺炎当中的先进事迹还被作为专题在北京电视台播出,引起首都各界强烈反响。

"不经历风雨哪能见彩虹",经过了这一役,张玉玺感觉自己的人生又上到一个新的台阶,"连'非典'我们都熬过来了,以后还能有多大的难,多大的苦呢?"

骄傲:带动农民千百万

新发地逐渐发展壮大,赢得了许多的荣誉,让张玉玺颇感自豪的是,新发地农产品批发市场还被誉为"百万富翁的孵化地"。"在北京这个地方,百万富翁实在算不上什么,可是这些人曾经都是蹬着三轮板车卖菜的地地道道的农民啊,能够攒下这样的一份家财,他们的生活确实在这里发生了翻天覆地的变化。"

其实何止百万富翁,在新发地家产过千万的运销大户也不乏其人。市场的繁荣与发展,不仅培养出了一大批完全能够适应市场经济规律的新型农民,更通过他们成功的示范作用,带动了上百万的中国农民走上了发家致富奔小康的道路。

姜蒜运销大户王保瑞做了整整十年的专业批发,他善于研究和分析市场,不但看到市场缺什么货,积极组织货源,而且凭十几年的经验,能预测出市场行情。他每天从山东和秦皇岛运到新发地市场的姜蒜,不但占据了整个北京80%的姜蒜市场,而且通过新发地市场中转,销往其他省市。果品运销大户刘志国的生意更大,他一年当中几乎半年时间在外地联系货源,他还在新疆阿勒泰地区与当地政府合作建设了几千亩的哈密瓜基地,不仅保障了自己的货源,而且促进了当地农民的增收致富,提高了新发地市场在全国的知名度和社会效益。做南方菜生意的耿景凤、耿景发、王广等人,他们为了抵御市场风险,将安徽老家的亲朋好友都带出来,将资金捆绑到一块,做一些一般经营户做不了的大事。目前,他们自发形成的农产品运销专业合作组织,成员已发展到30多人,形成了真正意义上的

"利益共享、风险共担"的产业化经营格局。仅王广一家,在海南就帮25000多农民解决了冬季瓜菜销售难题。而像王广这样的大客户在新发地市场就有上千家。

情结:农民的事情就是我的事情

在农产品批发市场打滚的几乎都是农民,为他们提供好的服务,既是市场自身发展的需要,也是一个企业理应承担的社会责任。"莫道众生性命微,一般骨肉一般皮",这是张玉玺最喜欢的白居易的一句诗。他常说:"我是农民出身,种过菜也卖过菜,深知农民生活的辛苦,明白农民进入市场的艰难。只要是在我的市场里做生意的客户,都是我的兄弟姐妹,他们的事情就是我的事情。"

在农产品批发行业讨生活并不是一件容易的事,做运销的农民常常要承担很大的风险。最常见的就是"丢货"。批发市场的管理者告诉记者,很多运销户雇了运输车帮他们拉货,先预付了一笔运输费,但很多运输者拿了钱还会在半路把货给拉走,由于运输合同不规范以及一些地方的地方保护主义,很多农民的货丢了,根本找不回来,只能吃哑巴亏。

这些事情虽然和批发市场并无关系,但是只要让张玉玺知道了他就非管不可。2006年初,一位海南的农民雇了某省的一个运输户帮其拉货,结果运费付了,货却被这个运输户拉走私自卖掉了。海南的客商找到运输户所在的当地政府,根本没人理睬。急得他满嘴冒泡,想也不想就奔到张玉玺的办公室来了。

张玉玺一听这事,立即以中国农产品市场协会的名义,找到当地政府。经过多方努力,终于把该客商的钱要了回来。这件事情给张玉玺的感受很深,他对记者说:"我国大部分的农民都属于弱势群体,只有把他们有效地组织起来,才能更好地维护自己的权益。"

农民是大家的衣食父母,商户是市场的衣食父母。为农民和商户服务,张玉玺并不只限于和市场有关的客户,只要条件允许,他尽自己最大的力量为更多的农民谋福利。他爱商户胜过自己,每年家家团圆吃年夜饭的时候，他都在市场挨家挨户为留在市场的客户送去过年的饺子，18年了，年年如此。他在市场为外地经营者打造了可为上千户经营者居住的专门小区，每户只要出很少的成本租金就能住上设施齐全的两居室，被大家称为"经营者乐园"。为帮助基地发展生产，张玉玺积极采取多种措施开展帮扶工作。如市场拿出 55000 元，为安徽"将军县"同时也是全国重点贫困县金寨县 500 多个山村订购《农民日报》；拿出 6 万元，帮助内蒙古林西县建立了农产品批发市场；免去 20% 的管理费，引导内蒙古河套香瓜入场交易；免费提供展位和场地并免去全部管理费用，分别组织召开了海南省、福建省、河北邯郸市、秦皇岛市和安徽长丰等省市的农产品推介会；还免去一切费用，在市场中召开了"2002 年京郊农业绿色精品展销会"。这一系列的举措和活动均收到了很好的效果，取得了明显的社会效益。在近几年，他先后获得"全国农村优秀'村官'"、"中国优秀诚信经营企业家"、"首届中国农产品市场建设特别功勋人物"等多种荣誉称号。从 2001 年开始，连续四年被评为"京郊经济发展'十大'杰出典型"；2003 年 10 月被中宣部、人事部、农业部联合授予"全国农村优秀人才"称号；并且当选为中共北京市丰台区八大、九大、十大代表和丰台区第十三届、十四届人大代表。

扩展：活一片经济，福一方百姓

张玉玺多年来一直担任村干部，2003 年张玉玺当选为新发地村的党总支书记。一肩挑着批发市场，一肩挑着新发地村，张玉玺感觉自己的压力更重了。他认为，一个农村领导班子的好坏，关键要看三条：第一条，看这个村经济是否逐年上升；第二条，看村民是否安居乐业；第三条，看村干部自身是否行得正。

在农村工作的 20 多年间，他遇到过"托关系、走人情"的事，遇到过金钱的诱惑，也曾遇到过恐吓和威胁，这些经历不仅没有吓倒张玉玺，反而使他更坚定了做一个"廉洁奉公、执政为民"好干部的决心。不管村里谁家有事，张玉玺知道了一定要主动上门；一旦村民家有困难，更是千方百计帮助解决。张玉玺在村民心中树立了极高的威望。

随着经济不断壮大，新发地村容村貌都有很大的变化，一条条宽阔的道路迅速铺平修通，一座座漂亮的住宅楼相继拔地而起。不少村民已搬进新楼，可张玉玺家依然是那套老平房、老院子。他的愿望是三至五年的时间，让新发地村民全住进楼房。

张玉玺经常这样告诫自己：平常在村里多骑自行车，少穿名牌服装，家里房屋不要装修得太豪华，要管好自己直系亲属，平常工作注意自己一言一行。记者从张玉玺身边的工作人员那里得知，他管辖着全村30多家企业，自己爱人却一直在一个小旅店里做洗衣物等杂活，他对自己直系亲属的要求是特别严格的。张玉玺心中有一个观念：群众利益无小事，比如一个村民是否就业，对集体来说可能是一件小事，但对于每个家庭、每个村民来说可是一件大事。因此群众提出的每一件事，他都当做大事认真对待，认真研究解决。如果村民的事情不解决，就不能保证村内安定，也不能安下心来研究发展经济和其他事情。

为了解决村民的就业问题，村里成立了"劳动力就业办公室"，专门解决村民的就业问题。目前，新发地村农业劳动力有2831名（其中退休职工有528人），在村办企业上班的农村劳动力有2048人，综合就业率达到95%。他们还向村民做出"不挑不拣，十天就业"的庄重承诺。如果村民愿意到社会上自谋职业，村里发给每人每月300元补助费，而且不影响本人在村里享受的医疗保险和退休养老金的待遇。现退休职工平均每月能拿到660元的退休费用，最高退休金每月可达到1100元。全村经济蒸蒸日上，村民生活过得有滋有味。

大市场发展还带动了其他产业的发展，构筑起新型农产品营销体系。在新发地村周边地区先后建起货运中心、木材市场、长途客运站等大小30多家企业。真正实现了"建一个市场，活一片经济，福一方百姓"的目标。

责任：挺起中国农产品的脊梁

张玉玺肩负的社会职务很多，鉴于张玉玺及新发地市场在我国农产品市场中发挥的作用，2001年他被推选为"中国农产品市场协会会长"。

目前，全社会都在关心和关注"三农"问题，党和政府更是把解决"三农"问题作为所有工作的重中之重，广大的农产品批发市场正是实现农业增效、农民增收的一道道"脊梁"。正是这一道道"脊梁"发挥着不可替代作用，才使我国90%多的农产品实现了有效的流通，为农业增效和农民增收提供了基础。同时，因为广大农产品批发市场处于市场经济的前沿，又更好地为农产品的优化结构和增加附加值提供了可能。

由500多个会员组成的中国农产品市场协会，正是我国庞大农产品市场营销体系——"中国农产品的脊梁"的组织和维护者。张玉玺由于自身的影响和地位，自2001年至今一直担任着中国农产品市场协会会长的职务。2007年初协会换届，他以良好的口碑和业绩得以继续连任。

作为中国农产品市场协会会长，张玉玺在中国农产品流通领域享有较高的威望。2003年11月上旬，张玉玺和国内几位主要市场的负责人及国务院有关领导，参加了在葡萄牙首都里斯本召开的世界批发市场联合会第23届年会，受到了世界批发市场联合会主席冈萨雷斯的亲切会见。2006年8月，他在北京会见了世界批发市场联合会主席唐纳德一行，关心和支持在中国召开的世批联理事会的举行。

在不久前召开的"首届中国农民合作经济组织与新农村建设论坛"上，张玉玺呼吁，应建立由"农民专业生产合作社＋农民专业运销商＋农产品批发市场"紧密型农产品营销合作机制。同时倡议，所有农产品批发市场，对农民专业合作社生产的农产品进场交易，要提供优惠和支持，要义无反顾地担起这个历史的重担。作为我国农产品市场的领航人，张玉玺把他终生的事业和"三农"紧密联系在了一起，他正朝着更远的目标、更美好的将来努力奋进。

（《农民日报》，2007年1月29日）

他创建了市场　市场带动了大家

一个正派的带头人

作者：北京市委农工委副书记　安钢

说到张玉玺，我从北京的角度看，我个人有三条体会：

第一条，就北京市来讲，从传统农业到现代农业、从传统农村到现代化大城市、从传统农民过渡到城市市民，在这个过程中，走创建市场的道路，张玉玺是带了头、积累了经验的。第二条，从城乡关系的角度看，能够紧紧地把握"城市服务农村、农村服务城市"这样一个方向，农产品市场在其中发挥了重大作用。新发地农产品批发市场水果的销量占北京市场的85%，蔬菜是70%，而进口水果能达到90%以上。新发地农产品批发市场控制着北京农产品市场的这样一个范围，本身也说明了这个市场对北京的重要性。尤其值得一提的是这一市场对食品安全的重要性。如果这个市场是放心的，是安全的，那么北京市场的大部分农产品安全问题也就得到了解决。所以从城乡关系的角度看，北京新发地市场很好地服务了首都。第三条，从我们农村基层的治理结构看，无论是我们的村民自治，还是我们政府的管理，无论哪种形式，"能人"都发挥着极其重要的作用。"能人"的作用甚至成为我们发展农村的一个重要的经验。"能人"的特征就是"能"，而张玉玺的特点就在于除了"能"之外，还特别"正"，是一个优秀的共产党员，是我们农村带头创业的正派人物。有能力，正派人，好党员，这使张玉玺无论在村民自治方面，还是在地方政府管理方面，都发挥着突出作用。

为健全市场体系发挥积极作用

作者：农业部市场与经济信息司市场发展处处长　陈兆云

张玉玺同志作为农业部定点市场——北京新发地农产品批发市场董事长，农业部主管的中国农产品市场协会会长，当选"2006年中国农村新闻人物"，表明了社会各界对农产品市场流通工作的高度关注，是对张玉玺同志积极投身农产品市场建设与发展的充分肯定。多年来，农业部按照农业和农村经济发展的内在要求，认真履行农产品市场流通职责，积极促进农业产前、产中、产后一体化发展，努力健全现代农产品市场体系。"十五"时期，制定发布了《全国农产品市场体系发展规划纲要》，正在组织实施《"十一五"时期全国农产品市场体系建设规划》。从1995年开始农业部定点市场工作，直接联系的批发市场已达615家，建立了全国农产品批发市场价格日报系统，创建了全国农产品批发市场价格指数，实施"农产品批发市场升级拓展工程"，推动落实《农产品质量安全法》相关规定，加强批发市场环节农产品质量安全监管，促进市场交易管理现代化，积极发展连锁配送等现代流通业态，有力地促进了现代农业发展和社会主义新农村建设。在这一过程中，张玉玺同志作为中国农产品市场协会会长，根据农产品市场流通工作的总体要求，积极带领和团结会员单位提高管理水平，活跃农产品流通，为健全农产品市场体系发挥了积极作用。

始终盯着一个行当努力

作者：中国农产品市场协会秘书长　闵耀良

中国农产品市场协会是在2002年的时候由民政部门批准成立的组织，成立到现在有几个年头了。张玉玺同志是我们中国农产品市场协会的会长，在最近这次换届选举当中又连任会长。中国农产品市场协会到目前为止有农产品市场615家。协会运作这几年来，在各个方面都有了一定的起色，在同行当中也有一定的知名度，凝聚力也比较强，这个跟张玉玺会长付出的辛勤劳动是分不开的。

第一点，一二十年来，始终盯着一件事、干成干好干大一件事，是很不容易的。新发地市场发展到今天这个局面来之不易。随着事业的发展壮大，张玉玺头顶上的光环也越来越多，但他始终盯着这一个行当，盯住这个事业，把它搞好，这是不容易的。我们也有一些市场老总，干得不错，过几年就蜕化了。而张玉玺不是这样，他在首都这个大城市，把市场干成这个样子，是不容易的。第二点，他勤于学习，与时俱进。他很注重自己思想理念上的创新。担任会长这么多年来，对于怎么样建市场管市场和经营市场，他都有自己的一些独到见解，在同行当中比较被认可。第三点，他始终坚持以人为本，和谐发展。他始终为客户着想，要求所有的员工要考虑到客户的困难。这个新发地市场为什么这样火呢？一个是交通地理问题，新发地位于四环以外，但更主要的是他以管理为本，他讲究"让客户发财"。准确地说，他对员工要求严格，求真务实，不允许员工搞特殊；而且他每年开几次商户座谈会、表彰会，凡是我们市场员工有行为不当，客户随时可以揭发，揭发以后采取措施，严重者给予开除。在服务方面，以人为本，在市场和谐发展方面做的是不错的。第四点，就是严于律己。我和他交往十多年了，他常想千万不要犯错误，在任何问题上都是以党的事业为重。

架起一座城乡沟通的桥梁

作者：北京丰台区花乡党委书记　李新民

张玉玺是全国劳动模范，连续两届的北京市劳动模范，是丰台区第十三届、第十四届人大会的人大代表，是丰台区第八、九、十届三届党代会的党代表，是北京市的优秀共产党员。对于他的事迹，我觉得是所有优秀党员都应学习的。什么政治坚定，什么思想觉悟啊，凡是优秀的共产党员身上具备的优点，在他身上都可以找得到。

关于市场的情况，张玉玺已经介绍得相当清楚了。市场经过三个发展阶段，由当初只为解决自己贩菜难的问题这样一个市场，发展到为全国各地农民解决卖菜难的这样一个市场，这是质的飞跃和跨越。我觉得市场，包括新发地，包括张玉玺本人，对社会最大的贡献是什么呢？就是在市民的"菜篮子"和农民的"菜园子"当中，架起了一道桥梁，把他们连起来了。我觉得这就是新发地市场，也就是张玉玺本人对社会，对广大市民和广大农民的最大的贡献。就是把两头联系在一起，做了非常好的平台，使农民菜园子里的菜能够顺利到达市民的菜篮子当中，我觉得这是一个最大的贡献。

想客户所想　急农民所急

作者：张洪俊

1992年初，我们集体在大钟寺和太阳宫市场搞经销。2003年初这两个市场要拆迁，我们失去了做生意的场所。2003年过完春节的正月初六，我心急如焚地赶到北京，开始选择新的市场，为在北京做生意的老乡寻求出路，但找来找去一直没有合适的落脚地方，我彻底失望了。一天，经朋友介绍，我找到了新发地市场总经理张玉玺。看到他简陋的办公室，我的第一感觉是老总的办公室都这么土，这里的办公效率和管理理念行吗？新发地有发展前途吗？在这儿能挣钱吗？谈话匆匆结束，对此我没抱任何希望。没想到第三天，新发地市场通知我可以正式入驻——我们老乡一阵狂喜，马上开始行动，很快就成为这个市场的商户了。

初到新发地市场，原来固定的采购商来这里批发物品距离远了，这对我们的压力不言而喻。张玉玺马上作出扶持新商户的决定，放水养鱼，对我们免收3个月租金，很快稳定了新来的商户。张玉玺总是想着如何把全国各地的好东西拿到新发地来销售，他的服务理念、管理意识、人格魅力，感染着我们每一个商户；他想客户所想，急农民所急。

这里是人文管理的地方

作者：王慧东

我从1992年开始一直在新发地市场搞经营，十几年来多次受到市场领导和市场管理人员的关心和照顾。我们卖一天货，晚上到货后还要接车排位，市场管理人员积极帮助我们找车位，车停好后，市场安排保安细心照看我们货物，让我们能够好好休息，第二天有精神更好地销售。

2005年我公司发现网络平台宣传力度广、信息流量大，于是就把想法和市场领导一说，市场有关人员马上就把我公司产品传到市场网络平台上，这样一来我公司产品很快增加了销量，给我们产品扩展了更大市场。

北京的冬天天寒地冻，我们经营的水果需入库交易，对此我把我们的困难和张经理一说，张经理很快就决定给我们建立库房，这样一来我们的货就能入库房直接交易而不怕冬天受冻或夏天受到暴晒，使我们的产品比以前的销量增加了一倍。我原来在其他市场经营过，平时好点，每年过节我都不敢在自己的档口卖货，每到过年过节时，市场管理人员大包小包要货，但在新发地市场十几年中从来没有遇到市场管理人员吃、拿、卡、要的现象，处处体现着文明管理和优质服务。

新发地市场的人文关怀和文明管理，在我们南菜北运的同行中传为佳话，只有这里的市场领导才会为客户着想，真正体现市场求发展、客户求发财的宗旨。

实现人生价值的平台

作者：赵跃升

我的家乡在山西南部的一个小山村，是一个贫穷的地方。原来我也和家乡所有的人一样，靠家里的几亩土地吃饭，生活过得很紧张。改革开放以后，为了改变生活的困境，做起了水果生意。2001年我来到北京新发地农产品批发市场。在这里，每位商户都是市场的主人，市场倡导的"让客户发财，求市场发展"的经营理念，为每一位商户提供了平等的竞争机会。我所经营的精品水果批发得到了张玉玺总经理的大力支持，短短几年时间，精品水果批发在新发地市场已经得到了很大的发展。除了在生意上给我们支持以外，市场领导把每一位商户都当成了自己的亲人，想客户所想，急客户所急，特别是"非典"期间，市场更是把每一项工作都做到了最好。

　　市场所建的经营者乐园，让我们在一天的辛劳之后，有了一个舒适的生活环境，解除了我们的后顾之忧。几年下来，我已经把这里当成了自己的家，我非常感谢北京新发地批发市场为我提供了发展的平台，给了我奋斗的机会；我在这里不光有了自己的事业，让家人过上了舒适、安逸的生活，更重要的是实现了我的人生价值。

市场领导为我们操足了心

作者：王广

　　我叫王广，是安徽和县人，在新发地市场经营蔬菜生意，主营南菜北销。我在这个市场有十来年了，从一个很普通的农民发展成有一定资产和存款的商户，由于得到市场领导的多方帮助，使我的生意日益扩大，我们把海南、广东、广西等省区的蔬菜运到北方来，送到北京的大街小巷、千家万户；我们拉货的菜车到市场来，领导为我们统一安排；整个市场车辆停放整齐，大家都不争吵，使之合理竞争。

　　2006年1月份给我们拉货的一辆石家庄新乐县的车子从广东拉到石家庄，怎么也不肯到北京来，我心里特别着急，如时间长了，车上的四季豆会变坏的。市场领导得知后，立即派市场副总经理顾兆学等一行驱车前往石家庄地区与其交涉，经过两天的谈话，对方终于将货送到了新发地，使我们免遭了经济损失。在新发地市场经营，凡遇不公平，市场领导总要出面替我们讨回公道，使我在市场做生意觉得心里踏实。有市场领导的关心，我更有信心把生意搞好，今后将更好地配合市场领导，为市场繁荣多做努力！

把果菜贩子当上帝看待

作者：赵新文

　　我是新发地市场果品批发商。在我公司入驻市场两年多的经营当中，总体感觉是市场把我们这些果、菜贩子当上帝看待。这是我从事果品批发十多年来在其他市场从未体验到的。举例说，每年的大年三十晚上，正是举家团圆、欢度除夕的时候，张董事长总是亲自带领市场各级领导在市场内挨门挨户送年夜饺子，慰问、感谢商户。

张董事长在职工会上曾不止一次对市场各部门领导和员工说过，商户就是咱们的衣食父母，是商户给咱们开工资；没有这些商户就没有市场的一切，没有咱们的一切。有着这样的领头人无疑能培养出一支为商户着想、廉洁奉公的管理队伍。

张董事长常对商户说，"民以食为天"，我们在做天大的事情，而不是简单的水果、菜贩子，是农产品经纪人，我们做得好与坏直接影响广大农民和市民的利益，所以我们不仅要搞活农产品流通，更重要的是保证农产品的安全。在一次座谈时，张董事长语重心长地跟我们说："有些商户挣得第一桶金，可能来的并不道德、并不干净，但是新发地市场不计前科，只要你们能洗心革面、守法经营、诚信经营，市场永远是欢迎你们的。"这样的好领导，无疑造就了一大批高素质、诚信守法的商户。

市场助我生意兴隆

作者：徐柱

我叫徐柱，安徽省人。为了解脱家庭贫困的生活，在我18岁那年，跟着父亲来到北京丰台区经营水果店。后来由于迎接香港回归，市政府相继取缔了部分店铺。我的水果店也在其中。我因此而失去了赖以谋生的营生。经过三四年的辗转，后来搬到了新发地市场发展。

刚到新发地市场时，新发地市场规模并不大，交易的商户也不多，赚钱的机会自然也就少，加上我岁数小，没经验，开始连房租和生活费都难以维持，当时几度产生了不想再干的念头。可就在我经营困难的时期，市场给了我一些优惠条件，给予扶持，帮我渡过难关。至今我从事水果经营已经12个年头了。在新发地市场经营期间是我生意上重要的发展阶段。我的生意随着新发地市场的飞速发展而越来越大。

记得在新发地农产品市场"2005年度文明经营商户表彰大会"上,张董事长讲过一句话,商户是我们的衣食父母,我们的工资是商户给的。这句话一直让我心中充满感激。我们一个个外地商户,在市场与张董事长的心里是那么重要。对于我个人的发展,我最应该感谢的就是新发地市场,没有新发地市场就没有我徐柱的今天。

(《农民日报》,2007年1月29日)

北京新发地打造农产品流通领域航空母舰

置身新发地市场,看到眼前的商贾云集、财运亨通的情景,谁也不会想到,18年前,这里还是一片黄沙漫天的蛮荒之地。北京丰台区花乡的一群普通农民白手起家,依靠自己的艰苦奋斗,终于在昔日皇家围猎的蛮荒之地,把一个马路小市场打拼成全国名列前茅的大型综合农产品批发市场。他们是如何找到这条成功之路的?近日,本报记者走进了北京新发地农产品批发市场,经过多日的采访,详细了解了这个市场的发展壮大历程,更深刻领会了其"让客户发财,求市场发展"的成功之道。

起步不为赚钱却招来顾客盈门

北京新发地农产品批发市场成立于1988年5月,是由丰台区花乡新发地农工商联合公司创办的一家集体企业。此时正值我国由计划经济向市场经济转轨的关键时期。新发地村位于丰台区花乡东南部,是首都南部城乡结合部,背靠京津冀上百万亩的大菜田,加上紧邻京开路和丰南路交叉口,是城郊农产品交易流通的理想场所。时值1985年,虽然国家改革开放的号角已经吹响多年了,但长期的城乡隔离政策还在头脑深处羁绊着农民的手脚,菜农们还不敢擅自进城销售农产品。而责任田里生产的东西自己吃不完总得卖出去。于是,北京南郊乃至临近京城的河北农民们挑着剩余的农产品,在准备进京销售的路途中,发现了位于新发地村境内这块方便城乡人来往的露天场地,在这里停住了脚步,摆开了地摊。

当时人们对市场的概念还很陌生,新发地村人也不例外。开始,他们根本没有意识到这些人将来是自己的财神爷,还经常以扰乱社会秩序和妨碍村口交通为由对他们进行驱赶。但万物的成长自有其内在的规律，其强大的生命力往往是人为的外力无法阻止的。眼看驱赶并不见效，新发地村的干部们也似乎意识到其潜在的价值，于是，决定在村口菜农们愿意集聚的地方，划出15亩地，自己拿出村里的多年积蓄，再到区、乡筹集一些，凑了15万元钱，建了简易的房子，再派15个村民，每天把游散在村口马路两边的卖菜的农民"引"进院内交易。这就是今天首都最大的农产品批发市场当初的雏形。

如果说，新发地市场建场初期是消极被动的，但是市场建成后，其管理和发展是积极主动的。因为从一开始，市、区、乡各级政府就赋予了它服务郊区菜农、调剂首都菜篮子品种、平抑物价的功能，赚钱并不是新发地市场最初的目标。所以，建场初期，基本是义务劳动。一车菜进场5毛钱的管理费，甚至无法抵消市场管理的日常开支，但正是这种让利于民的政策，吸引了更多的菜农进场交易，走出了一条"放水养鱼"的成功之道。开始是本村本乡的菜农来了，随后是周边区县的菜农来了，再后是相邻的津冀的农民也来了。虽然开始没有挣到钱，但市场实实在在办得红火了起来。

直至今天，新发地市场也一直坚持着其"放水养鱼"的经营策略：按低于国家有关部门规定的标准收取管理费。对于赚了钱的客户，市场鼓励他们继续诚信经商，发财致富；对于赚钱少或者没赚钱的客户，市场酌情减收或免收他们的管理费；对于赔了钱的客户，市场免收他们的管理费，即使已经缴了管理费，得知情况后也要如数退还。市场领导还和商户坐在一起总结没赚钱的原因，是质量有问题、品种不对路，还是信息没掌握准。这样不但不会让客户丧失继续闯市场的信心，而且能总结经验保证下次准有钱赚。对于自产自销的农民运菜到市场销售，市场免去他们的全部费用。为了答谢广大客户对市场工作的支持，市场规定，在一年所有的法定节假日，对所有客户免收管理费。

发展全心服务只为让顾客发财

经过一年的成功实践，市场的决策者们从中悟出了办好农产品批发市场的真谛，办市场不仅要提供场地，更重要的是提供全方位的优质服务，要千方百计帮助进场的菜农把菜能卖出去，并且尽量能卖出好价钱，这样市场对他们才有吸引力。有了"市"，市场才能称其为市场，否则，有场无市的市场是没有可能办下去的，更不可能谈什么发展了。于是，"让客户发财，求市场发展"，就成了新发地农产品市场办场的宗旨和指导思想。从此以后，市场从决策者到管理者，直至每个工作人员，都时刻牢记这一宗旨。

针对近几年初级农产品消费市场供大于求、流通渠道普遍不畅的问题，为调整上市品种结构，促进农产品高效流通，市场对运来新品种上市交易的客户免去所有管理费。每年秋季大白菜上市高峰期大量过剩，价格下滑，市场组织一些运销户，为他们提供专门的装卸、包装场所和制冷库房，并免去所有费用。这样一来，每年秋季河北张家口、承德等地的大白菜都通过新发地市场中转，销往上海、杭州、宁波等地。新发地市场这种广泛联合，加强引导，充分让利于民的做法，吸引大批的农民进入市场参与经营，分享到了流通环节的丰厚利润。在生活上，新发地市场也给予了运销户无微不至的关怀。专门建设了市场商户生活园区——外地经营者乐园。小区内花园式的楼房出租给经营者居住，两居室的房间最低只需500元/月，最高也不超过1000元/月。

为帮助经营户回避风险，把经营做大、做强、做稳。市场专门成立了信息中心，指派十二人专门负责信息采集。每天24小时不同时间段的信息都有，采集内容包括品种、价格、数量、产地等。信息中心将采集的信息加工整理后，通过两部信息咨询电话24小时向客户和农民提供服务，连除夕之夜也照样有人值班。无论客户在海南，还是在新疆，或者在路上；无论在白天还是晚上，只要拨通市场两部信息咨询电话，工作人员都会热情负责地回答，并帮助客户分析行情，根据当地市场价或产地价，分析除去运费等开支后,到新发地市场来能不能赚到钱。能赚钱就来,不能赚钱就告诉他别来,另选其他行情较好的市场去交易。市场信息网络中心将每天的价格信息更新三次后及时传递到网络终端。同时,与农业部、商务部、国家工商总局等有关部委的信息中心以及绿篮网、松际农网等全国农业系统较大的专业网站联网。通过这些网站及时地将信息传递给农民。还通过《农民日报》、《中国食品报》、《北京晚报》、《北京现代商报》、《城乡经济信息》和北京电视台等媒体,将信息及时传递到全国各地农业主管部门、批发市场、生产基地和运销大户。在帮助农民调整产业结构、规避市场风险方面起到了很大作用。

在市场领导的精心培育和管理下,新发地市场在 18 年间,滚雪球般地发展起来。2006 年,这个市场全年各类农产品交易量达 60.5 亿公斤,交易额达 150 多亿元,北京市民的"菜篮子"有 70% 都由这里供给。市场的繁荣与发展,培养出了一大批完全能够适应市场经济规律的新型农民,通过他们成功的示范作用,带动了上百万的中国农民走上了发家致富奔小康的道路。如河北滦平县的柳建旺兄弟俩连续八年搞设施蔬菜生产,将所有的菜都运到新发地市场销售。市场规模逐年扩大,他们兄弟俩的生产规模也在逐年扩大,到现在已成了当地小有名气的种植专业户,存款达好几十万元。在他们的带动下,当地农民积极发展设施蔬菜生产,柳建旺兄弟俩帮助他们销售,农民们的收入每年都有较大幅度的增长。曾有人算过一笔账,单蔬菜一项,从 1988 年全年交易量 634 万公斤到 2005 年的 26.7 亿公斤,是原来 421 倍。按每户 2 亩菜地(一年两茬)产菜 1 万公斤计算,仅 2005 年一年就带动了 26.7 万农户,加上果品、粮油、肉类、水产、禽蛋、副食、调料等,市场一年可带动 40 多万农户。照这样计算,18 年带动了上千万农民走上发家致富的道路。

稳定打造北京安全食品的供应平台

十几年艰苦创业,新发地市场得到了长足的发展,他们从来没有忘记要为千千万万农民服务的初衷,正是这些辛勤劳作的农民成就了今天的大市场，一种浓浓的反哺意识，促使他们愿意承担更多的社会责任。随着中国加入世贸组织，国际市场对中国农产品出口提高了门槛，为了提高我国农产品的市场竞争力，必须增强整个国民的绿色安全意识。农产品市场是农产品销售的关键环节，新发地市场感到责无旁贷，尤其是担负着首都上千万人的农产品供应任务，更感到责任重大。多年来，在政府有关部门的严格监管和正确指导下，一直致力于农产品质量安全检验检测体系建设，相继采取了一系列切实可行的措施来实施和推进"食品放心工程"。

为确保首都百姓吃上放心肉，新发地市场于 2001 年 6 月，联合丰台、大兴、朝阳的六家市级定点屠宰场，成立了以市场方、定点屠宰场、政府监管方为主的全市首家跨区、县猪肉产销联合体。其运作模式是典型的"双链经营"，即消费者——市场——生产厂家。两个链条之间有五个重要环节，即生产厂家、厂家业务员、市场、市场经营商户和消费者。市场作为经营户的监督方，要求每一个经营户必须向消费者出具"购物信誉单"，购物单上面写明经营户姓名、摊位号、销售日期等。同时市场通过统一的结算方式，每天建立经营户和厂家业务员的台账，上面清楚地记着什么时间从哪个摊位进了哪个厂家多少号业务员的多少斤肉，并将业务员的胸牌号刻成章印在猪肉上。这样一来，一旦消费者买到的盖有"新发地市场鲜肉复检章"的猪肉出现了问题，就可以追根溯源，将责任层层追究到底。有了以前的基础和经验，市场又于 2002 年 9 月成立了"熟肉制品、豆制品产销联合体"，从根本上保证这两类食品的安全供应。

针对蔬菜农药残留问题，新发地市场加强自律，于 1999 年 7 月正式成立蔬菜农药残留检测中心。这套系统主要是参照香港经验，采用"快速酶测定法"进行检测。检测指标主要是有机磷和氨基甲酸酯等高毒高残留农药的含量。对抽检当中合格的蔬菜，市场让其挂牌销售，让消费者明明白白消费；对农药残留超标的蔬菜，除了不让经营户在市场内销售外，还给蔬菜生产基地政府主管部门去信函，建议对其蔬菜生产给予监督和指导，真正从源头守住了食品安全关。

与此同时，新发地还与生产基地联合，督促蔬菜安全生产。2002 年 6 月 28 日北京市政府召开了"北京市肉菜放心工程通报座谈会"，新发地市场积极响应政府号召，于7月6日签订了全市第一份蔬菜"场地挂钩"协议书。以后又陆续和河北、山东、海南等26个蔬菜生产大省的232家无公害农产品生产基地签订了协议书。在选择基地签订合约时他们坚持三个标准：第一，基地是独立的法人实体；第二，基地有省部级以上认证的无公害基地证书；第三，基地对市场的供应量大，产品质量信誉好。同时，市场在丰台工商分局的指导下，又和市内部分零售市场签订了"蔬菜批零挂钩"协议书。真正形成了无公害农产品从产地到餐桌流通的专用渠道。由于在上市产品质量方面严格把关，市场的信誉度和美誉度都在逐年提高，2003年、2004年、2005年连续三年被北京市工商局评为年度"守信企业"。

嬗变改造升级铸就更辉煌未来

这里车如海人如潮，不管白天黑夜；这里农产品齐聚，囊括九州万品，不管春夏秋冬；这里财气浩荡，圆了无数农民奔小康的美梦，不管外界市场风云变幻……几年前，有媒体这样描绘北京新发地农产品批发市场的情形：今天的新发地，在发展中已经不满足于已经取得的成就，他们正朝着更大的目标奋进。

新发地市场每天有4万人在交易，1万多辆车在流动。市场的管理者在发展中意识到，尽管新发地市场在北京乃至全国的知名度和影响力都很大，但在交易方式、管理手段、基础设施等方面还较为落后，必须尽快进行全面的提档升级。

在北京市政府和有关部门的支持下，2003年，新发地市场的升级改造工作开始启动，其发展目标是——要建设"符合首都国际化大都市建设要求的现代化大型农副产品综合批发市场"。北京市政府农产品市场升级改造办公室已会同市、区、乡有关部门，完成了北京市农产品市场长久发展的总体规划，决定把新发地市场打造成"北京最大、全国一流"的一级农产品批发市场的蓝图已经定案。

著名的香港建设企业集团、台湾常富企业集团等都看好新发地这块风水宝地，纷纷前来洽谈并签约，决定投入资金和技术共同建设和发展首都人民的大"菜篮子"。香港建设企业集团与新发地市场签订了投资5000万美元,在新发地建一座30万吨亚洲最大冷库合同。台湾常富企业集团要与新发地合作投资500万美元在新发地建立具有国际水平的最规范的农产品拍卖交易中心。新发地市场总体升级改造的工程已经拉开了序幕并初战告捷。

  2006年5月份,建筑面积160平方米的制冰厂工程已建成并投入使用,该项目作为新发地市场重要的配套设施,它的建成将在很大程度上提高新发地市场上市农产品的新鲜度和流通效率,使新发地地区成为全市最大的冰类产品供应基地;总建筑面积近1万平方米的肉类交易大厅、总用地面积2.1亩的牛羊肉大厅也都开始营业;电子登记收费系统工程正在从市场新改造的西大门和北大门试行;就在数日前,其电视监控系统工程也开始运行。我们相信,在其升级改造工程结束后,一个集精品加工、分级包装、储藏、物流配送、拍卖、网络信息、监测评级、电子结算、国际贸易等功能于一身的现代化大市场将会如巨龙腾空出世、光芒四射。新发地市场作为全国瞩目的农产品营销的绿色航空母舰,一定会再接再厉,再出佳绩,为当地经济的发展、为我国农产品营销体系的规范化管理、为全国农民奔小康和首都市民吃上放心食品作出更大贡献。

(《农民日报》,2007年1月30日)

挑来果蔬满城香

你知道北京有多少人口吗？你知道北京有多少常住外国人吗？你知道北京有多少流动人口吗？你知道北京每天要消耗多少蔬菜果品吗？你又知道是谁为国际大都市北京城的居民菜篮子挑来天南海北的果品和蔬菜吗？故事就从这里开始——

北京有个新发地

北京城东南部，距天安门仅15公里的京开公路的西边，有一个4800多人口的小村庄，它就是北京市丰台区花乡新发地村。今天的北京人提起新发地，已无人不知、无人不晓。

据新发地的一位老人讲，改革开放前，新发地村虽然是首都北京的近郊，但是计划经济的束缚使新发地同全国其他农村一样贫穷。全村共有8个小队，壮劳力每天仅能挣10工分，到了年底一分红也就是一元多钱。当时新发地所在地区是北京市重要的产菜区，在国营蔬菜公司的计划经济管理下，农民们的主要任务就是种好商品菜，由大队统一交给蔬菜公司。那时候，农民的脑子里死守着"农不言商，一心务农"的传统观念，靠着老祖宗留下来的土地"日出而作，日落而息"，因此直到1978年，新发地村全年集体经济的总收入才156万元。

新发地出了个张玉玺

新发地村有一户人家，男人叫张启瑞，女人叫王作荣，膝下有6个孩子,哥俩姐四个,排行老四的是个男孩儿叫张玉玺。

张玉玺是共和国的同龄人。父母的言传身教,使玉玺从小就比同龄人显得憨厚、老成,干起活来踏实认真,是人们公认的勤快人。玉玺个子虽然不高,但干起活来从不惜力,不管是在家里还是在队上,脏活累活抢着干。那时,正值我国三年自然灾害时期,也是玉玺长个子的时候,母亲心疼孩子,怕孩子吃不饱,总把自己省下的一个窝头或一块白薯留给玉玺,而这时的玉玺,总要把窝头掰成两半,一半给弟弟。每当这时,妈妈的心都在流泪;每当这时,玉玺就把慈母的爱牢记在心头,暗暗发誓:"妈妈,儿子永远不会忘记父母的养育之恩。"新发地村的村民们都知道,张玉玺是个大孝子,他不但孝敬父母,对同村的长辈、同学、朋友,甚至素不相识的人,遇到困难的时候,都会尽最大的努力帮助。

新发地的人们至今还记得,1981年的深秋,玉玺的父亲得了癌症,为了给父亲治病,他东奔西跑求医买药。一天,他在路过一家旅店时,看到好多孩子围着一位老太太,不时地用碎石子击打她。非常生气的张玉玺奔过去赶走孩子,来到老人身旁:"大妈,您怎么啦,怎么不回家呀?"老太太一言不发,用求助的眼神看着他。旅店的职工走过来告诉玉玺:"她想住店但没有钱。"望着老人,玉玺把自己的事情抛到脑后,背起她朝自己家走去。

转眼两个多月过去了,一言不发的老太太精神也好了,面色红润了,也开口说话了。老人告诉玉玺:"我就在你这儿住下去了。我要是死了,你就用被子一裹埋了就行。"至于自己的家在哪里,她还是不说。

1982年的春节过后,老太太终于把自己的心事告诉了玉玺,为寻找老太太家人而焦急万分的张玉玺此时才算一块石头落了地。几天后,张玉玺蹬着三轮车把老人送到距新发地25公里远的大兴面店。分别时,玉玺对老人说:"我不是撵您走,是怕您家人着急呀。"此时的老人早已是泪流满面。

1994年的夏天,路过北京火车站的张玉玺,发现路边有一个小女孩在哭泣。在急切的询问和女孩断断续续的话语中,张玉玺知道了这个来自宁夏贺兰山的山里娃,在和同学一同外出玩时竟稀里糊涂地坐上了开往北京的列车。

孩子又在张玉玺家住下了，张玉玺连续给女孩家中发加急电报，不见回音。20多天过去了，最后终于联系上了。看到来京接自己的父亲和大伯，女孩扑到他们怀里……

"老吾老，以及人之老；幼吾幼，以及人之幼。"这是中华民族的传统美德。张玉玺同大多数中国人一样，继承着民族的传统，并自觉地为他人做着榜样。张玉玺经常说："做敬老爱幼的事情是天经地义的。"

改革开放舞东风

20世纪70年代末期，中国共产党召开了十一届三中全会，自那以后，全国农村改革开放的大潮波澜壮阔、如火如荼。随之，中国乡镇企业在这960万平方公里土地上诞生了。

新发地的老百姓看到了中国广大农民开始富裕起来，编织着各自的美好生活，一步一个脚印地走在小康路上。新发地村的人们眼热了，他们跃跃欲试，也想要加入到富裕农民的行列。可地处平原，常年种菜的农民不可能毁田去开工厂呀！80年代末，形势考验着新发地村党支部，要因地制宜、要勇于实践。新发地村孕育着一次对于他们后代来说算得上是重大的历史决策。

20年前的新发地不可能和今天的新发地同日而语，不宽的京开公路在新发地建了一个小环岛，熙熙攘攘的车马人群在这里奔东、奔西、奔南、奔北……

随着改革开放步伐的加快，京城农民发家致富的步伐也随之大踏步地前进。1986年起，附近的农民开始把自己种的菜拉到京开公路和丰苑路交汇处进行交易。由于这里交通便捷，南来北往的人很方便在这里买菜，时间一长，这里自发地形成了蔬菜交易市场。自发的交易市场是形成了，随之而来的脏乱差和交通堵塞问题却成了新发地村党支部最为头疼的事。

为了解决交易市场的混乱无序，村党支部把疏通交通堵塞的任务交给了有6年军龄的张玉玺。回想起当年治理市场的经历时，今天的张玉玺还下意识地摸摸脸:"我当时还被菜农打过耳光呢!但我是在部队大熔炉里熔炼过的海军战士,我懂得忍辱负重。"

为治理脏乱差和交通堵塞,办事认真的张玉玺带领着几个工作人员每天都要早早地来到交易市场,他们劝说着人们尽快离开,有的商贩无理取闹和工作人员纠缠不休甚至动手。一天下来,商贩们都轰走了,可大家的嗓子也喊哑了。虽然新发地村投入了大量的人力物力,但商贩们就像是游击队,和工作人员打起了游击战,你来他就走,你走他就来,交通堵塞问题是治标不治本。

1988 年,新发地村党总支决定拿出 15 亩地,拨出 15 万元,组建 15 人的队伍,在新发地建农产品交易市场。张玉玺受党支部的委托负责筹建工作并担任新发地农贸市场总经理。

不知道有多少天没睡过一个好觉,也不知道有多少天没吃上一顿热饭,张玉玺带领着 14 位年轻人拼搏着、奉献着。他们建起了几间简陋的房子当办公室,开始了艰苦的创业历程。功夫不负有心人,新发地农贸市场仅用 6 个月就建成了,一年内交易蔬菜 4000 万公斤,解决了新发地及附近农民卖菜难的问题,而且当年就收回了投资,并且有了一定的利润。

亲自尝尝梨子的滋味

初战告捷,张玉玺和他的战友们并没有被胜利冲昏头脑,他们围坐在一起开了个总结会。总结会上,张玉玺对大家说,一位国外专家讲过,办农贸市场要具备四个要素:一是这个市场的早期是自发的;二是它的地理位置应是城乡结合部;三是它的交通应该很便利;四是农贸市场距离消费终端使用原始车辆运输不能超过一小时。听到这里,大家不禁激动起来,你一言我一语:"我们四个方面全具备呀!"专家的提示为大家鼓了气,张玉玺踌躇满志地说:"四个要素是我们的硬件,如何办好市场是我们的软件,我们要团结一心,办好农贸市场,发展乡镇企业。我看,农贸市场就是我们新发地的企业萌芽!"

到 1990 年,新发地农贸市场已运作三年了,市场的规模和收入是一年一个台阶，每年都有长足的发展。这一年，市场占地面积超过了40亩，管理费年收入达到了200万元。

农贸市场在一年年发展，随之而来的一系列问题让张玉玺思考。想起当年创业时，今天的张玉玺如是说："当时我就想，做买卖为什么有的赔，有的赚，市场的经营管理怎样才能企业化、规范化、科学化？于是我心里突然想到，要想知道梨子的滋味，就要亲自去尝尝，实践出真知呀。"

通过亲身经历和感受，张玉玺初步悟出了一些管理市场的门道。当时的村党总支经过认真研究，寻找、摸索出适合农村办市场的发展规律和模式，并制定了"让客户发财、求市场发展"的经营理念和"三大纪律、八项原则"的治场原则。其中最重要的一条就是市场职工正式转正之前，必须先到外地做生意，作换位思考，以便今后更好地服务客户。

现代化的果蔬配送基地

人们都说，如今北京的菜市场要什么有什么，不管什么季节生长的菜和果品，不管是南方的或北方的，也不管是中国的还是外国的，只要你想吃，你在任何季节都能够买到。是啊，生活在今天的北京人是幸福的，他们享受着美满的生活，他们也亲自经历了北京蔬菜市场的变化，同时，他们通过各种新闻媒介看到或听到了新发地农贸市场在改革发展中不断成长壮大所走过的路程，以及他们所取得的骄人业绩。

经过16年风风雨雨的洗礼，如今的新发地农贸市场已初步建成了现代化农贸市场的雏形。

在2005年北京市农村工作会议上，张玉玺第四次荣获了京郊经济发展"十大杰出典型"的称号。他不无自豪地告诉人们："新发地农贸市场经过16年的精心管理、滚动发展，截至2004年底市场占地面积已扩大到1400亩，管理人员达到1000多人，总资产累积2.67亿元。交易品种从当初单一批发蔬菜发展到蔬菜、果品、粮油、肉类、调料、水产、种子等十几大类农副产品的综合批发，其中蔬菜日交易量常年稳定在850万公斤，水果日交易量也稳定在800万公斤左右。今天的新发地，每天有近4万人在此交易，有1万多辆车在此流动。不仅有南菜北运、北菜南运，还出现了北菜北运的现象。2004年，新发地各类农产品全年交易量达50亿公斤，交易额达95亿元，交易量名列全国同类市场第一。其中蔬菜水果的供应量已占全市总需求的70%。新发地农贸市场已成为北京市'菜篮子'工程的龙头企业和我国北方地区重要的农产品集散地。"

今天，当你走进新发地农贸市场时，你可以看到，市场的中央大道可以并排通过五六辆汽车，可算得上宽；当你步行从北到南至少需要30分钟，可算得上长。市场的蔬菜区、果品区、肉类区、特菜区等整齐划一，装满蔬菜果品的各种车辆整整齐齐停放在各自的货位上。昔日脏乱差的情景已荡然无存，良好的交易环境使新发地农贸市场商贾如云。

新发地市场的规模逐年扩大，新发地市场的面貌日新月异。张玉玺经常说："我们既然是中国北方最大的果菜集散地，我们的硬件设施就应该是一流的。"

几年来，新发地农贸市场年利润连年攀升，新发地的老百姓日子一天比一天好。但是张玉玺仍不满足，在他的提议下，公司每年都要拿出一定的资金投入农贸市场的建设中去，投入市场发展最需要的地方去。

2000年，公司投入资金100万元建成了市场现代化监控设备。今天，当你走进监控室时，几十个屏幕展现在眼前，整个农贸市场尽在掌控之中。监控室人员可随时了解市场动态，哪里堵车，哪里发生问题，工作人员可随时到位解决。用张玉玺的话来说，就叫做"老板不出门，全知天下事"。

张玉玺经常告诫员工："我们要把新发地建成北京最大的农产品交易市场，建成世界最大最好的交易市场。我们的硬件可以用钱来买，但我们的软件——全心全意服务客户的宗旨是需要我们用心血去打造的。"

是啊，全心全意服务客户。这是发自张玉玺的肺腑之言，这是他北上内蒙古集宁，南下河南漯河总结出来的真理。16年来，他秉持着这一宗旨，保证着市场与商户的鱼水联系，保证着新发地的滚动发展。

从古到今，做买卖的没有没赔过钱的。可如果你来到新发地做生意，除非遇到天灾人祸，你绝对不会赔钱，这就是各地商户为什么愿意来新发地做买卖的原因。原来，为增强市场凝聚力、向心力，张玉玺决定设一条市场价格商户热线，设专人24小时值班，只要您拨通该电话，就可随时了解各种蔬菜、水果、肉类等100多个品种的上市价格，商户可根据自己的情况，很有把握地来到新发地。看来，在新发地做买卖赔钱确实不容易！

随着人们生活水平的不断提高，食品安全问题凸显出来，市民们期盼着有一个绿色的农贸市场，能吃上放心菜、放心肉、放心水果……

食品安全！张玉玺动情了、动心了。有人说食品安全问题是国家和政府的事，但张玉玺不这样想，他觉得作为农贸市场，要为政府把好第一关。他立即召开班子会议，会上，大家一致通过了投资建设蔬菜农药残留检测中心和信息网络中心的决定。

信息网络中心建成了，全国、全世界的市场行情一目了然；检测中心建成了，杜绝了有害果蔬进入新发地。仅检测中心一项工程，新发地就投资200万元，聘用化验人员10余人，职工开支每月就达一万多元。每天，当新鲜的蔬菜、鲜肉一进入市场，检测人员就严把质量关，只有化验合格后才能在市场里销售。问题解决了吗？张玉玺不敢苟同，他深深地沉思着："我们不是执法机关，不合格的产品虽被请出了新发地，但他们并没有退出市场！"

古人云："感人心者，莫先乎情。"人们都知道，张玉玺是个讲情讲义的人，每当他看到别人有困难的时候，他就想起在集宁遇到的那位市场管理员，就想起被别人帮助时的感受。是啊，做事情就要换位思考。

2005年春节，张玉玺和他的领导班子成员逐一看望了坚持在市场里交易的商户们并为他们带去过年的饺子。当他们来到河北省贩茄子的商户摊位前，张玉玺仔细地询问了商家的经营销售情况。当得知他们运来的白圆茄子因没销路而赔本时，张玉玺告诉商户："我们新发地有规定，凡在我们这里做生意赔本的，我们一律免去管理费。"接着张玉玺和商户认真地分析了货不对路而赔本的原因。商户们感动地说："北京的新发地是我们最好的市场，我们永远做这里的商户。"

以德为准不拘一格选人才

古人"以德为天下",有德之人则是"良禽择木而栖"。德是中华民族历来所崇尚的,是中华民族上下五千年衡量人的标准之一。

张玉玺的用人之道,有他独特的见解。张玉玺经常说:"做人首先要爱祖国,要孝敬父母。如果一个人连这一点都做不到,他对朋友能讲友谊吗?他能忠于自己的事业、热爱自己的企业吗?在孝这个基础上,才,是可以靠后天学习来弥补的。有德有才是我们新发地用人的标准,一个不孝敬父母的人,新发地绝不用他。"

新发地农贸市场有一位年仅 26 岁的副总经理,他是来自甘肃省的一名务工人员。人们不禁要问,一个外来青年,孤身一人闯京城,没有任何根基,怎么走上了农贸市场的高级管理层呢?

过去,新发地有一句口头禅:"三年大专的不来,四年本科的不来,五年大狱的来了。"虽说是一种街谈巷议,但它暴露出企业客观存在的一些问题。张玉玺思索着:"建好农贸市场,要让各地商户们纷至沓来安心贸易,没有良好的交易环境,没有一个高素质的管理队伍是不可能建好一个现代化的农贸市场的。"在张玉玺的脑海里闪过一个人,一位来自西北的小伙子,他孝敬父母、见义勇为、勤奋好学、工作踏实认真,是一棵好苗子。他见义勇为和坏人斗,他帮助危难之人解决突发事件;在繁忙的工作中,他能利用一切时间自学大专课程,并在实际应用过程中指导实践。几年来,他多次获得丰台区保安公司及市场各种奖励,不愧是年轻人中的一个佼佼者。

就是这样一位年轻人,在张玉玺的精心呵护下成长起来,成为新发地农贸市场最年轻的高层管理者,公司特地为他配备了专车并解决了住房。这也是流传在新发地外来务工者中的一个美谈,也是张玉玺不拘一格选人才的具体体现。这位副总经理说:"新发地市场需要我,我也离不开新发地。我要为北京的菜篮子工程作出自己的贡献。"

美好的未来

16年了，新发地农贸市场已在滚动中发展壮大。张玉玺说，新发地市场到了花季的年龄了。面对未来，张玉玺经常发出感叹，他憧憬着新发地的未来，他想起一位伟人说过的话："它是站在海岸遥望海中已经看得见桅杆尖头了的一支航船，它是立于高山之巅远看东方已见光芒四射喷薄欲出的一轮朝日，它是躁动于母腹中的快要成熟了的一个婴儿。"

16年来，新发地村党总支在张玉玺的带领下，坚持因地制宜，新发地农贸市场坚持按经济规律办事，抓住机遇抢占商机，借改革开放的东风，以农副产品批发为主业，发挥自身优势培育市场，利用农贸市场的经济辐射和产业链的带动功能，逐渐形成了具有新发地特色的村域经济。今天的新发地，全村共有经济实体32个，2004年，经济总收入达到3.2亿元，纯收入超过7800万元，比改革开放之初的1978年翻了205倍，向国家上缴利税超过1200万元。事业的蓬勃发展，为企业带来了诸多的荣誉。今天的新发地农贸批发市场以交易量全国第一、交易额全国第二的骄人业绩成为农业产业化国家重点龙头企业。企业发达的今天，党和政府没有忘记张玉玺对企业、对国家作出的贡献，先后授予张玉玺"北京市劳动模范"、连续四次的"京郊经济发展十大杰出典型"、"北京市优秀创业企业家"、"全国农村优秀人才"、"全国农村优秀村官"、"中国优秀诚信经营企业家"、"首届中国农产品市场建设特别功勋人物"等荣誉称号，并当选为中共北京市丰台区"八大"、"九大"代表和丰台区十三届人大代表。

在荣誉面前张玉玺戒骄戒躁，在使命面前张玉玺始终装着新发地，装着全村的老百姓，装着祖国的首都北京城，装着北京城千万老百姓。在记者面前，张玉玺如是说："我是一名共产党员，我坚信共产主义的远大理想。老百姓信任我，我不能辜负人们对我的期望，不能愧对家乡父老，我要对他们负责、鞠躬尽瘁、死而后已。"这不是英雄式的说教，是张玉玺发自肺腑的心声和誓言，因为他是农民的儿子。

面对新发地的未来，张玉玺这样说："只要新发地的人们团结、拼搏、奉献，党员干部拧成一股绳，三年后，全村村民都住上了漂亮的楼房。那时候，每个家庭祖孙三代和睦相处，楼上楼下其乐融融。绿树环抱的新发地，街心花园四季郁郁葱葱，天然的氧吧，使人们心旷神怡。人们生活在和谐的小康社会的氛围里，享受着生命、享受着生活的无限美好。"

面对新发地的未来，张玉玺这样说："今天的新发地农贸市场已成为北京人民的菜篮子，它在供应首都人民蔬菜、瓜果、蛋肉奶方面起着不可或缺的作用。今后的新发地农贸市场，要打造成国际知名品牌，要建成国际知名的农副产品配送中心，把全世界的农副产品吸引来，供应北京、流向全国；要把北京以至中国的农副产品推向世界，为搞现货和期货贸易的商人提供一流的服务，让北京人民吃上更新鲜、更好、更丰富的蔬菜瓜果，把新发地建成大菜篮子。"展现在人们面前的前景是美好的，张玉玺的目的是一定能够达到的，因为它代表着广大人民的利益。

朋友，你知道吗？北京有1300万人口，北京有超过400万的流动人口，北京有近5万的常住外国人；北京每天要消耗蔬菜1600万公斤、果品1000万公斤。

一年365天，每天清晨，当太阳还没有爬到地平线的时候，整个新发地市场已人群攒动，汽车、拖拉机川流不息，一台台装满新鲜果蔬的车辆从天南海北驶进市场。同样，一辆辆装满蔬菜、水果的汽车，经过采购人员的忙碌，从新发地驶出，有的发往京城的各个菜市场，有的发往北京的宾馆饭店，有的发往机关团体，有的发往外国驻华使馆……但更多的是成千上万的小商贩，在市场里挑呀拣呀，把蔬菜水果拉到城里的居民小区，送到北京居民的餐桌上。当人们吃上新鲜、应时的蔬菜水果时，您一定知道是谁为您挑来了果蔬满城香。

后　记

今年是公元2012年。六年过去了，新发地发生了巨大的变化。在张玉玺的带领下，市场发展到目前的1500多亩、员工发展到1700多人、年交易额2011年达到360亿元，年交易量达到100亿公斤，名副其实地成为北京的大"菜篮子"和大"果盘子"。2011年全村总收入近4亿元，实现了由量变到质变的跨越式腾飞。

六年弹指一挥间，六年的风风雨雨让新发地村党委书记张玉玺苍老了许多，但他心系新发地、胸怀全中国的胸怀使他老骥伏枥。

有人这样评价张玉玺："整整23年，张玉玺用一名共产党员的坚定执著和坚挺脊梁，一头担起新发地村的全面发展，一头担起首都'菜篮子'、'果盘子'和数以万计农民增收的重担。"

有人这样描写张玉玺："他是一名普通的基层党委书记，一个4719名村民的当家人，一个承担着首都80%以上农产品供应的企业家。从朝气蓬勃的青年到如今已过花甲的老年，他把毕生的精力和心血奉献给了生他养他的这片热土。用张玉玺的话说"语言的尽头是音乐，情感的尽头是故乡。新发地是生我养我的地方，我深深热爱着这片土地"。

六年来，新发地对于北京人来说，无人不知、无人不晓；新发地这个大菜篮子的地位对于北京来说起到了举足轻重的作用。北京市和中央领导人多次到市场视察，对张玉玺来说既是巨大的鼓舞，更是无形的鞭策。

北京人还记得，2010初的一段日子，北京下了两次几十年未遇的大雪，张玉玺果断作出决定，一方面将储备的3000吨蔬菜抛出，另一方面迅速组织经销大户从海南调运150多车、4000多吨蔬菜。由于措施得力，当时全国其他降雪城市的蔬菜价格都在上涨，唯独北京有5天时间菜价下降。

2010年1月16日，国务院总理温家宝视察新发地时，给予了充分肯定，并提出"如果下七天大雪或大雪封了高速路，新发地市场能否保证首都农产品供应"的新课题。

张玉玺接受了重任、接受了挑战，继续大踏步地迈向明天。

(《中国乡镇企业报》，2008年12月)

退役军人张玉玺带领20多万农户
打造全国一流农产品市场
成为创业带动就业的典范

从1988年起步至今21年间,优秀退役军人、北京市丰台区花乡新发地村党委书记张玉玺适应社会主义市场经济需要,带领群众打造全国一流农产品批发市场,走出了一条以创业带动就业的新路子。据统计,仅2008年一年,新发地农产品市场就为当地村民提供1200多个就业岗位,目前已带动20多万京外农民走上致富道路。

1970年12月,张玉玺入伍来到浙江宁波海军某基地,成为一名军舰信号员。6年后,退伍回到家乡北京市丰台区新发地村,先后担任电影放映员、财务统计员、渔场场长。随着创业规模不断扩大,他已成为北京丰泰新房地产、汉龙物流、汽车城、长途客运站等32家企业的领军人。这期间,张玉玺取得本科学历和农业经济师职称,2005年被授予"全国劳动模范"称号,2006年被评为"中国农村新闻人物",2007年被推选为北京市人大代表,2008年当选为"中国年度'三农'人物"。

一 从农贸市场起步的创业之路

张玉玺认为,解决"三农"问题的核心和最终落脚点是让农民生产出来的农产品在市场上换回"真金白银",从流通入手,建设农产品批发市场,可以干一番大事业。1988年5月16日,他受新发地村党总支委托,负责筹建新发地农贸市场并担任总经理。他带领同村14名青年,筹资15万元,用铁丝网圈起15亩地,盖了几间简陋的办公用房,开始艰难创业。为了解市场、摸索规律,张玉玺带着几个人南下河南漯河,北上内蒙古集宁，体验做生意的苦衷，弄清客户究竟有些什么样的需求。

经过21年精心培育，一个小型农贸市场发展成为占地1520亩、资产10多亿元的农业产业化国家重点龙头企业，研究农产品市场的专家学者称之为"中国农产品流通领域的航空母舰"。其中蔬菜、果品两大项的供应量，分别占到北京市总需求量的70%、80%，每年为国家上缴各种税费1200多万元。2008年交易量突破80亿公斤，交易额达到260亿元，交易量、交易额双居全国第一。新发地农产品市场的发展，不仅繁荣了首都城乡经济，加速了中国农业产业化进程，更重要的是培育出了一大批完全能够适应市场经济规律的新型农民，通过他们成功的示范作用，带动了千百万中国农民走上了发家致富路，取得了巨大的经济效益和社会效益。

二 靠诚信打造品牌，凝聚人气

农产品市场上连"三农"，下接民生，还涉及城市消费安全。张玉玺用军人作风强化经营狠抓管理，以"与人为善、客户至上"为核心价值观，坚持以道德经济发展市场的经营理念，逐步形成"团结、实干、诚信、创新"的企业精神，员工人人牢记"让客户发财、求市场发展"的服务宗旨。用张玉玺的话说，客户就是我们的"衣食父母"。去年冬季，一个东北客户随意卸载垃圾，被管理人员罚款1500元。张玉玺得知这个客户本来赚钱不多，主动替他垫付1500元，并请他一家人吃饭，帮助分析生意上哪个环节还没做好。在张玉玺看来，客户赶不走、轰不走，赚不到钱肯定走。他说，新发地不能放走任何一个赔钱的客户，这就是信誉。在张玉玺提议下成立的"信息采集中心"，由12人每天不间断地采集各种信息，内容包括品种、价格、数量、产地和市场需求等，24小时向各地农民提供免费信息服务。

各种帮扶工作更是凝聚人气的一个品牌。新发地市场拿出5.5万元，为安徽金寨县500多个山村订购《农民日报》；拿出6万元，帮助内蒙古林西县建立农产品批发市场；免去20%的管理费，引导内蒙古河套香瓜入场交易；免费提供展位和场地并免去全部管理费用，分别组织召开海南省、福建省、河北邯郸市、秦皇岛市和安徽长丰等地的农产品推介会；免去一切费用,在市场中召开了"京郊农业绿色精品展销会"。

品牌就是影响力。2005年,新发地市场成为台湾农产品在我国北方的第一个着陆点,架起了海峡两岸农产品贸易往来的桥梁,进一步增强了海峡两岸同胞的血肉联系;市场每年召开100余场优质农产品推介会(展销会)和大型义卖活动,帮助全国各地农产品打响品牌,打开北京消费市场,有效解决了农产品卖难的问题;去年10月份,因一条不良手机短信传播,严重影响了全国柑橘销售,让广大橘农心急如焚。危急关头,张玉玺带领市场1500余名员工和3万名商户迅速行动起来,联合中央电视台CCTV-7《每日农经》栏目、各大新闻媒体开展"促进柑橘消费爱心行动",并邀请农科院植保所专家来现场讲解。同时,张玉玺还作出决定,对所有柑橘类产品入场采取减半收取入场费、摊位费,对一些重灾区的橘子车辆实行免费入场,以此来降低经营成本,鼓励经销商扩大销售,使全国12个省、市(区)县,1300户橘农的损失降到最低点。

三 大胆创新实践,建立流动党员支部

2006年1月12日,新发地市场流动党支部成立。经过3年的不断发展,目前市场内有来自全国23个省区(市)的流动党员126名,入党积极分子78名。2007年6月,新发地村党委拨款10万元,在经营者乐园专门建立了流动党员活动室,添置了空调、电脑、桌椅、书柜等设施,购买各种书籍300余册。在市场上可以看到,一些商户的门楣上挂着醒目的"共产党员商户"牌匾,市场执勤人员的胳膊上戴着红袖标,上面写有"共产党员执勤";部分商户的胸前佩戴着共产党员标志的徽章。他们对待消费者公平公正、诚信热情,工作认真负责、不徇私情。

新发地村党委在对流动党员教育管理中,坚持做到"四个见面":党员有困难村党委问候见面,党员(商户)生意赔本市场领导见面,发展新党员联系人见面,参加党组织学习文件见面。在这个流动人口达五六万人、常住人口达2.5万人的大市场里,流动党支部和广大党员成为维护食品安全、确保市场交易安全和树立社会主义核心价值体系的骨干力量。

2008年北京奥运会期间,新发地农产品市场接到紧急保障任务后,党

员商户积极行动，完成了蔬菜8.9亿公斤、水果10.2亿公斤的保障任务。2008年5月13日，四川汶川大地震的第二天，在短短20分钟内，市场内36名党员、16名入党积极分子，以特殊党费的名义为灾区捐款1.5万元，这是中组部收到的第一笔特殊党费；市场把原定20年的场庆，临时改为"大地情怀"大型义演，现场为灾区募捐资金100多万元。如今，市场商户中有60多人成为全国各省区（市）人大代表或政协委员，为加强流动党员管理，发挥党员先锋模范作用，推动市场经济建设，探索出了新机制和新方法。

四 优先安置退役军人、随军家属

近年来，随着市场经济深入发展、地方用人制度改革，复转军人、随军家属就业安置难度越来越大。经张玉玺提议，市场制定出台了《优先招收转业复退军人规定》和《优先安置随军家属规定》等制度，并与部队8个团级单位建立联络点。截至目前，市场已安置126名复转军人，其中有10名优秀复转军人走上了市场中层领导岗位，3名随军家属在市场建功立业。

（《解放军报》内参，2009年8月）

一个退伍兵与20万农民的就业梦

> 打仗要取胜，得有"王牌"部队；经营要赚大钱，得讲"品牌"效应。
>
> ——张玉玺

经过21年精心培育，北京新发地市场已经发展成为占地1500亩、资产10多亿元的农业产业化国家重点龙头企业，20万京外农民在这里实现就业。2008年农产品交易量高达78亿公斤，交易额达260亿元。研究农产品市场的专家学者称，新发地市场是"中国农产品流通领域的航空母舰"。

这艘"航空母舰"的舰长是一名退伍兵，他叫张玉玺，新发地村党委书记兼新发地农产品股份有限公司董事长，2005年被授予"全国劳动模范"称号，2006年荣获"全国建设新农村十大杰出复转军人"称号，2007年被推选为北京市人大代表，2008年当选全国十大"三农"人物。

张玉玺的军旅生涯——

6年海军生活3个破碎的梦

新发地，是北京市丰台区花乡辖区内一个名不见经传的小村子。出生在此地的张玉玺1970年光荣入伍，在东海舰队当了一名信号兵。

6年海军生活，张玉玺先后在护卫舰、炮艇、登陆艇上干过，曾因风浪颠簸得了胃出血住院整整100天。生性好强、上进的他，是大家公认的好兵。可张玉玺无论如何也没料到，当兵 6 年，3 个梦想竟然都化成了一缕缕青烟。

第一个梦是加入中国共产党。从刚入伍那一天起，张玉玺这个愿望就特别强烈。直到退伍那一天，他这个梦还只是一个梦而已。

第二个梦是当一名扫雷手。张玉玺凭着一腔热血，积极报名请求参加扫雷部队。报名的人在舰艇甲板上集合起来，部队领导宣布名单，念到一个人，就戴上大红花上船。一个又一个，最后甲板上只剩下两个人，张玉玺就是其中之一。

第三个梦是转业到地方当海员。1976 年，退出现役的战友们一个个转业，在地方当起了令人羡慕的海员。唯独张玉玺一人，被安排退役返乡，继续当他的农民。

后来，一个偶然的机会，张玉玺才弄清楚，自己这些遭遇都与伯父有关。在那个年代，伯父因为替一个地主身份的人说了句公道话，被戴上"坏分子"的帽子，而这个情况被填进了张玉玺的档案。

张玉玺的角色转换——

15 个人 15 万元 15 亩地

张玉玺退役返乡头几年，在村里做过电影放映员、财务统计员、渔场场长、车队队长、生产队副大队长，几乎村里所有工作都干了个遍。"干啥吃喝啥，把从前的一切经历忘掉！"张玉玺靠的就是这样一个"归零心态"：轻装上阵，一切从零开始，不断学习新知识、掌握新本领。

1985 年，北京市放开蔬菜等 5 种农产品的价格，欢迎外地农产品进京。新发地村周边的农民除了向国营蔬菜公司交售一些蔬菜外，剩余部分便拿到路边摆摊去卖。这个由农民自发组织的"马路市场"秩序混乱。转眼到了 1988 年 5 月 16 日，经村里决策，张玉玺带领 14 个村民，用 15 万元贷款，圈了 15 亩地，开始菜市场的兴建。

白天，张玉玺与大伙儿一起平整土地；晚上，大家一起研究和修改方案。他们度过了许多不眠之夜,洒下难以计算的汗水,流过许多辛酸的泪水……

办市场赚钱就指望着那点管理费?一车收个块儿八毛的,张玉玺当初还真没看上。到1991年底一算账,张玉玺自己吓了一跳,那一年市场仅管理收入一项就达110万元。他开始意识到:原来市场是可以当企业来办的啊!回顾这个小插曲,张玉玺至今感慨良深,认为角色转换是一辈子的事,得不断调整自己的眼光:"胸中如果没有一个大目标,只配过老婆孩子热炕头的小日子。"

张玉玺的为商之道——

两卡车西红柿

1992年,新发地市场收入达213万元。"我心里特别激动。一个是因为当时的钱值钱,再一个原因就是周围接触的都是些小企业。"张玉玺回忆说。

激动之余,张玉玺作为企业家的"市场意识"越来越强烈:研究市场,首先得研究客户到底需要什么。

张玉玺定下一条规矩——凡是要到市场工作的人都得有过一次买菜卖菜的经历。现如今,新发地市场的总经理、副总经理和老职工说起自己买菜卖菜的经历,个个头头是道,背后都有一串感人的故事。

这一卖一买中,张玉玺的心更贴近了商户。新发地农产品市场"让客户发财,求市场发展"的服务宗旨也更加明确。他们制定出台市场管理的"三大纪律、八项原则"。其中之一是,市场员工不能文身、不能穿奇装异服、不能披金戴银。张玉玺到内蒙古集宁卖西红柿的时候,看见几个胳膊上文着龙的彪形大汉在车前晃悠,真有点发憷。当地蔬菜公司一位经理过来说:"你放心,有我们呢,给你留个电话号码,有什么事情你就跟我联系。"对新发地农产品批发市场制定的"禁入"规则,张玉玺有着最朴实的解释:"搞市场必须先抓好治安!"如今,这已经在行业内有了名,商户们介绍朋友到新发地来，最常说的一句话是："在这里做生意，一不丢东西，二没人抢钱！"

1992年的两卡车西红柿，效益究竟有多大？张玉玺说，这让他个人收获了许多为商之道，也推动了新发地农产品批发市场逐渐走向成熟。比如，诚信经济、道德经济等提法，以及"既要研究成功企业，更要研究失败企业""不放走不挣钱的客户"等做法，就是从那时开始孕育，慢慢熔铸为企业文化的一部分。

用军旅经验对接市场法则

2008年，新发地农产品批发市场为当地村民提供1200多个就业岗位，目前已带动20多万京外农民实现就业，走上致富道路，一批百万富翁、千万富翁在这里诞生。从新发地商户中推选产生的全国各省区市人大代表有50多位，还有不少人担任各级青联委员。

面对这些数字，我们颇感兴趣的一个问题是：张玉玺的军旅生涯与他日后的成就，究竟有多大关联？张玉玺讲了许多耐人寻味的故事。

故事之一：几年前，安徽长丰县种了十几万亩草莓。张玉玺参观发现了其与众不同之处。一般说来，种草莓第一年不用农药，第二年每亩要用300块钱的农药，第三年用得更多。长丰县的做法是这一亩地今年种草莓、明年种水稻，对草莓生长有影响的细菌一种水稻就全没了。另外每个大棚里都放一箱蜜蜂，用蜜蜂授粉，蜜蜂对农药特别敏感，蜜蜂没死证明长丰的草莓绝对安全。张玉玺回到北京立即向农业部、商业部推荐：长丰草莓是信得过的安全产品、绿色产品，草莓要打"长丰"这个品牌。如今，"长丰"牌草莓被国家确认为地理标志产品，产品除在新发地立足外，还登飞机、入超市、进宾馆，畅销京、津、沈等大中城市，远销日本、以色列等国家。

对接效应：打仗要取胜，得有"王牌"部队；经营要赚大钱，得讲"品牌"效应。张玉玺说，两者一个是为维护国家民族利益，一个是让老百姓发家致富，契合点在一个"赢"字，这都离不开一种"使命感"。在不断的角色转换中，张玉玺认为，部队教育中关于人民军队的宗旨，已经牢牢扎根在他心里——全心全意为人民服务。

故事之二：冬季西瓜曾是新发地市场的一个缺口。2000年，张玉玺打听到佳木斯有舒家哥七个是冬天运西瓜大户的核心人物，他托朋友找到舒家老七舒景宝，请他吃饭跟他聊天。舒景宝说，他们也想进入新发地市场，但搞西瓜有风险，得保证市场上有最好的位置。张玉玺当即答应，亲自在水果市场为他们腾出23个车位。如今，在新发地市场像舒家兄弟一样的大商户有300多家，他们都发了大财。张玉玺说，这些大商户是市场的贵宾，市场发展就靠他们。

对接效应：张玉玺当兵的那个年代，军民关系有着"军爱民来民拥军"的朴素与真诚，而"缸满院净"则是军爱民的一个具体标准。张玉玺说，数百万军队每年每月把这种小事情做好了是个奇观，军民关系也就好了。经商的道理也是如此，"顾客就是上帝"，群众是商户的顾客，商户又是市场的顾客。解放军的"步调一致"，在于所有组织单元执行的是同一个条令。张玉玺认为，现代企业具备一定规模后，要实现跨越式发展，真正做大做强做出特色，也要有"自己复制自己"的强大功能。

故事之三：2006年7月15日，交通部、公安部、农业部、商务部、国家发展和改革委员会、财政部、国务院纠风办联合下发文件，明确要求"2006年要完善全国鲜活农产品'绿色通道'网络，实现省际互通"。很多人说，张玉玺功不可没。作为中国农产品市场协会会长的他，曾与协会秘书长闵耀良、副秘书长操戈极力奔走，多方呼吁。张玉玺还提议以市场协会的名义专门向政府反映市场减免管理费的愿望，国务院领导对此高度重视。令人欣喜的结果之一是，北京市率先于2005年决定停止对农贸市场征收管理费。

对接效应：部队战备、训练、工作和生活"四个秩序"哪一个都得讲全局观念，而现代战争更加突出地强调合成、强调协同。农产品从种植到销售就4个环节——一个是种子研发，一个是种植，一个是运输，一个是销售。张玉玺说，哪个环节出问题，市场都难以健康持续发展，"既然大家推举我担任中国农产品市场协会会长，我就得尽会长的职责，发现问题得敢讲真话！"军人敢作敢为、雷厉风行的作风，在这里转化为看得见、摸得着的"三农"利益……

故事当然还可以继续讲下去，张玉玺军旅生涯与市场法则的"对接效应"还有很多。越往深层探究越会发现，所有这一切都源于张玉玺瞄准农民就业的现实，对"三农"问题有着一系列真知灼见，比如他说过：中国的"三农"问题不在农村在市场，解决"三农"问题的核心和落脚点是让农产品在市场上换回"真金白银"；推动"三农"发展，需要突破4个瓶颈，一是农民的组织化建设，二是农村金融体系的完善，三是农业科技产业的发展，四是农产品产业的营销问题……

作为一名退伍老兵，张玉玺骨子里是个"兵"，在他倡议下，新发地市场与部队8个团级单位建立联络点，市场相继出台了优先招收转业复退军人和优先安置随军家属等规定。也有人说，张玉玺身上"三农"情结的体现是具体的——平常在村里多骑自行车，少穿名牌服装；家里房屋不去装修得太豪华，管好自己的直系亲属。

是啊，每天看着由新发地农产品市场带动辐射起来的货运、客运、房地产等32家企业悄然成长，日积月累地发展着、变化着，张玉玺越来越喜欢自己的这份事业，越来越愿意回味和体验这种特殊的感觉：一头连着菜园子，一头连着菜篮子；一头服务农民，一头服务市民……

（《解放军报》，2009年8月22日）

新发地农产品批发市场研究报告

天下大农新发地，三农增收大流通。"新发地"这个被喻为中国农业的代名词，不仅享誉长城内外，大江南北，而且享誉世界。她是一个农民创造的传奇，她是一个农村发展的奇迹，她神奇般的发展历程不仅记录了新中国改革开放以来伟大的时代变革，更诠释了新形势下上善若水的道德元素和胸怀天下的善良情怀，是一个企业不断发展壮大、凝聚力量的不竭动力和重要法宝。

张玉玺就是这个传奇神话的缔造者、领导者、建设者、亲历者和见证者。他常说，"三农"的核心是农民增收，将农民辛辛苦苦种出来的农产品在市场上换回"真金白银"，农民才算增收；没有种不出来的农产品，只有卖不出去的农产品，不关注流通的农业是一个不完整的农业，关注"三农"，一定要关注流通。

为了这份沉沉甸甸的责任，他历经21年艰苦创业，栉风沐雨，把一个当初只有15亩地、15名员工的小型农贸市场，建设成为交易量、交易额连续7年双居全国第一、占地1520亩的特大型农副产品批发市场，承担了北京市蔬菜70%，水果80%以上，进口水果90%以上的供应。2008年，实现交易量78亿公斤，交易额260亿元，形成了买全国卖全国的大流通格局，直接或间接带动全国近百万农民就业，成为创业带动就业的典范。此举，不仅服务了首都市民，解决了全国各地农产品销售难的问题，更主要的是带动了成千上万的中国农民发家致富，为服务"三农"作出了突出贡献。

他用一个农民的淳朴，企业家的善良，劳动者的智慧，曾是军人的刚毅，21年呕心沥血，埋头苦干，一心扑在工作上，为农民增收殚精竭虑，从来没有休息日。21年披坚执锐，情洒大地，他用一个农民企业家的坚挺脊梁，一头担起了首都的"菜篮子"和"果盘子"，一头担起了"三农"核心的重担。正是因为他对中国农业和首都农产品供应所作出的突出贡献，他被选举为中国农产品市场协会会长，先后获得全国劳动模范、中国农村优秀人才、中国农村新闻人物、首届中国农产品市场建设特别功勋人物、2008年度中国三农人物等诸多荣誉，受到胡锦涛、温家宝、贾庆林等党和国家领导人的亲切接见，并应邀与美国前总统布什、英国前首相托尼·布莱尔、泰国总理阿披实、菲律宾前总统拉莫斯等国外领导人亲切会谈。

一 艰辛的发展之路

总结新发地农产品批发市场21年的发展轨迹，我们可以把新发地农产品批发市场的发展分为三个阶段：初期的创业是靠苦干打下的根基，中期的发展是靠实干不断壮大，如今，新发地市场已进入第三个发展阶段，实现由量变到质变的跨越式发展，必须科学发展。

落实科学发展观，市场发展的飞跃阶段。如今，在崭新的历史发展机遇期，张玉玺带领新发地农产品批发市场全体干部职工，一方面大胆解放思想、改革创新，大气魄发展、大手笔规划、大胸怀引进；另一方面正在紧锣密鼓地全面加强市场升级改造和筹备上市，用3~5年，使新发地市场的发展实现由量到质的飞跃发展，实现脱胎换骨的变化，把新发地农产品批发市场打造成中国一流的现代化、智能化的农产品批发大市场。

二 宝贵的成功经验

浓缩新发地农产品批发市场21年的成功启示，可以深刻感受到这样一个朴素的真理：单位建设好不好，关键看领导，发展行不行，关键看第一名，一个好的单位必定有一个好的领导。

与人为善，以德治场是企业凝聚人心和人气的力量之源。21年来，新发地市场之所以一步一个脚印地不断发展壮大，来自全国各地的商户不远千里，甚至万里聚集在新发地，使这里成为商贾云集的宝地，最关键、最核心的是有一个好领导，有一个与人为善，以德治场的经营理念，让商户感到温暖舒心。有人说，如今的时代变了，老实人吃亏，老实人傻。通过新发地的发展，我们可以感受到这样一个真理：社会越进步，善良的道德元素和厚道的诚信原则越重要。一时的精明，看似聪明，但不会长久，憨厚的诚信是老实但能行天下，因为诚信是金，善良是福。

21年来，新发地农产品批发市场的发展一刻也没有离开"道德发展"这个神圣的责任，尤其是在国家遇到大事难事的时候，他们始终以战斗的姿态冲锋陷阵，为服务首都人民和促进我国农业增效、农民增收贡献全部的热情和力量。比如在"非典"、奥运、地震、冰雪、新疆"7·5事件"等国家有风吹草动的时候，新发地农产品市场总是在第一时间冲锋陷阵，讲政治，顾大局，把祖国和农民的利益高高举过头顶，为国分担，为民分忧，从来不讲任何条件。

维护正义，处处为商户着想是企业不断发展壮大的基石。 新发地市场每天流动人口达六七万人，这些人来自全国各地，形形色色，甚至有许多从监狱里出来的人。作为市场的一把手，张玉玺曾无数次受到不法分子的恐吓，所有这一切，从来没有吓倒过张玉玺。因为，他深深懂得，打击坏人，就是保护好人，只有给商户创造一个安全的环境，市场才能聚集人气，商贾云集。

解放思想，创新发展是企业永葆生机和活力的重要法宝。 认识张玉玺的人，无不为他胸怀天下农民的思想境界，开拓创新的理念，敏捷细致的思维所折服。他常说，思想年轻是一个人永葆创新活力的基础。思想是行为的先导。脚步达不到的地方，眼光可以达到；眼光达不到的地方，思想可以达到。思想之树常青，行为之果才能常新。思想的"年轻度"与思想的"解放度"成正比。解放思想是一项永不竣工的"工程"，社会实践未有穷期，思想解放永无止境。新发的农产品批发市场之所以一年一个样，年年大变样地发展，与张玉玺创新的思维、超前的思想和务实的作风是密不可分的。

三 存在的问题矛盾

一是受土地性质制约，严重影响市场升级改造。由于新发地农产品批发市场只有629亩地是政府批准的合法土地，而剩余的400亩土地是绿地，受土地性质的影响，致使市场无法升级改造，严重影响和制约了新发地农产品批发市场的发展。尤其是近年来，已明显不能满足和适应首都的发展和需要。

二是受资金条件限制，立足自身发展的困难较多。新发地农产品批发市场是一个村办集体所有制企业，受资金条件限制，21年来，新发地农产品批发市场几乎完全是靠年年挣一点，年年建一点的滚动模式发展，缺乏政府的大力支持，发展力度严重不足。

四 几点建议

国家在政策上应旗帜鲜明地大力支持农产品批发市场的建设，因为，农产品批发市场是一个微利的行业，它的作用却十分重要，一头连着"三农"，一头系着民生，同时，还是城市安全的重要保障，解决农民就业的延伸，我们绝不能把农产品批发市场完全推向市场化，它应该是社会的一项公益事业。比如韩国、日本等，政府将农产品批发市场建设完全纳入社会公益事业当中。所以在关注"三农"上，国家和政府应在资金、政策等方面，包括土地使用政策、税收政策、规划指导等方面给予重点扶持。尤其是对新发地农产品批发市场，在调整规划、资金支持等上应给予大力支持，从而更好地服务首都市民和促进"三农"增收。因为新发地农产品批发市场不仅代表着首都的形象，甚至可以代表中国农产品市场的形象。

（2009年9月7日）

张玉玺：情系三农　肩负重任

他是一名最基层的党委书记，也是一个有着4000多名村民的当家人，同时还是一个通过市场组织带动农民就业奔小康的典范人物、全国劳动模范，是曾受到党和国家领导人亲切接见的中国农产品市场建设特别功勋人物。他，就是北京市丰台区花乡新发地村党委书记、北京市新发地农产品股份有限公司董事长、中国农产品市场协会会长张玉玺。

让道德的血液流动

近年来，食品安全问题突出，引起了政府和有关部门的高度重视。2008年"三鹿奶粉事件"之后，温家宝总理讲了一句话，就是企业家血管中要流淌着道德的血液。对此，张玉玺有着很深的感悟。他认为，提高人的素质是解决食品安全的一个重要课题，企业家一定要上好"道德的血液"这一课。

2007年，因为猪肉价格特高，张玉玺到一个养猪场调查。发现养猪场里员工们自己留着吃的猪是与商业猪分开饲养的。养殖户说，这两头猪不吃饲料，是留给自己吃的。这件事让张玉玺领悟到一个问题，安全的农产品是种、养出来的，不是市场检测出来的。因此，新发地农产品市场十分重视交易产品的源头工作，特别注重诚信客户的培养和建设，引导提供源头产品的客户抓品牌建设，走规模经营道路。

在日常工作中，张玉玺常常告诫市场管理人员要千方百计建立食品安全防线，把好安全关。市场也定期开设讲座，组织安全检查，多次荣获"全国文明市场""北京市文明示范市场""农业产业化国家重点龙头企业"等荣誉称号。在 2008 年北京奥运会期间，他带领村党委和市场一班人，不惜一切代价，用尽一切力量，高标准完成了奥运会期间的农产品供应和安全保障任务，获得上级政府部门的肯定和表彰。

发挥市场协会新作用

看到市场上繁忙的交易场景，张玉玺愈发感到肩上责任重大。中国是一个农业大国，中国有 9 亿农民，农业增效、农民增收最根本的就是让农民把农产品在市场上换回"真金白银"。为此，他一方面不断对市场进行升级改造，为农民销售农产品搭建广阔的平台；另一方面带领领导班子奔波在全国农产品主产区，联系货源，形成了买全国卖全国的大流通格局。

为了建立完善全国农产品市场体系、提升市场建设和市场管理水平，更好地发挥农产品市场体系对农业增效、农民增收和稳定市场供应的支撑保障作用，2002 年 6 月，在国家有关部门的关心和支持下，张玉玺牵头组织成立了中国农产品市场协会并亲任会长。

协会成立以来，扎扎实实开展市场行业自我服务、自我发展与完善、自我保护、自我监督管理的多项有益活动，充分发挥桥梁和纽带作用，当好政府部门的参谋与助手，帮助、督促农产品市场贯彻国家的方针政策，及时向政府部门反映市场行业发展中遇到的困难和问题，并就一些共性问题进行调查研究，提出有关政策建议和意见。

北京在奥运期间，为了保证蓝天白云，提出不许黄标车上路，汽车要单双号行驶。张玉玺通过协会网络发现，全国 70% 以上运输农产品的车辆是黄标车；实行单双号行驶，今天单号来了，明天双号回不去了。因此，当北京市领导到新发地农产品市场调研时，张玉玺毫不顾忌地建议说，要保障农产品供应其中最重要的一点，就是运输车辆不要受黄标车限行和分单双号行驶的限制。事后，北京市专门印发了一个三十三号文件，明确拉鲜活农产品的车辆不受单双号限制，不受黄标限制。这不仅为保障北京奥运期间的农产品供应开辟了绿色通道，也为农产品生产和销售者提供了利益保障。

应会员要求，协会还积极开展行业咨询与信息服务，就市场规划与建设方案、经营管理等方面的问题开展诊断、咨询，收集分析国内外市场农产品市场信息，预测市场走势，采取多种方式为会员提供信息服务。此外，他还带领协会秘书处人员建立并开通中国农产品市场协会专门网站，出版协会会刊，使之成为"会员之家"。目前，全国700多家具有全国或区域性影响的大型农产品批发市场，都是协会会员。通过协会组织，张玉玺把全国农产品市场带向一个新世界。

日前，在中国经济报刊协会组织举办的"2009十大经济新闻人物评选揭晓"仪式上，经本报推荐，数十家国家级经济报刊领导和有关专家联合评比，张玉玺又被评为"全国十大领军经济新闻人物"，站上了一个新的制高点，开始新的征程。

(《中国工商时报》，2009年9月9日)

创伟业　天骄弯弓向天横，
励铭志　巨子躬身济三农

——记全国劳动模范、中国农产品市场协会会长、北京新发地农产品股份有限公司董事长张玉玺

2007年8月4日8时45分，一个令北京新发地农产品市场数万人难以忘怀的时刻：温家宝总理在中共中央政治局委员、北京市委书记刘淇，市长王岐山等人的陪同下来此调研考察，对新发地市场的发展给予了充分肯定。

作为北京农产品价格的晴雨表、风向标，新发地农产品市场蔬菜、水果供应量分别占到全市总需求量的70%和80%以上，是北京市名副其实的大菜篮子和大果盘子。

随着市场的繁荣与发展，新发地已成为带动首都城乡经济发展的发动机、千百万新型农民创业致富的孵化器，既是中国农业产业化进程的有力推手，又是首都新农村建设的杰出典范。

东方祥龙舞，京华巨子情。有人说，这得益于改革开放30余年的政策春风，归功于张玉玺20余年的呕心沥血。

站在历史长河中，凝眸回望：新发地，这个昔日荒凉的皇家狩猎场，如今已是车马熙熙、商贾云集、吞吐万象、方圆流金。

他，究竟如何缔造了农产品流通领域庞大的绿色航母？如何矗立起一个铭记在人们心中的时代丰碑？让我们走近张玉玺一探究竟吧。

一个出色的复转军人

战友们说："他是一个好兵。" 6 年的军旅生涯，把热血青年张玉玺锻造成为一名铁骨铮铮的战士。转业受挫，国家也许因此少了一个优秀的海员，却为新发地催生了一个坚决执行命令、保证完成任务的出色舵手。

许是机缘巧合，张玉玺与新中国同龄，他出生在 1949 年 10 月一个举国欢庆的日子里，在北京南郊的新发地村度过了童年时光。1966 年，张玉玺初中毕业，17 岁的他便帮助家人承担起了农田的劳务。在那个对军人充满憧憬的年代，他常常梦想自己能穿上军装，英姿飒爽地阔步前行。1970 年，他终于如愿以偿，光荣入伍，在东海舰队当了一名信号兵。

时光荏苒，一晃就是 6 年的军旅生涯。部队严格的训练、铁的纪律，把热血青年张玉玺锻造成为一名铁骨铮铮的新中国战士，他先后在炮艇、登陆艇服役。有一次执行任务时，风浪滔天，颠簸得他得了胃出血，后来住院整整一百天。服役期间，他未曾喊过一句苦、流过一滴泪，也正是在这里铸就了他敢想、敢拼、好强、上进的性格。

从入伍的那一天起，张玉玺就有一个强烈梦想：加入中国共产党。但是直到退伍的那一天，他的愿望也没能实现，尽管他是大家公认的好兵。

1975 年，部队帮助越南扫雷。张玉玺凭着一腔热血，积极报名请求参加扫雷部队。报名的人在舰艇甲板上集合起来，部队领导宣布名单，念到一个人，就戴上大红花上船。一个又一个，最后甲板上只剩下两个人，张玉玺就是其中之一。美好的愿望又一次破灭。

1976 年，退役的战友们纷纷转业到地方，当上了令人羡慕的海员，张玉玺也想像战友们一样转业到地方当海员。然而梦想再次破灭，唯独他一人退役返乡，当了一名普通的农民。

后来，张玉玺才弄清楚，自己这些遭遇都与伯父有关。在那个阶级斗争年代，伯父因为替一个地主身份的人说了句公道话，被戴上"坏分子"的帽子，而这个情况被填进了张玉玺的档案。也许正是因为这一笔记录，埋没了一个优秀的海员，日后却成就了一个农产品流通领域的优秀人才。

当时，张玉玺回到村里后，并没有自暴自弃，抱着一切从零开始，不断学习新知识、掌握新本领的心态，把所有精力都放在了工作上，先后当过电影放映员、财务统计员、渔场场长、车队队长、生产队副大队长，他用激情和梦想在农村这片肥沃而广阔的土地上，挥洒汗水，播种希望。

1982年，入党4年的张玉玺凭借出色的工作被村里派出去学习蔬菜栽培技术。3年后他学成归来，被委任为蔬菜公司经理。此时，新发地村已经实行了分田到户的土地政策，北京市政府出台了放开肉、蛋、水产、蔬菜等5种农副产品价格、打开城门欢迎各地蔬菜进京的两项举措，于是新发地村及周边的菜农除了向政府交一些蔬菜外，剩余部分便拿到路边去摆摊出售。不知不觉中，新发地路口旁就自发形成了一个马路市场。

由于秩序混乱，马路市场不但堵塞了交通，也使道路两边的环境受到破坏。没有办法，村里让身为村干部的张玉玺带人去清理市场。可是菜农们与他打起了游击战，结果是野火烧不尽，春风吹又生。

这时候，建一个农产品批发市场的想法在张玉玺心中产生了。

一个历经磨炼的创业者

市场筹建的参与者称，张玉玺简直就是个拼命三郎。凤凰涅槃终有时，烈火和急剧冷却锻炼出无坚不摧的精钢。历经风霜雪雨的洗礼，张玉玺开启了新中国农产品流通事业的辉煌篇章。

1988年5月16日，新发地决定成立农产品市场。经村里决定，张玉玺带领14个村民，用15万元贷款，圈了15亩地，开始筹建市场。

刚开始建设市场那阵子，条件很艰苦，围墙是铁丝网，中间铺的是焦渣，把简陋的平房收拾收拾当做办公室。白天，张玉玺带领大伙儿一起平整土地，晚上一起研究方案。一天下来，往往是一身泥水、一身汗水。

这就是一个实实在在的张玉玺，一个农贸市场的带头人，也因为如此，名不见经传的新发地一步步走向了辉煌。

功夫不负有心人，市场的面积在逐步扩大，营业收入也在翻倍增长。张玉玺平时只顾忙里忙外，一心解决农民卖菜难的问题，对办市场赚那点管理费，一车收个块儿八毛的，当初还真没看上。

到1991年底，一算账，他自己吓了一跳：市场当年收入110万元。张玉玺突然觉得自己带人风里来雨里去打造的市场不就是一个企业吗？1992年，市场收入较上年将近翻番。在当时来说，这是个挺大的数字啊！

激动之余，张玉玺第一次有了企业家的市场意识：市场今后该怎样管理与发展？客户到底需要什么？哪些服务最需要改进？

有一次，张玉玺参加商业部组织的学习，一个英国老师讲到成功的批发市场必须具备4条标准：应该位于城乡结合部，应该交通十分便利，有自发的基础，用原始车辆从批发市场运货到零售市场不得超过一个小时。这不正与新发地市场得天独厚的条件不谋而合吗？张玉玺思忖着。新发地市场的雏形就是自发形成的，位于北京市南郊，属城乡结合部，北临南三环路，东临106国道，离市中心天安门广场10多公里，到达各个零售市场的交通都很便利。按照老师的理论，新发地市场蕴涵的商机应该还大着哩！这一下，更加坚定了他建设市场的信心。紧接着，张玉玺结合走出去换位体验的经历和多年的实践经验，提出了"让客户发财，求市场发展"的经营理念。如今，这10个大字不仅刻在新发地市场的大门上，也牢牢铭记在每个新发地人的心坎上。

"当时提发财这个概念还有些敏感刺耳。但是，人家为什么要来你的市场？我总结了一句话：请不来、叫不来、赚钱准来，轰不走、赶不走、赔钱准走。客户来你的市场不挣钱，那你的市场就没办法发展。"张玉玺一语道破天机，一下子就把握住了问题的核心。

随后，市场还出台了"三大纪律、八项原则"这一带有部队风格的制度，狠抓了市场管理，特别是市场安全，为商户们营造了一个舒心、安心、放心的经营环境。商户们介绍朋友到新发地来，最常说的一句话是："在这里做生意，一不丢东西，二不受委屈，踏实！"

在改革开放的大潮中，新发地市场完成了从摸着石头过河到拥有自己核心价值观的过渡，驶入了高效、快速、良性发展的快车道。凤凰涅槃终有时，风雨之后见彩虹。张玉玺登上了新中国农产品流通领域的中心舞台。同时，新一轮发展的号角已经在他耳边雄浑响起！

一个务实有为的企业家

一则给张玉玺的颁奖词写的是:"功崇唯志,业广唯勤。他是一个志向远大,务实有为的企业家。"张玉玺不断用浓墨重彩的笔法描绘新发地兴业富民、兴农报国的发展长卷。画面中,数以万计的商户用智慧与辛劳化茧成蝶,纷沓飞进致富之门。

一组数字足以说明新发地农产品市场的发展速度:1988年全年交易量634万公斤,2008年交易总量突破78亿公斤、交易额高达260亿元。20年间,交易量与交易额均翻升过千倍。

3项社会效应足以展现新发地农产品市场富民报国的情怀:2008年,为当地村民提供1200多个就业岗位,目前已带动了20多万京外农民就业,催生了数千名百万、千万富翁,一年可带动近300万农户致富。

几个国家级的荣誉足以诠释新发地农产品市场在行业中的地位:农业产业化国家重点龙头企业、农业部定点鲜活农产品中心批发市场、中国农产品市场协会会长单位、全国农产品综合批发十强市场等。

这些成就的取得,无不润浸着张玉玺殚精竭虑的心血。市场发展了,条件宽裕了,张玉玺仍然保持着在部队养成的朴素节俭的作风,不吸烟、不喝酒、爱吃面食,唯一改变的是一天比一天更忙了。

他的秘书杨会东是一位开朗的青年人,每次说起此事都很揪心:"20多年如一日,他从来没有星期天和节假日,60岁的人了,是多么不容易啊!"

张玉玺说:"市场快速发展带来成功喜悦的同时,更时刻增强着我的紧迫感。航船越来越大,赋予舵手的使命和责任就越来越大。只有通过不断学习、总结经验,才能更好地为商户服务。"他思维敏捷,神情坦然。"市场有市场的特征,促使你必须养成吃苦耐劳的秉性,尤其是我们的商户们,哪一个不是起早贪黑?"张玉玺话锋一转,"当然了,他们的收入与劳动付出是成正比的嘛!"

在新发地市场这片热土上,泥腿子变成百万富翁,甚至千万富翁是屡见不鲜的事，活生生的例子实在太多了。

姜蒜运销大户王某做了整整 12 年的专业批发，每天从山东和秦皇岛运到新发地市场的姜蒜，不但占据了北京 80% 的姜蒜市场，而且通过新发地市场中转，销往其他省市。果品运销大户刘某的生意更大，他一年当中几乎半年时间在外地联系货源，还在新疆阿勒泰地区与当地政府合作建设了几千亩的哈密瓜基地。这不仅保障了自己的货源，而且还促进了当地农民的增收致富。

有些商户是自己找上门来，还有些商户是张玉玺请上门来的。2000 年以前，冬季西瓜曾是新发地市场的一个缺口。张玉玺为此四处打听，得知佳木斯有舒家哥七个是冬天销售西瓜大户的核心人物，他托朋友找到老七舒景宝，请他吃饭跟他聊天。舒景宝说，他们也想进入新发地市场，但搞西瓜有风险，得保证市场上有最好的位置。张玉玺当即答应，亲自在水果市场为他们腾出 23 个车位。为解决商户们的生活问题，张玉玺斥巨资在市场建造了设施齐全的小区，每个商户只要出很少的租金就能入住，被大家亲切地称为经营者乐园。在此基础上，市场还投资兴建了房地产项目——天伦锦城，同样以优惠的价格提供给买房的商户，打消了商户们最大的后顾之忧。通过商户们口碑的宣传，来新发地淘金的经营者越聚越多。

"莫道众生性命微，一般骨肉一般皮"，这是张玉玺最喜欢的一句诗。他常说："我是农民出身，种过菜也卖过菜，深知农民生活的辛苦，只要是在我的市场里做生意的客户，都是我的兄弟姐妹。"每年吃年夜团圆饭的时候，他都在市场挨家挨户为留在市场的客户送去过年的饺子。商户们通过这几斤饺子，真切感受到了张玉玺带给他们的那份实实在在的关怀与情谊。

在商户心目中，张玉玺是一个心地善良、胸怀宽广的贴心人。作为一个务实有为的企业家，在企业管理、品牌建设等方面，他又是一个睿智果敢、雷厉风行的决策人。

俗话说，无规矩，不成方圆。张玉玺通过深入调查研究并结合实际，将新发地市场蔬菜、水果等大项分区经营，纳入专项管理机制，制定了在

"严管中规范，在服务中搞活"的管理体系，明确了"以德治场，以道德经营发展市场"的理念，培育了"诚信、团结、实干、创新"的企业精神。

2000年，新发地率先在全国农副产品市场中建立了食品质量检测机构，确保首都市民吃上安全放心的健康食品。同时市场申请注册了"新发地"商标，随后制定了《商标管理办法》进行商标注册保护，一直使用35类"新发地"商标经营市场并销售农副产品。

每年，新发地市场还举办经营文明户表彰会，督促商户诚信守法经营，积极倡导并深入开展个体私营经济党建工作，发放"共产党员商户"牌匾，成立了流动党员党支部，充分发挥党员坚持原则、心系大局的表率作用，为和谐市场的建设作出了积极贡献。

近几年，为不断提升市场的服务水平，张玉玺大刀阔斧地对市场进行升级改造，注重节能、环保理念，强调人与环境的和谐统一。目前，新发地市场完成了市场道路设施、仓储加工区、交易区等大项目的建设，对交易环境、交易方式和结算方式也进行了科学升级。市场还引入国际上最常用的大宗果蔬交易拍卖制，提高交易效率，并实现优质优价，保护农民利益。

2003年9月，张玉玺在新发地农产品批发市场的基础上按照现代企业制度组建了北京市新发地农产品股份有限公司，加速推进了市场全面向电子化、信息化、国际化发展的进程。

现在，市场占地面积达1520亩，总建筑面积近25万平方米，现有固定摊位4964多个、定点客户8000多家、日均车流量约3万辆（次）、客流量6万多人（次）、日吞吐蔬菜近1300万公斤、果品近1500万公斤、生猪1800头、羊2000只、牛150头、水产1200吨，形成了以蔬菜、果品、肉类、种子、粮油、水产、副食、调料、禽蛋、茶叶等农副产品批发为龙头的国家级农产品批发市场。

张玉玺也被推选为中国农产品市场协会的会长（2006年再次高票当选连任），他感到肩上又多了一项重大使命，担子更重了。

在他的领导下，中国农产品市场协会时刻把引导农产品产销、增加农民收入、保障市场供应作为义不容辞的责任和义务，努力当好政府部门的参谋与助手，帮助、督促农产品市场贯彻国家的方针政策，及时向政府部门反映市场发展中遇到的困难和问题，并进行调查研究，提出有关政策建议和意见。

张玉玺曾提出减免征收管理费的建议，国务院领导对此高度重视，北京市已经率先于2005年停止了对农贸市场征收管理费。2006年7月15日，交通部等国家七部委联合下发文件，明确要求2006年要完善全国鲜活农产品绿色通道网络，实现省际互通。这是张玉玺与协会其他领导一起极力奔走、多方呼吁的结果。他还带领业界同仁走出国门开展国际交流，促进合作，在构造全球农产品贸易链、实现全球农产品大流通等方面发挥了积极作用。

20余年来，长期致力农产品流通事业的蓬勃发展，张玉玺功勋卓著，跻身新中国的第一代优秀企业家行列，并于2007年被推选为北京市人大代表。他曾被国家授予全国劳动模范、CCTV2008年度三农人物、中国农村十大致富带头人、中国农产品市场建设特别功勋人物等百余项荣誉，先后受到胡锦涛、温家宝、贾庆林等党和国家领导人的亲切接见，并应邀与美国前总统布什、英国前首相托尼·布莱尔、泰国总理阿披实、菲律宾前总统拉莫斯等外国领导人亲切会谈。

一个道德经济的践行者

温家宝总理在一次演讲中强调："企业家身上应流淌着道德的血液。"道德是规范市场经济发展的"软"手段，是构建和谐社会的奠基石。张玉玺进德修业，积极推进市场道德经济建设，成为德才兼备、造福社会的时代先锋。

近10年来，随着全球经济一体化的逐步推进，我国市场经济的竞争愈来愈激烈，正是这种竞争不断推动着社会的进步。但是，市场经济的唯利导向也随之带来了众多问题：环境污染、食品安全隐患、毁约失信、商业欺诈等现象时有发生。尽管有国家相关法律法规的约束，但并没有完全根除这些弊病。因此，发展道德经济成为加速发展社会主义市场经济的重要举措。以道德教育为手段来发展经济，不断提高人们积极进步的道德觉悟，使之焕发出合法的、积极的、高效的生产、交换、分配和消费行为。由此推动社会、集体和个体经济的健康发展，促进社会经济的繁荣。

2009年初，温家宝总理在英国剑桥大学演讲时指出，应对金融危机，企业要承担社会责任，企业家身上要流淌着道德的血液。有效应对目前的金融危机，还必须高度重视道德的作用。道德是世界上最伟大的，道德的光芒甚至比阳光还要灿烂。真正的经济学理论，决不会同最高的伦理道德准则产生冲突。

张玉玺认为，社会主义市场经济不仅是竞争经济、法制经济，更应该是道德经济。市场经济与道德建设本身就是相互影响、共同生长的关系。马克思主义认为，道德归根结底是由经济决定的，经济的发展必然引起道德观念的变化和发展。

张玉玺说："随着我国经济和社会的发展，社会主义经济制度不断得到完善，社会主义道德必然日臻高尚。"在建立市场之初，张玉玺为新发地市场制定的"让客户发财，求市场发展"的宗旨，恰恰吻合了发展道德经济的主题。不少人视市场经济社会为"金钱社会"。诚然，企业不赚钱，便无法生存。但急功近利，不以诚心对待客户，想生存求发展只能是一相情愿。张玉玺想的是办市场就是为了让经营者致富，惠及全国广大农民，然后谋求市场本身的发展，并时刻用这个发展宗旨来权衡自己，检验制度，规范服务。

新发地市场奉行"放水养鱼""养鸡下蛋"的方式，尽量降低收费标准。市场明确规定：计费要合理、准确、不多收、不乱收、不失职漏收、不徇私情少收。对引进新产品的客户未能赢利的不收，赚得少的酌情收，对持有自产证的农民少收，节假日免收，对首都大专院校，中、小学、幼儿园、部队、机关、厂矿等团体给予特殊照顾。

张玉玺还自创了"给商户一个惊喜"的贴心服务，在商户们遇到困难的时候，给予他们意料之外的帮助和扶持。虽然有些事情并不属于市场管理的职责之内，可张玉玺要求市场的工作人员一定要用心体察、发现商户的每一点难处，真正帮助商户解决实际问题。

新发地市场安全、公平、宽松的交易环境成为发展道德经济的保障。经常与公安、工商联合，三位一体对市场发展环境进行综合治理。张玉玺要求保安人员24小时值勤，昼夜巡逻，加大治安管理力度，哪里出现问题就赶到哪里，市场每个员工都是治安协管员。有功者奖，渎职者追究责任，奖罚严格分明。

新发地市场无偿信息服务成为发展道德经济的枢纽。张玉玺认为，当今时代，信息化建设已经成为提高企业竞争力的重要途径。为此，新发地市场建立了强大的信息网络中心，及时采集整理包括各种产品的价格、数量、产地等信息，通过专设的咨询电话24小时向客户和农民无偿提供服务。同时，市场与农业部、商务部、国家工商总局等有关部委的信息中心以及全国农业系统较大的专业网站联网，还通过报纸、电台等媒体将信息及时传递到全国。目前，新发地市场公布的农产品行情信息已成为全国蔬菜市场参考的重要依据。

新发地市场全心全意为人民服务的理念成为发展道德经济的核心。有着30年党龄的张玉玺说："新发地一头连着农民的菜园子，一头连着首都的菜篮子；一头服务全国农民，一头服务首都市民，所以只有全心全意为人民服务，我们的工作才算称职，市场才能发展。"通过不断开展各项思想道德教育活动，全心全意为人民服务的理念在市场已深入人心。

为让百姓方便地吃到物美价廉的新鲜果蔬，新发地市场在北京8个城区建起近百家便民直营店。据了解，市场还将尝试供应肉蛋类食品，并且要在各个直营店安装电子显示屏，滚动播报新发地市场当日菜价，让便民菜店价格更加透明。

多年来，新发地市场对革命老区、少数民族地区、边疆地区、受灾地区等实行爱心帮扶，积极履行企业社会责任。先后为安徽金寨县的500多个山村订购《农民日报》，帮助内蒙古林西县建立了农产品批发市场，引导内蒙古河套香瓜入场交易等。另外，在南方受冻灾区、"5·12"地震灾区重建、农产品输出等援助方面，张玉玺也积极给予大力支持。他还经常抽出时间亲自来到帮扶地区，了解菜农的收入、生活状况，有时还深入到田间地头，手把手传授农民蔬菜种植技术。

积极推进道德经济建设，新发地市场既赢得了良好的社会声誉，又为企业发展注入了强劲活力，既熏陶了员工道德情操，又惠及他人。张玉玺说："一举多得，何乐而不为？"

一个久经考验的勇士

在抗击 SARS 疫情、抵御冰雪灾害、"5·12"地震灾区援助、保证奥运供给等特殊时期，有关领导对张玉玺的工作给予了充分肯定。他置个人安危于度外，身先士卒、尽职尽责，圆满完成了党交给的各项重大任务，彰显了勇士本色。

2003 年，SARS 疫情出人意料地迅猛而来，并呈现出直线飙升的趋势，北京当时成为 SARS 疫情较为严重的城市。一时间，传染病房告急、日用品紧缺、蔬菜供不应求，个别地方甚至因恐慌出现了抢购风，中华民族正经受着一场空前严峻的考验。在这个关键时刻，张玉玺深感责任重大，一方面，针对市场每天 3 万人的客流量，他严防严控；另一方面，市场作为北京的"菜篮子"和"果盘子"，要保障供应。那些日子，他吃住在市场全力以赴，以党性原则向上级保证，即使付出生命，也一定要完成党交给的重大任务！

在张玉玺领导下，市场在第一时间果断采取了系列防范措施，张玉玺主动请缨，亲自担任防治"非典"第一责任人，成立了防治"非典"领导小组，从市场保安队员中抽出 50 名精干人员作为应急小分队，随时待命。同时，向市场员工和商户宣传预防工作的重要性，做到人人皆知。对所有定点经营户进行普查，并登记造册，建立了管理档案。他要求大家要坚定信心，齐心协力，以临战的姿态，把这场防治"非典"的工作当做一场真正的战役。市场迅速组建了能容纳 1000 人的隔离区，购买了足够的消毒液和喷雾器，用于对各办公、经营、生活场地的消毒，并且购买了大批口罩、手套、帽子、大褂和一次性杯子，给病源传播设立屏障。为了切断"非典"患者与应急队员之间的传染链，市场专门购买了 10 套防护服，用于应急防备，24小时对出入车辆进行消毒，确保防止"非典"病毒传入市场。

当时，因货源紧张及抢购风带来了农产品价格迅速上涨。张玉玺迅速组织100多家运销大户，号召他们通过各自的客户网络组织货源。另外，向有着场地挂钩协议的200多家外埠蔬菜生产基地发出求援信号，果断打破常规，宣布降低50%的市场管理费，并呼吁行业协会组织会员运菜进京等多种措施组织货源，使大批无公害农产品从全国各地源源不断地运到北京，仅在30个小时之内就平息了一场爆发性的市场价格波动，稳定了市场，稳定了民心，保障了非常时期首都市民的菜篮子供应。

当年4月24日，北京市代市长王岐山来新发地农产品市场考察。他语重心长地对张玉玺说："你蔬菜供应若不足，非典防控的难度会更大。"当他走进市场交易区，看到市场中各种蔬菜齐全，交易繁忙，高兴地说："有这么多菜，我就放心了，北京的市场是不会出现供应问题的。"

"非典"期间，新发地市场共发现了11个发烧病人，每一个都是张玉玺面对面亲自了解情况。所幸的是，由于防控得当，这11人中没有一个是非典病人，也没有一个疑似病例。危难关头，张玉玺把自己的安危早已置之度外，他对生命的理解恰如古人所言：天地赋命，生必有死。草木春秋，亦枯亦荣。

时光飞逝，2008年，新发地市场又迎来了两次巨大的考验。

2008年初，我国南方部分省份发生了严重的冰雪灾害。海南、广东、四川、福建、浙江、江苏等地来京的运菜车明显减少，北京市场的蔬菜价格总体上涨。张玉玺连夜召开会议，提出"众志成城、抗冻救灾、减免费用、平抑物价、保证供应"的要求，积极响应政府部门的号召和指示精神，为保证市场供应采取有效措施。对进入市场交易的所有车辆免收全部管理费用，及时同其他省市的兄弟市场和生产基地协调联系，调配货源。当时，张玉玺不顾严寒病体，亲自到进京要道上查看农产品运输情况，将商户运输途中遇到的困难和问题进行汇总，上报政府有关部门，千方百计创造条件，确保北京农产品供给不脱销、不断档。2008年1月29日晚，北京市委常委、常务副市长吉林到新发地市场进行调研时，对张玉玺及市场所做的工作给予了充分肯定。

转眼进入2008年7月，北京奥运会、残奥会举办的日子即将来临，张玉玺不断深入学习各级领导在新发地调研时的指示精神，从成功举办奥运会的高度，充分认识到做好农产品市场供应、稳定市场价格的重要意义。保障农产品市场供应是做好奥运筹办工作的重要条件，奥运期间首都农产品市场供应良好、市场稳定，不仅是践行绿色奥运、科技奥运、人文奥运三大理念的必然要求，也是实现"让国际社会满意、让各国运动员满意、让人民群众满意"的应有之义。

针对奥运会期间的农产品供应，新发地市场积极采取措施，免收蔬菜、肉、蛋进场交易费，大力宣传农产品运输车辆进京不受限制的相关规定，从外埠无公害蔬菜生产基地组织货源，再次动员商户以最快速度将市场紧缺蔬菜运往北京。除此之外，张玉玺和市场其他负责人分别带领业务小组赴宁夏，甘肃，山西大同，河北张家口、承德等夏菜主产区联系货源。

2008年7月26日，来自河北张家口的57辆满载600吨、21个品种的无污染、无公害的优质蔬菜的车队浩浩荡荡开进新发地市场，并被迅速分销到京城二级批发市场、菜市场和超市。此前，张玉玺曾率领北京规模较大的12家蔬菜瓜果行业的企业家专程奔赴甘肃武威，签订了1万多吨、价值近2000万元的蔬菜瓜果供应合同。这些蔬菜瓜果也陆续运抵北京，其中一部分专供奥运会期间各国体育健儿食用。

其实，早在当年5月，新发地市场就设立了奥运果品专卖区，有上百种获奖果品上市，并24小时供应。这些果品都是由特定的生产基地，在科学严格的质量管理体系下精心培育而成的，并通过了绿色食品和有机食品认证。一些国外商家也纷纷借助新发地市场这个平台来展示自己国家的果品。

在各项重大任务中，张玉玺勇于为国家挑重担，为人民担风险，顾全大局，尽职尽责，受到了党和政府的多项表彰，不愧为一名中国特色社会主义事业的优秀建设者。

一个鞠躬尽瘁的好书记

新发地村民们说:"张玉玺是一个鞠躬尽瘁的好书记"。他思想上尊重群众、感情上贴近群众、行动上深入群众、福利上想着群众,是一个有理想、有思想、有作为、有魅力的优秀基层干部。

2008年9月,第八届全国村长论坛在北京召开期间,张玉玺作为杰出村官代表赴会接受表彰,其先进事迹、成功经验受到了莅临大会的中共中央政治局委员、全国政协副主席王刚等领导的充分肯定。大会还为吴仁宝、郭凤莲、王乐义、张玉玺等50名中国最有影响力的知名村官建立了雕塑墙,在社会上产生了积极反响。

殊不知,这荣誉的背后,张玉玺付出了多少辛劳。自2003年担任新发地村党委书记以来,他一肩挑着批发市场,一肩挑着新发地村,依靠多年来一直担任村干部的丰富经验,很快完成了角色转换,通过思想上尊重群众、感情上贴近群众、行动上深入群众、福利上想着群众的工作方法,始终把谋求最广大人民群众的利益作为全部工作的出发点,积极落实科学发展观,他在村里的工作同样取得了突出成绩。

当新发地市场形成了较大规模后,早在2002年,张玉玺就倡议并积极推进社区型股份合作制经济的发展,将集体的净资产量转化为集体股和个人股,明确财产所有权,确保村民、集体财产在发展中的合法权益,不断保值、增值,适应郊区农村城市化进程的需要。

多年来,张玉玺带领村党委一班人,积极进取,勇于开拓,深入学习国家有关惠农政策,为新发地村制订了合理、规范、科学的中长期发展规划。目前,新发地村拥有农产品市场、汉龙货运中心、京南汽车城、长途客运站、京新酒店等30余个企业实体,形成了多元化发展的产业格局,成为全国闻名的富裕村。

随着集体经济的不断壮大,新发地村的变化也日新月异,一条条宽阔的马路相继修通,一栋栋漂亮的楼房拔地而起。张玉玺还修建了被誉为"小西湖"的新发地公园、村民活动中心、学校、经营者乐园、村民公寓等配套设施。

新发地村农业劳动力有近3000名（其中退休职工有500多人），基本上都在村办企业上班，综合就业率达到95%以上。张玉玺向村民做出"不挑不拣，十天就业"的庄重承诺。如果村民愿意到社会上自谋职业，村里还给予资金补助，而且不影响本人在村里享受的医疗保险和退休养老金的待遇。同时，张玉玺积极开展党建工作，村党委建立了基层党组织管理制度，他不断完善党委会议事、民主决策、村务公开、民主管理等制度建设，使村党委工作走上制度化、规范化的轨道。他还建立了党组织新的工作机制，以身作则，要求党员在学政策、学科技等各个方面努力发挥模范带头作用。他领导大家按照有场所、有制度、有载体、有规划、有实效地开展党员生活、学习、培训，形式丰富多彩，内容生动实用。

尤其是党的十六届五中全会召开以来，随着国家建设社会主义新农村战略的实施，新发地村迎来了新一轮的发展机遇，张玉玺积极响应党的号召，不断大力推进村里各项事业的发展。目前，新发地村已呈现出"生产发展、生活宽裕、乡风文明、村容整洁、管理民主"的社会主义新农村的和谐局面！

十几年前来过此地的人，如今再踏上这片热土时，都不敢相信新发地这翻天覆地的变化！

她是京郊大地一颗璀璨的明珠，她是新农村建设一个典型的缩影。这里的人们可爱、勤劳、真诚，这里的生活安康、富足、和谐。

有一种丰碑，年代愈久愈放光芒。

有一种丰碑，历经风雨永不磨灭。

张玉玺何尝不是在努力镌刻着一块丰碑？只不过这块丰碑不是写在纸上，不是刻在石头上，而是铭记在人们的心中。

张玉玺以为人民服务为荣

1944年9月，伟大的毛主席发表了《为人民服务》的不朽演讲，主旨鲜明，意义深远。在硝烟弥漫的战争年代，是不怕牺牲、英勇奋战、解放全中国的战斗号角。在和谐盛世的今天,是共产党立党为公、执政为民的宗旨,是推动社会发展的强大力量。

水以秀为美,山以峰为雄,人应以为人民服务为荣。张玉玺说这些话时神情霍然严肃起来,正襟危坐,双手扣在胸前,让人感到有种坚不可摧的情感在他的目光中跳跃——这是对他此次采访过程中令我印象最深的一个片段。

其实,张玉玺是一个很随和的人。6 年的军旅生涯,造就了他青年时期耿直豪放、不拘言笑的性格,但领导新发地市场 20 余年的风雨历程,使他兼具了师者的风范、智者的思维、勇者的霸气,总能在不急不躁、和谐轻松的氛围中处理事务。令人震撼的是,在谈到心中坚定的信仰时竟如临危受命般认真。

以为人民服务为荣,一扫历史的阴霾,回答了利国利民铮铮誓言,完美解决了个人利益和社会利益在哲学层面上的统一。犹如王母娘娘的银簪,始终璀璨夺目,与妖魔鬼怪般的极端思想画出了一道"银河"界线,是抵御诱惑、维护人格尊严的清醒剂,是涤荡心灵、净化精神的洗涤剂,是扶持正气、保持热情、积极进取的强心剂。

窗外,日正中天,阳光普照;对座,张玉玺抚昔追今,心潮澎湃。与新中国同龄的他先后当过基建工人、放映员、统计员、管理员、生产队长、党委书记、企业董事长,尝尽了世间的酸甜苦辣。尤其是在新发地市场成立后的 20 余年中,他曾数次下海南,赴内蒙古,援西藏,辗转中原,始终奋斗在市场第一线,并带领新发地人圆满完成了抗击非典、御冰雪、保供给等各项重大任务,把新发地这个昔日北京贫穷的南大门,变成了今日首都人民丰盛的"菜篮子"。

作为北京市人大代表,张玉玺始终保持着严于律己、艰苦朴素的作风,慎权、慎独、慎微。在他带领下新发地村的事业取得了辉煌的成就,人民安居乐业,社会和谐发展,是首都新农村建设的典范,张玉玺本人也受到了党和国家领导人的多次接见和多项褒奖,成为业界竞相学习的楷模。

双鬓生华发,意志仍弥坚。有着 30 年党龄的张玉玺说,党的一切奋斗和工作都是为了造福人民，发展成果由人民共享，与其立足北京饮甘露，岂如放眼全国扶困苦。他认为，做企业所追求的不应该仅仅是经济效益，更应该发挥强大的功能，积极履行社会责任，培育企业为人民服务的理念，不分民族，不分地域，力所能及地实施友好帮助。

目前，新发地市场在安徽、河南、内蒙古、山东、江西等境内多个区域通过文化下乡、农产品基地培育、资金援助等形式进行了友好帮扶，为促进现代农业发展作出了积极贡献，让受惠农民分享了财富成果，切实感受到了党的温暖。

功崇唯志，业广唯勤。张玉玺深知此理。工作之余，他潜力钻研国家政策方针和经济理论。他结合管理农产品市场的经验，研究中国农产品批发市场发展的内在规律，在国内一些主流媒体上发表了《论市场发展和道德经济》《农产品批发市场管理模式的探索》等20多篇专业论文，在业内引起广泛关注。

作为中国农产品市场协会会长，他经常主持召开各种学术交流、理论研讨、合作洽谈等专业会议，时刻把引导农产品产销、增加农民收入、保障市场供应作为义不容辞的责任和义务。

天行健，君子当自强不息。张玉玺作为新发地这艘绿色航母的总舵手，意气风发，勇立潮头，积极践行"三个代表"重要思想和科学发展观，展现出为党、为国、为民忠诚服务的英模形象。他求真务实、与时俱进，不仅是一个为党员增光辉的好班长，更是一个为群众谋福利的孺子牛。

恪守全心全意为人民服务的宗旨，形成以为人民服务为荣的社会风气，坚持改革开放，推动科学发展，促进社会和谐，是奋力夺取全面建设小康社会新胜利的动力源泉，也是实现中华民族伟大复兴的根本保证。

张玉玺表示，他将一如既往、兢兢业业地带领新发地人民按照既定方针坚定不移地走下去，为全国农产品流通产业的蓬勃发展作出新的贡献！

（《中华建筑报》，2009年10月15日）

用实力和战略提升核心竞争力

——解读北京市新发地农产品股份有限公司张玉玺的发展之路

从一个用铁丝网围起来的农产品交易集散地,到全国交易规模最大的农产品专业批发市场,再到全国农业产业化龙头企业,"新发地"这艘超级绿色航母,面对新的历史机遇和新的发展形势,该如何乘风破浪,创造更加辉煌灿烂的明天?他们的抉择是品牌与战略一个都不能少。因为谋一域是谋全局的基础,只有谋好一域,才能谋好全局。

在北京,一提到新发地,大家都知道是农产品批发市场,这就是典型的品牌效应。从当初一个占地15亩、管理人员15名、启动资金15万元,连围墙都是铁丝网围起来的小型农贸市场,到现在交易量、交易额连续七年双居全国第一的超级农产品批发市场,实现这一奇迹的领头人就是北京市新发地农产品股份有限公司董事长——张玉玺。

栉风沐雨二十一年,张玉玺带领公司员工创造了一个又一个传奇般的神话。如今站在崭新的历史时期,张玉玺深感责任和压力的重大,他不断创新、改革,大胸怀、大手笔发展,开启了"新发地"又一次革命性的变革——用实力和战略提升核心竞争力。

2009年9月8日,新发地国际绿色物流区授牌签约仪式暨新闻发布会隆重举行,新发地市场联合北京市科委合作建立一个国际绿色物流区,引进京郊"十区百社"(京郊10个区县和100家专业合作社)的有机、绿色认证农产品和配合现代化的检测技术和信息追溯手段,着力打造京郊高品质农产品的集中展示交易窗口。该绿色物流区占地30多亩,主要由科研基地、进出口检测仪器设备办公楼以及一些进出口企业和绿色有机农产品的经销企业构成，同时还拥有3000吨的冷链运输储存库，用于储存进出口农产品。

专家认为，我国当前农产品物流的主要形式是以批发市场为中心，分散、集中、再分散。农产品经历着"物流流程的农产品化"和"农产品流体的工业品化"。农产品批发市场是城乡经济社会发展的必然产物，农产品物流园区是农产品批发市场发展的必然趋势和高级形式。

"绿色战略"提升竞争力随着我国加入WTO和市场经济的不断发展，我国农业面临全球范围的市场开放形势，农业的竞争力会更多地依赖农产品批发市场的建设，如何规划和发展农产品批发市场是农业迈向现代化和应对入世的战略问题之一。农产品国际竞争力提高与农产品物流业发展息息相关，农产品物流发展水平已成为影响农产品国际竞争力的重要因素。

张玉玺表示，发展农村现代商品流通，是发展农村经济的重要内容。建设农村商品市场体系，是农村现代商品流通发展的关键，也是促进社会主义新农村经济快速发展不可缺少的重要环节。2008年我国农产品价格下滑，一些地区出现农产品大量滞销的现象，如何解决农村流通问题才是关键。张玉玺说："通过建立这个国际绿色物流区，新发地市场出口量将增加20%左右。同时，新发地第一批的流动检测仪器车已经开始运转工作，随后将有第二批检测车进入市场内的大门，对每辆进入市场的农产品车辆进行检测，以确保农产品质量安全。该检测车检测项目包括：三聚氰胺及其他有毒害物质、致病性微生物、农药残留、兽药残留、重金属等项目的检测。"目前，该绿色物流区交易楼的建设已经开始，2009年12月初投入使用。

作为全国最大的批发市场，新发地市场每年出口量100万吨左右，进口国家有蒙古国、哈萨克斯坦、越南、泰国等多个国家。其中，蒙古国90%的农产品都从新发地进口。

中共中央国务院在《关于积极发展现代农业扎实推进社会主义新农村建设的若干意见》中指出："发达的物流产业和完善的市场体系，是现代农业的重要保障"，"要合理布局，加快建设一批设施先进、功能完善、交易规范的鲜活农产品批发市场。"对新发地来说,在建设农产品流通设施和发展新型流通业时,如何为北京的农业发展提供市场保障,为全国的农产品进一步拓展出路、提升农产品国际竞争力尤为关键。

张玉玺表示,我国目前已进入加快改造传统农业、走中国特色农业现代化道路的关键时期。设立国际绿色物流区,是加强农产品快速流通,突破现代农业发展瓶颈的关键。目前,国内农产品只有6%通过批发市场实现进出口,由于缺乏相关的技术支持和规范引导,而无法进一步提高出口份额。农产品增值需求与加工流通环节薄弱之间的矛盾日渐明显。因此,在中国兴建国际绿色物流区恰逢其时,意义重大。新发地国际绿色物流区建成后,预计农产品的出口量将增加20%。这将有利于增强我国的农产品在国际农产品市场上的影响力。

迈出全国连锁布局第一步为不断扩大市场发展空间与规模,加快全国连锁布局的步伐,8月6日,在河北省涿州市举行的农产品批发市场发展合作签约仪式上,北京新发地市场和河北涿州大石桥农产品批发市场正式签约。张玉玺介绍,新发地市场之所以选择涿州,主要是该市场是距离北京最近的农产品批发市场,长期以来都是河北地区蔬菜供应京城的必经中转站。新发地正式进驻管理后,市场将更名为"北京新发地大石桥农产品批发市场",此后,新发地市场的批发商户都将通过该市场直接采购河北当地的农产品,同时,大石桥与新发地成为"一家人"后,涿州的农产品在今后北京市场上市的速度将更快、供应量将更充足,有利于稳定市场菜价。

张玉玺认为,我国农产品流通领域中间商过多,产销流通链过长等问题日渐显著,流通环节的冗长性、多重性和分散性容易造成生产者和消费者被隔离,市场信息在传递过程中失真或被扭曲。新发地市场托管涿州市场,是实现全国主要农产品基地产品布局的第一步。等新发地市场全国连锁市场布局成熟后,京城果蔬的批发与零售价格中就减少了中间商转手的费用。张玉玺还表示:"通过全国布点,新发地市场对农产品资源进行整合,丰富了京城菜篮子的品种,进一步降低了价格。"

健全质量安全检测体系专家认为,农产品的质量安全是关系到消费者利益的重要因素。建立健全的农产品安全检测体系是各农产品批发市场的重要职责。目前农产品质量安全检验检测体系建设普遍存在体系不健全、技术人员不足、检测手段薄弱等问题,难以适应农产品国内外贸易对质量安全检验检测工作的需要,影响农产品的质量安全水平的提高和扩大出口。

张玉玺表示,食品安全已经成为当今社会的一个焦点问题,如何把好农产品质量安全关、使人们吃上放心健康的农产品一直是困扰我们的难题。新发地通过完善农产品检测体系,将实现国际绿色物流区内产品抽检率100%,保证流出专区的农产品的质量合格;通过完善专区产品的信息追溯体系,将建立专区产品从田园到餐桌的全程跟踪体系,保证市场产品的安全可追溯;通过对合格、可追溯产品进行品牌认证和缴纳安全责任险,使人们可以根据品牌选购各种放心的农产品。新发地国际绿色物流区是品牌的专区,是品质的专区,更是食品安全的科技示范区,专区的建设对于满足市民的健康需求具有十分重要的意义。

"望远镜"让企业安全航行,"泰坦尼克号"巨轮曾被人们认为是一个技术成就的完美作品。《造船专家》杂志曾称其为"根本不可能沉没的精品"。在世人眼里,它象征所向无敌,是通向新世界的希望。但这个神话最终被冰山粉碎了。尽管船上各种器械在当时都是一流的,这样完美的装备中唯独少了一样平凡却很重要的东西——望远镜。

"人无远虑,必有近忧。"在诸多做强做大的企业行列中,很多民企由于缺失"望远镜",遭遇了与"泰坦尼克号"相似的命运。企业里设置"望远镜"能使企业具有愿景的力量。愿景是人们希望达到的图景,它概括了未来的目标、使命及核心价值,是企业最终希望实现的图景。

张玉玺说,每年全国都有100多家市场诞生,同时又有100多家市场灭亡。一般而言,企业愿景大都具有前瞻性的计划或开创性的目标,作为企业发展的指引方针。企业里设置"望远镜"能使企业具有战略眼光。制定企业战略是指企业未来向何处去的重大决策。随着竞争的加剧,对企业战略的要求愈来愈高。新发地市场在平抑首都物价、繁荣首都城乡经济、保障市民"菜篮子"供应等方面发挥着非常重要的作用。张玉玺表示,我们民企应切记，不能因为缺失"望远镜"，而成为21世纪的"泰坦尼克号"。

新发地有今天的成绩，其领航人张玉玺功不可没，新发地经营模式的成功亦犹如拼图一样，一块一块精心拼积而成。张玉玺表示，新发地不仅要做"百强"，更要做"百年"。我们不仅有自己的中、长、短期发展战略，而且有成功的企业文化和管理理念。新发地的愿景是，永远为消费者提供绿色、优质的农产品。

(《中国现代企业报》，2009年11月24日)

打造现代化农产品批发市场
服务北京世界城市建设

——访中国农产品市场协会会长、北京市
新发地农产品批发市场董事长张玉玺

3月1日,2010年世界城市建设国际论坛在北京隆重举行,参会的中外嘉宾就"发展中国家崛起的大趋势与北京建设世界城市的机遇和挑战"等题目发表了精彩演讲和讨论。由此,北京建设世界城市的话题再次成为世界媒体关注的焦点。这意味着开放的北京从首善之区建设到加快实施人文北京、科技北京、绿色北京发展战略后,将以崭新的姿态着眼建设世界城市,以更高标准推动首都经济社会又好又快发展。

古人云,民以食为天,食以安为先。这充分说明农产品安全供应是一项涉及民生的重要工作。事实上,农产品安全供应与城市的安全稳定、和谐发展息息相关。而我国农产品安全供应90%依托农产品批发市场,尤其是首都北京,建设世界城市必须要有安全充足的农产品供应作为一项重要保障,必须具有与之相匹配的现代化的农产品批发市场。为此,在全国"两会"召开前夕,我们对中国农产品市场协会会长、全国劳动模范、北京市新发地农产品批发市场董事长张玉玺进行了专访。

中国农产品批发市场建设究竟该走向何方

在接受采访时,张玉玺介绍说,目前,全国在国家工商总局注册的上规模的农产品批发市场有近3万家,这并不含在广大农村自发形成的简陋农产品批发市场。

这些批发市场是在中国改革开放后，经过32年发展起来的。随着农业生产专业化、区域化、规模化的发展和城镇居民生活水平的不断提高，目前，全国农产品批发市场建设已开始进入由量变到质变发展的重要转型期。

然而，总的来看，我国农产品批发市场发展还很滞后，不能完全满足农产品现代流通的需要，与建设社会主义新农村和构建和谐社会的要求还有很大差距，发展过程中存在的问题相对来说还比较突出。

一是交易设施落后，服务功能不足，大部分存在着"脏乱差、小散弱"的现象。二是恶性竞争日趋严重，新建市场准入门槛较低，个别城市甚至出现想建市场就建市场，想怎么建就怎么建的怪现象，突出表现为零距离建市场，花高价买客户，搞不正当竞争。三是产销矛盾突出，用市场信息调控和指导农民种植的力度和可信度远远不够，导致我国年年出现农产品销售难等问题。四是安全系统、信息系统、检验检测体系不健全等。

张玉玺强调，尽管如此，农产品批发市场依旧是我国农产品流通的重要平台，是解决农产品销售的重要渠道。他说"三农"的核心是农民增收，将农民辛辛苦苦种出来的农产品在市场上换回"真金白银"，装进自个儿兜里，农民才算增收。当今中国农业，没有种不出来的农产品，只有卖不出去的农产品。所以，不关注流通的农业是一个不完整的农业，关注"三农"，一定要关注流通、关注销售、关注市场。

由此可见，要想较好地解决"三农"问题，有效促进农民增收，只有将农民自个儿生产出来的农产品卖出好价钱，农民才能真正富裕起来，单靠一味的补贴不能完全起到"治病固本"的作用。为此，农产品批发市场的建设迫切需要国家立法和统一科学规划，到了再也不能只求数量不讲质量的地步了。

北京应为全国农产品批发市场建设创立典范

张玉玺表示，北京作为我国的首都，有着数千年的厚重历史和灿烂文明，是全国的政治、文化、经济中心和国际交流中心，无论是和谐社会的首善之区建设，还是人文北京、科技北京、绿色北京发展战略的实施，均引领了中国城市发展的潮流。尤其是目前着眼建设世界城市的高端形态，对首都各项事业的发展均提出了更高的要求。

其中，与首都人民生活息息相关的农产品批发市场建设必然日臻完善。从纽约、伦敦、东京等世界城市发展的经验看，其产业、人口郊区化和郊区城市化、生态化是这一阶段的重要特征。加之目前世界各国都在积极实施低碳经济发展战略。北京要建设世界城市，需要进一步解决生态和环境问题，要有与之相适应的绿色、健康、美好环境。而完善的农产品批发市场建设是必不可少的，因为这是满足城市需求和稳定的重要基础，是提高人们生活质量和生活水平的根本保证。

张玉玺说，在把北京建设成为世界城市的同时，必将推进北京农产品批发市场的国际化程度，而批发市场也为城市在农副产品领域提供更为完善的服务，二者之间相辅相成，相得益彰。张玉玺认为，在此背景下，北京较大的农产品批发市场既要制定本地发展、跨地区发展战略，从更长远的角度来看，也要有跨国发展计划。只有不断加大发展力度、搞好全面建设、提高服务水平，才能更好地服务于未来的北京和其他区域。

业内专家强调，尤其是像北京、上海、广州等重要城市的农产品批发市场建设，国家在支持力度等方面应优先考虑，作为全国农产品市场建设的重点，最终使其发展成为带动全国农产品市场建设的领跑者。相对来说，北京作为全国的政治、文化、经济中心，尤其在提出建设世界城市的前提下，应建设全国农产品批发市场示范点，进而更好地落实中央一号文件精神，更好地服务"三农"和满足城市发展需求，可谓是一举多得。

事实上，改革开放30多年来，农产品批发市场对我国农业产业化的全面发展作出了巨大贡献，其发展历程可谓风霜雪雨，数以万计的建设者成为众多农民兄弟致富的好帮手和贴心人。当前，多位北京农产品批发市场的负责人表示，2010年中央一号文件的出台和北京着眼建设世界城市的高端形态为农产品批发市场的发展带来了空前的发展机遇和挑战，他们已做好了充分的准备。

张玉玺建议，当务之急就是要加快对现有农产品批发市场升级改造，尤其是首都北京，他希望加快对北京市具有一定规模的农产品批发市场建设，力争在全国范围内带来很好的样板效应。通过新市场规范高效的管理、优美的交易环境、完善的服务水平，最终将北京农产品批发市场打造成类似长城、故宫等享有盛誉的首都名片，以此为契机告诉世界人民，中国的农产品质量是安全的，以此为抓手和切入点，积极推进北京打造世界城市的步伐。

(《中国企业报》，2010年3月3日)

新发地，北京"菜篮子"谋变现代化农产品大市场

2009年11月北京市发改委发布了《促进城市南部地区加快发展行动计划》，地处城市南部的崇文、宣武、丰台、房山和大兴五区迎来新的发展机遇。计划特别提出，要促进主导产业形成和特色产业发展，壮大传统优势产业业态升级，促进传统商业等与现代工艺、现代传媒、时尚元素、现代营销相结合，突出特色，打造精品，提高商业形象和市场占有率。同时，努力发展新业态，寻求新发展，使城市南部地区产业发展和升级步伐与本市城市化、现代化、市场化、国际化的发展趋势相适应，与城市发展的新阶段相适应。

"城南计划"所提出的现代化、国际化要求，给新发地农产品股份有限公司带来的既是机遇也是挑战。目前，我国农产品批发市场行业建设的整体水平仍然落后于社会实际需求。此外，随着市场的不断发展壮大，原有的经营模式、管理方式、交易方式也面临着创新发展的问题。对此，新发地市场提出了打造"环球农产品中心、环球农产品信息中心、国际物流中心和北京市现代化农产品供应中心"等全新发展目标和全新定位。

"内升外移"缺一不可

目前，新发地的交易方式和全国绝大多数农产品批发市场一样，还停留在传统模式上，形式比较粗放。购买者货比三家，选定一家后进行讨价还价；卖东西的人，找块空地，就地谈价格。计量方式也是用传统"车"的数量来估算车上装的蔬菜和水果的重量。交易方式以现金的方式进行。

北京大学光华管理学院管理科学与信息系统系副教授黄涛接受记者采访时认为:"这样的交易模式与当前信息化程度很高的现实社会已经很不相称了,估算来的数量和数额也很不准确,直接影响着政府税收、价格指数、蔬菜水果供应的市场动态和科学决策等工作的科学化评估和处理。因而,新发地的升级改造是形势所迫,是市场的必然需求。"

在日前北京市人民代表大会小组审议会上,身为市人大代表的张玉玺自信地说,新发地市场现在三轮车、大货车、购买人乱哄哄挤成一片的混乱场面有望在两年后彻底消失。

张玉玺的自信来自新发地"内升外移"的发展新思路。即把销地市场的功能保留原地,以农产品流通金融服务超市的经营模式提升现有交易场所,发展配送中心、社区便民店;将新发地作为集散市场的功能转移到六环外,提升为国际农产品集散中心和内陆口岸,建设农产品世博园,完善北京国际商业城市的功能。

经过22年时间,新发地市场现有来自全国的1万多销售商,数十万运销商、经纪人,数百万亩签约种植基地,2009年交易量90亿公斤,占据着北京70%蔬菜、80%水果的市场份额。这个成熟的庞大供应链体系是长期积累形成的,并不是新盖的市场所能达到的。基于此,新发地农产品股份有限公司副总经理张鹏毅认为,新发地"内升外移"缺一不可。

张鹏毅说,这是中国农业落后生产方式和北京城市快速发展需求的矛盾决定的。北京城市需求量巨大,质量要求高,而中国农民生产规模小,质量参差不齐,如果只有现代化的销地市场无法保障北京城市供应,需要同时有集散市场存在。客观上起到销地市场和集散市场双重功能。新发地市场不能整体外移。现在每天有4万辆车从4环内到新发地采购,如果都搬到六环外,交通压力和运输成本都会增加。而新发地成熟的庞大供应链生态圈如果受到破坏,将影响城市供应安全。

走进新发地,吃遍全世界

据张鹏毅介绍,在走向现代化的道路上,新发地首先瞄准了"国际化"。因为有统计显示，中国农产品每年的出口额仅仅占总产量的2.3%，而每年在运输过程中烂掉的水果蔬菜达到总产量的25%到30%，损失掉的数额相当可观！

"我们将用大约两年的时间把新发地打造成一个国际化的精品批发市场。这个过程是，先确定新市场主体，以新发地市场内部从事集散功能的1万销售商，数十万运销商、经纪人为基础，我们将与30个国家的农产品国际贸易商签订入驻协议，同时与全国30个省的农产品龙头企业签订入驻协议，共同组成新市场主体。随后再定经营模式。以大型货厂和国际电子商务中心为支点，引导30个国家的国际企业和30个省的龙头企业建设进口销售中心和出口采购中心，大力发展国际认证的冷库和出口基地，建成农产品世博园。新市场以物业管理、电子结算、交易撮合、进出口一站式服务、认证、保险、代理等现代服务业为收入。这样就能让走进新发地的人，吃遍全中国，吃遍全世界。"

对于国际化的前景，张玉玺充满信心地说："我们现在已经对蒙古、日本、韩国、泰国、俄罗斯等国家出口蔬菜水果，下一步将继续拓展东南亚市场。"

张玉玺透露，他们计划进一步优化国外水果进入北京的线路，实现水果进口"直线运输"到新发地。即让世界各地水果的运输路线不再经过广州等中转地，这样，部分进口水果的价格将会降低30%~40%。

对于新发地的国际化构想，北京大学流通经济与管理研究中心主任陈丽华给予了充分肯定。她说，中国农产品流通与发达国家相比存在巨大差距，在打造全国现代化农产品网络的过程中，北京应该是引领、示范性的，应该成为重要的农产品集散地。而新发地正是北京的具体载体，因此，新发地成为东北亚农产品国际物流中心并不仅仅是个梦想。

通过金融对接解决农民的信用问题

长期以来，在我国，由于农民的信用差，导致商业银行不敢把钱贷给农民——农民贷款难的问题一直没有解决。

而新发地计划推出"一卡通"的交易方式,有望破解这个难题。"一卡通"是指交易双方通过市场发放的"一卡通"进行交易,不再用现金交易。这样,市场通过"一卡通"显示的数额就能准确地计算出整个市场的日交易量和年交易量,也可避免漏税现象的发生,从某种意义上讲,这一交易方式既强有力地规范了农产品批发市场的秩序,对国家税收也是一个贡献。

但是对于目前采用包税方法上税的新发地来说,精准的交易数字势必带来税收额度的大幅提升。对于赢利不多的农产品交易来说,这显然是农户和市场方都不愿意看到的。张鹏毅因此提出,"需要政府给予前期的税收优惠。"

黄涛认为,这样一来会让市场进一步精确管理计划,更好地计算出市场对农产品的需求和精确科学地确定出蔬菜水果的价格,这是实现市场现代化的第一步。通过一卡通的交易方式,一卡通里的记录就能评估出信用商户,对那些信用好的商户给其在贷款上进行优惠,还可以让保险公司进入批发市场,给信用好的商户上各种风险性保险。

这种交易量和信用的透明,将会为中国建立农产品信用制度提供范本。黄涛说,中国农产品流通环节上最重要的问题就是信用问题,很多县级商业银行都撤出了,农民贷款难的问题一直无法解决,就是因为农民缺乏信用,视贷款为"救济",贷了款不还,又没有能力还,银行和政府也无法对其进行制裁,所以商业银行无法给农民贷款,这大大影响了中国农业的发展和农产品的有效流通,农民的收入也大大打了折扣。

张玉玺告诉记者,在一卡通的基础上,新发地还准备建立金融超市,把银行、保险公司引进这个超市,并建立远期农产品电子交易中心。

黄涛认为,新发地建立金融超市后,有机会还可以让这个金融超市升级,成为一个开放的金融平台,集商业贷款、商户之间相互担保、年保、商户集体担保于一身;形成价格机制后,让保险公司和银行介入,对整个市场有个全方位的把握,保旱灾、保减产、保价格风险、保亏本保险,让商户的经营降低风险。

黄涛强调,发达国家就是这样做的,根据农民信用记录建立了农民信用制度和交易信用制度。

建立全国区域性的企业信息中心

如前所述，一卡通实施后是批发市场实现信息化的第一步。新发地的价格在华北市场中是有影响力的，很多媒体和单位食堂公布的蔬菜水果价格是参照新发地的价格指数的。

据张鹏毅介绍，现在新发地的信息系统已经建立，并且正在向着信息化迈近。目前，新发地已经有专门采集价格的人员，通过网站一天对外报三次价格，每周有专门发言人发布一周的价格情况，而且新发地还要每天向北京市商委、北京市农委等部门报告蔬菜水果的价格和供应情况。

可是黄涛认为，中国目前的农产品采样系统还是比较粗略的，尽管全国性的信息系统也不少，但信息不够及时，明显滞后，也不全面。所以中国的农产品信息系统的建设是十分必要的，企业信息化管理也有待进一步完善，远远没有同国际接轨。如有些信息虽然采集了，却没有被充分利用，哪些信息需要对外发布，哪些信息需要深挖，哪些历史数据需要存放和利用，哪些数据需要对比分析，都是缺乏科学管理的。

黄涛强调，对于我们这样一个农业大国来说，农业信息是非常重要的。美国发布的各种数据不仅能预测近期的数据，还能通过卫星遥感数据预测第二年的蔬菜水果长势和价格变动，以及库存变化，避免农民承受不必要的损失。

黄涛说，这个问题在中国十分突出，"一窝蜂"种植导致农产品产量过剩的现象十分严重，农民往往因为没有充分掌握信息，对价格波动没有准确的把握和估算，政府也因为缺乏这样的信息和数据，而缺乏科学的决策，给国家和农民造成很大损失。

黄涛建议国家主管部门能将新发地这样的龙头批发市场的数据作为根据，建立全国区域性的企业信息中心，来有效解决这个问题，帮助农民科学生产和销售农产品。

黄涛认为做这项工作在中国是十分迫切的，是整个中国农产品市场要做的工作。

张玉玺告诉记者，新发地正准备建立这样的信息中心。他们正同北京大学北大光华管理学院和北京物资学院的学者合作研究制订这些工作的实施规划。

新发地升级改造具有十分积极的意义

新发地市场对前景的规划得到了所在地丰台区委、区政府的认同。区委书记李超钢表示，按照正在拟定的丰台区"十二五"规划，在"十二五"时期将通过改造现有市场、配套设施建设、发展电子交易市场等方式来实现自身的内涵式提升和发展，构建与首都国际化大都市形象相适应的现代化、多层次的农产品市场流通体系，建设首都现代化的农产品物流产业园区。与"十一五"规划相比，规划内容主要有以下两个方面的变化：

一方面，突出了全新的市场定位。在"十一五"规划定位为"北京最大、全国一流"的农产品流通基地的基础上，明确将新发地市场定位为首都现代化的农产品物流产业园区。这个新定位，既延伸了现有的市场功能，又提出了现代化的发展目标；既保留现有的市场流通基地的定位，又提出了物流产业园区的发展方向。另一方面，突出了市场升级的重点。将推进新发地市场的升级明确写进了规划纲要，并用较多的文字进行了表述，既明确了升级的目标，又明确了改造现有市场、配套设施建设、发展电子交易市场等升级的方式，为市场的进一步发展指明了方向、明确了路径。

新发地市场提出的"环球农产品中心、环球农产品信息中心、国际物流中心和北京市现代化农产品供应中心"等全新发展目标和全新定位，李超钢表示，这顺应了发展形势、体现了发展要求，对于新发地进一步巩固市场地位、提升市场形象、实现科学发展具有十分积极的意义。

一是符合了建设世界城市的目标。首都建设世界城市，对于全市的发展都提出了新的目标、新的要求。新发地市场是北京最大的农产品批发市场，市场地位在一段时期内是不可能改变的，但是，如何建设符合世界城市要求的农产品供应市场体系，就是必须要研究的问题了。新发地市场所做的研究，正好迎合了首都建设世界城市的要求，特别是在新定位中，突出了"环球"和"国际"的元素，顺应了首都打造国际商贸中心的发展方向，与世界城市的要求相符合，如果按照这个目标发展，必定会迎来新发地市场的新一轮发展。

二是顺应了市场发展的规律。前一段时间，新发地市场提出了依托新发地、走出新发地、发展新发地的总体发展思路，研究制订了全新的发展规划。这是符合市场发展一般规律的。目前，从新发地市场自身而言，市场已达一定规模、客户已经相对稳定，下一步，需要不断调整升级、做大做强，逐步实现从传统物流向现代物流转变，从单一交易方式向多元经营方式过渡，从低端业态向高端业态转变。三是体现了服务首都的宗旨。新发地市场通过调整升级，将实现农产品从源头到消费终端的全程信息监控；通过控制流通环节，引导生产和消费环节，保障农产品的供应和质量安全；通过对新发地农产品价格指数、质量安全指数、供求平衡指数等数据信息的监控与发布，进一步加强对市场的引导、保障农产品价格的稳定；通过加强对农产品加工、包装、储藏、运输、销售等环节的标准化管理，构筑"放心菜"等标准化的物流体系。

对于新发地市场的进一步发展，李超钢表示，区委、区政府将一如既往地给予高度重视和大力支持，对于新发地市场提出的将新发地市场的发展列入区"十二五"规划的问题，这是在相关部门研究"十二五"规划时就已经明确的。对于新发地市场推行 IC 卡交易，需要区政府给予前期的税收优惠的问题以及土地供应的问题，区政府相关部门将尽快研究制定具体的支持意见。同时，新发地市场的升级发展问题将成为丰台区委、区政府的工作重点之一，将明确区级领导给予重点关注、重点支持，最大限度地支持新发地的发展、加快新发地的升级，为首都市民提供更加丰富、更加方便、更加优质、更加放心的"菜篮子"、"果盘子"。

（《人民政协报》，2010 年 3 月 4 日）

开创农产品流通事业新局面
——访中国农产品市场协会会长、全国劳模、
北京新发地农产品批发市场董事长张玉玺

3月初的北京,花团锦簇,彩旗飘扬。虽然日前的一场雪致使气温骤降,但丝毫未能影响人们关注全国两会隆重召开的热烈氛围。

这几天,中国农产品市场协会会长、北京新发地农产品批发市场董事长张玉玺忙得不可开交,作为首都"大菜篮子"和"大果盘子"的掌舵人,在全国两会召开的特殊时期,他要切实做好充足的农产品供应保障工作。同时,他又是备受关注、极具影响的"三农人物",一度成为各大媒体竞相采访的对象。

尽管如此忙碌,张玉玺却没有丝毫的疲惫之意。日前,他在接受本报采访时表示,随着2010年中央一号文件的出台,以及国家各项惠农政策的实施,在保障农产品供应、促进农民增收的基础上,开创农产品大市场大流通事业新局面的时刻到了!

张玉玺所领导的新发地农产品批发市场一直是北京市最大的农产品批发市场。市场目前承担着北京市蔬菜70%、水果85%以上、进口水果90%以上的供应,是首都名副其实的"大菜篮子"和"大果盘子"。

然而,随着北京现代化、国际化程度的提高,以及市场的不断发展壮大,原有的经营模式、管理方式、交易方式也面临着创新发展的问题。经过反复论证,新发地科学制订了"内升外移"发展规划,提出了"打造环球农产品中心、环球农产品信息中心、国际物流中心和北京市现代化农产品供应中心"等全新发展目标,首先启动实施了"一个核心、三大重点、四大战略"一系列措施,带动了新发地市场的全面升级。

张玉玺介绍，一个核心是把新发地市场建设成为首都农产品交易高档市场。通过2~3年的全面升级改造，让市场无论是外在形象，还是交易方式都发生脱胎换骨的变化，使之成为国内一流、国际领先的现代化农产品交易市场。

三大重点即三个重大项目，一是建设新发地绿色有机农产品物流交易区。二是打造全国第一个名优特农产品交易中心。同时，以此为示范点，把新发地市场打造成中国安全农产品供应基地示范区。三是建设国际环球农产品交易中心，积极开展农产品国际贸易。

四大战略分别为，一是积极推进新发地便民连锁菜店发展战略，逐步实现对北京市的全覆盖。二是在北京城乡结合部建立多处新发地市场分场，将低档次的农产品批发区外移。三是建立新发地农产品电子交易中心，大力开展农产品电子交易，让市场成为全国农产品的信息中心、交易中心和价格指数形成中心。四是公司力争在2012年上市。

张玉玺表示，新发地市场将以内部从事集散功能的1万销售商，数十万运销商、经纪人为基础，与30个国家的农产品国际贸易商签订入驻协议，同时与全国30个省市的农产品龙头企业签订入驻协议，共同组成新市场主体。大力发展国际认证的冷库和出口基地，建成农产品世博园。

张玉玺介绍，随着农业生产专业化、区域化、规模化的发展和城镇居民生活水平的不断提高，全国数万家农产品批发市场建设已进入了由量变到质变的重要转型期。

然而，总的来看，目前我国农产品批发市场发展还很滞后，不能完全满足农产品现代流通的需要，与建设社会主义新农村和构建和谐社会的要求还有很大差距，发展过程中存在的问题相对来说还比较突出。

张玉玺表示，尽管如此，农产品批发市场依旧是我国农产品流通的重要平台，是解决农产品销售的重要渠道。他认为，"三农"的核心是农民增收，将农民辛辛苦苦种出来的农产品在市场上换回"真金白银"，装进自个儿兜里，农民才算增收。所以，关注"三农"，一定要关注流通、关注销售、关注市场。

有关专家指出，有关部门应该整合力量，科学统筹，真正实现高标准规划、高起点设计、高质量建设，把农产品批发市场发展作为一项惠及"三农"的主要民生工程，从根本上解决全国农产品批发市场存在"脏乱差、小散弱"等瓶颈问题，更好地服务"三农"、造福人民。

对此，张玉玺坦言，随着 2010 年中央一号文件的出台，以及国家惠农政策的全面实施，中国农产品批发市场建设由量变到质变的进程必然加速，我们即将迎来农产品大市场大流通时代！

在不断的发展过程中，尽管面临的问题还很多，但张玉玺坚信，只要全国农产品市场携手共进，团结一致，全面打响农产品市场建设这场攻坚战，必将开创我国农产品大流通事业的新局面！

（《中华建筑报》，2010 年 3 月 11 日）

新发地打造一流批发市场
服务北京世界城市建设

北京打造世界城市　新发地市场需要升级改造

今年3月1日，2010世界城市国际论坛在北京隆重举行，参会的中外嘉宾就"发展中国家崛起的大趋势与北京建设世界城市的机遇和挑战"等题目发表了精彩演讲和讨论。由此，北京建设世界城市的话题再次成为世界媒体关注的焦点。这意味着开放的北京从首善之区建设到加快实施人文北京、科技北京、绿色北京发展战略后，将以崭新姿态着眼建设世界城市，以更高标准推动首都经济社会又好又快发展。

民以食为天，食以安为先。事实上，农产品安全供应与城市的安全稳定、和谐发展息息相关。而我国农产品的安全供应90%依托农产品批发市场，尤其是首都北京，建设世界城市必须要有安全充足的农产品供应作为一项重要保障，必须具有与之相匹配的现代化的农产品批发市场。

据调查，2007年，在国家工商总局注册的上规模的农产品批发市场有27444家，这并不包含在广大农村自发形成的简陋农产品批发市场。这些批发市场在中国改革开放后，如雨后春笋般发展起来。随着农业产业化、区域化、规模化的发展和城镇居民生活水平的不断提高，全国农产品批发市场建设已开始进入由量变到质变发展的重要转型期。

然而，总的来看，我国农产品批发市场发展还很滞后，不能完全满足农产品现代流通的需要，与建设社会主义新农村和构建和谐社会的需求有很大差距，发展过程中存在的问题相对来说还比较突出。一是交易设施落后，服务功能不足，大部分存在着"脏乱差、小散弱"的现象。二是恶性竞争日趋激烈，新建市场准入门槛较低，个别城市甚至出现想建市场就建市场，想怎么建就怎么建的怪现象，突出表现为零距离建市场，花高价买客户，搞不正当竞争。三是产销矛盾突出，用市场信息调控和指导农民种植的力度和可信度远远不够，导致我国年年出现农产品销售难等问题。四是安全系统、信息系统、检验检测体系不健全等。

尽管如此，农产品批发市场依旧是我国农产品流通的重要平台，是解决农产品销售的重要渠道。

为了更好地解决农产品市场发展的诸多瓶颈问题，作为中国农产品市场协会会长的张玉玺在2009年给温家宝总理写了一封名为《不关注流通的农业是一个不完整的农业》的信函，受到总理的高度重视，有关领导还做出了重要批示。今年的中央一号文件第11条为此专门强调，健全农产品市场体系，统筹制订全国农产品批发市场布局规划，支持重点农产品批发市场建设和升级改造，落实农产品批发市场用地等扶持政策，发展农产品大市场、大流通。

2010年中央一号文件的出台，使中国农产品批发市场建设由量变到质变必然加速。为此，有业内专家指出，就中国农产品批发市场建设而言，有关部门应该整合力量，科学统筹，积极落实中央一号文件精神，加快对全国农产品批发市场的建设、管理、收费等以法律的形式成文，进而规范全国农产品批发市场的发展，做到有法可依。真正实现高标准规划、高起点设计、高质量建设，把农产品批发市场发展作为一项惠及"三农"的民心工程，从根本上解决全国农产品批发市场存在的"脏乱差、小散弱"等瓶颈问题，更好地服务"三农"、造福人民。

为此，新发地市场以等不起的紧迫感，慢不起的危机感，坐不住的责任感加速市场的"内生外扩"，构建北京市农产品产业链条、物流配送体系和农产品应急体系，立足北京，把新发地市场打造成首都一流的高档次农产品交易中心。

新发地市场"内生外扩"构建农产品安全供应体系

新发地市场内部升级，主要包括六大建设项目。

1. 积极筹备市场上市

按照全国一流农产品批发市场建设目标进行全面升级改造，以此为契机，市场将进一步健全公司体制，强化企业管理，完善法人治理结构，推进现代企业制度。目前，市场聘任宏源证券股份有限公司为主承销商和保健员，和北京中瑞岳华会计师事务所以及北京凯文律师事务所组成上市中介机构团队，引进新希望集团作为新发地市场的战略股东，计划2012年初上市。

2. 建立电子交易中心

新发地市场与北京石油交易所发起人于2010年3月在丰台区丽泽商务区注册成立了全国最大的农产品电子交易中心——北京新发地农产品电子交易中心，注册资金1000万元，依托新发地市场的巨大平台和丰富资源，大力开展电子交易。农产品电子交易中心争取在3~5年内成为全国农产品的交易中心、信息中心、结算中心和价格形成中心，构建新型农产品流通体系。

3. 建立国际绿色物流区

此项目是新发地市场联合北京市科委共同创建的"北京新发地农产品安全科技示范工程"，占地30亩，投入8000万元，2010年5月16日召开了"北京新发地国际绿色物流区暨招商论坛"，吸引了众多国外客商，大力开展农产品国际贸易，8月25日正式开业。

4. 建立绿色有机农产品物流交易区

新发地市场联合蟹岛集团、北京方圆平安有限公司两家国家级农业产业化龙头企业投资5亿元，建设新发地绿色有机农产品物流交易区。此项目建成后，可实现年交易额60亿元以上，为国家上缴税费3000万元，为首都市场提供160多万吨的农产品，间接带动1000个就业岗位，辐射带动

40万~50万农民就业。目前，该项目已开工。

5. 建立全国名优特农产品交易中心

新发地市场投资5亿元打造全国第一个名优特农产品交易中心，将全国最优质、最具特色的农产品集中起来，服务首都市民，促农增收。此项目建成后，可直接提供就业岗位2000个，间接提供就业岗位10万个，带动全国名优特农产品发展，可实现年交易额20亿元，可对各省市的名优特农产品进行集中展示，打造一个永不落幕的展销会。

6. 建立海产品交易中心

我们与北京南丰兴利投资有限公司、北京恒益永兴商贸有限公司合作，建设北京市新发地海产品交易中心。该项目占地120余亩，我们建设的定位是将其打造成首都一流的高档次海产品交易中心。

22年来，北京新发地农产品批发市场从无到有，从小到大，由弱到强，不仅成为带动中国农产品大流通的超级绿色航母，而且带动近百万农民就业，为服务首都百姓、繁荣首都经济、维护首都稳定、促进农民增收、解决农民就业作出了突出贡献。

张玉玺说，北京建设成为世界城市的同时，必将推进北京农产品批发市场的国际化程度，在此背景下，北京较大的农产品批发市场既要制定本地发展、跨地区发展战略，从更长远的角度来看，也要有跨国发展计划。只有不断加大发展力度、搞好全面建设、提高服务水平，才能更好地服务于未来的北京和其他区域。

着眼未来，新发地农产品批发市场董事长张玉玺表示：保障北京农产品供应，不仅是新发地市场义不容辞的职责，更是一项光荣而艰巨的政治任务。新发地市场要通过"内升外扩"将北京农产品批发市场打造成类似长城、故宫等享有盛誉的首都名片，以此为契机告诉世界人民，中国的农产品质量是安全的，以此为抓手和切入点，积极推进北京打造世界城市的步伐。

（《京郊日报》，2010年10月11日）

携手打造"首都国家农产品大市场"暨"北京国际商贸中心新发地现代农产品物流园"

新发地农产品批发市场董事长——张玉玺

作为新发地市场的责任人，我为新发地在北京乃至全国发挥的作用和地位而自豪，同时也对市场适应新形势发展步履蹒跚而焦虑。作为中国农产品市场协会的领头人，我为全国农产品批发市场构筑了中国农产品流通脊梁而欣慰，但当农民卖菜难，市民买菜贵，农产品安全事件时有发生时，我为自己无能为力而自责。农产品价格不稳时，总理来到我们市场，来到了商户中间，来到了我的身边。他让我更看清了自己肩上的责任，也给了我思考解决难题的勇气和信心。《国务院办公厅关于统筹推进新一轮"菜篮子"工程建设的意见》出台后，国务院一个一个支持"菜篮子"工程建设，稳定"菜篮子"价格的政策轮番推出，给了我们方法和力量。

维系我国农产品流通体系的是数百个上规模的大市场、数千个没有规模的小市场、数万个零售市场和亿万个自发参与的个体运销商和零售商。其中从业者绝大多数是农民。天下最弱势的群体，从事天下最艰难的行业。这是无法回避的现实。

按照国际惯例，农产品流通设施，都是由政府投资建设，企业化管理运作。农产品流通渠道和设施建设的贫血症，源自国家资本的缺失，也是无须讳言的事实。

以现有骨干市场为基础，注入国家资本的力量，倾力打造国家农产品大市场体系，是克服设施落后，调控乏力，市场波动，保障不稳，安全难控的必由之路。

新发地市场，作为北京最大的菜篮子工程，率先在首都打造国家农产品大市场示范市场，得天时地利，责无旁贷。

但我们基础设施，管理水平，公司治理结构，与完成这一历史使命的要求相距甚远。我们毅然决然制定了"大胸怀引进，大手笔规划，大气魄发展，大踏步推进"，"巩固传统，提升现在，开拓未来"，"广泛结盟，内升外扩"发展战略。就是为了更好完成建设"首都国家农产品大市场"的使命。

在我们广泛联盟的过程中，我们迎来了我们的战略合作者，新希望集团。"佛说——'修百世才能同舟，修千世才能共枕'"。我要说，当我们一南一北两个庞大的企业能牵手合作，并在携手打造"首都国家农产品大市场"，逐步实现大基地与大市场有效对接，构建农牧产品产销一体化格局，形成从种植养殖、加工运输到市场销售的完整产业链条等战略上不谋而合时，我们是万年修来的缘分。我们为找到这样的战略合作伙伴而欣慰。愿我们的合作事业开花结果，惠及我国"三农"伟业。

新希望集团有限公司董事长——刘永好

新希望集团是一家来自中国西部的民营企业，已有28年历史。在党和政府的好政策下，在各级政府、各级部门的支持下，新希望集团从一个小养殖场成长为中国最大的农牧企业和民营企业之一，从最大的饲料商延伸成为中国最大的肉蛋奶供应商之一，2010年销售额预计近600亿元。新希望集团积极参与，建成了7亿只鸡和750万头猪的产业体系。集团引进世界上最好的种猪，提供技术服务，建设西部农村信息网，培养人才，积极探索猪、鸡、鸭、鱼的可持续、规模化、集约化的养殖发展路子，成立了上百个专业合作社，带动了400万户农户致富。

新希望集团有限公司、北京市新发地农产品股份有限公司近日在北京达成战略协议是令人欣喜的大事，具有深远的战略意义。尽管我们两集团的运营体制略有差异，但都是为农民服务、为国计民生服务，我们所处行业有一定的关联性，在各自不同的领域均有一定的市场影响力，尤其是我们两集团务实的经营风格是相同的。我们充分肯定中国农产品批发市场在农产品流通中的主导地位和作用，以及新发地作为全国最大单一批发市场的既有影响力和未来发展空间，更佩服张玉玺董事长带领团队创造的二十二年的经营佳绩，尤其深刻的是张玉玺董事长对"三农"问题的理解、解决具体国计民生的作为与举措。他提出的携手打造"首都国家农产品大市场"，并以此为基础全面构建"国家农产品大市场体系"，彻底解决"农民卖菜难和市民买菜贵"，实现"保供给、保安全、保通畅"的战略目标更是高屋建瓴。新发地与新希望的"双新合璧"格局上充满互补增值的因素。我集团也非常期待在合作过程中能协助新发地延展产业链互补、实现对外扩张、提升公司结构治理和管理水平，同时全过程地贡献品牌与公共资源。

中国最大的内需在农村。中国的城镇化达到60%时，留在农村的农民仍然有5亿。因此内需转换的关键在于刺激农村经济的增长、提高农民收入。中国的农村经济正在加速转型，新形势下，通过将农民组织起来与龙头企业联手组建新型合作社，带动农民走组织化、规模化、标准化的养殖生产模式，已被实践证明是对农民最有效的生产组织引导形式。为此，我一直在建议，为了更好地解决"三农"问题，把"三农"延伸到"新五农"，即"农业、农村、农民、农企、农社"，可以较好地解决农业发展的规模和效益等问题。

大视野——建设国家农产品大市场体系势在必行

绿豆价格狂飙，大蒜价格暴涨。"豆你玩"和"蒜你狠"，两句时髦的网络语言，调侃的背后，暗藏的是农产品价格的危机，是国人对菜篮子工程薄弱的担忧。

"农民卖菜难，居民买菜贵"。"菜篮子工程建设"成为2010年国务院文件中出现最频繁的词汇。为加强对"菜篮子"的支持力度，国务院接连发出了三个指导《意见》。

农产品是我国最早走市场之路、涉及面最广、从业人数最多、对国计民生最相关的行业。

千家万户生产的农产品走上市场一条路，那是一条艰难的天路。在这条崎岖天道上踽踽而行的，绝大多数是农民。天下最弱势的群体，从事天下最艰难的行业。这是业内人士对我国农产品逐渐完成从计划经济到市场经济涅槃的感叹和惊叹。

维系我国农产品流通体系的是数百个上规模的大市场、数千个没有规模的小市场、数万个零售市场和亿万个自发参与的个体运销商和零售商。

在我们赞叹中国农民面对苦难的忍耐、为求生存的执著、在创造的路上不畏艰辛，我们应该反省，我们虽然为农民做了很多，但我们应该为农民做得更多！

按照国际惯例，农产品流通设施，都是由政府投资建设，企业化管理运作。而我们国家农产品流通设施和系统建设，基本都是农民自己自发组织，滚动发展的。"豆你玩"和"蒜你狠"、"农民卖菜难，居民买菜贵"，这种种表象背后，不难发现的是农产品流通渠道和设施建设的国家资本的缺失。设施落后，调控乏力，市场波动，保障不稳，安全难控，盖因如此。

国办发〔2010〕18号《国务院办公厅关于统筹推进新一轮"菜篮子"工程建设的意见》强调，由农业部牵头，发改委、财政部、国土资源部、环境保护部、交通运输部、商务部、卫生部、工商总局、质检总局、银监会、证监会、保监会等部门参加，尽快研究制订新一轮"菜篮子"工程建设规划及实施方案，协调解决"菜篮子"发展重大政策问题。这是国家强化菜篮子工程建设最利好的政策。

心动不如行动。有好的政策，更要有切实可行的措施。

国家投资建设，以大中城市销地市场和农产品主产地市场为骨干的国家农产品大市场体系规划建设，是核心课题！是当务之急！

在这个体系中，农民组织化、规模化、标准化、质量安全、可追溯体系、加工技术、电子结算、价格生成和发布信息系统、冷链体系、应急储备系统等，缺一不可。支持这些体系，除了政策引导，更要观念的更新，技术的提升，资金的投入。

这个体系很重要，也很庞大。千里之行，始于足下。我们应该从何处着手？从哪里起步？

民以食为天，国家农产品大市场体系建设，应该是天字号工程。要完成这样的伟业，倾国家之力，要有国家政策引导，资金投入，更要有观念更新，科技引领，人才储备，上下一心。该是国家倾全力建设"国家农产品大市场体系"的时候了！

新发地与新希望携手打造"首都国家农产品大市场"体系示范市场。面对国家农产品市场总体设施落后，运行机制的脆弱，国家一系列利好政策出台，机不可失，时不再来。首都北京最大的农产品批发市场董事长、中国农产品市场协会会长张玉玺与新希望集团有限公司董事长刘永好在人民大会堂果断喊出了最强音。

新发地是首都人民的"大菜篮子"和"大果盘子"，占地1500多亩，年交易额已突破300亿元，是北京乃至华北农产品供给保障的最重要基地和平台。新发地市场农产品的价格、安全和保障，是首都乃至全国农产品的风向标。国务院总理温家宝多次亲临视察新发地，足以佐证新发地市场在国家菜篮子工程建设中举足轻重的地位和作用。

新希望集团是中国最大的农牧企业和民营企业之一，秉承"为耕者谋利，为食者造福"的理念，年销售收入超过500亿元，拥有400家企业和6.5万名员工。是国家"菜篮子"工程建设中，最大的肉蛋奶供应商之一。

新发地与新希望携手，可谓"双新、双农"合璧，在格局上互补增值、延展产业链、实现对外扩张、提升公司治理结构和管理水平。他们决定，以"新发地、新战略、新希望、新突破"为导向，以蔬菜业务股份制改造并率先上市融资，逐步实现整个市场业务上市的最终目标，依靠国家对农产品流通的政策支持和资本市场的资金优势，通力打造以"保供给、保安全、保通畅"为宗旨的环境友好型、资源节约型的"首都国家农产品大市场"暨"北京国际商贸中心（新发地）农产品物流园区"。最终引领"国家农产品大市场体系"的全面建设和发展，可喜可贺！

近日传来，首都最大的农产品市场——北京新发地农产品股份公司携手中国最大的农牧企业——新希望集团战略合作的消息。

仅仅是两个知名大企业的联手，不足以吸引眼球。值得关注的是，这两个知名企业联手，发誓让新发地农产品市场脱胎换骨，打造"首都国家农产品大市场"，主动请缨要做国家"菜篮子"工程建设的领军企业；要同步打造"新发地现代农产品物流园"，在正在建设的"北京国际商贸中心"商圈中，率先占领"农产品频道"。

这桩资本联姻的双方都是我国国家级农业产业化龙头企业，都是从20世纪80年代就扎根"三农"，务实耕耘，在各自领域都发展成一面旗帜，此次走到一起可谓门当户对，珠联璧合，堪称中国"三农"领域的一件喜事。

农业企业从未像今天这样引人注目，中央一号文件连续多年都是"三农"问题，CPI随着农产品的价格的波动已经普及了大多数的老百姓，特别是近几年来，我国农业正不断吸引着国际资本的注意力，四大粮仓和许多国际知名投资基金在种子、食用油等很多领域都已捷足先登。此次双方的强强联手，优势互补，实现大基地与大市场的有效对接，促进农产品产销一体化和大流通格局，可谓着眼长远，目标远大。新发地董事长张玉玺信心满怀，"我们有能力、有信心实现双方的优势资源互补，取得战略合作的成功，建成国家大市场和北京现代农产品国际物流中心"。

今日新发地肩扛民生重担

当初，一个农民带领几个农民，在北京的城乡结合部办了一个小型农贸市场，解决了当时农民卖菜难的问题；20多年后，这个农民带领一大群农民把过去的农贸小市场办成了国内外闻名的农产品大市场，成为首都人民离不开的"大菜篮子"和"大果盘子"；成为首都最大的"菜篮子"工程。这个农民也成长为中国农产品市场协会的牵头人，中国农产品市场协会会长。这就是张玉玺，这也是新发地的历史写照。

新发地扼守北京的南大门，京开、京石、四环、五环路相拥，蔬菜、水果生产基地大多处于南方，主要通过京开、京石进入北京市场，同时又处于离市中心30分钟生活圈，市区的采购配送十分便捷，位于北京的区位优势及四通八达的交通决定了其发展农产品市场的条件得天独厚、不可复制。在强烈的市场竞争中，新发地能一枝独秀，可以说是历史的选择，也是必然的选择。

2009年美国权威机构发布的中国最有品牌价值的100个消费品品牌中，"新发地"市场名列第81位，列北京市第16位，品牌价值达19.05亿元。

我国农业生产的分散特点决定了农产品批发市场将长期处于农产品流通体系的主体地位。北京作为祖国首都和有着3000万居住人口的特大型世界城市，蔬菜的自给率很低，它的农产品流通体系建设必须统筹规划，合理布局，规范发展，以全国多层次的蔬菜基地为基础，以新发地这样的中央批发市场和物流配送中心为枢纽，区域批发市场和城乡农贸市场为配套，以连锁超市和便民店为主体的"菜篮子"产品流通模式。

目前新发地占据了北京蔬菜水果的"总经销"角色，与首都居民的生活息息相关，被评为"影响北京百姓生活的十大企业"。在硬件设施上，新发地经过20多年的苦心经营和建设，拥有大量系统化的物流和基础设施，其中大批量的气调库为农副产品尤其是水果保鲜提供了完善的保存条件。市场已经逐步跨越露天时代，一座座现代化的交易大厅整齐有序排列，按照农产品交易和物流规律设计了合理的行车路线和导向标识系统，稳定的收费和管理系统、消防系统、安保秩序管理、卫生管理、监测系统、紧急事件应急响应机制等一系列配套的管理保证了日均3万车流量的稳定运营。

明天新发地撑起国家大市场

历史总是暗合了某种轮转的相似性。"以人为本"郑重而神圣写入中央文件。民以食为天，食品安全、蔬菜价格等"菜篮子"，在众多民生问题中是必然的热点问题，一轮轮利好的政策东风接踵而至。2010年3月，国务院出台了《关于进一步推进"菜篮子"工程的意见》，7月的国务院常务会议确定了保证供应和稳定菜价的"国六条"，8月又下发了"关于进一步促进蔬菜生产、保障市场供应和价格基本稳定的通知"，如此密集的政策出台，其重视程度可见一斑。

来之不易的艰辛发展让新发地市场与时俱进、居安思危，力争借力国家政策的东风，探索建设与北京"世界城市"相适应的发展道路。针对新发地市场目前的发展现状和存在的问题，诸如交易环境和方式陈旧、土地利用效率不高、周边交通状况拥堵和配套绿化设施等，结合北京整体定位和规划，新发地市场不仅下决心彻底解决，改变提升市场形象，而且解放思想，超前规划，提出了建设与北京"世界城市"定位相适应的"菜篮子"工程："首都国家大市场"和"北京国际商贸中心现代农产品物流园"，形成原产地、大市场和遍布京城的"便民连锁菜店"的有机体系。实现中央要求的"从田头到餐桌保供给、保安全"，减少中间环节，利农民、惠市民的国家农产品市场流通新格局、新体系。

市场目前正在规划建设现代化的秉承传统交易的"综合交易中心"和"提升现在、开辟未来"，集现代农产品展示加工配送于一身的"综合商务中心"，对整个市场进行总体规划、配套环境治理、景观绿化改造、区域改善、建筑业态设计包装与低碳节能、导向标识与招牌统一设计定位、物流规整等现代化改造。

推进电子结算，为经营业态升级奠定基础。即将开业的电子交易平台，为大宗农产品交易提供解决方案，通过重构供应链创造新价值。扩展电子商务，构建虚拟网上市场，建立与信息时代适应的农产品交易方式。

完善一整套的质量安全检测系统、监测与预警系统、质量追溯系统等全供应链的安全保障体系。规划建设大规模冷藏保鲜设施和冷链物流体系，延伸业务链条强化深加工和物流配送服务。改善垃圾回收和卫生管理体系。从基础设施、管理和技术上进行升级改造，力争建立灵敏、安全、规范、高效的"菜篮子"产品和物流平台，成为环境一流、设施一流、人才一流、服务和品牌一流的全球知名农产品市场，成为花园式、立体化、高科技、多功能的国内农产品市场的示范样板。从田头到餐桌的现代手段的农产品质量可追溯系统，正在与海南、浙江、云南等农产品主产地联手实施应用。一座座以主产省为单位的各地特色农产品交易大厅在市场拔地而起。

目前便民连锁菜店已经有100多家，力争在三年内达到1000家，最终2400家，统一建设、装修、标识，统一采购、配送、定价、结算、信息系统、运作管理、质量标准。构建自有生产基地、现代市场物流中转配送、加工检测包装、社区便民菜店的全供应链"菜篮子"工程解决方案，保证蔬菜产供销和价格稳定。

全力配合政府有关部门，对新发地周边环境进行治理，提出建设"环形高架桥"的创造性构想，统筹规划解决交通环境等系列问题。立足北京，辐射全国，面向世界，通过"内升外扩"战略，带动北京二三线市场和周边区域市场的升级改造。在北京周边省市蔬菜主产区建设500万亩自有供应基地，基本解决北京蔬菜供应安全问题。采取承租、托管、控股、参股等方式，在北京周边重要蔬菜产地建设一批产地市场，形成产销无缝对接的格局。力争成为规范的上市公司，改善公司治理结构，探索标准化的规范管理，进行管理输出，成为北京"菜篮子"工程的名片和世界知名的农产品市场品牌。

在统筹推进新一轮首都"菜篮子"工程建设的新阶段，落实国务院关于促进蔬菜产供销和价格稳定的精神和七项措施，新发地市场将起到事关全局的贯穿性作用。

在新发地市场的中轴路上，"天下大农"的牌楼格外醒目，它承托了新发地人的理想，携手新希望，明日新发地，国家大市场。

（《农民日报》，2010年10月29日）

新发地谋变

——专访新发地农产品有限公司董事长张玉玺

农产品批发市场自20世纪80年代初出现后，在政府的引导和政策扶持下，一路高歌猛进，业已发展成为我国农产品流通的主渠道。到目前为止，在国家工商总局注册的规模以上农产品批发市场有近3万家，这还并不包括在广大农村地区自发形成的简陋型农产品市场，其中交易额在1亿元以上的市场约为600家，大中城市70%以上的农产品经由批发市场流通。

一头连接着农民，一头连接着市民，农产品批发市场从出现之初就赋予着浓厚的国家使命色彩，其二十多年的发展实践表明，农产品批发市场在保障城市农副食品供应安全、搞活农产品流通、推动农业产业化、促进相关产业发展、带动农民增收等诸多方面发挥了巨大的作用，已经成为解决"三农"问题的最行之有效的途径。

然而，总体来看，我国农产品批发市场发展还很滞后，发展过程中存在的问题相对来说还比较突出，随着城镇化、全球贸易一体化进程的加快，农产品批发市场正面临着国内消费者对食品卫生质量的要求逐步提升和农产品国际贸易的极大压力。

承担着沉重的民生责任和国家使命的批发市场，不可能是一个纯粹的市场产物。但是它们又必须在市场中去证明自己的生命力。这几乎是所有农产品批发市场宿命般的挑战，考验的则是其决策者的领导力与平衡力。

新发地农产品批发市场无疑是这方面的佼佼者，20年来，从无到有，从小到大，新发地在市场与使命之间实现了完美的平衡，不仅成为带动中国农产品大流通的绿色航母，而且直接或间接带动近百万农民就业，为服务首都百姓，繁荣首都经济，维护首都稳定，促进"三农"增收，为解决农民就业作出了突出贡献。

7月7日上午，在接受《农经》记者专访时，张玉玺说："全国农产品批发市场正在迈入从量变到质变发展的关键转型期。北京新发地农产品批发市场作为首都的窗口，我们未来的战略发展归结为四个字'内升外扩'。内部升级与外部扩张并举，其中最为重要的是在'新发地'的经营模式中，公司经过长时间摸索，正在谋划从收取租金，逐渐演变成为以收取交易手续费（佣金）为主，即形成从'地主'到'交易所'的角色转变，而新发地农产品批发市场的最终愿景是打造天下大农新发地。"

价格上涨是市场行为

《农经》：今年以来，菜价普遍偏高，有些品种菜价甚至高得"离谱"，例如大蒜和绿豆。

张玉玺：今年的农产品是比往年的价格偏高一点，不管蔬菜、水果，都上涨了10%左右。应该说因素很多，既有不可抗拒的自然因素，也有非自然因素。

自然因素方面，一是气温偏低。自2009年11月初开始，我国北方地区连续遭遇两次强降雪，并逐渐进入30年一遇的冷冬天气，出现了"倒春寒"，使得大棚的蔬菜生长缓慢，上市期推迟了一个节气——15~20天。由于北方蔬菜上市推迟，4月上旬南方蔬菜逐渐退出北方市场后，北方蔬菜未能及时衔接，出现"断茬"，导致菜价上涨。

二是西南大旱。今年春季，我国西南地区旱情十分严重，严重影响了当地蔬菜生产。比如广西产的豇豆、架豆，四川的豆王上市量比常年都有所下降，豆角类的蔬菜市场量比去年同期减少50%以上。西南五省旱情严重，使得部分地区由蔬菜调出区变为调入区，也导致了许多地区菜价上涨。

非自然因素方面，首先是金融危机复苏。2009年4~5月，正是金融危机对我国影响比较严重的时期，北京的外来人口相对常年有所减少，今年则不同，我国的经济已经复苏，外来人口比去年同期增长了很多。比如新发地市场5月9日的蔬菜上市量比去年同期增加了8.36%。

二是务农不如务工。由于在城市务工的收入要远远大于在农村务农的收入和危机之后用工需求的增长，刺激了全国大量农民工涌入城市，导致农民种菜成本增加，提动菜价上涨。

三是粮价拉动菜价。近两年，国家连续调高稻谷、小麦的最低收购价格，而种菜基本上没有补贴，菜农往往存在"丰产不丰收"或"卖菜难"的市场风险，当农民种菜的收益不如种粮的收益时，他们自然会选择种粮，而不去种菜。也是造成蔬菜价格不稳定的一个重要因素。

另外蔬菜种子价格偏高也是一个因素。

《农经》：但是市场普遍担忧蔬菜等农产品价格的上涨更多的是人为炒作的因素，从您多年的农产品流通实践来看，这种因素不存在吗？

张玉玺：这个上涨基本上还是正常的，有的价格是属于恢复性上涨，有的价格是涨得高一点，可能是去年的价格低，农民种植面积少了，产量少了，价格就高。其实我们不反对农产品价格上涨或下跌，我们反对大涨、大落。其实涨一点落一点，市场经济是很正常的，这是一点。

大蒜就是一个很明显的例子，2007年、2008年、2009年初过低的大蒜价格，严重挫伤了全国农民种植大蒜的积极性，致使全国大蒜种植面积锐减，从而导致今年大蒜价格高得"离谱"。这种"离谱"其实是一种报复性上涨，这种上涨主要是市场行为，而不仅仅是个人行为。

当然，局部范围的小批量的炒作是存在的，但只是一定程度的推波助澜，而不能左右大势。

另外，我想强调的是，农产品的价格，我们天天讲"三农"，"三农"的核心是农民增收，农民怎么增收呢？农产品不涨价，农民没法增收。一涨价，各级政府官员都很慌。其实农产品涨价没什么好慌的，因为农产品涨价之后，农产品的利润肯定要留给农民。中国的农民我们也关注了，我记得2003年工农差别是1:2.8，2009年两会，我查了查资料，变成1:3.3，工农差别还在增大。所以，农产品价格上涨一点这是好事。

我国正由温饱型向小康型社会转型，各种商品的价格都在发生调整，菜价也不例外，蔬菜价格上涨是社会发展到一定阶段的普遍现象，也是一种经济现象，很正常。比如国外经济发达的一些国家，蔬菜价格要比国内高许多。

《农经》：可不可以这样理解，今年的菜价上涨是诸多因素交织在一起的一个结果，实际上在农产品流通，产销矛盾依然突出，农产品依然"卖难"？

张玉玺：是的，近年来，我国农产品几乎年年出现"卖难"问题，去年底，我国农产品就出现了农产品卖难的问题，尤其是宁夏固原的马铃薯，胡锦涛主席对此作了重要批示。出现这样的问题，我认为最根本的原因是产销不对接、不对称，缺乏对农民种植的科学指导，农民种植农产品几乎是"跟着感觉走"，盲目跟从，导致同一品种的农产品丰产却不丰收，打击了农民的积极性。国家只重视补贴农民和关心农民种植，而忽略了销地市场，即农产品批发市场。就是说农业部门只管种植，不管流通，生产出来的农产品卖不出去，导致去年我国部分农产品出现滞销的问题。农民生产出来的农产品不知道往哪里卖，销地市场又缺少优质资源。

"三农"核心在流通

《农经》：从这个意义上说，农产品流通在产业链中处于绝对的支配地位，而农产品批发市场可以有效地降低信息和搜寻成本，实际上扮演了一个很重要的作用？

张玉玺：关注"三农"必须要重视流通，这是由农产品批发市场的性质决定的，因为农产品批发市场是保证城市安全的基础，担负着大量"吞吐"全国农产品的重任，是解决"三农"问题的核心。换句话说农民生产出来再多的农产品，农业再丰收，换不成"真金白银"还是等于零。而农民换取"真金白银"的最终渠道是农产品批发市场，没有这个交易平台，农民增收只能是一句空话。国家采取大量补贴的方式惠及农民，我认为暂时有效，但治标不治本，最根本的还是要通过科学的指导，把生产出来的农产品在市场上换回"真金白银"，让农民真正富起来。

"内升外扩"战略

《农经》：新发地目前的发展情况怎么样？

张玉玺：新发地市场成立23年来，始终以"服务北京市、服务首都发展、服务中国'三农'"为己任，坚持用道德和责任做好农产品安全供应这件天大的事，讲良心，守诚信，为百姓。承担着首都70%的蔬菜供应、80%的水果供应和100%的进口水果供应，2009年的交易量90.2亿公斤、交易额302亿元，交易量和交易额连续八年双居全国第一。

但是随着北京城市化进程的飞速发展，尤其是后奥运时代，北京提出了打造"三个北京"和世界城市的宏伟目标，北京迫切需要一整套与之相匹配的现代化的农产品保障供应体系和机制。而新发地市场作为首都的大"菜篮子"和大"果盘子"，一个村办企业担负着整个北京市的农产品供应，受体制、土地、资金等诸多困难和因素制约，落后的交易方式和交易环境，逐步与首都发展的大环境很不匹配，突出表现为：政府不喜欢——环境不好，周边的居民不欢迎——交通堵塞。

《农经》：在此背景下，新发地打算如何应对？换句话说，新发地未来有着怎样的发展规划？

张玉玺：北京建设世界城市的同时，必将推进北京农产品批发市场国际化程度，而批发市场也为城市在农副产品领域提供更为完善的服务，二者之间相辅相成，相得益彰。在此背景下，新发地既要制定本地发展、跨地区发展战略，更从长远角度来看，也要有跨国发展计划。只有不断加大发展力度、搞好全面建设、提高服务水平，才能更好地服务于未来北京和其他区域。

古人云"民以食为天，食以安为先"。充分说明农产品安全供应是一项涉及民生的重要工作。事实上，农产品安全供应与城市的安全稳定、和谐发展息息相关。而我国农产品安全供应90%依托农产品批发市场，尤其是首都北京，建设世界城市必须有安全充足的农产品供应作为一项重要保障，必须具有与之相匹配的现代化的农产品批发市场。时代迫切需要我们升级改造，打造一个与首都发展相匹配、现代化高档次的农产品批发市场。否则，落后就意味着被淘汰。为此，我们确立"内升外扩"的战略发展思路，以等不起的紧迫感、慢不起的危机感、坐不住的责任感，加速升级改造，推行电子化交易等现代化交易方式，其目的就是要提升形象和交易档次，彻底告别露天交易和环境脏乱差。

《农经》：您刚才提到的几个项目，实际上让新发地除了分享产业链批发节点的利润外，还能吸聚产业链其他节点的利润，但是我们非常关心这些项目上马新发地后如何建立有效的现代农产品供应体系，以保证农产品的安全稳定供应？

张玉玺：去年底至今年初，北京市陆续下了5场大雪，其中1月1日、3日的降雪为北京市59年来最大的一次降雪。我们采取迅速组织市场大商户从海南基地调运蔬菜，及时将政府支持的3000吨储备蔬菜抛向市场等措施，不仅保障了首都农产品的安全稳定供应，而且在当时全国其他降雪城市的蔬菜价格都出现上涨的情况下，唯独北京有5天的时间菜价下降。今年1月16日，国务院总理温家宝视察新发地市场时，给予了充分肯定，并提出"如果大雪封路，新发地市场能否保证首都农产品供应"的新课题。总理的殷切期望，给了我们巨大的工作动力。为此，我们建立了三大建设重点建设项目。

一是新发地市场内建设15万吨大型冷库。我们与北京市汪洋水产公司、福建湛江港洋水产有限公司合作，建设15万吨大型冷库。该项目占地400多亩，建成后将是北京市最大的冷库，会大大提高北京市农产品储藏、储备应急保障能力，有效保证首都农产品安全稳定供应。

二是在全国各地建立550万亩农产品供应基地。目前，新发地商户在全国各地拥有基地400万亩，我们在此基础上，以新发地市场为平台，在海南、河北、甘肃、宁夏、内蒙古等地区建立新发地150万亩的农产品供应基地，形成科学充足的供应体系，以保证首都农产品的安全稳定供应。

三是积极实施"外扩"市场发展战略。我们确立在北京市五环以外和河北省境内以及在全国各地建市场，目的只有一个：那就是构建首都农产品安全供应体系，更好地服务首都市民和首都建设。

外迁不是把新发地市场搬家,也不是完全把和整个低端的农产品交易全部转移到河北省境内,而是完善和丰富新发地市场更好地服务首都的内容,形成一整套服务首都发展的农产品供应科学保障体系。目前有6项计划:

1. 在北京市五环以外建设一个1500亩的市场,正在选址中。

2. 已在河北省涿州市大石桥建成了北京新发地大石桥市场,该市场占地308亩。

3. 4月7日,我们与河北省高碑店市政府签约,准备投资8亿元建设高碑店农产品物流园区。

4. 4月8日,我们与唐山市供销社合作在唐山市建市场,该市场占地454亩,目前即将投入建设。

5. 我们与内蒙古赤峰市元宝山区政府合作,在内蒙古赤峰市元宝山区平庄建市场,目前市场已建设完毕,即将投入使用。

6. 我们还分别在河北省固安县、定兴县、承德市选址建产地市场,目前正在洽谈之中。

贴近消费终端

《农经》:通过您刚才的叙述,新发地"内升外扩"战略的框架已经很清晰,但是这里面的外扩更多意义上是区域上的,那么新发地有没有在产业链上向上下游延伸的扩张计划,比如说面向终端?

张玉玺:实际上,这方面的工作我们一直在做,目前,市民对农产品价格一直比较关注,尤其是对农产品价格喊贵的呼声越来越强烈。导致农产品价格高的主要原因是种植成本逐年上升,中间的流通环节过多、成本太高、房租太贵等。

为解决这一难题,我们早在2008年初就积极推进将新发地便民连锁菜店覆盖北京城发展战略,目前已在北京市建立了103家便民菜店,以更贴近于消费终端。这个"便"有两层意思,一是方便社区居民,使老百姓不出社区就能买到新鲜的蔬菜水果;二是便宜,便民菜店的所有蔬菜水果均是在批发价的基础上加价20%~50%的运输费、人工费，解决北京老百姓卖菜难、买菜贵的难题。这样做的目的只有一个，那就是让更多的北京市民受益，为构建和谐社会作贡献。今年计划再建100多家，我们的远期计划是1000~2000家，在零售领域把市场搬到市民的家门口。

当然我再次地呼吁一下，在实施过程中，由于便民菜店是时代发展的一个崭新事物，北京市各城区对此看法不一，在选址、给予优惠条件等方面存在诸多困难，迫切需要政府给予一个统一的、清晰的扶持政策，从根本上解决市民卖菜难、买菜贵的难题。

同时，我认为这项工程应纳入政府重点工程，因为菜价与老百姓的生活息息相关，密不可分，如果菜价过高，就会引起老百姓的恐慌，甚至存在不稳定因素。为此，政府从关注民生的角度来考虑，应该引起高度的重视。

(《农经》杂志，2010年第7期)

张玉玺：情系三农　肩负重任

水以秀为美，山以峰为雄，市以人为贵。

在北京，提起"中关村"人们会想到"高科技"；而提起"新发地"，自然而然地就和大市场联系在一起。而创造这一切奇迹和效应的则是一名退伍军人，一位普普通通的农民企业家——张玉玺，他的创业精神来自于自身的事业心和对社会的强烈责任感。

爱拼才会赢。张玉玺以超人的胆魄和睿智，引领企业步入发展的快车道，实现着"兴市富民，兴农报国"的庄重承诺。

张玉玺，北京丰台人，20世纪70年代在海军部队服役六年，1978年加入中国共产党，现任新发地村党总支书记，新发地农产品有限公司董事长，兼任中国农产品市场协会会长、中国蔬菜流通协会副会长等多种社会职务。

商界有句名言：机遇对每一个人都是平等的，但机遇往往是留给有准备的人。张玉玺就是一个有准备而且善抓机遇的人。

十七年前，位于丰台区东南部的新发地村和全国其他农村一样，沉寂、封闭而贫穷。1988年5月，张玉玺受新发地村党总支委托负责筹建新发地农贸市场，并担任总经理。他事业心强，不怕吃苦，带领同村的14名青年用铁丝网圈起15亩地，盖了几间简陋的办公用房，开始了艰难的创业历程。经过17年的精心培育，当初一个设施简陋的小型农贸市场，现已发展成为一个交易量居全国前列、交易额全国第二的国家农产品中心批发市场、农业产业化国家重点龙头企业。市场占地面积从建场初的15亩地扩大到1370亩，管理人员从15个人增加到1000多人，资产从15万元积累到2.67亿元。上市品种当中，蔬菜、水果的供应量已占到全市总需求量的近70%，全年为国家上缴各种税费1200多万元，被新闻媒体广泛称之为"京郊夜明珠"、"城南不夜天"，还被研究农产品市场的专家、学者誉为"中国农产品流通领域的一艘航空母舰"。市场的繁荣与发展，不仅搞活了首都城乡经济，加速了中国农业产业化进程，更重要的是培育出了一大批完全能够适应市场经济规律的新型农民，通过他们成功的示范作用，带动了成千上万的中国农民走上了发家致富奔小康的道路，取得了很强的经济效益和社会效益。市场先后获得"全国文明市场"、"北京市文明示范市场"、"农业产业化国家重点龙头企业"、"全国商业电子信息化示范单位"、"全国优秀市场"和"全国百强商品交易市场"等多种荣誉称号。

成功辉煌需付出艰辛的努力，作为一名在经济转轨过程中成长起来的农民企业家，张玉玺从建场之初就深深感觉到一个企业应承担的社会责任。因此，他立志要培育市场、发展市场、繁荣市场，更好地为社会服务。

为帮助基地发展生产，张玉玺积极采取多种措施开展帮扶工作。如市场拿出5.5万元，为安徽金寨县500多个山村订购《农民日报》；拿出6万元，帮助内蒙古林西县建立了农产品批发市场；免去20%的管理费，引导内蒙古河套香瓜入场交易；免费提供展位和场地并免去全部管理费用，分别组织召开了海南省、福建省、河北邯郸市、秦皇岛市和安徽长丰等省市的农产品推介会；还免去一切费用，在市场中召开了"2002年京郊农业绿色精品展销会"，这一系列的举措和活动均收到了很好的效果，取得了明显的社会效益。

大市场的成功运作，实现了"建一个市场，活一片经济，富一方百姓"的建场目标，也实现了张玉玺"兴市富民，兴农报国"的庄重承诺。

有人算过一笔账：单蔬菜一项，新发地市场从1988年的全年交易量634万公斤到2004年的26.7亿公斤，整整翻了421倍。按农户两亩地一年产菜一万公斤计算，仅2004年一年市场就带动了26.7万农户，加上果品、粮油、肉类、水产、禽蛋、副食、调料等，市场一年至少带动40万农户致富。17年的时间，新发地市场带动全国数百万农民走上了发家致富的道路。

从促进当地经济发展的角度看，改革开放之初的新发地村也是一个"有集体无经济"的村子，1988年建市场之初全村总收入还不到1000万元，利润分配问题也成为干群关系的焦点。自从建了大市场后，村子集体经济飞速增长，村民的生活水平也逐年提高，村容村貌日新月异，新发地由一个原来不起眼的小村子逐渐变成了北京市人流、物流、信息流、资金流的中心，变成了一个全国闻名的农副产品集散地。在大市场的带动下，新发地村逐步发展了汉龙货运中心、木材市场、长途客运站、京新酒店等37个经济实体，2004年全村总收入达3.2亿元。如今，新发地村"老有所养，少有所教"，经济蒸蒸日上，村民安居乐业，呈现出一派欣欣向荣的和谐景象，新发地村也被北京市丰台区评为"文明先进村"和"经济十强村"。

"让客户发财，求市场发展"。张玉玺高瞻远瞩，以"不知疲倦奔跑"的姿态，大手笔推进新发地市场的提档升级。

追溯新发地市场的发展轨迹，探寻一个新颖而成熟的经营理念——让客户发财，求市场发展。也正是这个先进的理念引领了市场管理者向一个共同的目标而努力。

为帮助经营户把业务做大、做强、做稳，有效规避风险，市场成立了信息中心，指派12人专门负责信息采集。信息中心拥有一流的设备，每天有专人负责把新发地市场的价格信息向国家相关部门报送，通过国家相关部门网站和媒体将信息发送到全国各大批发市场、集贸市场，吸引全国各地商户来市场进行交易。为平抑市场菜价、服务农业产业结构调整作出了积极贡献。2005年3月，新发地市场与河北固安广播电视局正式连线。该项目的成功合作，也标志着农产品市场中需求引导生产的模式更加成熟，农民将会从中得到更大的实惠。

2005年3月8~10日，由新发地农产品批发市场、北京市种子协会、北京富四方种苗研究中心主办的"北京丰台春季种子交易会"在新发地种业市场隆重召开。蔬菜基地、花卉牧草基地等产销企业200余家云集新发地，交易品种近2000种。作为中国农产品市场协会会长的张玉玺，在会上作了题为"国泰民安，种子为先"的讲话。他指出，种子作为农业产业的源头，决定着农产品在市场上的竞争力。新发地种业市场将更好地发挥交易平台的作用，为农业增效、农民增收作出应有的贡献。

欧洲有句谚语：当你被追赶时，跑得最快。也许张玉玺不是"被追赶的人"，但他一直在不知疲倦地奔跑。

新发地市场每天有4万人在交易，1万多辆车在流动。张玉玺认为，尽管新发地市场在北京乃至全国的知名度和影响力都很大，但在交易方式、管理手段、基础设施等方面还较为落后，必须尽快进行全面的提档升级。

2004年，新发地市场升级改造工程在政府有关部门的大力支持下进展顺利，全年共开工了16个子工程项目，包括1.6万平方米的保鲜库、5000平方米的冷藏库、果品市场周转用地场地硬化、活禽交易区改造和西大门、北大门、经营者乐园大门改造工程等，总投资为9216万元，工程竣工后产生了较为明显的效果。2005年，升级改造计划投资约2亿元，重点完成市场的配套服务设施。到2006年上半年，升级改造工程粗具规模，取得更为明显的效果。

当今中国，食品安全问题备受政府和社会各界关注。张玉玺常讲："有道德之人不一定发财，但是长期发财的人，一定是有道德的人"。新发地市场将确保食品安全当做一项"政治工程"，在加强诚信经营、完善检测设施、健全监管机制等方面多管齐下。

2005年1月31日，国家相关部门负责人到市场进行节日食品安全监督检查工作。在肉类交易大厅听取新发地市场在落实食品放心工程过程中推行"场厂挂钩"的具体做法后，对市场在加强肉类产品监管上严把源头关，坚持索证索票制度，成立猪肉产销联合体的管理模式给予了充分肯定。

市场竞争，不进则退。张玉玺和他的团队以中流击水立潮头的气概，倾力打造中国农产品流通领域的"航空母舰"。

国以民为本，民以食为天。新发地市场以其在农产品流通领域显赫的地位和为社会经济发展所作出的卓越贡献而闻名全国，作为市场掌舵人的张玉玺也获得了"全国农村优秀村官"、"中国优秀诚信经营企业家"、"首届中国农产品市场建设特别功勋人物"称号；2000年被授予"北京市劳动模范"称号；2003年被有关部门联合授予"全国农村优秀人才"称号；从2001年开始，连续四年被评为"京郊经济发展十大杰出典型"；2005年4月，他非常荣幸地当选为"全国劳动模范"，在人民大会堂参加了表彰大会，并受到有关领导的亲切接见。

弹指一挥十七载，从一个小型农贸市场的负责人到国家大型中心批发市场的董事长，张玉玺始终保持着严于律己、艰苦朴素的作风，慎权、慎独、慎微。他说："我要为农民办点实事，做一个真正的农民的儿子"。为了市场的发展，他长年满负荷地运转着，用一个共产党员的责任感、荣誉感和奉献精神来对待属于党和人民的事业，踏踏实实地践行着"三个代表"重要思想。

张玉玺非常欣赏管理大师杰克·韦尔奇说过的一句话——"规则创造财富"。他常说，市场是广阔的、多元化的，一个头脑清醒的企业家，应该抵制多种诱惑，果断地避开拥挤的人群、喧闹的沙龙。

人非大学不成，志非大才不就。工作之余，张玉玺甘于寂寞，乐此不疲地钻研国家大政方针和经济理论。在中国农产品流通领域享有较高威望的他，结合管理农产品市场的经验，研究中国农产品批发市场发展的内在规律，在国内一些影响力较大的报纸上发表了《论市场发展和道德经济》、《农产品批发市场管理模式的探索》等二十多篇专业性论文，在业内引起广泛关注。他还被聘为"中国管理科学研究院当代社会问题研究所高级研究员"、"中国农村社区发展促进工程农产品市场管理营销专家"和"中国国情研究会农产品流通领域终生研究员"。

"乘风破浪会有时，直挂云帆济沧海"。面对农产品批发市场第二轮"质"的竞争，张玉玺正和他的团队以中流击水立潮头的大无畏气概，倾力打造中国农产品流通领域的"航空母舰"，以期为社会、为人民作出新的更大的贡献。

（中国网——党的好儿女，2011年4月24日）

保民生打造食品安全航母
促增长大力实施商标战略

——北京新发地农产品批发市场发展纪实

新发地，北京和全国的"菜篮"。

新发地，食品安全的"摇篮"。

新发地，更是中国农副产品优质品牌和绿色食品的代名词。

2009年6月初，北京新发地农产品批发市场拥有并使用的新发地商标成为北京市著名商标，这是全国农产品市场中率先获得商标主管部门认定的著名商标。

北京新发地市场成立于1988年。在董事长张玉玺的带领下，新发地市场从"15个人、15亩地、15万元"起步，逐步由一个小型农贸市场发展为占地1000多亩、资产数十亿元的国家级超大型批发市场。市场内交易的品种也从当初单一的蔬菜批发扩展到蔬菜、果品、粮油、肉类、调料、水产、种子等十几大类农副产品，南菜北运、北菜南运，架起了沟通供需、衔接产销的桥梁。市场的交易量、交易额连续多年名列全国同类市场前茅，其中蔬菜、果品两大项的供应量分别占北京市场总需求量的70%以上。

目前，北京新发地市场内不但常年有31个省、自治区、直辖市的农副产品上市，还成为全世界50多个国家和地区优质农副产品交易的平台。新发地市场的繁荣与发展，不仅极大地方便了一日三餐离不开蔬菜、水果的北京市民，还为搞活首都城乡经济，加速中国农业产业化进程作出了贡献，更重要的是培育出了一大批适应市场经济规律的新型农民，通过示范作用带动了成千上万的中国农民走上致富奔小康的道路。新发地市场的成功，真正实现了"建一个市场，活一片经济，福一方百姓"的目标和"兴市富民，兴农报国"的承诺，实现了可观的效益和可持续发展的目标。2007年以来，在北京市政府的领导下，新发地市场实施了"把新发地搬到您家门口"的社区便民蔬菜店行动，极大地方便了人民群众的日常生活。

党和政府高度重视和支持新发地市场的发展。20多年来，新发地市场先后获得了国家有关部门授予的"全国文明市场"、"全国重点联系批发市场"、"全国农业农产品龙头企业"、"全国商业电子信息化示范单位"、"全国优秀市场"、"全国商品交易市场最具商业投资价值奖"、"市场统计先进单位"、"守合同重信用单位"、"首都文明市场"等100多项荣誉称号。

新发地市场的成功之路，得益于以下几个方面：

高度重视市场食品安全监督。新发地市场率先在全国农副产品市场建立了食品质量检测机构，加大检测力度，保证了首都市民吃上的都是安全放心的健康食品。2001年，新发地市场成立了北京市第一家猪肉产销联合体，编织了食品安全网络，受到政府和社会的好评。

高度重视商标知识产权保护。2000年，新发地市场申请注册了新发地商标，随后制定了商标管理办法并进行了全标注册保护，一直使用35类新发地商标经营市场并销售农副产品，在国内外产生了良好的影响。

高度重视科学管理。新发地市场将蔬菜、水果等十几大项实行分区经营专项管理，层层编织了科学规范的市场管理体系。新发地市场每年举办文明经营户表彰会，督促商户诚信守法经营。

深入开展个体私营经济党建工作。新发地市场董事长张玉玺坚持宗旨意识和"以人为本"的理念，提出了"让客户发财，求公司发展"的经营思路和"一切为了客户、为了一切客户、为了客户的一切"的理念，坚持"以道德经济促进市场发展"。在他的带领下，共产党员充分发挥了坚强堡垒的作用，推动了新发地市场跨越式发展。

全方位发展战略取得了成功，北京新发地市场农产品总交易额连年上升，2005～2007年3年交易额分别达110亿元、150亿元、200亿元，年增长率达30%以上，企业收入超过亿元并逐年上升。

张玉玺非常关心和支持社会公益事业发展，新发地农产品批发市场经常为全国各地农产品主产销区举办各种产品推介会，目前已为北京市、海南省、福建省等省、市举办推介会近百场。推介会的举办，促进了农业结构调整，提高了农民的市场意识和农产品质量。

作为中国农产品市场协会会长，张玉玺在中国农产品流通领域享有较高的威望。在他的领导下，中国农产品市场协会积极奔走，联合国家有关部门，推动了农产品"绿色通道"治理工作。他还密切注意世界农产品市场发展动向和趋势，利用参加世界批发市场联合会年会的机会，和世界批发市场联合会主席冈萨雷斯、唐纳德等人及世界同行交流经验，宣传我国的农业政策和农产品市场发展情况。

前不久，在人民大会堂举行的"2006年度中国农村新闻人物"揭晓座谈会上，年度新闻人物张玉玺深情地表达了"四感"之情：感恩、感谢、感激和感情。所谓感恩，是说对党和国家，对生育自己的父母深怀感恩之心；所谓感谢，是对多年来有关部门和单位的支持及对农产品的培育表示感谢；所谓感激，是对广大客户以及为农产品批发事业作出贡献的有关人士表达感激之情；所谓感情，则是一直要把商户看成自己的兄弟姐妹、父老乡亲。从这"四感"中，可以体味出一位企业家的朴实情怀和高尚的品格。

为适应北京2008年举办奥运会和国际化大都市建设的新形势，张玉玺审时度势，一方面多方筹集资金对市场的基础和配套设施进行全面的升级改造；另一方面按照现代企业制度对市场的原有体制进行改革，组建成立了北京新发地农产品股份公司，为新发地市场走向规范化、现代化、规模化奠定了坚实的基础，也为全国农产品批发市场升级改造树起了一面旗帜。

张玉玺表示，借《食品安全法》颁布实施之际，新发地市场全体员工将以更加饱满的工作热情，以奋发有为的精神状态，深入学习实践科学发展观，全面加大食品安全监管的力度，为推进"三农"工作和首都经济社会又好又快发展作出更大贡献，为新中国60华诞谱写辉煌的篇章。

（《中国工商报》，2009年7月14日）

北京新发地市场获得的主要奖励与荣誉

获奖时间	颁奖单位	获得荣誉
1988 年 1 月	丰台区工商行政管理局	一九八八年度局级文明单位
1990 年 2 月	丰台区工商行政管理局	一九八九年度文明集贸市场
1991 年 2 月	中共新发地村总支委员会	一九九〇年度先进单位
1995 年 1 月	北京市工商行政管理局	一九九四年度市级文明市场
1995 年 3 月	北京市工商行政管理局	一九九四年度市场统计工作先进单位
1995 年 6 月	北京市商业委员会	一九九四年度北京市销售服务效益先进集贸市场
1996 年 1 月	北京市工商行政管理局	一九九五年度市级文明市场
1997 年 4 月	农业部市场信息司	1996 年度全国大中城市菜篮子产品批发市场信息网联网工作先进单位
1997 年 4 月	花乡党委、花乡政府	一九九六年度社会治安综合治理先进单位
1998 年 5 月	丰台区市场建设委	丰台区一九九七年度文明示范市场
1998 年 10 月	农业部市场与经济信息司	1997 年度全国大中城市菜篮子批发市场信息网联网工作先进单位
1999 年 7 月	中共新发地总支委员会	一九九七至九八年度先进党支部
1998 年 3 月	中共丰台区花乡委员会	一九九七年度社会治安综合治理先进集体
1999 年 10 月	农业部市场与经济信息司	1998~1999 年度全国农产品批发市场信息网联网工作先进单位
2000 年 5 月	北京市工商行政管理局	首都文明市场
2000 年 11 月	农业部市场与经济信息司	2000 年度全国菜篮子产品批发市场信息网联网工作先进单位
2000 年 1 月	北京市委农村工作委	郊区经济发展"十佳"单位

2001年11月	海南省人民政府	2000年冬季海南农产品运销贡献奖
2000年10月	农业部、国家发展计划委员会等	农业产业化重点龙头企业
2002年3月	农业部市场与经济信息司	2001年度全国菜篮子产品批发市场信息网联网工作先进单位
2001年12月	北京市农业局信息中心	2001年度农产品市场信息工作先进单位
2001年6月	中共丰台区花乡委员会	1999~2001年度先进党支部
2001年1月	中共北京市委农村工作委员会	全国农业产业化经营重点龙头企业
2001年9月	中华人民共和国农业部	农业产业化国家重点龙头企业
2001年1月	北京市农业局	北京市农产品交易信息网定点市场
2003年1月	全国商业电子信息化推广办	2002年全国商业电子信息化示范单位
2003年1月	全国商业电子信息化推广办	2002年度农产品市场信息工作先进单位
2003年2月	农业部市场与经济信息司	2002年度全国农产品市场信息联网工作先进单位
2003年2月	首都文明建设委员会等	北京市文明示范市场
2002年3月	北京市长跑节组委会	第八届北京国际长跑节贡献奖
2002年3月	北京市丰台区妇女联合会	巾帼文明示范岗
2003年5月	中国市场指导委员会	全国优秀市场
2003年8月	北京市商业委员会	北京市城市生活必需品市场监测工作先进单位
2003年11月	北京市农村工作委员会	首届中国国际农产品交易会北京展团"优秀企业"奖
2004年1月	北京市农业局信息中心	2003年度农产品市场信息工作先进单位
2004年3月	北京市工商行政管理局	2003年度守信企业
2004年3月	农业部市场与经济信息司	2003年度全国农产品批发市场批发市场信息网联网工作先进单位
2003年6月	花乡人民政府	花乡2003年上半年行政工作先进单位
2003年2月	国家国内贸易局	全国联系批发市场

北京新发地市场获得的主要奖励与荣誉

2003 年 2 月	中国市场指导委员会	2002~2003 年度全国优秀市场
2004 年 10 月	全国城市农贸中心联合会	2003 年度全国农副产品批发市行业十强市场
2004 年 6 月	中国商业联合会	全国百强农副产品交易市场第二名
2004 年 6 月	中华人民共和国商务部	2003~2004 年度商务部市场运行检测工作信息报送先进单位
2004 年 11 月	中华人民共和国商务部	中国三农理事会副理事长单位
2004 年 12 月	中国蔬菜流通协会	全国农副产品行业信息化建设先进单位
2005 年 1 月	北京市农业局信息中心	2004 年度农产品市场信息工作先进单位
2005 年 4 月	全国菜篮子工程办	2004 年度全国农产品市场信息网联网工作先进单位
2004 年 12 月	北京市工商行政管理局	2004 年度守信企业
2002 年 12 月	中华人民共和国农业部	农业产业化国家重点龙头企业
2005 年 1 月	丰台区爱卫会	丰台区全国卫生先进单位
2005 年 3 月	北京市商务局	2004 年度北京商业服务市场信息网络工作先进单位
2005 年 6 月	中国商业联合会	2004 年度交易额荣列全国十大农副产品交易市场第二名
2005 年 6 月	中国商业联合会	二○○四年度全国商品交易市场最具商业投资价值奖
2005 年 9 月	全国城市农贸中心联合会	2004 年度全国十强农副产品综合批发市场
2004 年 12 月	北京市防火安全委员会	二○○四年度消防安全工作成绩突出被评为先进单位
2004 年 12 月	全国城市农贸中心联合会	2004 年度全国农产品综合批发十强市场
2004 年 12 月	北京市总工会	北京市"双爱双评"活动先进企业
2004 年 6 月	北京环亚经纬区企业文化研究院	研究院、理事会理事单位
2004 年 12 月	中国市场学会信用工作委员会	中国优秀诚信经营示范市场
2005 年 3 月	中国保护消费者基金会	"3·15"维护消费者合法权益诚信单位
2005 年 6 月	中共丰台区花乡委员会	花乡 2003~2005 年度先进党支部

383

2005年9月	全国城市农贸中心联合会	全国农产品综合批发一佳市场
2003年9月	北京市农村工作委员会	北京市农业产业化重点龙头企业
2005年4月	农业部	农业产业化国家重点龙头企业
2005年10月	新发地工会联合会	第二界全民健身趣味运动会获拔河第二名
2006年4月	北京市总工会	经济技术创新先进企事业
2004年3月	北京市商务局	信息报送工作突出贡献单位
2006年1月	北京市场协会农副产品产销分会	2005年度信息工作优秀单位
2005年12月	北京市工商行政管理局	2005年度守信企业
2006年1月	北京市农业局信息中心	2005年度农产品批发市场信息工作先进单位
2006年6月	农业部信息中心	2005年度全国农产品批发市场信息联网工作先进单位
2006年3月	北京市商务局	2005年度北京商业服务业市场信息网络工作先进单位
2006年3月	中华人民共和国商务部	2005年度商务部市场运行检行监测信息报送单位
2006年2月	丰台区精神文明建设委员会	丰台区文明单位
2006年5月	中共新发地村党总支	企业管理先进单位
2006年6月	国家统计局	全国十大农产品综合批发市场交易市场第二名
2006年9月	全国城市农贸中心联合会	全国农产品综合批发十强市场
2006年10月	北京新发地农贸市场	"学党章、知荣辱、情系新发地"百题知识竞赛二等奖
2006年10月	丰台区肉类食品行业商会	落实行业自律规范中被评为先进单位
2006年11月	中国优质果品基地暨先进典型评选组委会	中国果品行业十佳影响力企业
2006年12月	中华人民共和国商务部	2006年度商务部市场运行监测信息报送先进单位
2007年1月	北京市农业局信息中心	2006年度农产品市场信息工作优秀合作市场

北京新发地市场获得的主要奖励与荣誉

2007年4月	北京市商务局	2006年北京市城乡市场信息服务体系建设工作先进单位
2007年4月	中国市场学会	中国市场学会第四届理事会理事单位
2007年4月	农业部市场与经济信息司	2006年度全国农产品批发市场信息联网工作先进单位
2007年4月	丰台区肉类食品行业商会	丰台区工商联肉类食品行业商会会长单位
2006年1月	千喜鹤有限公司	赠北京新发地农产品批发市场保障食品安全繁荣市场经济锦旗
2007年2月	中共新发地村党总支	"新发地村义犬辞旧金猪报春联欢会"最佳表演奖
2007年6月	丰台区总工会花乡工作委员会	新发地村舞蹈《红旗飘飘》在2007年"五月的鲜花"文艺汇演活动中获最佳表演奖
2007年10月	新发地村委员会	第三届全民健身运动会中荣获拔河第一名
2007年10月	北京市第六届农运会组委会	王然荣获北京市第六届农运会自行车比赛50kg女子组第六名
2007年10月	北京市第六届农运会组委会	北京市第六届农运会自行车比赛50kg女子组第三名
2007年11月	中共新发地村委员会	新发地"学习党纪条规,为党旗添光彩"知识竞赛二等奖
2007年4月	中华人民共和国农业部	农业产业化国家重点龙头企业
2007年12月	北京市场协会农副产品产销分会	2007年信息工作中成绩显著,被评为信息工作先进单位
2008年1月	中共新发地村委员会	新发地村"福鼠迎新春、欢喜奥运年"春节联欢会最佳组织奖
2008年1月	中共新发地村委员会	舞蹈《丰收的喜悦》荣获新发地村"福鼠迎新春、欢喜奥运年"春节联欢会舞蹈类优秀节目奖
2008年1月	北京市总工会报刊理事会	韩小司同志荣获2007年北京企业报十佳优秀编辑
2008年1月	北京市总工会报刊理事会	《新发地市场》荣获2007年北京企业报十佳
2008年2月	丰台区精神文明建设委员会	二〇〇七年度丰台区文明单位

2008 年 3 月	北京市场协会	2007 年度"农副产品行情信息工作"先进单位
2008 年 5 月	农业部信息中心	2007 年度全国农产品批发市场信息联网工作先进单位
2008 年 4 月	北京市商务局	2007 年度北京市城乡市场信服务体系建设先进单位
2007 年 5 月	中国农产品市场协会	中国农产品市场协会第二届会长单位
2007 年 1 月	中华人民共和国商务部	双百市场工程
2007 年 5 月	中国民(私)营经济研究会	中国民众满意十佳市场品牌
2007 年 5 月	新发地村委会	先进单位
2008 年 5 月	中共新发地村委员会	先进单位
2008 年 6 月	中国商业联合会	2007 年度交易额荣列全国十大农副产品交易市场第一名
2008 年 6 月	全国城市农贸中心联欢会	2007 年度全国农产品综合批发十强市场
2007 年 9 月	全国城市农贸中心联合会	2006 年度全国培育经销商特殊贡献奖
2009 年 2 月	丰台区政府残疾人工作委员会	2007 年度全国超比例安排残疾人就业先进单位
2009 年 2 月	丰台产品质量和食品安全专项整治工作小组	丰台区产品质量和食品安全专项整治工作先进单位
2008 年 2 月	农业部农业产业化办	支援抗灾救灾、向灾区献爱心捐款30万元
2008 年 6 月	丰台区接受救灾捐赠事务管理中心	捐助和扶贫经济困送温暖活动中捐赠物品8708件
2008 年 6 月	丰台区接受救灾捐赠事务管理中心	捐助和扶贫经济困送温暖活动中捐赠物品1071件
2008 年 5 月	中华人民共和国农业部	农业产业化国家重点流通企业
2008 年 8 月	全国首届发展与新农村建设评选委	全国首届发展与新农村建设。百姓喜爱的优秀企业500强
2008 年 11 月	全国城市农贸中心联合会	十佳突出贡献奖
2008 年 11 月	中国行业发展研究中心	2008 年中国农产品行业最具社会影响力企业

时间	颁发单位	奖项/荣誉
2008年11月	中国行业发展研究中心	2008年中国农产品行业最具社会责任感企业
2008年12月	中国乡镇企业协会	纪念中国改革开放三十周年创新发展奖
2009年1月	北京市场协会	2008年度农副产品市场信息工作先进单位
2009年1月	中共新发地村委员会	《欢聚一堂》获新发地村2009年"魅力新发地 盛世迎新春"联欢会舞蹈类节目优秀奖
2009年1月	中共新发地村委员会	新发地村2009年"魅力新发地 盛世迎新春"联欢会最佳组织奖
2009年3月	中共新发地村委员会	三八红旗集体
2009年3月	丰台区花乡妇女联合会	"我为奥运做贡献岗位练兵"活动"巾帼建功"先进集体
2008年5月	中共新发地村委员会	新发地宏业投资中心"2007~2008年度先进企业"
2009年5月	新发地村委会	新发地宏业投资中心"2008~2009年度先进单位"
2009年5月	北京市工商联合会	首都非公经济参与奥运服务奥运先进集体
2008年12月	北京市市场协会农副产品产销分会	2008年度北京农副产品市场信息工作先进单位
2008年12月	世界批发市场联合会亚太区域工作组	亚太知名农产品批发市场
2008年5月	中国食文化丛书编委会	庆祝新发地农产品批发市场创建20周年"绿色航母三农之光"
2008年12月	丰台区防火安全委员会	丰台区消防安全工作先进奖
2008年5月	北京市地方税务局	发票使用示范企业
2009年3月	丰台区精神文明建设委员会	二〇〇八年度丰台区文明单位
2009年3月	中国商业联合会	2008年度交易额荣列全国十大农产品综合交易市场第一名
2009年3月	丰台区精神文明建设委员会	二〇〇八年度丰台区文明单位
2009年9月	农业部信息中心	2008年度全国农产品批发市场信息联网先进单位

2009年9月	农业部信息中心	2008年度全国农产品批发市场信息联网先进工作者
2009年9月	市工商局丰台分局	2009年度丰台区"12315—消费争议快速解决绿色通道"企业
2009年5月	新发地村委会	第四届全民健身趣味运动会中,获得最佳组织奖
2009年6月	中共花乡委员会	2007~2009年度先进基层党支部
2009年7月	新发地村委会	"新发地村党委纪念建党88周年,永远跟党走""知识竞赛优秀奖"
2009年9月	中华爱国英才报效祖国活动组委会	中华爱国先进示范单位
2009年9月	北京影响力组委会	影响百姓经济生活的十大企业
2009年9月	丰台区肉类食品行业商会	国庆60华诞献礼创优活动先进单位
2009年9月	中国果品流通协会	全国果品应对金融危机先进单位
2010年1月	北京市场协会	2009年度农副产品市场信息工作先进单位
2010年1月	北京市统计局	表彰2009年应急统计调查中工作突出,为有效应对经济危机提供了数据支持
2010年1月	北京市场协会	2009年度市场信息(网站)工作先进单位
2010年3月	北京市商务委员会	2009年度北京市重点流通市场工作先进单位
2010年4月	农业部信息中心	2009年度全国农产品批发市场信息联网先进工作者
2010年4月	农业部信息中心	2009年度全国农产品批发市场信息联网先进单位
2010年4月	中食恒信(北京)质量认证中心	绿色市场
2009年1月	北京市国家税务局	纳税信用A级企业
2009年1月	海南市人民政府	运销企业标兵
2009年1月	国庆60周年群众游行指挥部	首都国庆60周年群众游行支持贡献单位
2011年3月	丰台区精神明文建设委	二〇一〇年度丰台区文明单位

2011年3月	新发地村委会	"啸虎祥瑞 喜迎新春"联欢会独唱类优秀节目奖
2011年3月	新发地村委会	"啸虎祥瑞 喜迎新春"联欢会最佳组织奖
2010年3月	丰台区花乡妇女联欢会	"巾帼建功"先进集体
2010年7月	新发地村委会	新发地村党委2008～2009年度"先进基层党支部"先进集体
2010年7月	丰台区肉类是食品行业商会	"丰台食安杯"食品安全法知识竞猜第二名
2010年3月	农业部	农业产业化国家重点龙头企业
2010年3月	北京市场协会农副产品产销分会	2010年度北京农副产品市场信息工作先进单位
2010年3月	北京市场协会	2010年度农副产品市场信息工作先进单位
2011年1月	丰台区肉类食品行业商会	2010年度肉类食品放心平台
2011年3月	北京市商业联合会	"2010年度北京十大商业品牌评选"批发市场领先品牌
2011年1月	北京十大商业品牌评选活动委员会	2010年度北京十大商业品牌
2011年3月	新发地村委会	先进单位
2011年5月	北京发改委价格监测中心	二〇一〇年度北京市价格监测工作为先进单位
2011年2月	首都城市环境建设委员会	北京市生活垃圾"零废弃"管理贡献奖
2011年1月	中共新发地村委员会	新发地村2011年"玉兔纳福 喜迎新春"春节联合会优秀组织奖
2011年5月	中共新发地村委员会、宏业投资中心	新发地宏业投资中心"2010～2011年度先进单位"
2011年7月	中共新发地村委员会	新发地村党委2010～2011年度"先进基层党支部"
2011年10月	新发地村委会	新发地村第五届全民健身运动会最佳组织奖
2011年9月	新发地村委会	新发地村"读村志 爱家乡 建设新发地"知识竞赛三等奖

2011年12月	北京市场协会农副产品产销分会	2011年度农副产品市场信息工作先进单位
2012年1月	新发地村委会	新发地村2012年"龙飞凤舞闹新春"春节联欢会优秀组织奖
2012年3月	丰台区花乡妇女联合会	"巾帼伟城乡统筹做贡献"活动"巾帼建功"先进集体
2012年3月	新发地村委会	新发地村2011年度"三八红旗集体"光荣称号
2012年3月	北京市发展和改革委员会	全国价格监测定点单位
2011年12月	海南省人民政府	2010~2011年度海南农产品突出贡献批发市场

图书在版编目(CIP)数据

农产品流通理论思考与实践探索：北京新发地市场的实践与经验/张玉玺著.—北京：社会科学文献出版社，2012.7
 ISBN 978 - 7 - 5097 - 3444 - 5

I.①农… II.①张… III.①菜篮子工程-研究-北京市 IV.①F327.1

中国版本图书馆 CIP 数据核字（2012）第 107289 号

农产品流通理论思考与实践探索
——北京新发地市场的实践与经验

著　　者 / 张玉玺

出 版 人 / 谢寿光
出 版 者 / 社会科学文献出版社
地　　址 / 北京市西城区北三环中路甲 29 号院 3 号楼华龙大厦
邮政编码 / 100029

责任部门 / 财经与管理图书事业部　（010）59367226　　责任编辑 / 许秀江
电子信箱 / caijingbu@ ssap. cn　　　　　　　　　　　　责任校对 / 白桂华　白秀君
项目统筹 / 恽　薇　　　　　　　　　　　　　　　　　　责任印制 / 岳　阳
经　　销 / 社会科学文献出版社市场营销中心　（010）59367081　59367089
读者服务 / 读者服务中心（010）59367028

印　　装 / 北京季蜂印刷有限公司
开　　本 / 787mm × 1092mm　1/16　　　　　　　　　　印　　张 / 25.5
版　　次 / 2012 年 7 月第 1 版　　　　　　　　　　　　彩插印张 / 0.5
印　　次 / 2012 年 7 月第 1 次印刷　　　　　　　　　　字　　数 / 381 千字
书　　号 / ISBN 978 - 7 - 5097 - 3444 - 5
定　　价 / 98.00 元

本书如有破损、缺页、装订错误，请与本社读者服务中心联系更换

▲ 版权所有　翻印必究